SpurenLesen 2

Religionsbuch für die 7./8. Klasse

Neuausgabe

Calwer Verlag
Diesterweg

SpurenLesen 2

Religionsbuch für die 7./8. Klasse
Neuausgabe

Herausgegeben von Gerhard Büttner, Veit-Jakobus Dieterich,
Hans-Jürgen Herrmann, Eckhart Marggraf und Hanna Roose
unter Mitarbeit von Dorothea von Choltitz

Druck A² / Jahr 2010
Alle Drucke der Serie A sind im Unterricht parallel verwendbar.

Redaktion: Dr. Berthold Brohm
Umschlaggestaltung und Herstellung: Kurt Thönnes, Liebefeld-Bern
Umschlagmotiv: Yves Klein, RE 33, ca. 1960, © VG Bild-Kunst, Bonn 2006
Satz und Repro: MedienTeam Berger, Ellwangen
Druck und Bindung: westermann druck GmbH, Braunschweig

ISBN 978-3-7668-**3995**-4 (Calwer)
ISBN 978-3-425-**07813**-7 (Diesterweg)

Inhalt

Wie orientiere ich mich in SpurenLesen? 8–10

Auf den zweiten Blick 11–21

Wer hat Recht? Zwei Blicke auf dieselbe Sache können zwei Welten eröffnen und uns die Dinge von ganz unterschiedlichen Seiten zeigen (S. 11) • **Spiegel und Schrift:** Eine eigentümliche Verdoppelung der Welt findet statt, wenn wir uns im Spiegel anschauen oder unsere Erlebnisse aufschreiben. Vieles kann dabei ganz ähnlich bleiben, aber manches wird dadurch auch völlig anders (S. 12/13) • **Wie Dinge sich verändern:** Die gleichen Gegenstände können in anderen Räumen und Zusammenhängen plötzlich ganz anders wirken und eine vollkommen neue Bedeutung haben (S. 14/15) • **Medien – Computer:** Wo findet »die Wirklichkeit« statt? In unserem alltäglichen Leben oder in den Medien und im Computer? Manchmal scheinen die Grenzen zwischen medialer und realer Wirklichkeit fließend … (S. 16–19) • **Gedankenexperimente:** »Die Gedanken sind frei«, weiß ein altes Lied. Und tatsächlich können wir in unserem Hirn Spiele ohne Grenzen spielen: Was wäre, wenn alles ganz anders wäre? (S. 20/21)

Ich – Wir – Du 22–37

Was will ich? – Wie bin ich? In der Pubertät wird alles noch einmal neu aufgemischt: das Innere, das Äußere. So entsteht die Frage, wer und wie ich nun bin (S. 22/23) • **Nach-Denken:** Zerrissen sein zwischen Wollen und Können, zwischen Wunsch und Wirklichkeit – das gehört auch zum Wesen des Glaubens. Was gilt noch von dem, was man früher geglaubt hat? Heranwachsende testen aus, was trägt, was stimmig ist (S. 24/25) • **Gewinnen – verlieren – sich schämen:** Wer im Mittelpunkt steht, erfährt viel Aufmerksamkeit und Sympathie – oft auf Kosten anderer (S. 26/27) • **Ich wollte frei werden:** »Wir sind eben keine Babys mehr« – damit müssen auch Eltern fertig werden. Oder: Eltern werden kritisch beobachtet. »Ich kenne mich mit meiner Mutter nicht mehr aus!« (S. 28/29) • **Gruppenbild:** Freundinnen, Freunde und Kumpels sind manchmal wichtiger als Eltern und Lehrer (S. 30/31) • **Das Geheimnis eines Schullebens:** Wer weiß schon, was alles geschieht, um dazuzugehören, und wer kennt den Schmerz der Außenseiter? (S. 32/33) • **Ich schau dir in die Augen:** Und wer kennt die Gefühle und Fantasien im Innern? Man kann sie selber kaum verstehen (S. 34/35) • **Liebe auf den ersten Blick:** Die Bibel erzählt manche abenteuerliche Liebesgeschichte. Man muss sie nur finden. Und erotische Liebesverse dazu (S. 36/37)

Amos 38–50

Propheten – schillernde Gestalten: Die Frage, was ein Prophet ist, ist gar nicht so leicht zu beantworten (S. 38/39) • **Die Gegenspieler:** Die Könige zur Zeit des Amos glaubten, dass sie besonders eng mit Gott verbunden seien. Prophetische Kritik im Namen Gottes konnten sie daher nur schwer akzeptieren (S. 40) • **Soziale Ungerechtigkeit:** Zur Zeit des Amos wurden die Reichen immer reicher und die Armen immer ärmer (S. 41–43) • **Gegenwart und Zukunft:** Amos nimmt kein Blatt vor den Mund. Er kritisiert die Missstände in Israel und kündigt das Gericht an (S. 44/45) • **Der Tag des Herrn:** Was geschieht am Tag des Herrn? Die Menschen stellen sich diesen Tag ganz unterschiedlich vor (S. 46–49) • **Prophezeiungen erfüllen sich?** Woran erkennt man, ob ein Prophet »echt« ist? Schon zu Zeiten des Alten Testaments haben Menschen über diese Frage nachgedacht (S. 50)

Auf Wunder warten 51–62

Blinde sehen, Lahme gehen: Wo Jesus ist, da besteht Hoffnung, dass etwas ganz Neues, völlig Unerwartetes, doch vielleicht insgeheim Erhofftes geschieht (S. 51) • **Macht der Glaube satt?** Brot gegen Hunger – Jesus als »Brot« (S. 52/53) • **Macht Gott gesund?** Wenn nichts anderes mehr helfen kann – wem soll man dann noch vertrauen? (S. 54–57) • **Hilft Jesus in der Not?** In den Stürmen des Lebens – an wem kann man sich festhalten? (S. 58–60) • **Reich der Himmel – Reich Gottes:** Jesus hat nicht exakt definiert, wie das Reich Gottes ist. Es bleibt eine Hoffnung, ein Vorgeschmack, ein Geheimnis (S. 61/62)

Zwischen Jerusalem und Rom 63–77

Juden, Christen, Heiden: Die Anfänge der christlichen Kirchen sind ziemlich dramatisch gewesen. Zunächst muss man sagen: Das römische Reich als Vielvölkerstaat tolerierte alle Religionen, solange sie sich dem Kaiserkult anschlossen (S. 63) • **Jude sein und Christ werden:** Aber es gab dennoch heftige Konflikte. Einmal innerhalb der jüdischen Gemeinden (S. 64/65) • **Die Wende:** Über einen solchen Konflikt kam es bei einem Mann namens Schaul (Saulus/Paulus) zu einer folgenreichen Kehrtwende. Vielleicht gäbe es ohne ihn keine christlichen Kirchen (S. 66/67) • **Zwischen Petrus und Paulus:** Es gab auch Streit in christlichen Gemeinden darüber, ob und wie sie die Tora befolgen sollten. Paulus und Petrus stehen für zwei gegensätzliche Positionen (S. 68/69) • **Das Abendmahl:** Ein anderer Konflikt drehte sich um das Abendmahl als Mahl der Gemeinschaft von Armen und Reichen. Paulus dachte universal. Er glaubte an eine weltweite Mission (S. 70/71) • **Christen werden verfolgt:** Den Konflikt mit dem römischen Kaiserkult bezahlten Menschen wie Paulus, Felicitas und Perpetua mit ihrem Leben (S. 72–75) • **Die Konstantinische Wende:** Über das Schicksal des Christentums entschied schließlich der Ausgang eines kriegerischen Machtkampfes im Jahr 312 n. Chr. bei Rom (S. 76/77)

Reformation 78–94

Mut gegen Macht: Martin Luther hat es gewagt, zahlreiche Missstände in der damaligen Kirche anzuprangern. Das brachte ihn in Konflikt mit den Mächtigen der Zeit (S. 78/79) • **Angst vor der Hölle:** Als Mönch versuchte Luther tadellos zu leben und hatte doch eine höllische Angst, vor Gott nicht gut genug zu sein (S. 80/81) • **Die Befreiung:** Von der Angst befreit hat ihn die Erkenntnis, dass Gott gerade den nicht perfekten, schuldigen, sündigen Menschen liebt und ihm aus grenzenloser Gnade und Güte vergibt (S. 82/83) • **Ich bin frei:** Welche Auswirkungen es hat, dass Gott uns annimmt und befreit, hat Luther immer wieder für verschiedene Lebensbereiche – wie das Verhältnis zwischen Gott und Mensch oder zwischen Heranwachsenden und Erwachsenen – zu zeigen versucht (S. 84/85) • **Streit um die Freiheit:** Als aber viele Menschen in Deutschland, vor allem die Bauern, mehr Freiheit im politischen und gesellschaftlichen Leben forderten, hat Luther in einer maßlosen Hetze die Mächtigen dazu aufgerufen, die »Aufrührer« zu töten (S. 86/87) • **Der Streit ums Abendmahl:** Im Streit, wie das Abendmahl verstanden werden soll, konnten sich Martin Luther und der Schweizer Reformator Ulrich Zwingli nicht einigen (S. 88/89) • **Konfessionen – Ökumene:** Durch Luthers Reformen entstanden in Deutschland und in anderen Ländern zwei Konfessionen, die sich lange Zeit feindselig gegenüberstanden (S. 90/91) • **Evangelisch – Katholisch:** Auch heute noch gibt es zwischen Evangelischen und Katholischen wichtige Unterschiede, die bei allen Bemühungen um die Gemeinsamkeiten bestehen bleiben (S. 92/93) • **Reformationstag oder Halloween:** Wie um den richtigen Glauben ist auch um den 31. Oktober eine Konkurrenz entbrannt: Was soll an diesem Tag gefeiert werden, die Reformation oder Halloween? (S. 94)

Gemeinsam sind wir stärker 95–109

Verschiedene Gaben: Was eine(r) allein nicht schafft, kann in der Gruppe oder in einer anderen Gemeinschaft von Menschen gelingen (S. 95) • **Nein sagen lernen:** In einer Gruppe oder Clique zu sein ist cool. Aber ich muss nicht bei allem mitmachen, was die Gruppe will. Ich kann auch mal nein sagen (S. 96/97) • **Ansprechpartner/innen finden:** Wenn ich nicht mehr weiter weiß, weiß ich doch, wer mir beistehen kann auf der Suche nach dem Weg, den ich in meinem Leben gehen will (S. 98/99) • **Ein neues Zuhause finden:** Heranwachsende, die aus der Bahn geworfen wurden und auf der Straße leben, können eine neue Heimat finden (S. 100/101) • **Frauen engagieren sich:** Immer wieder waren es ganz besonders die Frauen, die sich für die eigenen Rechte oder für die Rechte anderer eingesetzt haben. Viele riskierten dabei eine ganze Menge, manchmal sogar das eigene Leben (S. 102–106) • **Auf der Straße leben:** Manche Heranwachsende meinen, auf der Straße erwarte sie die große Freiheit, vor allem, wenn sie es daheim kaum mehr aushalten! Doch das Leben auf der Straße ist hart. Aber manchen gelingt es erstaunlich gut, sich auch unter schwierigsten Bedingungen durchzuschlagen … (S. 107/108) • **Ungeahnte Kräfte – Was in uns steckt:** Manchmal wissen wir gar nicht, zu was wir fähig sind – nicht nur im Schlechten, sondern auch im Guten! Wenn wir uns auf eine neue Herausforderung einlassen, können wir in uns vielleicht ganz neue, ungeahnte Fähigkeiten und Kräfte entdecken (S. 108 unten und S. 109)

Judentum 110–120

Jüdische Schule: Ein jüdisches Gymnasium in Berlin ist einerseits eine ganz normale Schule, doch in manchen Dingen auch ganz anders. (S. 110/111) • **Als Jude in Deutschland leben:** Junge Juden begründen gegenüber dem israelischen Staatspräsidenten, warum sie trotz des Holocaust in Deutschland leben (S. 112/113) • **Religion in der Schule:** Ein israelischer Schriftsteller erinnert sich, wie unterschiedlich Schulen sein können und wie verschieden auch die Rolle und Bedeutung der jüdischen Religion (S. 114/115) • **Jüdisches Leben in christlicher Umgebung:** Eine jüdische Schriftstellerin erzählt, welchen Einfluss das deutsche Weihnachtsfest auf jüdische Familien hat (S. 116/117) • **Was ist »jüdisch«?** Ein Rabbiner in Konstanz soll entscheiden, wie man als Jude in Deutschland »richtig« lebt – doch längst nicht alle sind mit seinen Vorstellungen einverstanden (S. 118–120)

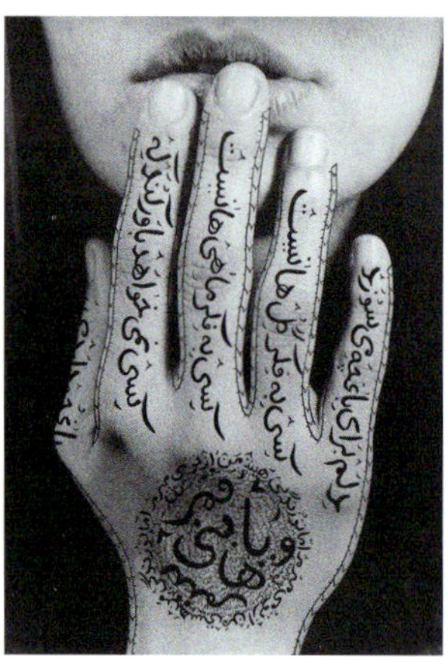

Das Geheimnis des Islam 121–138

Ein Traum vom Orient: Wer sich mit dem Islam beschäftigt, macht eine Reise in ein fremdes Land, vielleicht in den Orient, vielleicht in die islamische Kultur einer europäischen Stadt. Das Kapitel lädt dich zu einer Entdeckungsreise aus ganz unterschiedlichen Perspektiven ein (S. 121) – Ein kleines Mädchen begeistert sich für orientalische Märchen und wird später Islamwissenschaftlerin. Sie führt uns in die berühmte Hagia Sophia in Istanbul, wo sie als Professorin islamische Theologie lehrte (S. 122/123) • **Der Prophet Muhammad:** Heilige Texte und Bilder umschreiben die Offenbarungserlebnisse des Propheten Muhammad (S. 124/125) • **Der Koran:** Zwei islamische Wissenschaftler erzählen begeistert von der Schönheit des Koran. Sie machen dabei auch deutlich, warum der Islam als »Buchreligion« bezeichnet wird (S. 126/127) • **Der Koran und die Bibel:** Du bist aufgefordert, Texte zu vergleichen und zu urteilen über Verwandtes und Unterschiedliches zwischen Bibel und Koran (S. 128/129) • **Die fünf Säulen des Glaubens:** Innen- und Außenansichten zu den »fünf Säulen« des Islam werden vorgestellt: Wir begleiten einen Pilger nach Mekka. Wir überlegen: Was macht ein türkischer Muslim am Ramadan, wenn er im Döner-Imbiss arbeitet? Wir entdecken die fünf Säulen als Fundamente einer praktischen Alltags-Religion (S. 128; S. 130–133) • **Regeln und Konflikte im Alltag:** Ein Islamwissenschaftler erklärt, was Rechtsvorschriften, Fatwa, Scharia und Dschihad bedeuten. Und wir erfahren, wie unterschiedlich muslimische Jugendliche bei uns mit Verhaltensregeln ihrer Eltern und ihrer Religion umgehen können (S. 134–138).

Wissen und Können (WuK) 139–204

Bibelwerkstatt 205–218

Gewusst wie 219–245

Quellenverzeichnis 246

Wie orientiere ich mich in SpurenLesen?

Liebe Schülerinnen und Schüler!

Wir hoffen, dass ihr mit diesem Buch gerne arbeitet, dass ihr viel Neues darin entdeckt und viele wichtigen Dinge damit lernen könnt …

Manche von euch haben den ersten Band von SpurenLesen in den letzten beiden Klassen schon kennen gelernt. Für andere ist das Buch ganz neu. Damit sich alle besser zurechtfinden, erklären wir die einzelnen Teile des Buches:

Das Inhaltsverzeichnis (S. 3–7)

Im Inhaltsverzeichnis findet ihr alle Kapitel des Buches. Die Kapitel sind noch einmal unterteilt und behandeln unterschiedliche Aspekte oder Teile eines Themas – oft auf einer Doppelseite, manchmal aber auch auf zwei oder sogar drei Doppelseiten hintereinander. Wir haben versucht, das, was wir dabei wollen und für wichtig halten, in einer knappen Formulierung oder einem kurzen Satz zusammenzufassen und für euch aufzuschreiben. Diese Zusammenfassungen findet ihr in allen Kapiteln oben auf jeder Seite in *blauer* Schrift wieder. Ihr könnt euch also selbst immer wieder einen Überblick darüber verschaffen, an welcher Stelle ihr gerade seid.

Die Themen

Die Themen des Buches, die sich an den Religionslehrplänen für die Klassenstufen 7 und 8 orientieren, befassen sich zuerst einmal mit Fragen, die für euch Jugendliche wichtig sind: Wer bin ich? Und welche Beziehungen habe ich zu den anderen? Und natürlich mit Fragen unseres christlichen Glaubens: aus dem Alten Testament mit dem Propheten Amos, aus dem Neuen mit den Wundern Jesu, dann mit der Entstehung der frühen christlichen und viel später unserer evangelischen Kirche und zuletzt mit anderen Religionen: dem Judentum und dem Islam.

Wir glauben aber nicht, dass die Fragen, die euch in eurem Alter wichtig sind und die Fragen des christlichen Glaubens etwas ganz Verschiedenes sind, sondern manchmal viel enger zusammengehören, als man auf den ersten Blick glaubt. So findet ihr auch im zweiten Kapitel zum Thema »Ich – Wir – Du« Geschichten und Gedanken aus der Bibel – wie umgekehrt bei den »religiösen« Themen auch eure Fragen behandelt werden, bei der Reformation etwa der Wunsch danach, sich frei fühlen zu können und die Frage, was frei sein bedeutet. Und das Motto »Gemeinsam sind wir stärker« gilt für euch Jugendliche genauso wie für die Menschen, die sich in der Kirche engagieren.

Vorangestellt haben wir ein Kapitel, in dem wir dem Gedanken genauer nachgehen, dass manches »auf den zweiten Blick« ganz anders aussehen kann als beim ersten Hinsehen. Plötzlich erscheint etwas in einem ganz neuen Licht.

Der Hauptteil des Buches (S. 11–138)

Ihr Heranwachsenden und Jugendlichen habt uns Erwachsenen manches voraus: In der Computerwelt zum Beispiel finden sich wenig Ältere so schnell zurecht wie ihr Jüngeren.

In SpurenLesen wollen wir einen anderen Weg gehen. Wir wollen euch nicht möglichst viel Verschiedenes anbieten, sondern umgekehrt: Mit den Geschichten, Erklärungen und den vielen Bildern möchten wir die Möglichkeit geben, dass bei euch viele eigene interessante Gedanken, Bilder und Gefühle entstehen. Ist es nicht spannend, selbst Entdeckungen zu machen und den gefundenen »Spuren« zu folgen …?

Für den Hauptteil des Buches haben wir deshalb zu den verschiedenen Themen Texte und Bilder zusammengetragen, die es unserer Meinung nach wert sind, dass man sich Zeit für sie nimmt und sie genau liest oder anschaut. Deshalb sind die Bilder so groß und farbig; viele stehen extra auf einer Seite, damit man sich auf sie konzentrieren kann. Die Texte geben Informationen oder erzählen Geschichten von Menschen, die etwas erlebt haben, das mit dem Thema des Kapitels zu tun hat.

Wenn ihr in diesem Buch – im häufigsten Fall auf einer Doppelseite – auf der einen Seite einen

Text und auf der anderen ein Bild findet, dann kann das Eine (also der Text) das Gleiche sagen wollen wie das Andere (also das Bild). Aber es kann auch etwas ganz Anderes im Blick haben, vielleicht sogar genau das Gegenteil. Oder das Bild kann einen bestimmten Aspekt des Textes näher beleuchten oder es kann diesen weiterführen …

Als Beispiel könnt ihr gleich die erste Seite nehmen. Oben sieht man ein Bild, das etwas merkwürdig ist: das Mittelmeer im Wohnzimmer! Der Maler scheint sich über uns, den griechischen Helden Odysseus und seine große und gefährliche »Welt«-Reise lustig zu machen (man bezeichnet noch heute eine lange Irrfahrt als »Odyssee«). Er will uns aber zugleich dazu anregen, selbst ein wenig zu phantasieren, weiterzudenken und Neues zu sehen: nehmen wir – wie mit einem Zoom – nur das Boot mit Odysseus und dessen unmittelbarer Umgebung wahr, befänden wir uns tatsächlich auf hoher See – und nicht auf dem Wohnzimmerteppich! Ganz ähnlich und doch wieder sehr anders unterhalten sich zwei Verliebte im Text darunter über die Frage, ob ein Gedicht oder eine mathematische Formel die Welt am besten beschreiben kann. Es lohnt sich also im einen wie andern Fall, einmal die Perspektive zu wechseln: eben nach dem ersten einen zweiten Blick zu wagen.

Wissen und Können (S. 139–204)

Natürlich muss man im Religionsunterricht vieles lernen, manchmal muss man etwas auch einfach auswendig lernen. Denn wer zum Beispiel nicht weiß, was die Abkürzung »Lk 15,11–32« bedeutet, kann die Bibel nicht aufschlagen und die Geschichte, die dort steht, nicht lesen. Und bei manchen Geschichten (wie eben dieser) finden wir es wichtig, dass ihr sie kennt, im Kopf habt und nacherzählen könnt. Sonst kann man im Religionsunterricht – aber nicht nur dort – nicht mitreden. Deshalb haben wir in einem eigenen Teil des Buches zusammengestellt, was man in jedem Kapitel lernen kann und welche Fähigkeiten sich bei diesem Kapitel besonders gut weiterentwickeln lassen. Diese Teile zum »Wissen und Können« (WuK) gibt es zu jedem Thema. Sie sind immer ähnlich aufgebaut:

- Zuerst findet ihr Gedanken und Anregungen, was man mit diesem Kapitel machen kann und wie es aufgebaut ist. Außerdem bekommt ihr Informationen, die man braucht, um alles verstehen zu können.
- Mit den Arbeitsaufgaben könnt ihr alleine, in der Gruppe oder der Klasse einzelne Texte, Bilder oder auch das ganze Kapitel erarbeiten. Dabei müsst ihr manchmal auch einen Blick »über den Tellerrand« hinaus werfen, etwa auf andere Kapitel des Buches, auf andere Schulfächer oder sogar über die Schule hinaus … (»Aufgaben«).
- Zum Abschluss findet ihr eine Liste, was ihr alles kennen und können sollt, wenn ihr das ganze Kapitel »durchhabt«. Das kann euch helfen, einen guten Überblick zu bekommen und für die Klassenarbeit einen kühlen Kopf zu bewahren! Hier findet ihr auch Hinweise, mit welcher Methode ihr in diesem Kapitel besonders gut arbeiten könnt (»Was du in diesem Kapitel lernen kannst«).

Die Bilder in der Randspalte

Die Bilder, die ihr in diesem Teil des Schulbuches (»Wissen und Können«) und auch im letzten (»Gewusst wie!«) in den Randspalten findet, sind meistens die Bilder aus den Kapiteln vorne in Kleinformat. Auf einen Blick könnt ihr dann noch einmal sehen, welche Seiten und welche Bilder im vorderen Teil des Buches hier gemeint sind. Manchmal werden auch »Querverbindungen« hergestellt. Zusätzlich könnt ihr mit diesen Bildern arbeiten, etwa bei den Aufgaben. Oder ihr könnt die Bilder auch direkt miteinander vergleichen. Außerdem haben wir manchmal zur Verdeutlichung oder zur Weiterarbeit noch andere Bilder aufgenommen, die bei den Kapiteln vorne gar nicht vorkommen. Besonders häufig ist das beim Kapitel »Reformation« der Fall (S. 168–175). Hier beziehen sich die Bilder in der Randspalte auf einzelne Lebensabschnitte des Reformators Martin Luther, so dass ihr (gemeinsam mit dem Überblick zu Luthers Lebensweg auf S. 173) selbst in Bildern und Texten das Leben des Reformators zusammenstellen könnt.

Bibelwerkstatt (S. 205–218)

Eine besondere Form von »Wissen und Können« stellt die Bibelwerkstatt dar. Die Bibelwerkstatt kann euch dabei helfen, eigene Entdeckungen in der Bibel zu machen. Ihr findet dort Tipps, wie ihr eine Geschichte, an die ihr euch nur noch dunkel erinnert, in der Bibel finden könnt. Außerdem erfahrt ihr, wo ihr euch Hilfe holen könnt, wenn biblische Texte Wörter enthalten, die ihr nicht kennt. Das Kapitel zeigt euch, wie ihr in der Bibel »herumspazieren« könnt, ohne euch zu verirren – wenn ihr zum Beispiel von einer Geschichte zu einer anderen, ähnlichen, blättern wollt. Die Bibelwerkstatt beschäftigt sich aber nicht nur mit Geschichten, sondern auch mit Briefen, wie sie zum Beispiel der Apostel Paulus verfasst hat. Einiges wird euch dabei bekannt vorkommen, einiges war damals aber auch ganz anders.

»Gewusst wie!« (S. 219–245)

Wie auch in den anderen Schulfächern ist es im Religionsunterricht nicht nur wichtig, dass man etwas *weiß* (oder *kennt*), sondern auch dass man es *versteht* (oder dass man etwas *kann*). Und dazu gehört auch, dass man weiß, *wie* man auf diesem Fachgebiet sinnvoll arbeiten und lernen sollte. In einem eigenen Teil von SpurenLesen haben wir deshalb zusammengestellt, welche Lernwege im Religionsunterricht wichtig sind (man sagt dafür auch »Methoden«). Also zum Beispiel: Was kann man mit Bildern oder Texten alles machen? Wie kann man sie genauer anschauen oder »lesen«, damit man sie besser verstehen lernt?

Viele Methoden sind im Religionsunterricht gleich oder ganz ähnlich wie in anderen Fächern. Es gibt aber auch Methoden, die besonders gut zu Religion und z. B. nicht zu Mathematik oder Biologie passen. Ihr werdet rasch herausfinden, welche dies sind.

Wir wünschen euch beim Arbeiten mit SpurenLesen viele neue, interessante Entdeckungen und Freude beim Verfolgen der Spuren Gottes in unserer Welt.

Euer SpurenLesen-Team

→ WuK, S. 139

Auf den zweiten Blick

Giorgio de Chirico,
Heimkehr des Odysseus,
1968

Das Zauberwort

Werner Heisenberg, sagte Georg, heiße der Mann, der eine Formel entwickelt habe, alles lasse sich damit beschreiben, die ganze Welt, alle Zustände und Eigenschaften auch des kleinsten Teilchens. Na klar, sagte ich. »Schläft ein Lied in allen Dingen, / die da träumen fort und fort, / und die Welt fängt an zu singen / triffst du nur das Zauberwort.« Fast hätte Georg seine Hand zurückgezogen. Ich hielt sie fest. Das Zauberwort, sagte ich, begreifst du nicht, das Zauberwort von dem Eichendorff – das ist der Mann, der dieses Gedicht geschrieben hat, so wie dein Heisenberg seine Weltformel –, dieses Zauberwort ist die Weltformel. Sag sie mir, deine Weltformel, und wir wollen sehen, ob die Welt zu singen beginnt.

Hilla, es kommt doch nicht darauf an, ob etwas singt, sondern ob es stimmt. Heisenberg will die Welt erklären, nicht besingen. Nur Zahlen lügen nicht.

Aber Gedichte, beharrte ich, Gedichte lügen auch nicht. Heisenberg hat sicher Recht. Aber Eichendorff hat auch Recht.

Im Strom der Spaziergänger gingen wir durch den Park an den Rhein. Georg nahm wieder meine Hand. Was war wichtiger für die Menschheit, die Mathematik oder die Dichtung? Wir redeten hitzig, Georg ohne jede Ahnung von Dichtung, ich ohne Ahnung von Mathematik. Als wir das Ende der Rheinpromenade erreichten, begannen Glocken zu läuten, von einer nah gelegenen Kirche zuerst, dann von einer zweiten, einer dritten. Wir blieben stehen, bis der letzte Ton verklungen war. Paare, umarmt oder Hand in Hand, gingen an uns vorüber, ich hätte nichts dagegen gehabt, ihnen zu folgen, aber Georg machte kehrt, und wir nahmen denselben Weg zurück. Wie gut du riechst, kleines Mädchen, sagte er beim Abschied und schnüffelte in meinem Nacken. Den Druck seiner Lippen auf meinem Halswirbel spürte ich noch in der Straßenbahn.

Ulla Hahn

 → WuK, S. 139/140

Spiegel – Schrift

Sabine Kuegler lebte als Kind mit ihren Eltern beim Stamm der Fayu in Indonesien. Dieser Stamm hatte vorher kaum Kontakte zur Außenwelt. Sie erzählt von überraschenden Erfahrungen mit diesen Menschen. Ein Junge hatte Sabine Pfeile und Bogen geschenkt. Sie freute sich darüber und sucht nach einem Gegengeschenk.

Mit Handzeichen gab ich dem Fayu-Jungen zu verstehen, er solle kurz warten. Ich rannte ins Haus und kippte meinen Rucksack auf dem Bett aus, auf der Suche nach einer Gegengabe. Da sah ich einen kleinen roten Spiegel, den ich in der Hauptstadt Jayapura geschenkt bekommen hatte. Zufrieden sauste ich wieder nach draußen und reichte ihn dem Jungen.

Mit solch einer Reaktion aber hatten wir nicht gerechnet: Als der Junge sich selbst im Spiegel sah, schrie er auf und ließ ihn sofort fallen. Wir lachten, und mein Bruder Christian hob das kleine Ding vom Boden auf und zeigte dem erschrockenen Jungen sein eigenes Spiegelbild. Dann hielt er den Spiegel wieder dem Jungen entgegen. Inzwischen hatten sich auch andere Fayu genähert, um zu sehen, was vorging.

Der Junge nahm den Spiegel vorsichtig zurück. Seine Augen wurden immer größer. Er bewegte seinen Kopf hin und her, schnitt Grimassen, berührte sein eigenes gespiegeltes Ich mit den Fingern. Bald entstand große Aufregung unter den versammelten Fayu: Alle wollten einmal ihr Gesicht betrachten. Christian und ich amüsierten uns köstlich bei dem Anblick und konnten damals noch nicht nachfühlen, wie es sein musste, zum ersten Mal im Leben das eigene Spiegelbild zu sehen. [...]

Nach einiger Zeit kam der Fayu-Junge, der den Spiegel wie eine Trophäe in seiner Hand hielt, wieder auf uns zu. Er zeigte mit dem Finger auf sich selbst und sagte: »Tuare«.

Ich zeigte auf mich und sagte: »Sabine«.

Über die Jahre wurde Nakire zu Papas (Sabines Vater) engstem Vertrauten und beriet ihn in Sachen Sprache und Kultur.

Vor kurzem erzählte mir Papa, wie er einmal mit Nakire in seiner Arbeitshütte saß und fleißig Notizen machte. Er zeigte auf verschiedene Dinge, Nakire sagte ihm das Wort in der Fayu-Sprache, und Papa schrieb es in Lautschrift nieder. Nakire hatte vor unserer Ankunft noch nie Papier und Bleistift gesehen.

Papa hatte gerade ein paar neue Wörter aufgeschrieben und schaute sich zu Nakire um, der sehr still geworden war. Er konnte kaum glauben, was er sah: Nakire lag auf der Holzbank, die Füße an den Tisch gestützt, und schlief.

»Nakire, was machst du? Du sollst mir helfen, und stattdessen schläfst du!«, rief Papa vorwurfsvoll.

Nakire raffte sich auf, gähnte und sagte: »Klausu, ich will dir gern helfen. Aber wann gehst du endlich mal arbeiten? Du spielst ja nur herum!«

»Was? Ich spiele?«, lachte Papa. »Was soll ich denn arbeiten, wenn das, was ich hier mache, keine Arbeit ist?«

»Na ja«, antwortete ihm Nakire, »du könntest mal jagen gehen, um Essen für deine Familie zu besorgen, oder ein neues Boot bauen.«

Papa war amüsiert bei der Vorstellung, wie er durch den Dschungel lief und versuchte, etwas mit dem Pfeil zu treffen. Er ließ Nakire weiterschlafen und dachte nach, wie er Nakire seine Art von Arbeit verständlich machen könnte.

Dann hatte er es. Er schrieb eine Nachricht an Mama auf ein Stück Papier und sagte zu Nakire: »Bitte geh zu Doriso und gib ihr diesen Zettel. Du wirst sehen, sie wird mir dann etwas zu trinken bringen.«

»Wie ist so etwas möglich? Woher soll sie wissen, was du willst, wenn ich es ihr nicht sage?«, fragte Nakire ganz erstaunt.

Papa antwortete: »Das Geheimnis liegt in diesem Zettel.«

Gespannt machte sich Nakire auf zu unserem Haus. Mama las die Botschaft, und vor Nakires Augen tat sie genau das, was Papa vorher prophezeit hatte. Nakire war fasziniert! Er ging sofort zurück zu meinem Vater, schwenkte den Zettel und bemerkte: »Es muss wohl doch wichtig sein, was du machst.«

Sabine Kuegler

Marc Chagall, Der Spiegel, 1915

→ WuK, S. 140/141

Das Abendmahlbrot

Adriaan Vroklages Eltern sind Mesnerin und Mesner in einer reformierten Kirche im niederländischen Ort Maassluis (bei Rotterdam). Der junge Adriaan besucht am Sonntagmorgen den Gottesdienst in einer anderen Kirche, um dort während des Gottesdienstes mit seinem Freund Anton eine Blindpartie Schach spielen zu können. Atemlos kommt er daheim an, er sorgt sich, zu spät zum Essen zu kommen.

Zu Hause saß man noch beim Kaffee, und meine Mutter sagte zu meinem Großvater: »Es ist fürchterlich viel Abendmahlbrot übriggeblieben.«

»Kein Wunder«, erwiderte er, »eine ganze Menge Gemeindemitglieder haben heute den Gottesdienst von Makenschijn besucht.«

»Es war gerammelt voll«, keuchte ich.

»Ach, du bist da gewesen?« fragte er. »Und, wie war's?«

»Ich habe drei Partien gegen Anton verloren«, sagte ich.

Mein Großvater sagte: »Tja, der Junge ist ein Naturtalent, er wird es noch weit bringen.«

»Es ist furchtbar viel Brot übriggeblieben«, wiederholte meine Mutter.

»Ja, und?« meinte mein Großvater.

»Verstehst du denn nicht«, sagte sie, »was soll ich denn mit all dem Brot machen?«

»Aufessen«, erwiderte mein Großvater.

»Bah, nein«, sagte sie, »es hat bereits auf dem Tisch gestanden, der Pfarrer hat von dem Brot gesagt, dass es die Gemeinschaft mit dem Leib Christi ist, nein, das kann man dann nicht mehr essen, es ist ...«

»Beschmutzt?« fragte mein Großvater.

»Nein, nein«, sagte sie, »nein, das nicht, ich suche das richtige Wort, es ist, es ist ...«

»Verseucht?« fragte mein Großvater.

»So in etwa könnte man sagen, ja«, erwiderte meine Mutter.

»Früher hattet ihr doch bestimmt auch schon mal Brot übrig?« fragte mein Großvater.

»Ja, aber nie so viel, immer nur eine ganz kleine Menge.«

»Und was soll ich jetzt mit all dem Brot machen?« hörte meine Mutter nicht auf zu klagen.

»Früher hast du es doch in einen Karton getan, und dann kam Schelleboom vorbei und holte es ab.«

»Stimmt, aber der verdient sein Geld nicht mehr mit dem Abholen von Küchenabfällen. Aber was nun? Man kann derartiges Brot doch nicht einfach in den Müll werfen, oder?«

»Warum denn nicht?«

»Aber das ist doch Abendmahlbrot, es wurden Gebete darüber gesprochen. Warum steht nirgendwo in der Bibel, was man mit solchem Brot tun muss? Was all diese normalen, praktischen Dinge angeht, da hilft einem die Bibel nicht weiter. Da steht auch nicht drin, wie man einen verstopften Abfluss wieder freibekommt. Im täglichen Leben hilft einem die Bibel keinen Schritt weiter. Den Wein kann man einfach bis zum nächsten Mal aufbewahren, aber das Brot ... das macht mich noch wahnsinnig.« [...]

Um zwölf Uhr stand mein Großvater vor der Schule und wartete auf mich. Es war sonnig, aber kalt, er hatte einen großen, roten Schal um und trug eine Strickmütze. Als ich aus dem Gebäude kam, sagte er: »Es hat heute nacht Stein und Bein gefroren. Eine gute Gelegenheit, deine Mutter von dem Brot zu befreien, denn sie weiß nicht, was sie damit tun soll.«

»Was willst du denn damit machen?«

»Wir beide schaffen es zusammen fort«, sagte er, »wir gehen ins Vlietland und verfüttern es an die Wasservögel.« [...]

»Für uns habe ich auch etwas Brot mitgenommen«, sagte mein Großvater, »ehrliches Roggenbrot mit viel Butter drauf und dicken Scheiben Schinken dazwischen. Nur ungern würde ich von dem Abendmahlbrot essen.«

»Warum?« wollte ich wissen.

»Keine Ahnung«, sagte er, »irgendwie ist mir doch so, als sei etwas damit passiert.«

Maarten 't Hart

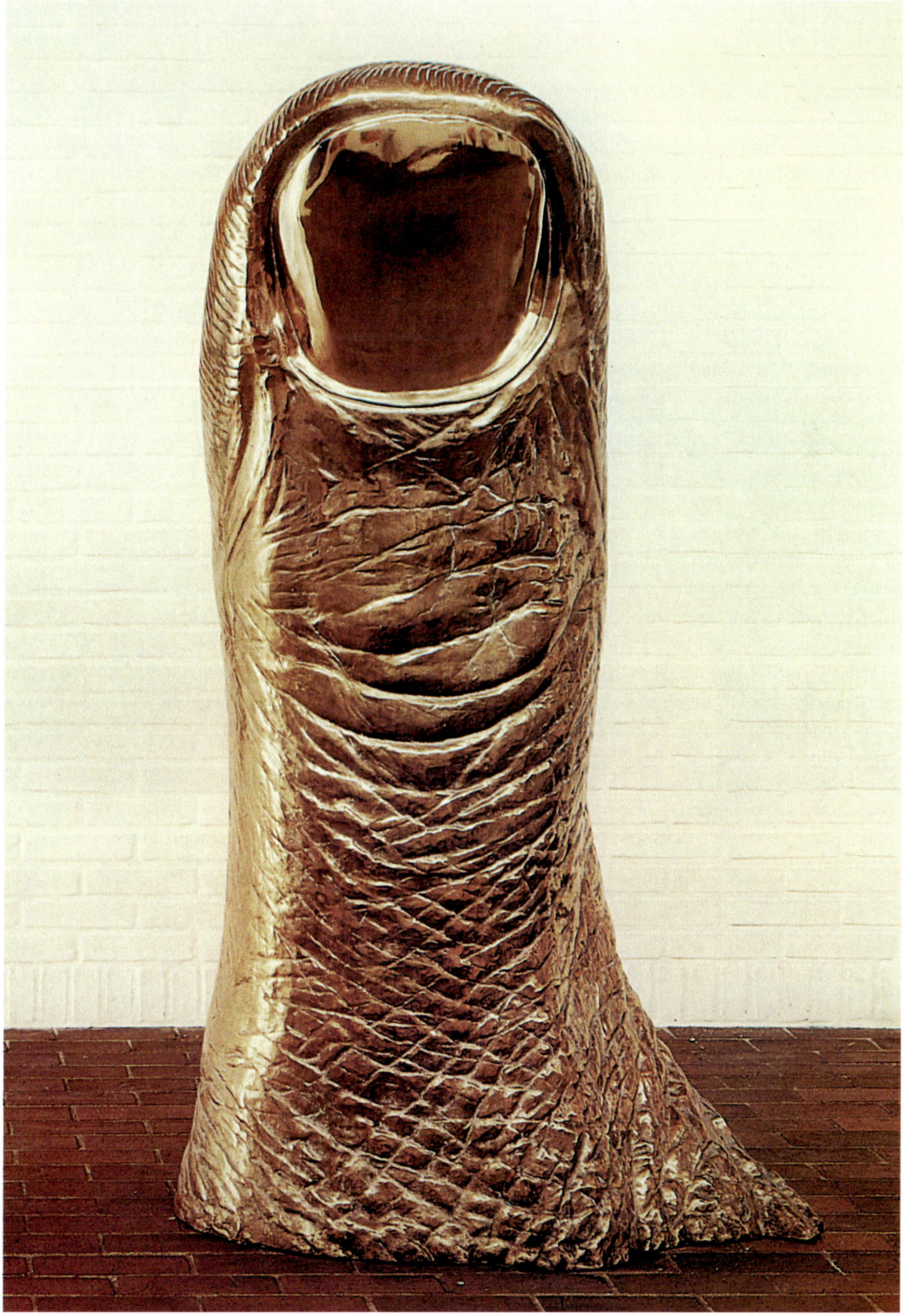

César, Le grand pouce, 1968

BACK-UP

Computerfreak Joe knackt alle Codes. Aber er will mehr: einen Rechner, der Gedanken liest und aufzeichnet. Da wird Hackergenie GoTo auf den jungen Mann aufmerksam und bittet ihn um seine Mitarbeit an einem neuen Programm. Es heißt BACK-UP und soll Mensch und Maschine verbinden. Joe sagt zu. Doch im selben Moment gerät er in den Bannkreis einer skrupellosen Geheimorganisation, die BACK-UP an sich bringen will und dabei auch vor Mord nicht zurückschreckt. In der folgenden Szene kommuniziert Joe an seinem Notebook mit GoTo, bis seine Freundin Nadja ins Zimmer kommt …

»… Sag mal, GoTo, du grinst so. Macht dir dein Tod nichts aus?«

»Schon. Andererseits ist doch der Tod absolut faszinierend.«

»Wie meinst du das?«

»Glaubst du an ein Leben nach dem Tod, Joe?«

»Äh, ich weiß nicht … schon irgendwie …«

»Ich habe bisher nicht dran geglaubt, und doch bin ich der lebende – lebende? – na ja, wie auch immer, Beweis. Ich lebe nach meinem Tod weiter. Alles Bilbao.«

Joe starrte ihn verständnislos an.

»Pass auf, Alter. Das Leben ist nur eine Frage des Bewusstseins, klar?«

»Klar, äh, nein.«

»Na ja, dein Gehirn gibt dir ein Bewusstsein. Das Bewusstsein zu leben, verstehst du das?«

»Ja, schon …«

»Das Gehirn ist aber nur ein Organ. Wenn der Mensch stirbt, erlischt das Bewusstsein. Wie ein Motor, dem der Saft ausgeht.«

»Das ist dann, als hätten wir nie gelebt.«

»Für andere, die uns kennen, leben wir schon weiter. Aber für uns selbst gilt Ende, Banane, Finito, Exitus. Wenn das Bewusstsein stirbt, gibt es kein Leben nach dem Tod.«

»Ja und?«

»Ein bisschen viel für dich, was? Mit BACK-UP konservierst du Erinnerungen. Sie sind für die Hinterbliebenen wie ein Fotoalbum. Besser noch: Sie können mit meinem Programm jedes Mal ihren verstorbenen Freund oder Angehörigen um Rat fragen.« Voller Stolz breitete GoTo seine Arme aus: »Das ist nicht nur eine sensationelle Erfindung, das ist beinahe Religion.« Er lachte.

»GoTo …«

»Was ist?«

»Du sagtest, sie können die Verstorbenen um Rat fragen.«

»Ja, und?«

»GoTo, wer hat dich getötet?«

GoTos Miene gefror.

»Mit wem sprichst du?«, fragte plötzlich eine Frauenstimme.

Joe fuhr erschrocken herum: »Ich habe dich gar nicht kommen hören.«

Nadja stand mit vollen Einkaufstüten hinter ihm. Joe sprang auf, um sie vom Notebook abzulenken. Aber sie schaffte es, die Tüten abzustellen und einen Bogen um Joe zu machen.

»Was ist das?«, fragte sie und starrte GoTo an, der sie anlächelte.

»Äh«, machte Joe.

»Hast du das gemacht?«

»Nun ja …«

»Ist das ein Spiel, das du programmierst?«

Verlegen nickte Joe ihr zu.

»Zeigst du mir, wie das geht?«

»Später vielleicht«, antwortete er.

Sie sprang auf. »Oh ja«, rief sie. »Ich räume nur schnell die Sachen weg, koche uns was, und dann legen wir los, okay?«

Joe sah, wie GoTo die Augen verdrehte.

»Du hast mir gar nicht gesagt, dass du eine Freundin hast«, sagte er amüsiert, als sich Joe wieder setzte.

»Sie ist nicht meine Freundin«, gab Joe trotzig zurück.

GoTo zwinkerte ihm zu: »Nicht? Die ist aber wirklich nett. Und ich glaube, sie mag dich.«

Thomas Feibel

→ WuK, S. 141/142

Keith Haring, Ohne Titel, 1984

→ WuK, S. 141/142

Gehirne im Tank

Man stelle sich vor, ein Mensch (du kannst dir auch ausmalen, dass du selbst es bist) sei von einem bösen Wissenschaftler operiert worden. Das Gehirn dieser Person (dein Gehirn) ist aus dem Körper entfernt worden und in einen Tank mit einer Nährlösung, die das Gehirn am Leben erhält, gesteckt worden. Die Nervenenden sind mit einem superwissenschaftlichen Computer verbunden worden, der bewirkt, dass die Person, deren Gehirn es ist, der Täuschung unterliegt, alles verhalte sich völlig normal. Da scheinen Leute, Gegenstände, der Himmel usw. zu sein, doch in Wirklichkeit ist alles, was diese Person (du) erlebst, das Resultat elektronischer Impulse, die vom Computer in die Nervenenden übergehen. Der Computer ist so gescheit, dass, wenn diese Person ihre Hand zu heben versucht, die Rückkopplung vom Computer her bewirkt, dass sie »sieht« und »fühlt«, wie die Hand gehoben wird. … Er kann auch die Erinnerung an die Gehirnoperation auslöschen, so dass das Opfer den Eindruck hat, immer schon in dieser Umwelt gelebt zu haben. Dem Opfer kann es sogar so scheinen, dass es dasitzt und diese Worte hier liest, die von der amüsanten, doch ganz absurden Annahme handeln, es gebe einen bösen Wissenschaftler, der den Leuten die Gehirne herausoperiert und sie in einen Tank mit einer Nährlösung steckt, durch die die Gehirne am Leben erhalten werden. Die Nervenenden sollen mit einem superwissenschaftlichen Computer verbunden sein, der bewirkt, dass die Person, deren Gehirn es ist, der Täuschung unterliegt, dass …

Statt eines einzigen Gehirns im Tank könnten wir uns auch vorstellen, dass alle Menschen (vielleicht alle fühlenden Wesen) Gehirne in einem Tank sind (bzw. Nervensysteme in einem Tank, für den Fall, dass einige Wesen mit nur minimalem Nervensystem bereits als »fühlend« gelten). Der böse Wissenschaftler müsste freilich draußen sein – oder etwa nicht? *Hilary Putnam*

Keith Haring, Untitled, 1984

→ WuK, S. 141/142

Die Wunscherfüllmaschine

Stellen Sie sich eine Maschine vor, die Ihnen jede beliebige Erfahrung (oder Folge von Erfahrungen) vermitteln könnte, die Sie sich wünschen würden. Wenn Sie an diese Erfahrungsmaschine angeschlossen sind, können Sie die Erfahrung haben, ein großes Gedicht zu schreiben oder den Weltfrieden herbeizuführen oder jemanden zu lieben und wiedergeliebt zu werden. Sie können die Empfindungsfreuden dieser Dinge erfahren, wie sie sich »von innen« anfühlen. Sie können Ihre Erfahrungen für den nächsten Tag oder die kommende Woche oder das kommende Jahr oder gar für den Rest des Lebens programmieren. Wenn Ihre Phantasie verarmt ist, können Sie die Bibliothek der Vorschläge benutzen, die aus Biographien ausgezogen und von Romanciers und Psychologen ergänzt worden sind. Sie können Ihre kühnsten Träume »von innen heraus« leben. Würden Sie sich dafür entscheiden, dies für den Rest Ihres Lebens zu tun? Wenn nicht, warum nicht?

Die Frage ist nicht, ob man die Maschine vorübergehend ausprobieren sollte, sondern ob man sich für den Rest seines Lebens hineinsetzen sollte.

Robert Nozick

Hans Hemmert, Unterwegs, 1996

→ WuK, S. 142/143

Sofies Entdeckung

Alberto stellt Sofie wichtige Philosophen mit ihren Fragestellungen vor. Heute ist der irische Philosoph George Berkeley an der Reihe. Zwischendrin erfahren wir immer auch etwas von Hilde und ihrem Vater, einem Major. Im folgenden Kapitel kommen erstmals Hilde und Sofie zusammen vor.

Alberto trat ans Fenster, und Sofie stellte sich neben ihn. Nach einer Weile sahen sie, wie ein kleines Propellerflugzeug über den Hausdächern auftauchte. Am Flugzeug war ein langes Banner befestigt. Sofie erwartete eine Reklame für ein großes Konzert oder so etwas auf dem Stück Stoff, das wie ein langer Schwanz hinter dem Flugzeug herflatterte. Aber als es näher kam, sah sie, dass dort etwas ganz anderes stand:

»HERZLICHEN GLÜCKWUNSCH ZUM 15. GEBURTSTAG, HILDE!«

»Aufdringlich«, war Albertos einziger Kommentar.

Dunkle Wolken wälzten sich von den Hügeln im Süden her auf die Stadt zu. [...]

»Wenn nur hinter dem Unwetter nicht auch der Major steckt.«

»Der ist doch wohl nicht allmächtig?«

Alberto gab keine Antwort. Er ging zum kleinen Tisch zurück und setzte sich in den Sessel.

»Wir müssen noch ein bisschen über Berkeley reden«, sagte er.

»George Berkeley war ein irischer Bischof, der von 1685 bis 1753 lebte«, begann Alberto, und dann sagte er lange Zeit nichts mehr.

»Dass die Welt eine physische Realität sei, zweifelte Berkeley an. Er sagt, das Einzige, was existiert, ist das, was wir empfinden.« [...]

»Quatsch! Sieh doch nur her!«

Jetzt schlug Sofie mit der Faust auf den Tisch.

»Au!« sagte sie, so hart hatte sie zugeschlagen. »Ist das denn kein Beweis dafür, dass der Tisch ein wirklicher Tisch und sehr wohl Materie oder Stoff ist.«

»Was hast du gespürt?«

»Etwas Hartes.«

»Du hattest eine klare sinnliche Empfindung von etwas Hartem, aber den eigentlichen *Stoff* im Tisch hast du nicht gespürt.« [...]

»Aber wenn es nicht der Tisch selber war, was hat mich dann dazu gebracht, es zu spüren?«

»Berkeley glaubte, dass alle unsere Ideen eine Ursache außerhalb unseres Bewusstseins haben, dass diese Ursache aber nicht stofflicher Natur ist. Sie ist, so Berkeley, aus Geist.«

Sofie kaute nun wieder an ihren Nägeln. Alberto fuhr fort: »Berkeley zufolge kann meine Seele Ursache meiner Vorstellung sein – wie wenn ich träume –, aber nur ein anderer Wille oder Geist kann Ursache der Ideen sein, die unsere materielle Welt ausmachen. Alles kommt von dem Geist, ›der alles in allem wirkt und durch den alles besteht‹, heißt es bei ihm.«

»Und was soll das für ein Geist sein?«

»Berkeley denkt natürlich an Gott. Er meinte, dass wir sogar behaupten könnten, die Existenz Gottes werde von uns deutlicher empfunden als die irgendeines Menschen.«

»Steht denn nicht einmal fest, dass wir existieren?«

»Naja ... alles, was wir sehen und fühlen, ist nach Berkeley eine Wirkung der Kraft Gottes. Denn Gott sei sozusagen intim in unserem Bewusstsein anwesend und rufe darin die ganze Vielfalt von Ideen und Empfindungen hervor, der wir ständig ausgesetzt sind. Die ganze Natur um uns herum und unser ganzes Dasein ruhen demnach in Gott. Er ist die einzige Ursache für alles, was existiert.« [...]

»Du hast gesagt, dass für Berkeley dieser Geist, in dem alles ruht, der christliche Gott ist.«

»Ja, das habe ich wohl. Aber für uns ...«

»Ja?«

»... für uns kann dieser Wille oder Geist, der alles bewirkt, auch Hildes Vater sein.«

Sofie verstummte. Ihr Gesicht war ein einziges großes Fragezeichen. Und gleichzeitig ging ihr jetzt etwas auf.

»Glaubst du das?«, fragte sie.

»Ich kann keine andere Möglichkeit sehen. Das ist vielleicht die einzige mögliche Erklärung für alles, was wir erlebt haben.« *Jostein Gaarder*

Alberto Giacometti, Der surrealistische Tisch, 1933

→ WuK, S. 144/145

Ich – Wir – Du

Brian Calvin, Don't be denied, 2000

Ich grüße sehnsüchtig den, der ich sein möchte

Ich bin mir schon im Klaren darüber, dass der Mensch von Natur aus nicht gut drauf ist. Darum kann ich tun, was ich will, am Ende kommt nichts Gutes dabei rum. Ich will zwar immer wieder das Gute tun, aber dann baue ich doch wieder Mist. Das, worauf ich eigentlich total keinen Bock habe, genau das mach ich. Wenn ich also immer wieder das tu, was ich eigentlich nicht will, ist das doch eindeutig diese negative Macht, das, was mich von Gott trennt, diese Sünde, die mich zum Schlechten verführt. So was passiert mir andauernd. Das, was gut ist, will ich eigentlich tun, aber stattdessen bau ich nur Mist. Ich selber in mir drin möchte das tun, was Gott von mir will. Und doch handle ich nach einem anderen Programm, das bei mir abläuft. Ich bin total darin gefangen, ich bin nicht frei davon. Ich fass es noch einmal zusammen: In mir drin will ich das tun, was Gott will, ich will nach seinem Programm und seinen Gesetzen leben. Aber so wie ich lebe, tu ich genau das Gegenteil und mach genau das, was mich von Gott fern hält. Hilfe! Wer wird mich aus dieser Zwickmühle befreien? Danke, Gott!! Jesus Christus hat uns da schon rausgeholt!

Römer 7,18–25 (nach der »Volxbibel«)

Mittsommertanz

Die Begutachtung des Äußeren ging vor der Spiegelkommode in der Kammer vor sich. Wenn Mutter draußen war und ich sicher sein konnte, dass sie eine Weile nicht hereinkommen würde, kippte ich den braunen Eichenrahmen in seiner Aufhängung nach vorn und klemmte die Haarbürste darunter, um den Spiegel in dieser Position zu befestigen. Alle drei Schwestern machten es so, zuerst Dora, dann Betty und nun ich. Genau wie ich es bei meinen Schwestern gesehen hatte, machte ich auf dem Linoleum einige Schritte rückwärts und versuchte, meinen Körper in voller Größe zu mustern, zuerst von vorn, dann von den Seiten und schließlich, mit Hilfe des Handspiegels, von hinten. Kritisch betrachtete ich Hintern, Brust und Hüften, zog ein oder streckte vor, je nach Bedarf. Manchmal zog ich einen unserer beiden Kammerstühle heran und stellte mich auf die Sitzfläche, hob den Rocksaum über die Knie und überprüfte die Beine. Ich probierte verschiedene Mienen aus: nahm die Brille ab, neigte den Kopf zur Seite, sah nachdenklich aus, schmunzelte, sperrte die Augen weit auf, nickte und schürzte die Lippen. Wenn ich genug Zeit hatte, steckte ich mir auf moderne Art die Haare hoch. Das heißt, ich kämmte die Haare straff vom Haaransatz im Nacken nach oben und versuchte, die Haarspitzen nach innen zu biegen und zu einer Wulst über der Stirn zu plustern, dann befestigte ich das straffe Haar am Hinterkopf mit ein paar braunen Kämmen, die ich Betty heimlich abgeluchst hatte. So übel sah ich gar nicht aus! Ich hielt den Rocksaum hoch und drehte mich hierhin und dorthin. Die Beine waren ganz hübsch. Und die Taille war schmal. Und der Hintern? Nee! Viel zu groß. Und die Nase? Hoffnungslos. Die Geschichte endete meistens damit, dass ich mir achselzuckend die Zunge rausstreckte. [...]

Natürlich kämpfte ich ab und zu einen Kampf mit meinem Gewissen und betete und quälte mich wegen meiner sündigen Phantasien ... Meist drehte es sich jedoch um Vorstellungen und Befürchtungen hinsichtlich meiner Wirkung in den Augen anderer. Ich sah sozusagen ein inneres Bild von mir, sah, wie ich mich über einen Fußboden oder eine Kiesfläche bewegte, wie ich ging, saß und stand. Ich konnte auch hören, wie es klang, wenn ich sprach, oft studierte ich Sätze ein, ganze Gespräche konnte ich zusammenphantasieren, wo jener so und so sagte und ich so und so antwortete, äußerst intelligent natürlich und möglichst treffend. Wenn ich zu Perssons Gemischtwarenladen oder zur Post radelte oder mich wegen irgendeiner anderen Besorgung unter die Leute im Dorf mischen musste, trug ich oft die Nase hoch. Ich wusste selbst, dass ich eingebildet aussah. (Die da, die glaubt, sie ist wer – pah!) Aber ich musste mich so benehmen, es war eine Art Verteidigung.

Elsie Johannson

Fünfzehn

Sie trägt einen Rock, den kann man nicht beschreiben, denn schon ein einziges Wort wäre zu lang. Ihr Schal dagegen ähnelt einer Doppelschleppe: lässig um den Hals geworfen, fällt er in ganzer Breite über Schienbein und Wade. (Wer hat vor zweieinhalb Jahren wissen können, dass solche Schals heute Mode sein würden.) Zum Schal trägt sie Tennisschuhe, auf denen jeder ihrer Freunde und jede ihrer Freundinnen unterschrieben haben. Sie ist fünfzehn Jahre alt und gibt nichts auf die Meinung uralter Leute – das sind alle Leute über dreißig. Könnte einer von ihnen sie verstehen, selbst wenn er sich bemühen würde? Ich bin über dreißig.

Wenn sie Musik hört, vibrieren noch im übernächsten Zimmer die Türfüllungen. Auf den Möbeln ihres Zimmers flockt der Staub.

Reiner Kunze

→ WuK, S. 145

Demian

In seinem Roman »Demian« erzählt der Schriftsteller Hermann Hesse in der Gestalt von Emil Sinclair von seiner Kindheit, in der er zwei ganz unterschiedliche »Welten« erlebte: die helle, lichte Welt des Elternhauses mit Morgenchoral, Tischgebet, Weihnachtsfesten und einer strengen, aber von Herzen kommenden Frömmigkeit; und auf der anderen Seite die »Gassenwelt« mit einer Flut von ungeheuren und furchtbaren, aber eben auch rätselhaften und verlockenden Dingen. Während seiner Konfirmandenzeit gewinnt er dann den etwas älteren Demian zum Freund, der ihm nochmals eine andere Welt und ein ganz neues Denken eröffnet. Den Brudermörder Kain etwa hält er für einen Helden.

Meine Gläubigkeit in den Fragen der Religion hatte inzwischen manche Lücken bekommen. Doch unterschied ich mich in meinem durchaus von Demian beeinflussten Denken sehr von denen meiner Mitschüler, welche einen völligen Unglauben aufzuweisen hatten. Es gab einige solche, und sie ließen gelegentlich Worte hören wie, dass es lächerlich und menschenunwürdig sei, an einen Gott zu glauben, und Geschichten wie die von der Dreieinigkeit und von Jesu unbefleckter Geburt seien doch einfach zum Lachen, und es sei eine Schande, dass man heute noch mit diesem Kram hausieren gehe. So dachte ich keineswegs. Auch wo ich Zweifel hatte, wusste ich doch aus der ganzen Erfahrung meiner Kindheit genug von der Wirklichkeit eines frommen Lebens, wie es etwa meine Eltern führten, und dass dies weder etwas Unwürdiges noch geheuchelt sei. Vielmehr hatte ich vor dem Religiösen nach wie vor die tiefste Ehrfurcht. Nur hatte Demian mich daran gewöhnt, die Erzählungen und Glaubenssätze freier, persönlicher, spielerischer, phantasievoller anzusehen und auszudeuten; wenigstens folgte ich den Deutungen, die er mir nahe legte, stets gern und mit Genuss. Vieles freilich war mir zu schroff, so auch die Sache wegen Kain. Und einmal während des Konfirmationsunterrichts erschreckte er mich durch eine Auffassung, die womöglich noch kühner war. Der Lehrer hatte von Golgatha gesprochen. Der biblische Bericht vom Leiden und Sterben des Heilandes hatte mir seit frühester Zeit tiefen Eindruck gemacht, manchmal als kleiner Knabe hatte ich, etwa am Karfreitag, nachdem mein Vater die Leidensgeschichte vorgelesen hatte, innig und ergriffen in dieser leidvoll schönen, gespenstigen und doch ungeheuer lebendigen Welt gelebt, in Gethsemane und auf Golgatha, und beim Anhören der Matthäuspassion von Bach hatte mich der düster mächtige Leidensglanz dieser geheimnisvollen Welt mit allen mystischen Schauern überflutet. Ich finde heute noch in dieser Musik den Inbegriff aller Poesie und alles künstlerischen Ausdrucks.

Nun sagte Demian am Schluss jener Stunde nachdenklich zu mir: »Da ist etwas, Sinclair, was mir nicht gefällt. Lies einmal die Geschichte nach und prüfe sie auf der Zunge, es ist da etwas, was fad schmeckt. Nämlich die Sache mit den beiden Schächern. Großartig, wie da die drei Kreuze auf dem Hügel beieinander stehen! Aber nun diese sentimentale Traktätchengeschichte mit dem biederen Schächer! Erst war er ein Verbrecher und hat Schandtaten begangen, weiß Gott was alles, und nun schmilzt er dahin und feiert solche weinerliche Feste der Besserung und Reue! Was für einen Sinn hat solche Reue zwei Schritt vom Grabe weg, ich bitte dich? Es ist wieder einmal nichts als eine richtige Pfaffengeschichte, süßlich und unredlich, mit Schmalz der Rührung und höchst erbaulichem Hintergrund. Wenn du heute einen von den beiden Schächern zum Freund wählen müsstest oder dich besinnen, welchem von beiden du eher Vertrauen schenken könntest, so ist es doch ganz gewiss nicht dieser weinerliche Bekehrte. Nein, der Andere ist's, der ist ein Kerl und hat Charakter. Er pfeift auf die Bekehrung, die ja in seiner Lage bloß noch ein hübsches Gerede sein kann, er geht seinen Weg zu Ende und sagt sich nicht im letzten Augenblick vom Teufel los, der ihm bis dahin hat helfen müssen. Er ist ein Charakter, und die Leute von Charakter kommen in der Bibel gern zu kurz. Vielleicht ist er auch ein Abkömmling von Kain. Meinst du nicht?«

Hermann Hesse

→ WuK, S. 145

Loretta Lux, The Wanderer, 2003

Am Überschnappen

Als ich fünfzehn Jahre alt war, da tauchten im Laufe des einen Jahres bereits alle abstrakten Fragen von der Bestimmung des Menschen, vom künftigen Leben, von der Unsterblichkeit der Seele vor mir auf; und mein schwacher kindlicher Geist mühte sich mit dem ganzen Feuer der Unerfahrenheit, die Fragen zu klären, deren bloßes Aufwerfen die höchste Stufe darstellt, die der menschliche Geist erreichen kann, deren Lösung ihm aber nicht gegeben ist. Diese Gedanken stellten sich meinem Geist mit einer solchen Klarheit und Eindringlichkeit vor, dass ich sogar versuchte, sie im Leben anzuwenden, in der Einbildung, ich hätte als erster diese großen und nützlichen Wahrheiten entdeckt.

Ich bildete mir ein, es gebe außer mir niemand und nichts in der ganzen Welt, die Dinge wären keine Dinge, sondern Bilder, die nur dann erscheinen, wenn ich sie beachte, und die sofort verschwinden, wenn ich aufhöre, an sie zu denken.

Es gab Augenblicke, wo ich unter dem Einfluss dieser fixen Idee den Wahnsinn so weit trieb, dass ich mich mitunter schnell umsah, in der Hoffnung, plötzlich das Nichts dort vorzufinden, wo ich nicht war. Meine Neigung zu abstrakten Betrachtungen hatte das Bewusstsein in mir so unnatürlich entwickelt, dass ich oft, wenn ich an die einfachsten Dinge dachte, in den geschlossenen Kreis der Gedankenanalyse geriet und dann nicht mehr an die Frage dachte, die mich beschäftigte, sondern an den Vorgang meines Denkens. Ich fragte mich: »Was denke ich?« und antwortete: »Ich denke, dass ich denke.« »Und was denke ich jetzt?« »Ich denke, dass ich denke, dass ich denke … Mein Verstand war am Überschnappen.«

Leo Tolstoi

Der große Spaß

Der Schriftsteller Thomas Mann erzählt, wie Jaakob auf Betreiben seiner Mutter Rebecca den Vater Isaak um das Erbe betrügt (1. Mose 27). Er erzählt aus der Perspektive Jaakobs (hebr. »Jaakov«, in deutschen Bibelübersetzungen: Jakob), sodann aber auch aus der Sicht Esaus.

Wenig später kehrte Esau heim mit einem jungen Steinbock, den er geschossen, – und nun war es gar lustig und grässlich geworden mit der Geschichte.

Jaakob hatte von dem, was folgte, mit eigenen Augen nichts gesehen noch etwas sehen wollen; er hielt sich damals verborgen. Aber vom Hörensagen kannte er alles genau und erinnerte sich, als sei er dabei gewesen.

Esau befand sich, da er zurückkehrte, noch in seinem Ehrenstande; von dem, was unterdessen sich zugetragen, wusste er schlechterdings nichts, denn so weit war die Geschichte für ihn nicht vorgerückt. In freudigem Dünkel und hochgebläht kam er daher, den Bock auf dem Rücken, den Bogen in haariger Faust, stolzierend, marschierend: er warf die Beine sehr hoch beim Schreiten und wandte finster strahlend den Kopf hin und her, ob man ihn auch sähe in seinem Ruhm und Vorrang, und begann schon von weitem wieder zu prahlen und großzureden, dass es ein Jammer und Jux war für alle, die es hörten. Denn sie liefen zusammen, die den bepelzten Jaakob zum Herrn hatten hineingehen und wieder herauskommen sehen, und auch, die es nicht selbst gesehen. Aber Esaus Weiber und Kinder kamen nicht dazu, obgleich er auch wieder aufrief, seiner Größe und Hoffart Zeuge zu sein.

Es liefen die Leute zusammen und lachten, wie er die Beine warf, und scharten sich um ihn in engem Kreise, zu sehen und zu hören, wie er's trieb. Denn er fing an, unter immerwährender Marktschreierei und großem Gehabe seinen Bock zu häuten, auszuweiden und zu zerlegen öffentlich, schlug Feuer, zündete Reisig an, hing den Kessel darüber und rief Befehle aus an die lachenden Leute: ihm zu bringen, wessen er sonst benötigte, sein Ehrengericht zu bereiten. »Haha und hoho, ihr Gaffer und Andächtige!« rief er aufschneiderisch. »Bringt mir die große Gabel her! Bringt mir saure Milch von der Zibbe, denn in Schafsmilch schmaust er's am liebsten! Bringt mir Salz vom Salzberge, ihr Faulenzer, Koriander, Knoblauch, Minze und Senfgewürz, ihm den Gaumen zu reizen, denn ich will ihn päppeln, dass ihm die Kraft aus den Poren bricht! Bringt mir auch Brot als Zukost, vom Mehle Scholet, Öl dazu aus gestoßener Frucht und geseihten Wein, ihr Tagediebe, dass mir in den Krug keine Hefe gerate, oder es soll euch der weiße Maulesel stoßen! Lauft und bringt! Denn es ist das Fest von Isaaks Atzung und Segen, Esau's Fest, des Sohnes und Helden, den der Herr geschickt hat, ein Wildbret zu jagen, ihm zur Mahlzeit, und den er segnen will drinnen im Zelte noch diese Stunde!«

So trieb er's weiter mit Mund und Hand, mit Haha und Haho und bombastischem Fuchteln und schallenden Blähreden von des Vaters Liebe zu ihm und von Rotpelzchens großem Tage, dass die Hofleute sich nur so bogen und krümmten und Tränen lachten und den eigenen Leib mit den Armen umschlangen vor Lachen. Aber da er gar abzog mit seinem Frikassee und es vor sich hertrug wie's Tabernakel und wieder so possenhaft die Beine warf, immerfort prahlend bis vor des Vaters Zelt, da schrien sie vor Jubel, klatschten und stampften und wurden dann still. Denn Esau sagte am Vorhang: »Ich bin's, mein Vater, und bringe dir, dass du mich segnest. Willst du, dass ich eintrete?« Und Isaaks Stimme kam heraus: »Wer ist's, der Ich sagt und will herein zum Blinden?« »Esau, dein Rauhrock, ist's«, antwortete dieser, »hat gejagt und gekocht zum Zwecke der Stärkung, wie du's befohlen.« »Du Narr und Räuber«, tönte es da. »Was lügst du vor mir? Esau, mein Erster, war längst schon da, hat mich gespeist und getränkt und hat den Segen dahin.« Da schrak Esau zusammen, dass er beinah die ganze Tracht hätte fallen lassen und die Rahmbrühe überschwang aus dem Topf vom Zucken und Zutappen und ihn besudelte. Die Leute johlten vor Lachen. Sie schüttelten die Köpfe, weil es allzu viel war der

→ WuK, S. 145/146

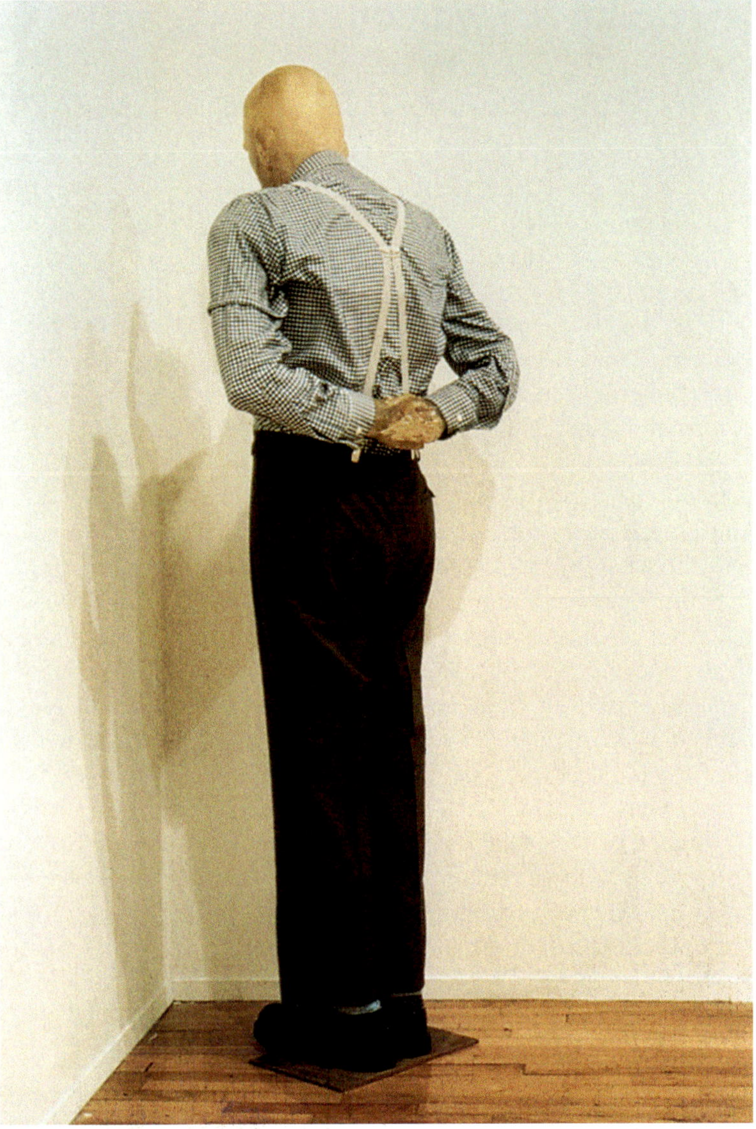

Martin Kippenberger, Martin, ab in die Ecke und schäm dich, 1989

Narretei, wischten sich mit den Fäusten das Wasser aus den Augen und schleuderten es zu Boden. Esau aber stürzte hinein in das Zelt, ungerufen, und dann war Stille, während welcher das Hofvolk draußen die Hände vor die Münder drückte und einander mit den Ellbogen stieß. Nicht gar lange aber, so gab es ein Gebrüll dort drinnen, ganz unerhörter Art, und Esau brach heraus, nicht rot, sondern veilchenblau im Gesicht und mit hocherhobenen Armen. »Verflucht, verflucht, verflucht!« schrie er aus Leibeskräften, wie man heute wohl rasch hervorstößt bei kleiner, ärgerlicher Gelegenheit. Doch damals und in des zottigen Esau Mund war es ein neuer und frischer Ruf, ursprünglichen Sinnes voll, denn er selbst war wirklich verflucht, statt gesegnet, und festlich betrogen, ein Volksspott wie keiner mehr. »Verflucht«, schrie er, »betrogen, betrogen und untertreten!« Und dann setzte er sich hin zu Boden und heulte mit lang heraushängender Zunge und ließ Tränen rollen, so dick wie Haselnüsse, während die Leute im Kreis um ihn standen und sich die Nieren hielten, so schmerzte sie der große Spaß, wie Esau, der Rote, geprellt ward um seines Vaters Segen.

Thomas Mann

→ WuK, S. 146

Ich wollte frei werden

Gegen Ende der neunten Klasse trat ich bei den Pfadfindern aus und ging auch kaum noch zur Schule. Den ganzen Tag lag ich, in Unterhemd und Unterhose, allein in meinem Zimmer auf dem Rücken, verschlang ein Buch nach dem anderen und vertilgte dabei Berge von Süßigkeiten, fast das einzige, was ich damals aß. Ich war bis über beide Ohren verliebt, tränenerstickt und völlig chancenlos verliebt in eine der Prinzessinnen meiner Klasse: Nicht eine bittersüße Jugendliebe wie in den Büchern, die ich las, in denen beschrieben wurde, wie die Seele zwar vor lauter Liebe schmerzt, aber auch über sich selbst hinauswächst und erblüht. Nicht so, sondern als hätte man mir mit einer Eisenstange auf den Kopf geschlagen, und – damit nicht genug – quälte auch der Körper mich ausgerechnet jetzt Tag und Nacht mit seinen unersättlichen Hässlichkeiten. Ich wollte frei werden, wollte mich ein für alle Mal von diesen beiden Feinden befreien, vom Leib und auch von der Seele. Ich wollte eine Wolke sein. Ein Stein auf dem Mond.

Jeden Abend rappelte ich mich von meinem Lager auf und lief zwei, drei Stunden durch die Straßen oder über das Ödland außerhalb der Stadt. Und manchmal zog es mich gerade zu den Stacheldrahtzäunen und Minenfeldern, die die Stadt teilten, und einmal war ich auf ein Stück Niemandsland geraten und trat im Finstern versehentlich auf eine leere Dose, die plötzlich lospolterte wie eine herabstürzende Steinlawine, und sofort fielen ganz nah zwei Schüsse im Finstern, und ich floh, lief weg, kehrte aber trotzdem am nächsten Tag und an den folgenden Tagen an den Rand des Niemandslands zurück, als wäre ich allem überdrüssig. Auch in die versteckten Wadis stieg ich hinab, in Ecken, von denen ich kein einziges Licht der Jerusalemer Häuser mehr sehen konnte, ringsum nur der Schatten der Berge und ein Meer von Sternen und der Duft von Feigen- und Olivenbäumen und durstiger Sommererde. Ich kam abends um zehn, um elf, um Mitternacht nach Hause, weigerte mich, zu erzählen, wo ich gewesen war, ignorierte die Lichtlöschzeiten, obwohl Vater sie bereits von neun auf zehn Uhr abends verschoben hatte, ignorierte all seine Vorhaltungen, reagierte nicht auf seine angestrengten Versuche, das Schweigen zwischen uns durch seine abgedroschenen Späßchen zu überbrücken: »Und wo, wenn wir nur untertänigst fragen dürfen, haben Eure Hoheit bis beinahe Mitternacht geweilt? Vielleicht hatten Euer Ehren ein Rendezvous? Mit einer schönen jungen Dame? Oder waren Eure Exzellenz womöglich zu einem Lustgelage im Palast der Königin von Saba geladen?«

Mein Schweigen ängstigte ihn sogar noch mehr als die Dornen, die sich in meiner Kleidung verhakt hatten, oder meine Schulverweigerung. Als Vater merkte, dass sein Zorn und seine Strafen nichts fruchteten, ging er zu kleinmütigen Sticheleien über und brummelte kopfschüttelnd: »Eure Hoheit will es so? Dann soll es eben so sein.« Oder: »Als ich in deinem Alter war, hatte ich das Gymnasium schon fast abgeschlossen. Kein leichtes Erholungsgymnasium wie eures! Ein klassisches Gymnasium! Mit eiserner Militärdisziplin! Mit Altgriechisch und Latein! Ich las schon Euripides und Ovid und Seneca im Original! Und was tust du? Liegst zwölf Stunden lang auf dem Rücken und liest Schund? Die Wochenzeitung *Haolam Hasé*? Comics? Eine Schande ist das! Ekelhaftes Zeug, nur für den Abschaum der Menschheit gedacht! Der Großneffe von Professor Klausner wird eines Tages noch als Nichtsnutz enden? Als Rowdy?«

Zum Schluss verwandelte sich sein Sarkasmus in Traurigkeit. Am Frühstückstisch sah Vater mich einen Moment mit traurigen braunen Hundeaugen an, und schon wich sein Blick meinem aus und vergrub sich tief hinter seiner Zeitung. […]

Schließlich unterbreitete mir Vater schweren Herzens einen Kompromissvorschlag: Freunde im Kibbuz Sde Nechemja, im nördlichen Galiläa, seien bereit, mich während der Sommermonate als Gast aufzunehmen, damit ich dort in der Landwirtschaft arbeiten und das Zusammenleben mit Gleichaltrigen bei der Gemeinschaftsunterbringung ausprobieren könne. Um zu sehen, ob es etwas für mich sei. Oder nicht.

Amos Oz

→ WuK, S. 146

Justine Kurland, The Mud Puddle, 2001

Wir sind eben keine Babys mehr

Früher habe ich meine Familie bei weitem nicht so aufmerksam beobachtet. Früher spielte ich einfach mit meinem Baukasten unter dem Tisch und aufgrund der dort vorhandenen Beine wusste ich, dass alle, die sich um mich zu kümmern hatten, zu Hause waren. Mein Vater schien irgendwie größer als heute, meine Mutter war jederzeit bereit, mit mir zu schmusen, ja sogar meine Schwester Lenka war so fröhlich und hübsch wie Terezka von nebenan. Jetzt aber, wo ich genauer hinschaue, finde ich: Sie sind alle drei anders geworden. Manchmal fürchte ich, dass ich nach Hause komme und dort drei mir völlig unbekannte Personen vorfinde, die behaupten, sie seien mein Vater, meine Mutter und meine Schwester.

»Ach wo, Karlík«, sagte jüngst mein Uropa, »die sind nicht anders geworden, sondern du bist älter geworden.«

Was der Urgroßvater damit sagen wollte, habe ich zunächst nicht begriffen, erst mein schlauer Kumpel Jarda hat mich aufgeklärt: »Mensch, wir sind eben keine Babys mehr, verstehst du? Wir lassen uns nicht mehr für dumm verkaufen, wir sehen, was wirklich läuft.« [...]

Manchmal, ja sogar meistens, kenne ich mich mit meiner Mutter nicht aus. Ist sie gut gelaunt oder böse, nett oder streng, schön oder hässlich? Früher, als ich noch ihr liebster Karlík war, stellte ich mir solche Fragen nie, aber jetzt ist sie tatsächlich für mich nicht nur meine Mutter, sondern auch eine fremde Frau, die ich mit anderen Augen betrachte; ich sagte das schon mal, glaube ich. Ich schäme mich sogar deswegen. [...]

Schade, dass das Großwerden nicht etwas wie Mumps sein kann – man hätte zwei Wochen lang seinen Ärger damit, man würde ein paar bittere Pillen schlucken und das wäre es dann. Alle könnten sich richtig freuen, dass ich so schnell erwachsen geworden bin. Aber wie ich das Leben kenne, wird sich die Sache elend in die Länge ziehen.

Sheila Och

→ WuK, S. 146

Gemeinschaft

Wir sind fünf Freunde, wir sind einmal hintereinander aus einem Haus gekommen, zuerst kam der eine und stellte sich neben das Tor, dann kam oder vielmehr glitt so leicht, wie ein Quecksilberkügelchen gleitet, der zweite aus dem Tor und stellte sich unweit von dem ersten auf, dann der dritte, dann der vierte, dann der fünfte. Schließlich standen wir alle in einer Reihe. Die Leute wurden auf uns aufmerksam, zeigten auf uns und sagten: Die fünf sind jetzt aus diesem Haus gekommen. Seitdem leben wir zusammen, es wäre ein friedliches Leben, wenn sich nicht immerfort ein sechster einmischen würde. Er tut uns nichts, aber er ist uns lästig, das ist genug getan; warum drängt er sich ein, wo man ihn nicht haben will. Wir kennen ihn nicht und wollen ich nicht bei uns aufnehmen. Wir fünf haben zwar früher einander auch nicht gekannt, und wenn man will, kennen wir einander auch jetzt nicht, aber was bei uns fünf möglich ist und geduldet wird, ist bei jedem sechsten nicht möglich und wird nicht geduldet. Außerdem sind wir fünf und wir wollen nicht sechs sein. Und was soll überhaupt dieses fortwährende Beisammensein für einen Sinn haben, auch bei uns fünf hat es keinen Sinn, aber nun sind wir schon beisammen und bleiben es, aber eine neue Vereinigung wollen wir nicht, eben auf Grund unserer Erfahrungen. Wie soll man aber das alles dem sechsten beibringen, lange Erklärungen würden schon fast eine Aufnahme in unsern Kreis bedeuten, wir erklären lieber nichts und nehmen ihn nicht auf. Mag er noch so sehr die Lippen aufwerfen, wir stoßen ihn mit dem Ellbogen weg, aber wir mögen ihn noch so sehr wegstoßen, er kommt wieder.

Franz Kafka

Franz Kafka, Vater und Sohn

Sebastian Hammwöhner, Uwe Henneken, Dani Jakob, Gabriel Vormstein, *Corriger la fortune,* 2000

You'll never walk alone

When you walk through the storm
Hold your head up high
And don't be afraid of the dark.
At the end of the storm
Is a golden sky
And the sweet, silver song of the lark.
Walk on, through the wind,
Walk on, through the rain,
Though your dreams be tossed and blown
Walk on, walk on with hope in your heart,
And you'll never walk alone,
You'll never walk alone …

Richard Rodgers/Oscar Hammerstein

→ WuK, S. 147

Nicht dazugehören

Der aus Südafrika stammende Schriftsteller John M. Coetzee berichtet in seinem Buch »Der Junge« – in der »Er-Form« – über seine eigene Kindheit in seinem Heimatland. Die Familie ist von Kapstadt in das nicht weit entfernte Städtchen Worcester gezogen. Er (»der Junge«) besucht nun eine neue Schule.

Das große Geheimnis seines Schullebens, das Geheimnis, das er keinem zu Hause verrät, besteht darin, dass er römisch-katholisch geworden ist, dass er tatsächlich römisch-katholisch »ist«. Das Thema lässt sich zu Hause schlecht zur Sprache bringen, weil ihre Familie »nichts« ist. Sie sind natürlich Südafrikaner, doch das Südafrikanertum ist weniger peinlich, und man spricht deshalb nicht darüber, weil nicht jeder, der in Südafrika lebt, Südafrikaner ist, jedenfalls kein richtiger Südafrikaner. Der Religion nach sind sie ganz bestimmt nichts. Nicht einmal in der Familie des Vaters, die viel normaler und zuverlässiger ist als die der Mutter, geht irgendeiner in die Kirche. Er selbst ist nur zweimal im Leben in einer Kirche gewesen: einmal, um getauft zu werden, und einmal, um den Sieg im Zweiten Weltkrieg zu feiern.

Die Entscheidung, römisch-katholisch zu »sein«, geschah ganz spontan. Am ersten Morgen in der neuen Schule werden er und die drei anderen neuen Schüler zurückgehalten, während die übrige Klasse zur Morgenandacht in die Aula geführt wird. »Welcher Konfession bist du?« fragt die Lehrerin jeden von ihnen. Er blickt nach rechts und nach links. Wie lautet die richtige Antwort? Was gibt es für Konfessionen zur Auswahl? Ist es wie bei Russen und Amerikanern? Jetzt ist er an der Reihe. »Welcher Konfession bist du?« fragt die Lehrerin. Er schwitzt, er weiß nicht, was er sagen soll. »Bist du christlich oder römisch-katholisch oder jüdisch?« fragt sie ungeduldig. »Römisch-katholisch«, sagt er.

Als die Befragung vorbei ist, wird ihm und einem anderen Schüler, der sich als jüdisch bezeichnet hat, bedeutet, dazubleiben; die zwei, die gesagt haben, sie seien christlich, gehen fort zur Andacht. Sie warten ab, was passiert. [...] Dann läutet es zum Ende der Morgenandacht. Die übrigen Schüler marschieren in Reihen aus der Aula, eine Klasse nach der anderen. Einige scheinen schlechter Laune zu sein. »*Jood*« zischt ihn ein Afrikanerjunge im Vorbeigehen an: Jude! Als sie sich wieder ihrer Klasse anschließen, lächelt keiner. Die Episode beunruhigt ihn. Er hofft, dass man ihn und die anderen neuen Schüler noch einmal zurückhält und auffordert, neu zu wählen. Dann kann er, der offensichtlich einen Fehler gemacht hat, sich korrigieren und Christ sein. Doch es gibt keine zweite Gelegenheit.

Zweimal die Woche wiederholt sich die Trennung der Schafe von den Geißböcken. Während Juden und Katholiken sich selbst überlassen bleiben, gehen die Christen zur Morgenandacht, singen Kirchenlieder und bekommen eine Predigt zu hören. Als Rache dafür, und als Rache für das, was die Juden Christus angetan haben, fangen die Afrikaanerjungen – groß, brutal, bullig – manchmal einen Juden oder einen Katholiken und boxen ihm in den Bizeps, kurze, tückische Schläge mit den Knöcheln, oder stoßen ihm die Knie in die Eier oder drehen ihm die Arme auf den Rücken, bis er um Gnade fleht. »*Asseblieff!*« wimmert der Junge: Bitte! »*Jood!*« zischen sie zur Antwort: »*Jood! Vuilgoed!*« Jude! Dreck!

Eines Tages nehmen ihn zwei Afrikaanerjungen in der Pause in die Zange und zerren ihn in die entlegenste Ecke des Rugbyfeldes. Einer von ihnen ist sehr groß und fett. Er fleht sie an. »*Ek is nie'n Jood nie*«, sagt er. Ich bin kein Jude. Er bietet ihnen an, dass sie sein Fahrrad benutzen dürfen, bietet ihnen das Fahrrad für den Nachmittag an. Je mehr er plappert, desto breiter grinst der Fette. Das mag er offensichtlich: das Flehen, die Erniedrigung. Der Fette holt etwas aus seiner Hemdtasche hervor, etwas, was allmählich erklärt, warum er in diesen ruhigen Winkel gezerrt worden ist: eine sich windende grüne Raupe. Der Freund dreht ihm die Arme auf den Rücken; der Fette presst auf seine Kiefergelenke, bis sich sein Mund öffnet, dann stopft er ihm die

→ WuK, S. 147

Jonas Burgert, Lotsucht, 2007

Raupe in den Mund. Er spuckt sie aus, sie ist schon beschädigt, sondert schon ihre Körpersäfte ab. Der Fette zerquetscht sie und schmiert sie ihm über die Lippen. »*Jood!*« sagt er und wischt sich die Hände im Gras ab.

Er hatte sich an diesem schicksalsträchtigen Morgen für römisch-katholisch entschieden wegen Rom, wegen Horatius und seinen beiden Kameraden, die mit Schwertern in der Hand, verzierte Helme auf dem Kopf, unbezähmbaren Mut im Blick, die Brücke über den Tiber gegen die etruskischen Horden verteidigten. Jetzt entdeckt er nach und nach durch die anderen katholischen Schüler, was römisch-katholisch wirklich bedeutet. Römisch-katholisch hat nichts mit Rom zu tun. Römisch-katholische Christen kennen Horatius nicht einmal vom Hörensagen. Römisch-katholische Christen gehen Freitagnachmittags zum Katechismus; sie gehen zur Beichte; sie empfangen die Kommunion. Das machen die römisch-katholischen Christen.

Die älteren katholischen Schüler nehmen ihn beiseite und fragen ihn aus: Ist er zum Katechismus gewesen, ist er zur Beichte gewesen, hat er die Kommunion empfangen? Beichte? Kommunion? Er weiß nicht einmal, was die Worte bedeuten. »Früher in Kapstadt bin ich hingegangen«, weicht er aus. »Wo?« fragen sie. Er kennt keine Kirche in Kapstadt mit Namen, doch sie auch nicht. »Komm am Freitag zum Katechismus«, befehlen sie ihm. Als er nicht erscheint, informieren sie den Priester, dass es einen Apostaten (Abtrünnigen) gibt. Der Priester schickt eine Botschaft, die sie übermitteln: Er muss zum Katechismus kommen. Er hat den Verdacht, dass sie die Botschaft selbst erfunden haben, doch am nächsten Freitag bleibt er zu Hause und im Bett. *John M. Coetzee*

 → WuK, S. 147/148

Kussentfernung sozusagen

Wir sahen uns in die Augen. Ihre Augen sahen so schön aus. Ich hätte ihr das gerne gesagt. Aber dazu gehörte Mut. Den hatte ich nicht. Es war was anderes als einer aus der Klasse zu sagen: »Deine Haare sind toll!«

»Aber wie sonst?«, grinste Julia. Sie sah immer noch etwas verkrampft aus. »Es geht nun mal nicht anders. Wenn du eine family willst, musst du leider auch einen Mann in Kauf nehmen, oder?«

Jetzt grinsten wir beide. Irgendwie machte es stark, so zu tun, als brauchten wir die Männer nicht. Als wollten wir sie nicht. Überhaupt nicht.

»Melanie redet immer davon, dass sie sich die Pille verschreiben lassen will«, sagte ich. »Dabei hat sie nicht mal einen festen Freund. Aber verliebt ist sie ständig. Ich kann mir die ganzen Namen gar nicht merken. Jede Woche ein anderer. Sie sagt, sie will für den ›Ernstfall‹ gerüstet sein.«

»Als wenn das einfach so plötzlich passiert.« Julia runzelte die Stirn und kroch zu mir unter die Decke. »Seltsame Vorstellung.«

»Selbstbestimmung ist nicht gerade ihre Stärke«, erwiderte ich. Dann fiel mir ein, dass ich von meiner besten Freundin sprach. Es würde Melanie bestimmt nicht gefallen, wenn sie wüsste, dass ich so über sie sprach. [...]. Ich wandte den Kopf auf dem Kissen und sah Julia an. Ihr Gesicht war höchstens dreißig Zentimeter von meinem Mund entfernt. Natürlich auch von meiner Nase und von meinen Augen. Aber in diesem Moment war nur der Mund wichtig. – Kussentfernung sozusagen, wie in der Szene von Romeo und Julia.

Ich erschrak und drehte schnell den Kopf weg. Trotzdem hatte ich ihr Gesicht genau vor mir: die kleine Narbe an der Schläfe, die wild gelockten Strähnen am Haaransatz. Und dieses dumme Gefühl ging nicht wieder weg. Ein wahnsinniges Kribbeln und Ziehen. Ich konnte es selber nicht fassen, aber es war einfach so: Ich hätte sie am liebsten geküsst!

Julia merkte von meinem inneren Wirbelsturm nichts. Sie fragte: »Du hast also noch nicht ...?«

»Nein.« Ich musste lachen. »Hätte gar nicht gewusst, mit wem.«

Julia lachte nicht. Sie lag steif wie ein Brett. »Ich schon.«

Das Lachen blieb mir im Halse stecken. Ich starrte zur Zimmerdecke. Plötzlich waren Hunderte Fragen in mir: Wer war es? Kenne ich ihn? Wo? Wie oft? Wie schön? Alles Fragen, die ich hätte stellen können. Aber ich konnte und wollte nicht. Am liebsten hätte ich so getan, als hätte sie nichts davon gesagt.

Das Kribbeln war weg. Dafür tat mir an der gleichen Stelle etwas weh. Ich legte meine Hand hin. Aber davon wurde es nicht besser.

Melanie würde sich wahrscheinlich schwarz ärgern, wenn sie das erführe. Julia Endemann hatte es vor ihr getan.

Wir schwiegen ziemlich lange. Mein Magen rumorte. Julia bekam einen Schluckauf.

»Geschockt? – hick«, fragte sie irgendwann. Sehr viel länger hätte ich es auch nicht mehr ausgehalten.

»Meine Güte, nein«, brummelte ich. »Ich würde es wohl auch tun, wenn ...«

»... wenn?«

Ich fühlte mich ganz furchtbar, wollte das Licht ausmachen, mich umdrehen und einschlafen.

Julia schob unter der Decke ihre Hand näher und stupste mich sanft in die Seite.

»Ich glaube an so etwas wie Liebe«, antwortete ich etwas widerspenstig. »Ich war noch nie verliebt. Aber irgendwie glaube ich dran. Und wenn ich es tun würde, dann nur aus Liebe.«

»Das war es – hick – bei mir.«

Mirjam Müntefering

Hernan Bas, The Great Fall, 2005

→ WuK, S. 148

Liebe auf den ersten Blick
Die Geschichte von Jakob und Rahel

Von allen biblischen Helden gibt es nur einen, den ich beneide: Jakob. Nicht etwa, weil er so viele Schafe besaß oder weil er der Vater der zwölf Stämme Israels war. Nein. Ich beneide ihn um sein Erlebnis am Brunnen im Land der Söhne des Ostens, die erste Begegnung mit Rahel, in die er sich unsterblich verliebte. Jeder Mann, den je Unsicherheit und Selbstzweifel gequält haben, wie er sich seiner Angebeteten am klügsten nähern soll, weiß, wovon ich spreche, und kann meine Neidgefühle bestimmt nachvollziehen.

In der Steinzeit erlegte, wer auf Freiersfüßen wandelte, einen Bären, um die Auserwählte zu beeindrucken. Heutzutage erwarten uns weniger gefährliche, dafür aber weit lächerlichere Manöver. Wir müssen Erfolge vor uns hertragen, mit Humor glänzen, pseudointellektuelle Pfauenräder schlagen, die Namen von berühmten Bekannten in die Unterhaltung einfließen lassen, allzeit unsere Intelligenz unter Beweis stellen. Jeder, der sich an das sprühende Wortfeuerwerk, den Schwall von Floskeln und klugen Zitaten erinnert, die er während einer ersten Begegnung vom Stapel gelassen hat, muss Jakob einfach um seine erste Begegnung mit Rahel beneiden.

Jakob hatte sich nach dem fernen Haran im Osten aufgemacht, wo die Familie seiner Mutter lebte. An einem Brunnen im Land der Söhne des Ostens begegnete er Hirten, die ihre Herden zur Tränke trieben. Um das Kleinvieh zu tränken, erklärten sie ihm, müssten sie den Stein über der Brunnenöffnung mit vereinten Kräften wegwälzen. Größe und Gewicht des Steins stellten sicher, dass keiner ihn allein abnehmen konnte, um seine Herde unrechtmäßig zu tränken, sich mehr als den ihm zustehenden Anteil an dem kostbaren Nass zu nehmen. Just in dem Augenblick kam eine hübsche Schäferin hinzu, und die Schäfer eröffneten Jakob, dies sei seine Cousine Rahel. Da erblickte er zum ersten Mal das junge Mädchen, das seine große Liebe und schließlich seine Frau werden sollte. Zwischen Jakob und Rahel entspann sich eine Liebesgeschichte, wie es sie nur selten gibt.

Als die anmutige junge Frau am Brunnen auftauchte, wurde Jakob von heftigen Gefühlen der bekannten Art erfasst. Sie bewogen ihn zu einer Tat, die wir eher dem starken Helden Samson zugetraut hätten als dem bescheidenen Zeltbewohner aus dem Lande Kanaan: »... da trat Jakob hinzu und wälzte den Stein von der Brunnenöffnung und tränkte das Kleinvieh Labans, des Bruders seiner Mutter. Und Jakob küsste Rahel und erhob seine Stimme und weinte.« (1. Mose 29,10–11)

Zweifellos versetzte Jakob mit diesem beachtlichen Kraftakt sämtliche Anwesenden in Staunen, insbesondere aber Rahel, die zu diesem Zeitpunkt noch nicht wusste, dass der großartige Fremde der Sohn ihrer Tante Rebekka aus dem Heiligen Land war.

Zu ihrer Verwunderung begnügt sich der Unbekannte nicht etwa mit dem Öffnen des Brunnenlochs, sondern tränkt auch noch flugs Rahels Schafe. Und während sie, seine Körperkraft bewundernd, wie festgenagelt da steht, springt der Fremde zu ihr hin und gibt ihr vor versammelter Korona einen leidenschaftlichen Kuss.

Selbst heute wird sich kaum jemand gleich bei der ersten Begegnung so weit vorwagen; dergleichen gehört sich einfach nicht, bevor man besser miteinander vertraut ist.

Doch beachte man Jakobs cleveres Vorgehen: Zuerst bringt er in Erfahrung, wer Rahel ist, dann wälzt er im Alleingang den Stein beiseite, tränkt die Herde, küsst Rahel und bricht in Tränen aus – und erst danach stellt er sich ihr als Cousin aus Kanaan vor.

Der alte Knigge hätte dieses äußerst merkwürdige Benehmen bestimmt nicht gutgeheißen. Aber in Jakobs Fall erwies es sich als goldrichtig, um Rahels Herz zu erobern. Hätte Jakob nämlich die Regeln der einschlägigen Benimm-Lexika befolgt und sich erst einmal höflich vorgestellt, wäre der ganze Überraschungseffekt dahin gewesen.

Meir Schalev

Übersetzung aus dem Hebräischen: Ruth Melcer

Kaye Donachie, Early Morning Hours of the Night, 2003

ER
Du bist schön wie keine andere,
dich zu lieben macht mich glücklich!
Schlank wie eine Dattelpalme
ist dein Wuchs, und deine Brüste
gleichen ihren vollen Rispen.
Auf die Palme will ich steigen,
ihre süßen Früchte pflücken,
will mich freun an deinen Brüsten,
welche reifen Trauben gleichen.
Deinen Atem will ich trinken,
der wie frische Äpfel duftet,
mich an deinem Mund berauschen,
denn er schmeckt wie edler Wein …

SIE
… der durch deine Kehle gleitet,
dich im Schlaf noch murmeln lässt.
Nur ihm, meinem Liebsten, gehör ich
und mir gilt sein ganzes Verlangen!
Komm, lass uns hinausgehn, mein Liebster,
die Nacht zwischen Blumen verbringen!
Ganz früh stehn wir auf, gehen zum Weinberg
und sehn, ob die Weinstöcke treiben,
die Knospen der Reben sich öffnen
und auch die Granatbäume blühen.
Dort schenke ich dir meine Liebe!
Kannst du den Duft der Liebesäpfel spüren?
Vor unsrer Tür ist köstlich süßes Obst,
die allerbesten Früchte, alt und neu,
für dich, mein Liebster, sind sie aufbewahrt!

Hoheslied 7,7-14

→ WuK, S. 149–151

Amos

Egon Schiele, Der Prophet, 1911

Ernst Barlach, Zorniger Prophet, 1918/19

Was ist ein Prophet?

»Nach biblischem Verständnis ist der Prophet ein Mensch, den Gott berufen hat, sein Sprecher zu sein und in konkreten Situationen mit seines Gottes Botschaften vor einzelne Menschen oder ganz Israel zu treten. Das prophetische Wort kann dabei mahnen, warnen oder trösten, Heil oder Gottes Gericht aussagen.«
Calwer Bibellexikon

»Der Prophet mit seinem Ruf zur Umkehr, zur Erneuerung und mit seinem Protest gegen die herrschenden Zustände und nicht zuletzt gegen das Priestertum kommt dem Reformator sehr nahe.« *W. Klein*

»Propheten sind Denker.« *Klaus Koch*

»Propheten sind Charismatiker.« *Max Weber*

Propheten sind Rufer und Berufene.
Wortbedeutung von hebräisch »nabi«.

»Propheten sind manchmal wie Journalisten.«
K. Ruppel

»Propheten sind Narren, denn wie der Narr, so muss der Prophet außerhalb der guten Gesellschaft stehen, muss sie von der Seite betrachten, um das Nicht-Selbstverständliche ihrer Selbstverständlichkeit, das Nicht-Endgültige ihrer Endgültigkeit herauszufinden.« *L. Kolakowski*

→ WuK, S. 151

Mit wem ist Gott – König oder Prophet?

Die Worte, die Amos, ein Schafzüchter aus Tekoa, in Visionen über Israel gehört hat, in der Zeit, als Usija König von Juda und Jerobeam, der Sohn des Joasch, König von Israel waren, zwei Jahre vor dem großen Erdbeben. *Amos 1,1*

Die Sonne hatte den Tau noch nicht aufgesogen, als sich vor dem Omritor schon eine große Volksmenge einfand. Heute war Samarias großer Tag. Heute war das Siegesfest. … Trompetensignale. Marschtritte. Immer stärkere Signale. Die erste Heeresabteilung kommt zum Omritor heraus. »Oh! Oh!« Ein Jubelschrei. »Das sind die ›Schnellen‹.« – In Sechserkolonnen marschieren sie zum Appellplatz. »Die haben den Aramäern das Laufen gelehrt!« … Dann kamen die Bogenschützen. Und jetzt hörte man Pferdegetrappel. Reiterabteilungen trabten heran.

Und dann bewundernde Ausrufe: »Der König! Der König!« – »Und der Kronprinz!« Zwei Knechte führten die Pferde, die den königlichen Wagen zogen. Der König stand hoch aufgerichtet neben dem Wagenlenker. Er trug einen gelben Umhang mit einer breiten, roten Borte. Auf dem Haupte des Königs saß eine nach oben zulaufende Krone. Unter ihr erschien das schmale Gesicht Jerobeams II. Backenbart und Kinnbart schlossen es ein. Antlitz und Gestalt des Herrschers strahlten Selbstbewusstsein aus. Er war der Enkel Jehus, der als Feldhauptmann vor Ramoth in Gilead von einem Gesandten des Propheten Elisa zum König über Israel gesalbt worden war. Somit war seine Herrschaft und auch die seines Enkels im Willen Gottes begründet. Jerobeam II. war stolz auf den Begründer der Dynastie. Er brauchte sich vor ihm nicht zu schämen – im Gegenteil! Kein Herrscher der Dynastie Jehu, ja kein König Israels vor ihm, konnte solche Erfolge aufweisen wie er. Darum jubelte ihm das Volk zu: »Es lebe der König! Es lebe der Gesalbte des Herrn!« Dass er das war, das gab auch den einfältigen Menschen in der unsteten und unsicheren Zeit Sicherheit. Und die Dynastie hört mit ihm nicht auf. Hinter dem König fuhr Sacharja, der Kronprinz. – Der Wagen hielt.

Rasch stieg der König aus und eilte die Stufen der Tribüne hinauf zum Thron. Er setzte sich. Der Jubel des Volkes ging in die feierlichen Klänge eines Psalms über, den der Priesterchor anstimmte:

»Der Herr erhöre dich!
Der Name des Gottes Jakobs beschütze dich!
Er gedenke all deiner Speisopfer,
er gebe dir, was dein Herz begehrt,
und lasse alle deine Pläne gelingen.
Wir jauchzen über deinen Sieg.«

Der Oberpriester Cohen verließ seinen Platz auf der Tribüne und stieg herab. Er zelebrierte vor dem Altar in der Mitte des Festplatzes das Dankopfer. Feierliches Schweigen. Der Opferrauch stieg auf. Der Chor stimmte den Dankpsalm an:

»Danket dem Herrn, denn er ist freundlich
und seine Güte währet ewiglich!«
Der Oberpriester fuhr allein fort:
»Es sage nun Israel:
›Seine Güte währet ewiglich!‹«
Das Volk sang:
»Seine Güte währet ewiglich!«
Amos schwieg. Er hörte:
»Reif zum Ende ist mein Volk Israel.
Ich will ihm nicht länger vergeben.«

Hermann Koch

→ WuK, S. 151/152

Uwe Pfeifer, Feierabend, 1977

Gerechtigkeit erhöht ein Volk. Armut muss bekämpft werden

Maler gibt es wie Sand am Meer. Vor fünf Jahren habe ich meine Gesellenprüfung als Lackierer und Maler in einer überbetrieblichen Ausbildung in Schwerin abgelegt. Nach der Bundeswehr und drei Monaten Arbeitslosigkeit bekam ich einen Vertrag bei einer Firma für Oberflächentechnik in Schwerin. Ich habe dort Flugzeugdüsen von Airbus und Lufthansa sandgestrahlt. Als aber dann kurz vor Weihnachten 2002 die Aufträge ausblieben, wurde ich entlassen. Eine feste, dauerhafte Stelle habe ich bislang nicht gefunden.

Das Schlimmste an der Arbeitslosigkeit ist zuhause herumzusitzen. Überall, wo du gerne hingehen möchtest, kostet es Geld, das du nicht hast. So bleibt das Fernsehen, und es staut sich ein Frust an. Der entlädt sich dann an Leuten, die gar nichts dafür können. Den meisten meiner Freunde geht es wie mir: Sie haben keinen richtigen Job und hängen den ganzen Tag lang zu Hause herum. *Barbara Schneider*

Die Ungleichheit wächst

In Deutschland ist besonders Vermögen zunehmend ungleich verteilt. Inzwischen verfügt das reichste Zehntel der Bevölkerung nahezu über die Hälfte des gesamten Privatvermögens. Dagegen besitzt das unterste Zehntel nicht viel mehr als ein Zwanzigstel. Mittlerweile gibt es vermehrt Löhne unterhalb des Existenzminimums, während Gehälter von Spitzenverdienern explodieren.

→ WuK, S. 151/152

Vom reichen und vom armen Bauern

Nach Neujahr hätte der Regen einsetzen sollen. Zwar jagt der Wind jeden Tag graue Wolken vom Meer her über das Land, aber kein Tropfen Wasser fällt vom Himmel.

»Es gibt ein Hungerjahr«, sagen die Bauern.

Der Sommer geht vorbei und im Herbst kostet das Getreide dreimal so viel wie im vergangenen Jahr.

»Michael hat seine Scheunen bis unters Dach mit Korn gefüllt«, sagen die Leute. »Aber er verkauft nichts. Er wartet, bis es noch teurer wird.«

Ephraim steht unter der Tür seines Hauses. Auf der Gasse spielen Kinder. Sie formen aus dem Straßenstaub Kuchen. Ephraims Haus hat nur ein Zimmer. Im Zimmer ist es dunkel. In der Mitte des Zimmers sitzt Ephraims Frau auf dem Lehmboden. Sie heißt Mirjam. Sie mahlt Gerste. Mit der rechten Hand streut sie Körner auf den Stein. Die Körner fallen durch das Loch in der Mitte und werden zwischen den Steinen zu Mehl zerrieben.

»Wie viel Gerste haben wir noch?«, fragt Ephraim.

Mirjam deutet mit dem Kopf auf den Krug, der neben ihr steht. »Das ist noch alles«, sagt sie.

Ephraim holt einen Scheffel und einen leeren Krug. Der Scheffel ist ein Hohlmaß aus Holz. Er greift mit dem Scheffel in den vollen Krug und schüttet die Gerste in den leeren Krug.

»Ein Scheffel«, zählt Ephraim. »Zwei Scheffel … vier … sieben … zehn … vierzehn …«

Jetzt ist der Krug leer.

»Es sind fünfzehn Scheffel«, sagt Ephraim. »So viel brauche ich als Saatgut für den halben Acker. Für den ganzen brauche ich dreißig.«

»Bis zur nächsten Ernte brauchen wir auch Brot«, sagt Mirjam. »Wenn ich Linsen unter die Gerste mische, reichen acht Scheffel.«

»Aber dann hab' ich nur sieben Scheffel Saatgut«, sagt Ephraim. »Und das ist viel zu wenig.«

»Michael hat noch Gerste«, sagt Mirjam.

»Michael ist ein Gauner!«, schreit Ephraim. »Ein Halsabschneider. Ein Wucherer.«

»Unser Ältester könnte bei ihm als Tagelöhner arbeiten«, sagt Mirjam. »Vielleicht gibt er uns dafür etwas Gerste.«

Michaels Haus liegt im oberen Teil der Stadt. Dort, wo die Reichen wohnen. Rund um das Haus führt eine Mauer. Zwei Männer bewachen das Tor. »Ich will dem Michael Getreide abkaufen«, sagt Ephraim. Einer der Wächter stößt das Tor auf. Ephraim steht in einem Hof. Rechts sind die Vorratshäuser. Michael kommt aus dem Haus.

»Ich brauche Saatgut«, sagt Ephraim. »Zwanzig Scheffel.«

Michael reibt sich sein Doppelkinn. »Du hast gesagt, dass ich ein Esel bin. Aber jetzt hör mal gut zu: Unser König Jerobeam II. hat im Ostjordanland Krieg geführt. Er hat viel Land erobert. Fruchtbares Land. Die Basan-Ebene! Mit fetten saftigen Wiesen! Und erst die Kühe, die dort weiden! Die Basan-Kühe! Dick und gesund! Mit solchen Eutern! Und geregnet hat es dort! Gott sei Dank hab' ich von diesem Land gekauft! Fünf große Äcker! Meine Pächter haben mir meine Scheunen bis unters Dach mit Weizen und Gerste gefüllt.«

»Verkaufst du mir zwanzig Scheffel Gerste?«, fragt Ephraim.

»Wenn du mir zwanzig Lot Silber bezahlst«, sagt Michael.

»Du bist ein Wucherer«, ruft Ephraim. »Ich habe kein Silber. Aber mein Sohn kann bei dir als Tagelöhner arbeiten.«

»Ich hab genug Tagelöhner«, sagt Michael. »Jeden Morgen steht das Gesindel, das in den Zelten vor der Stadt haust, auf dem Markt und wartet auf Arbeit. Und da sind Männer dabei, die schaffen doppelt so viel wie dein Sohn.«

»Aber was soll ich dir denn geben?«

»Deinen Acker!«

»Den bekommst du nie!«, ruft Ephraim.

»Dann verpfänd ihn mir!«

Ephraim schaut Michael misstrauisch an. »Wie geht das zu?«

»Ganz einfach«, sagt Michael. »Ich geb dir jetzt zwanzig Scheffel Gerste. Und nach der Ernte gibst du mir vierzig Scheffel zurück. Die zwanzig Scheffel, die du mir mehr gibst, das ist der Zins.«

Werner Laubi

Grabbeigabe aus Gemni/Ägypten: Bauern beim Kornmahlen

Unrecht hat Folgen

Höret dies, die ihr die Armen unterdrückt und die Elenden im Lande zugrunde richtet und sprecht: Wann will denn der Neumond ein Ende haben, dass wir Getreide verkaufen, und der Sabbat, dass wir Korn feilhalten können und das Maß verringern und den Preis steigern und die Waage fälschen, damit wir die Armen um Geld und die Geringen um ein Paar Schuhe in unsere Gewalt bringen und Spreu für Korn verkaufen? Der Herr hat bei sich [...] geschworen: Niemals werde ich diese ihre Taten vergessen! Sollte nicht um solcher Taten willen das Land erbeben müssen und alle Bewohner trauern? Ja, es soll sich heben wie die Wasser des Nils und sich senken wie der Strom Ägyptens. *Amos 8,4-8*

Darum, weil ihr die Armen unterdrückt und nehmt von ihnen hohe Abgaben an Korn, so sollt ihr in den Häusern nicht wohnen, die ihr von Quadersteinen gebaut habt, und den Wein nicht trinken, den ihr in den feinen Weinbergen gepflanzt habt. *Amos 5,11*

Die Botschaft des Amos

Der Löwe brüllt

Der HERR wird aus Zion brüllen und seine Stimme aus Jerusalem hören lassen. *Amos 1,2*

Der Löwe brüllt – wer sollte sich nicht fürchten? Gott der HERR redet, wer sollte nicht Prophet werden? *Amos 3,8*

Die Freveltaten Israels

So spricht der HERR: Um drei, ja um vier Frevel willen derer von Israel will ich sie nicht schonen, weil sie die Unschuldigen für Geld und die Armen für ein Paar Schuhe verkaufen.

Sie treten den Kopf der Armen in den Staub und drängen die Elenden vom Wege. Sohn und Vater gehen zu demselben Mädchen, um meinen heiligen Namen zu entheiligen. Und bei allen Altären schlemmen sie auf den gepfändeten Kleidern und trinken Wein vom Gelde der Bestraften im Hause ihres Gottes. *Amos 2,6–8*

Gegen die schwelgerischen Frauen in Samaria

Hört dies Wort, ihr fetten Kühe, die ihr auf dem Berge Samarias seid und den Geringen Gewalt antut und schindet die Armen und sprecht zu euren Herren: Bringt her, lasst uns saufen! *Amos 4,1*

Gottes Züchtigungen werden missachtet

Ja, kommt her nach Bethel und treibt Sünde, und nach Gilgal, um noch viel mehr zu sündigen! Bringt eure Schlachtopfer am Morgen und eure Zehnten am dritten Tage, räuchert Sauerteig zum Dankopfer und ruft freiwillige Opfer aus und verkündet sie; denn so habt ihr's gern, ihr Israeliten, spricht Gott der HERR! *Amos 4,4–5*

Recht und Gerechtigkeit

Darum spricht der HERR: Ich bin euren Feiertagen gram und verachte sie und mag eure Versammlungen nicht riechen. Und wenn ihr mir auch Brandopfer und Speisopfer opfert, so habe ich kein Gefallen daran [...] und mag dein Harfenspiel nicht hören! Es ströme aber das Recht wie Wasser und die Gerechtigkeit wie ein nie versiegender Bach. *Amos 5,21–24*

Der Herr ließ mich schauen

Gott der HERR ließ mich schauen, und siehe, da war einer, der machte Heuschrecken zur Zeit, als das Grummet* aufging; und siehe, das Grummet war gewachsen, nachdem der König hatte mähen lassen. Als sie nun alles Gras im Lande abfressen wollten, sprach ich: Ach Herr HERR, sei gnädig! Wer soll Jakob wieder aufhelfen? Er ist ja so schwach. Da reute es den HERRN, und er sprach: Wohlan, es soll nicht geschehen.

Gott der HERR ließ mich schauen, und siehe, Gott der HERR rief das Feuer, um damit zu strafen. Das verzehrte die große Tiefe und fraß das Ackerland. Da sprach ich: Ach Herr HERR, lass ab! Wer soll Jakob wieder aufhelfen? Er ist ja so schwach. Da reute den HERRN das auch, und Gott der HERR sprach: Es soll auch nicht geschehen. Er ließ mich abermals schauen, und siehe, der Herr stand auf der Mauer, die mit einem Bleilot gerichtet war, und er hatte ein Bleilot in seiner Hand. Und der HERR sprach zu mir: Was siehst du, Amos? Ich sprach: Ein Bleilot. Da sprach der Herr zu mir: Siehe, ich will das Bleilot legen an mein Volk Israel und ihm nichts mehr übersehen, sondern die Höhen Isaaks sollen verwüstet und die Heiligtümer Israels zerstört werden, und ich will mich mit dem Schwert über das Haus Jerobeam hermachen. *Amos 7,1-9*

* Die Spätsaat, die erst im Frühjahr aufgeht.

→ WuK, S. 152/153

Elfenbeinrelief – Rest eines elfenbeinernen Bettes, 9. Jh. v. Chr.

Gott der HERR ließ mich schauen, und siehe, da stand ein Korb mit reifem Obst. Und er sprach: Was siehst du, Amos? Ich aber antwortete: Einen Korb mit reifem Obst. Da sprach der HERR zu mir: Reif zum Ende ist mein Volk Israel; ich will ihm nichts mehr übersehen. *Amos 8,1–2*

Ich sah den Herrn über dem Altar stehen und er sprach: Schlage an den Knauf, dass die Pfosten beben und die Trümmer ihnen allen auf den Kopf fallen; und was noch übrig bleibt von ihnen, will ich mit dem Schwert töten, dass keiner von ihnen entfliehen noch irgendeiner entkommen soll! Und wenn sie sich auch unten bei den Toten vergrüben, soll sie doch meine Hand von dort holen, und wenn sie zum Himmel hinaufstiegen, will ich sie doch herunterstoßen. Und wenn sie sich auch versteckten oben auf dem Berge Karmel, will ich sie doch suchen und von dort herabholen; und wenn sie sich vor meinen Augen verbärgen im Grunde des Meeres, so will ich doch der Schlange befehlen, sie dort zu beißen. Und wenn sie vor ihren Feinden gefangen einhergingen, so will ich doch dem Schwert befehlen, sie dort zu töten. Denn ich will meine Augen auf sie richten zum Bösen und nicht zum Guten. *Amos 9,1-4*

→ WuK, S. 153

Als ich ein kleiner Junge war

Ich wurde älter, und meine Mutter wurde nicht jünger. Die Kusine Dora kam aus der Schule, und ich kam in die Flegeljahre. Sie begann die Haare hochzustecken, und ich begann die Weiber zu verachten, dieses kurzbeinige Geschlecht. Dora behielt ihre neue Frisur bei, ich gab meine neue Weltanschauung später wieder auf.

Nachdem Dora konfirmiert worden war und weil Tante Lina keine Zeit hatte, wurde meine Mutter als Reisemarschall und Anstandsdame engagiert und fuhr mit der Nichte wiederholt an die Ostsee. Der Ort hieß Müritz, und sie schickten fleißig Ansichtskarten und Gruppenbilder, die der Strandfotograf geknipst hatte.

Paul Schurig, der Lehrer und Untermieter, spürte, dass daheim die Hausfrau fehlte, nicht weniger als mein Vater und ich. Es fehlte die Frau im Haus. Und mir fehlte die Mutter. Doch in den Flegeljahren gibt ein Junge so etwas nicht zu. Eher beißt er sich die Zunge ab.

In den Sommerferien des Jahres 1914 griff Tante Lina tief und energisch in den Geldbeutel. Sie schickte uns beide [meine Mutter und mich] mit Dora an die Ostsee. Das war meine erste große Reise, und statt des Rucksacks trug ich zum erstenmal zwei Koffer. Ich kann nicht sagen, dass mir der Tausch sonderlich gefallen hätte. Ich kann Koffertragen nicht ausstehen. Ich habe dabei das fatale Gefühl, dass die Arme länger werden, und wozu brauche ich längere Arme? Sie sind lang genug, und auch als Junge wünschte ich mir keine längeren.

Wir gingen an den Strand, ins Wasser und auf die Mole nur hinaus, während die Herde in den Pensionen zu Mittag und zu Abend aß. Sonst machten wir Spaziergänge und Ausflüge wie daheim. Wir borgten uns Räder und fuhren durch die Rostocker Heide nach Warnemünde, wo die Menschenherde auf der Ferienweide noch viel, viel größer war als in Müritz. Sie schmorten zu Tausenden in der Sonne, als sei die Herde schon geschlachtet und läge in einer riesigen Bratpfanne. Manchmal drehten sie sich um. Wie freiwillige Koteletts. Es roch, zwei Kilometer lang, nach Menschenbraten. Da wendeten wir

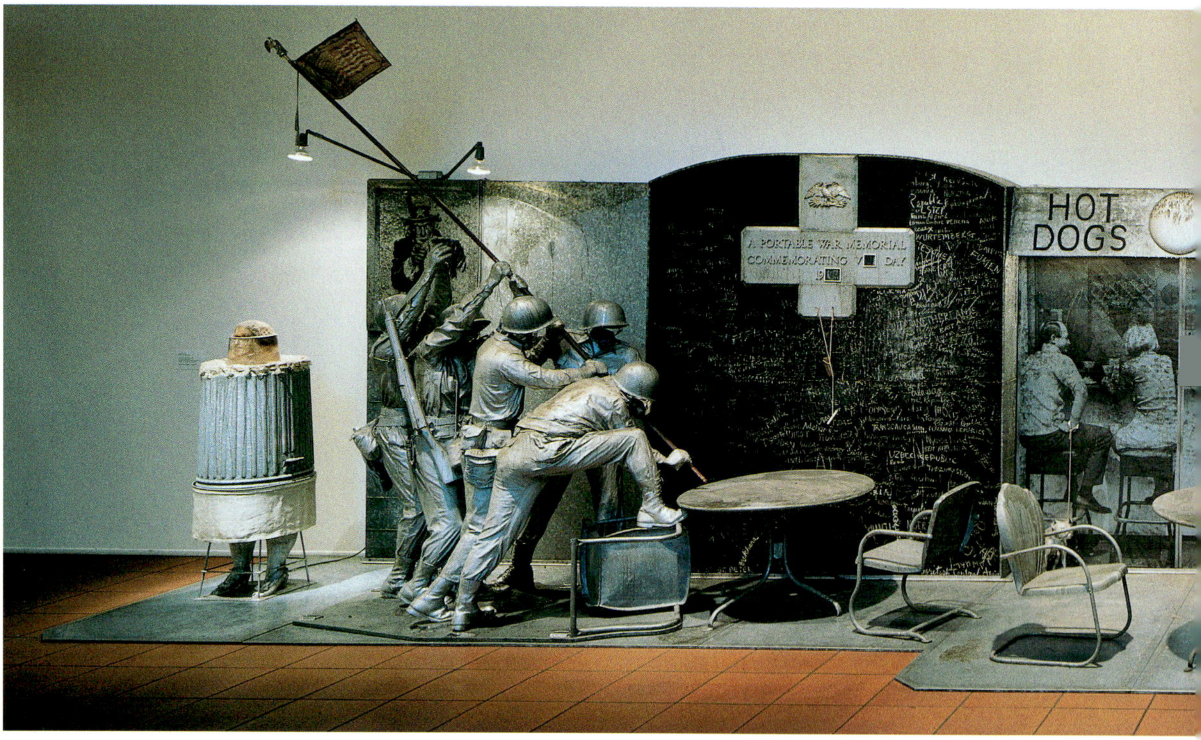

die Räder um und fuhren in die einsame Heide zurück.

Am schönsten war die Welt am Meer in sternklaren Nächten. Über unseren Köpfen funkelten und zwinkerten mehr Sterne als daheim, und sie leuchteten königlicher. Der Mondschein lag wie ein Silberteppich auf dem Wasser. Die Wellen schlugen am Strand den ewigen Takt. Von Gjedser zuckte das Blinkfeuer herüber. Es war ein Gruß aus Dänemark, das ich noch nicht kannte. Wir saßen auf der Mole. Uns war so vieles unbekannt, und wir schwiegen. Plötzlich erscholl Operettenmusik in der Ferne und kam näher. Ein Küstendampfer kehrte, mit Lampions geschmückt, von einer der beliebten preiswerten »Mondscheinfahrten am See« zurück. Er legte schaukelnd am Molenkopf an. Ein paar Dutzend Feriengäste stiegen aus. Lachend und lärmend trabten sie an unserer Bank vorüber. Kurz darauf versank das Gelächter hinter den Dünen, und wir waren wieder mit der See, dem Mond und den Sternen allein.

Am 1. August 1914, mitten im Ferienglück, befahl der deutsche Kaiser die Mobilmachung. Der Tod setzte den Helm auf. Der Krieg griff zur Fackel. Die apokalyptischen Reiter holten ihre Pferde aus dem Stall. Und das Schicksal trat mit dem Stiefel in den Ameisenhaufen Europa. Jetzt gab es keine Mondscheinfahrten mehr, und niemand blieb in seinem Strandkorb sitzen. Alle packten die Koffer. Alle wollten nach Hause. Es gab kein Halten mehr.

Im Handumdrehen waren, bis zum letzten Karren, alle Fuhrwerke vermietet. Und so schleppten wir unsere Koffer zu Fuße durch den Wald. Diesmal wechselten keine Rehe und keine Wildschweine über die sandigen Wege. Sie hatten sich versteckt. Mit Sack und Pack und Kind und Kegel wälzte sich der Menschenstrom dahin. Wir flohen, als habe hinter uns ein Erdbeben stattgefunden. Und der Wald sah aus wie ein grüner Bahnsteig, auf dem sich Tausende stießen und drängten. Nur fort!

Der Zug war überfüllt. Alle Züge waren überfüllt. Berlin glich einem Hexenkessel. Die ersten Reservisten marschierten, mit Blumen und Pappkartons, in die Kasernen. Sie winkten, und sie sangen: »Siegreich woll'n wir Frankreich schlagen, sterben als ein tapf'rer Held!« Extrablätter wurden ausgerufen. Der Mobilmachungsbefehl und die neuesten Meldungen klebten an jeder Hausecke, und jeder sprach mit jedem. Der Ameisenhaufen war in wildem Aufruhr, und die Polizei regelte ihn.

Am Anhalter Bahnhof* standen Sonderzüge unter Dampf. Wir schoben meine Mutter und die Koffer durch die Abteilfenster und kletterten hinterdrein. Unterwegs begegneten uns Transportzüge mit Truppen, die nach dem Westen gebracht wurden. Sie schwenkten Transparente und sangen: »Fest steht und treu die Wacht, die Wacht am Rhein.« Die Ferienflüchtlinge winkten den Soldaten zu. Und Dora sagte: »Jetzt wird mein Vater noch viel mehr Pferde verkaufen.« Als wir verschwitzt und todmüde in Dresden eintrafen, kamen wir gerade zurecht, um uns von Paul Schurig zu verabschieden. Auch er musste in die Kaserne.

Der Weltkrieg hatte begonnen, und meine Kindheit war zu Ende.

Erich Kästner

* Ein Bahnhof in Berlin.

Edward Kienholz, Das tragbare Kriegerdenkmal, 1968

→ WuK, S. 153

Der Tag des Herrn

Weh den Sorglosen zu Zion und weh denen, die voll Zuversicht sind auf dem Berge Samarias, den Vornehmen des Erstlings unter den Völkern, zu denen das Haus Israel kommt! […] die ihr meint, vom bösen Tag weitab zu sein, und trachtet immer nach Frevelregiment, die ihr schlaft auf elfenbeingeschmückten Lagern und euch streckt auf euren Ruhebetten? Ihr esst die Lämmer aus der Herde und die gemästeten Kälber und spielt auf der Harfe und erdichtet euch Lieder wie David und trinkt Wein aus Schalen und salbt euch mit dem besten Öl, aber bekümmert euch nicht um den Schaden Israels.

Amos 6,1.3–6

Jetzt ist die Opferfeier zu Ende. Nicht weit weg vom Altar stehen Tische, Bänke und große Kochtöpfe. Ein Teil des Opferfleisches bekommt der Priester. Der Rest wird in den Töpfen gekocht. Wein wird herbeigeschafft. Alle setzen sich und essen und trinken. […]

Michael steht auf.

»Ich will ein paar Worte an euch, liebe Söhne und Schwiegersöhne, und an alle meine Verwandten und Bekannten richten!« sagt er. »Gott Jahwe hat uns und unser Land gesegnet. Er hat uns Äcker gegeben. Er hat uns Brot gegeben. Aber bald wird ein noch viel schönerer Tag kommen: der Tag des Herrn. Da wird Gott vor uns her in den Krieg ziehen, und alle unsere Feinde werden besiegt. Und dann regieren wir über alle Völker der Erde. Und es wird ein Tag des Lichtes und ein Tag der Freude und ein Tag des Jubels sein.« Da hört man vom Altar her ein zorniges Lachen. Ein Mann steht dort. Der Mann ist Amos.

»Ha!« ruft Amos. »Ihr, die ihr euch nach dem Tag des Herrn sehnt: meint ja nicht, dass dieser Tag ein Tag des Lichtes und der Freude ist. Sondern das wird für euch alle ein schwarzer Tag sein. Ein Gerichtstag. Ein Tag ohne Helle und ohne Licht.«

Werner Laubi

Der Geist Gottes des HERRN ist auf mir, weil der HERR mich gesalbt hat. Er hat mich gesandt, den Elenden gute Botschaft zu bringen, die zerbrochenen Herzen zu verbinden, zu verkündigen den Gefangenen die Freiheit, den Gebundenen, dass sie frei und ledig sein sollen; zu verkündigen ein gnädiges Jahr des HERRN und einen Tag der Vergeltung unsres Gottes, zu trösten alle Trauernden, zu schaffen den Trauernden zu Zion, dass ihnen Schmuck statt Asche, Freudenöl statt Trauerkleid, Lobgesang statt eines betrübten Geistes gegeben werden, dass sie genannt werden »Bäume der Gerechtigkeit«, Pflanzung des HERRN, ihm zum Preise. Sie werden die alten Trümmer wieder aufbauen und, was vorzeiten zerstört worden ist, wieder aufrichten; sie werden die verwüsteten Städte erneuern, die von Geschlecht zu Geschlecht zerstört gelegen haben.

Jesaja 61,1-4

Text: Walter Schulz, © Strube Verlag, München; Melodie: Manfred Schlenker, © Deutscher Verlag für Musik, Leipzig

→ WuK, S. 153

Anselm Kiefer, Bibliothek mit Sonnenblumen, 1991

→ WuK, S. 153

Amos – ein wahrer Prophet?

Wahre Propheten

Doch wenn ein Prophet so vermessen ist, dass er redet in meinem Namen, was ich ihm nicht geboten habe, und wenn einer redet in dem Namen anderer Götter, dieser Prophet soll sterben. Wenn du aber in deinem Herzen sagen würdest: Wie kann ich merken, welches Wort der HERR nicht geredet hat? – wenn der Prophet redet in dem Namen des HERRN und es wird nichts daraus und es tritt nicht ein, dann ist das ein Wort, das der HERR nicht geredet hat.

5. Mose 18,20–22

Die Begegnung

Da sandte Amazja, der Priester in Bethel, zu Jerobeam, dem König von Israel, und ließ ihm sagen: Der Amos macht einen Aufruhr gegen dich im Hause Israel; das Land kann seine Worte nicht ertragen. Denn so spricht Amos: Jerobeam wird durchs Schwert sterben, und Israel wird aus seinem Lande gefangen weggeführt werden. Und Amazja sprach zu Amos: Du Seher, geh weg und flieh ins Land Juda und iss dort dein Brot und weissage daselbst. Aber weissage nicht mehr in Bethel; denn es ist des Königs Heiligtum und der Tempel des Königreichs. Amos antwortete und sprach zu Amazja: Ich bin kein Prophet noch ein Prophetenjünger, sondern ich bin ein Hirt, der Maulbeeren züchtet. Aber der HERR nahm mich von der Herde und sprach zu mir: Geh hin und weissage meinem Volk Israel! So höre nun des HERRN Wort! Du sprichst: Weissage nicht wider Israel und eifere nicht wider das Haus Isaak! Darum spricht der HERR: Deine Frau wird in der Stadt zur Hure werden, und deine Söhne und Töchter sollen durchs Schwert fallen, und dein Acker soll mit der Messschnur ausgeteilt werden. Du aber sollst in einem unreinen Lande sterben, und Israel soll aus seinem Lande vertrieben werden. *Amos 7,10–17*

40 Jahre nachdem Amos in Israel gewirkt hatte, wurde das Land erobert. Ein Teil der Israeliten musste in die Verbannung. Das Amosbuch endet mit einer Verheißung:

Siehe, die Augen Gottes des HERRN sehen auf das sündige Königreich, dass ich's vom Erdboden vertilge, wiewohl ich das Haus Jakob nicht ganz vertilgen will, spricht der HERR. Denn siehe, ich will befehlen und das Haus Israel unter allen Heiden schütteln lassen, gleichwie man mit einem Sieb schüttelt und kein Stein zur Erde fällt. Alle Sünder in meinem Volk sollen durchs Schwert sterben, die da sagen: Es wird das Unglück nicht so nahe sein noch uns begegnen. Denn ich will die Gefangenschaft meines Volks Israel wenden, dass sie die verwüsteten Städte wieder aufbauen und bewohnen sollen, dass sie Weinberge pflanzen und Wein davon trinken, Gärten anlegen und Früchte daraus essen. Denn ich will sie in ihr Land pflanzen, dass sie nicht mehr aus ihrem Land ausgerottet werden, das ich ihnen gegeben habe, spricht der HERR, dein Gott. *Amos 9,8–10.14–15*

→ WuK, S. 155

Auf Wunder warten

Gregory Crewdson, Plate 2, 1986–88

Als aber Johannes der Täufer von den Werken Christi hörte,
sandte er seine Jünger und ließ ihn fragen:
Bist du es, der da kommen soll,
oder sollen wir auf einen andern warten?
Jesus antwortete und sprach zu ihnen:
Geht hin und sagt Johannes wieder,
was ihr hört und seht:
Blinde sehen und Lahme gehen,
Aussätzige werden rein und Taube hören,
Tote stehen auf und Armen wird das Evangelium gepredigt;
und selig ist, wer sich nicht an mir ärgert.

Matthäus 11,2–6

→ WuK, S. 155/156

Brotvermehrung. Purpurhandschrift aus Sinope, Mitte 6. Jh.

Brot

Und es zog ihm viel Volk nach, weil sie die Zeichen sahen, die er an den Kranken tat. Jesus aber ging auf einen Berg und setzte sich dort mit seinen Jüngern. Es war aber kurz vor dem Passa, dem Fest der Juden. Da hob Jesus seine Augen auf und sieht, dass viel Volk zu ihm kommt, und spricht zu Philippus: Wo kaufen wir Brot, damit diese zu essen haben? Das sagte er aber, um ihn zu prüfen; denn er wusste wohl, was er tun wollte. Philippus antwortete ihm: Für zweihundert Silbergroschen Brot ist nicht genug für sie, dass jeder ein wenig bekomme. Spricht zu ihm einer seiner Jünger, Andreas, der Bruder des Simon Petrus: Es ist ein Kind hier, das hat fünf Gerstenbrote und zwei Fische; aber was ist das für so viele? Jesus aber sprach: Lasst die Leute sich lagern. Es war aber viel Gras an dem Ort. Da lagerten sich etwa fünftausend Männer. Jesus aber nahm die Brote, dankte und gab sie denen, die sich gelagert hatten; desgleichen auch von den Fischen, so viel sie wollten. Als sie aber satt waren, sprach er zu seinen Jüngern: Sammelt die übrigen Brocken, damit nichts umkommt. Da sammelten sie und füllten von den fünf Gerstenbroten zwölf Körbe mit Brocken, die denen übrig blieben, die gespeist worden waren.

Johannes 6,2–13

→ WuK, S. 155/156

Vom Schlaraffenlande

Kommt, wir wollen uns begeben
Jetzo ins Schlaraffenland!
Seht, da ist ein lustig Leben,
Und das Trauern unbekannt.

Seht, da lässt sich billig zechen
Und umsonst recht lustig sein.
Milch und Honig fließt in Bächen,
Aus den Felsen quillt der Wein.

Alle Speisen gut gerathen,
Und das Finden fällt nicht schwer.
Gäns und Enten gehn gebraten
Ueberall im Land' umher.

August Heinrich Hoffmann von Fallersleben

Das Brot des Lebens

Jesus sprach: Wahrlich, wahrlich, ich sage euch: Ihr sucht mich nicht, weil ihr Zeichen gesehen habt, sondern weil ihr von dem Brot gegessen habt und satt geworden seid. Schafft euch Speise, die nicht vergänglich ist, sondern die bleibt zum ewigen Leben. Die wird euch der Menschensohn geben; denn auf dem ist das Siegel Gottes des Vaters.

Jesus aber sprach zu ihnen: Ich bin das Brot des Lebens. Wer zu mir kommt, den wird nicht hungern; und wer an mich glaubt, den wird nimmermehr dürsten.

Johannes 6,26–27.35

Jeff Wall, Milk (Detail), 1984

→ WuK, S. 156

Gesundheit

Duccio, Christus heilt einen Blinden, um 1310

Und Jesus ging vorüber und sah einen Menschen, der blind geboren war. Und seine Jünger fragten ihn und sprachen: Meister, wer hat gesündigt, dieser oder seine Eltern, dass er blind geboren ist? Jesus antwortete: Es hat weder dieser gesündigt noch seine Eltern, sondern es sollen die Werke Gottes offenbar werden an ihm. Wir müssen die Werke dessen wirken, der mich gesandt hat, solange es Tag ist; es kommt die Nacht, da niemand wirken kann. Solange ich in der Welt bin, bin ich das Licht der Welt. Als er das gesagt hatte, spuckte er auf die Erde, machte daraus einen Brei und strich den Brei auf die Augen des Blinden. Und er sprach zu ihm: Geh zum Teich Siloah – das heißt übersetzt: gesandt – und wasche dich! Da ging er hin und wusch sich und kam sehend wieder. Die Nachbarn nun und die, die ihn früher als Bettler gesehen hatten, sprachen: Ist das nicht der Mann, der dasaß und bettelte? Einige sprachen: Er ist's; andere: Nein, aber er ist ihm ähnlich. Er selbst aber sprach: Ich bin's. Da fragten sie ihn: Wie sind deine Augen aufgetan worden? Er antwortete: Der Mensch, der Jesus heißt, machte einen Brei und strich ihn auf meine Augen und sprach: Geh zum Teich Siloah und wasche dich! Ich ging hin und wusch mich und wurde sehend.

Johannes 9,1–11

Interview mit der 13-jährigen Eva zu einer Blindenheilungsgeschichte

Interviewerin: Meine erste Frage wäre: Kannst du dir vorstellen, dass das, was hier erzählt wird, auch so passiert ist?

E: Hm, ja, ich weiß nicht. Also vielleicht schon. Denn ich meine, von Jesus, da hat man ja ziemlich viel auch in der Bibel von gehört. Was der alles für Wunder gemacht hat. Ich meine, ich war ja jetzt nicht dabei, aber …

I: Hm. Du sagst »früher« …

E: Ja. Heute glaube ich eigentlich nicht mehr so daran, weil der ja schon lange tot ist. Und dann hat es ja nicht noch mal so jemanden gegeben wie Jesus. […]

I: Hm. Ungewöhnlich ist ja hier, dass der Blinde dann wieder sehen kann.

E: Ja.

I: Das ist wahrscheinlich die Stelle, die du jetzt auch meinst. Wo du sagst, das passiert heute nicht mehr?

E: Hm. Ja.

I: Aber du kannst dir vorstellen, dass Jesus so etwas machen konnte?

E: Ja, eigentlich schon.

I: Hm. Kannst du versuchen, das zu erklären?

E: Ja, also, weil es ganz viele sagen. Und das ist ja auch ziemlich heilig, die Bibel, und was in der Kirche so gemacht wird. Und die Menschen, also die beten Jesus an, sozusagen. Und dann kann man sich das eigentlich schon vorstellen, wenn das die ganze Welt macht. Also wenn die ihn anbetet.

I: Hm. Du sagst, die machen das so. Gilt das für dich auch?

E: Äh ja, also ich gehe eigentlich nicht so viel in die Kirche, aber wenn man schon mal in der Kirche ist, dann betet man eben auch mit.

I: Hm. Also dann würdest du sagen, das traue ich Jesus zu?

E: Ja.

[…]

I: Wie sieht das für dich persönlich aus? Würdest du auch, wenn du nach einer Krankheit gesund wirst, das mit Gott in Verbindung bringen?

E: Kommt ganz drauf an. Also, ich meine, ich bin jetzt nicht so gläubig, dass ich jetzt immer jeden Tag ganz lange bete oder so. Aber wenn jetzt einer ganz krank ist und wirklich im Sterben liegt, dann vielleicht ein bisschen Willenskraft hat, dass er wieder gesund wird. Irgendwie, also so im Unterbewusstsein. Dann glaube ich schon, dass er das nicht so alleine nur geschafft hat. Auch so mit irgendeiner Kraft. Also vielleicht, dass Gott dann doch irgendwie dem da hilft.

I: Hm.

E: Wenn er so viel Kraft hat, also wenn er sich durchsetzt, dass er das dann vielleicht überhaupt nicht alleine schaffen kann, weil er so eine starke Krankheit hat, und dass Gott ihm dann auch noch hilft.

I: Hm. Aber das würdest du jetzt schon sagen: Es kommt darauf an, wie schwer eine Krankheit ist?

E: Ja. Wenn jetzt einer nur eine Erkältung hat, dann dauert das eben einfach die Zeit, damit der Schnupfen weggeht. Aber jetzt bei so Krebs oder so, dann muss man operiert werden. Und da hat man natürlich ganz doll Angst. […]

I: Ja.

E: Und dann haben manche Leute doch noch so viel Durchhaltevermögen, dass sie wieder gesund werden wollen. Dann glaube ich schon, dass Gott einem da hilft.

I: Hm. Also dass Gott einem dann die Kraft gibt?

E: Ja. Also noch das fehlende Stück.

I: Hm. Und du würdest jetzt nicht sagen, wenn einer Krebs hat und dann operiert werden muss und doch noch diese Willenskraft hat durchzuhalten, dass hier ein Arzt geholfen hat?

E: Ja, ja natürlich. Also *ohne Arzt* würde er sicherlich nicht wieder gesund werden. Aber vielleicht die seelische Kraft, dass Gott einem *die* gibt. Es kostet sicher sehr viel Kraft, auch überhaupt damit zu leben, dass man sagt: »Ich habe Krebs!« Und da hat man sicher auch ziemlich starke Angst. Und dass einem Gott vielleicht dann die seelische Kraft gibt und der Arzt dann eben die körperliche.

I: Ah ja. Aha. Und du glaubst, beides gehört zusammen, damit man gesund wird?

E: Ja. Hm.

Heike Bee-Schroedter

→ WuK, S. 156

Wer hilft: Gott oder ein Arzt?

Lydia und ihr Mann Lewi sind Mitglieder in einer Pfingstgemeinde. Lydia hat erfahren, dass der Embryo in ihrem Bauch abgestorben und eine Operation dringend angeraten ist. In dieser Situation stellt sich für diese frommen Leute die Frage, ob Lydia nach dem Rat des Arztes ins Krankenhaus soll oder ob sie allein auf Gottes Hilfe vertrauen wollen.

»Lydia«, sagte er, »Was sagst du? Hast du Schmerzen?«

»Ja«, sagte sie nach einer Weile des Schweigens. »Verzeih mir, lieber Lewi, ich habe solche Schmerzen. Aber denk nur, wenn das Kind in mir gestorben ist, wie die Ärztin gesagt hat. Was sollen wir tun, Lewi, kann man sich auf die Ärztin verlassen?«

»Nur auf Gott kann man sich verlassen«, hatte er da gesagt, fast wie aus alter Gewohnheit.

»Was sollen wir tun, Lewi«, hatte sie danach ein ums andere Mal gemurmelt.

»Lydia, meine liebe Frau, Gott stellt uns zuweilen auf die Probe. Zuweilen hat er mich auf die Probe gestellt. Und ich habe sie nicht bestanden. Und ich bin von Zweifeln an meiner Berufung befallen worden. [...] Aber der Zweifel ist nicht von Gott gesandt. Gott verlangt den vorbehaltlosen Glauben. Dann stellt er uns auf die Probe. Das tat Abraham, der auf die schwerste Probe gestellt wurde. Aber bestand. Wir müssen ganz auf Gott vertrauen, dann wird er uns Hilfe schenken.«

»Ich habe Schmerzen«, murmelte sie. »Lieber Lewi, was sollen wir tun? Was meinst du?«

»Wir müssen glauben und ihm vertrauen. Nur er kann dich retten. Und mich. Bist du darin mit mir einig, liebste Lydia?«

Sie hatte da kräftig genickt, aber weil er nicht sicher war, ob sie ganz verstanden hatte, hatte er die Frage wiederholt.

»Einig, dass nur er dich retten kann? [...] Lydia, wir werden nicht auf die weltliche Macht vertrauen. Du hattest recht, Lydia.«

»Hatte ich recht«, murmelte sie unsicher, »womit hatte ich recht?«

»Dass es Gott ist, der dich retten wird. Und nicht die Ärztin. Du bist stark, und dein Glaube ist stark.«

»O ja, Lewi.«

»Willst du das, Lydia?«

»O ja ... was will ich, Lewi?«

»Nur auf Gottes Kraft vertrauen?«

»O ja, Lewi.«

»Wünschst du das? Darauf zu vertrauen, dass nur Gott erlöst und hilft?« [...]

»Und dann«, flüsterte er mit fest zusammengepressten Augen, weil der Lichtschein sicher bald so stark sein würde, dass es blendete, »dann, liebste Lydia, werden wir in einer neuen, einer neuen Liebe vereint sein. Dann wird ein Wunder in Gott geschehen, ein Wunder zwischen uns, es wird ... das Wunder ... «

»O ja, Lewi«, hatte sie geflüstert. »O Lewi, ich habe solche Schmerzen, aber ich bin so froh.«

»Gelobt sei Gott«, flüsterte er mit intensiv geschlossenen Augen. »Gottes Kraft allein, nicht die der ärztlichen Wissenschaft.«

»O Lewi, ich glaube es ... ein Wunder ...«

»... Und wer glaubt ... der wird finden ...«

»Ja, Lewi ... aber ich habe solche Angst zu sterben ... Ist mein Glaube zu schwach, Lewi?«

»Die Versprechen, Lydia. Die Versprechen, die bleiben.«

Als es ihr schlechter ging, hatte Lewi Efraim hinzu gerufen. Sie waren rastlos in der Küche hin und her gegangen, und vielleicht war Efraim keine große Hilfe gewesen, denn er war zornig geworden. Lewi hatte die meiste Zeit auf den Knien gelegen und die Augen geschlossen gehabt und mit hart gefalteten Händen gebetet. Da, schreibt Efraim, habe er zum ersten Mal in ihrer langen gemeinsamen Zeit geflucht.

»Hör auf damit, die Augen zuzumachen«, hatte er zornig gesagt. »Sieh mich an, Lewi, verdammt noch mal!«

»Fluche nicht«, war es fast mechanisch gekommen, ohne Überzeugung, und auf jeden Fall hatte es auf Bruder Efraim keinen Eindruck gemacht, nicht diesmal, das ja das erste und vielleicht letzte Mal war; nein, Efraim schien nicht geneigt zuzuhören.

»Ich tue, was ich will, Bruder Lewi!!! Und ich

Christen Dalsgaard, En fiskers sovekammer, 1853

saach dir! Du bis verrückt! Du musst sie augenblicks ins Krankenhaus bringen, sie is krank! Gott hat, fürwahr, auch die ärztliche Wissenschaft geschaffen! Und auch, wenn dein Glaube stark is … Lewi! Lewi, in Gottes Namen, hörst du, was ich sage? Hörst du nur zu?«

»Sie hat gesagt, dass sie auf Gott vertraut«, hatte Lewi erwidert. »Und in dieser Zuversicht will sie ruhen.« […]

Schließlich hatten sie beide schweigend und erschöpft auf ihren Küchenstühlen gesessen. In regelmäßigen Abständen waren sie zu Lydia hineingegangen. Sie atmete schwer, und das Fieber war gestiegen.

Es war das Kind. Es war ja klar, dass es eine Leichenvergiftung gab, wenn das Kind tot war.

Es sei denn, Gott hatte etwas bestimmt, das anders war.

»Bist du sicher, dass es richtig ist, Lewi?«

Sie schrien sich nicht mehr an.

Was gesagt worden war, war zuviel gewesen.

Sie wussten es beide.

Sie hatten sich beruhigt, Wasser aus dem Eimer getrunken und waren jetzt ganz ruhig gewesen und hatten sich nicht ins Gesicht gesehen, weil sie es nicht vermochten. Und dies war der dritte Tag. Dann waren sie zu ihr hineingegangen.

Sie schlief ruhig. Sie atmete ruhig. Und in diesem Augenblick hatte Efraim Markström, Lewis bester Freund, der vor kurzem noch im Begriff gewesen war, Hand an ihn zu legen, da hatte er verstanden, dass Lydia überleben würde.

Am Abend kein Fieber mehr.

Am folgenden Morgen war der Embryo abgestoßen worden. Es war ein Junge. Eine Hebamme war hinzugerufen worden. Gott existierte, seine Gnade war groß, er allein besaß die Macht und die Rettung, die Hebamme trug den Embryo fort.

»Verzeih, Lewi«, hatte Efraim gesagt.

»Was soll ich verzeihen?«

Per Olov Enquist

→ WuK, S. 156/157

Geborgenheit

James Ensor, Christus gebietet dem Sturm, 1886

Und am Abend desselben Tages sprach er zu ihnen: Lasst uns hinüberfahren. Und sie ließen das Volk gehen und nahmen ihn mit, wie er im Boot war, und es waren noch andere Boote bei ihm. Und es erhob sich ein großer Windwirbel, und die Wellen schlugen in das Boot, sodass das Boot schon voll wurde. Und er war hinten im Boot und schlief auf einem Kissen. Und sie weckten ihn auf und sprachen zu ihm: Meister, fragst du nichts danach, dass wir umkommen? Und er stand auf und bedrohte den Wind und sprach zu dem Meer: Schweig und verstumme! Und der Wind legte sich, und es entstand eine große Stille. Und er sprach zu ihnen: Was seid ihr so furchtsam? Habt ihr noch keinen Glauben? Sie aber fürchteten sich sehr und sprachen untereinander: Wer ist der? Auch Wind und Meer sind ihm gehorsam! *Markus 4,35–41*

Gott umgibt mich – auch wenn die Bierflaschen fliegen

In meiner Manteltasche finde ich ein Briefchen, krakelig mit Bleistift geschrieben: »Entschultigung, das ich morgen nicht kommen kan. Weil meine Mama den Rolf heiratet. Leider. Das Baby kommt bald und sie ist mit den nerfen färtig und hat mich wieder gewürkt. Am Hals. Ich were gerner in der Reli aber ich mus zur hochzeit. Deine Irene. Wenn ich nicht in der Schule bin, mag ich lieber du zu ihnen sagen. Deine Irene.«

Etwa zwei Wochen später. Montags habe ich keine Schule. Um halb acht – noch im Schlafanzug – genieße ich ein geruhsames Frühstück. Es klingelt an der Haustür. Um diese Zeit? Durch die Sprechanlage ein dünnes Stimmchen: »Ich muss dir was sagen.«

»Irene! Ist was passiert?«

»Ja. Nein. Aber ich will es dir sagen.«

»Komm rauf, und erzähl mir, was los ist.«

Irene, aus der sechsten Klasse. Vor wenigen Wochen kam sie mit schlimmen Würgmalen in die Schule. Auf meine Frage meinte sie fast entschuldigend: »Meiner Mama ihr Bauch wird immer dicker, und wenn die drei Kleinen so toben, dann verliert sie die Nerven. Die Kleinen schlagen, das bringt ja nichts. Ich bin doch die Älteste.«

»Und dich schlagen, das bringt was?« fragte ich sie.

»Schon eher – damit ich mehr helfe.«

Rolf ist der dritte »Papa« der Elfjährigen.

Jetzt steht sie in der Wohnungstür, so schmal und klein, dass sie unter dem großen Schulranzen beinah verkrüppelt wirkt. Der Anorak, an den Ärmeln hochgekrempelt, reicht fast bis in die Knie. Die Wollmütze wird nur von der Brille gehindert, ihr ganz ins Gesicht zu rutschen. Die Augen hinter den dicken Gläsern wirken heute noch größer, noch blauer.

»Nun, Irene, was ist denn passiert?«

»Er hat mich umgeben.«

Es klingt ganz einfach, froh und still zugleich.

»Umgeben? Wer?«

»Nun, ER. ›Von allen Seiten umgibst du mich und hältst deine Hand über mir‹.«

»Du meinst unseren Psalm. Aber ich verstehe noch immer nicht …«

»Der Gott hat mich umgeben. – Das war so. Die Mama und der neue Papa haben sich geschlagen. Und Sachen rumgeschmissen. Ich hatte Angst und bin in mein Bett, unter die Decke. Ich hab sie immer noch gehört. Die Mama hat so geschrien. Ich hab gedacht, er macht sie tot. Aber ich konnte doch nichts machen …«

Sie bricht ab, starrt vor sich hin.

»Und dann?«

»Dann waren sie irgendwann still. Aber ich konnte nicht einschlafen. Ich hab auch gefroren, dabei hatte ich meine Kleider noch an. Aber mir war kalt. Und angst. Dann bin ich trotzdem eingeschlafen. Aber nur kurz. Und dann …«, sie lächelt, »dann, auf einmal, dann hat ER mich umgeben.«

»Du hast Gott gespürt?«

Sie nickt.

»Es war ganz arg hell, und ich brauchte keine Angst haben. Vielleicht hat ER es gesagt – ich weiß nicht genau. Aber die Angst war einfach weg. Und dann hat das Helle aufgehört. Aber immer noch warm. Und ich bin wieder eingeschlafen. Gott hat mich umgeben. Glaubst du das auch?«

Sie ist ganz gewiss, aber schaut mich fragend an.

»Ja, Irene, das glaube ich auch.«

Wir sind beide still.

»Wann musst du eigentlich zur Schule?« fällt es mir plötzlich ein.

»Ich hab erst zweite Stunde.«

»Hast du schon gefrühstückt?«

Sie schüttelt den Kopf.

»Zieh deinen Anorak aus und komm mit rüber.«

»Aber … ich hab noch die Kleider von gestern an. Sie sind ganz arg zerknittert.«

Sie sind nicht nur zerknittert, sie stinken auch nach Bier: »… weil, eine Flasche ist in meine Ecke geflogen, die war noch nicht leer …«

Ich hole noch einen Teller und einen Becher Milch.

»Komm, setz dich.«

»Beten Sie immer vor dem Essen?« fragt

 → WuK, S. 156/157

Gregory Crewdson, Untitled (Twilight), 1988–2002

Irene. »Manchmal ja, manchmal nein«, antworte ich wahrheitsgemäß.

»Möchtest du, dass wir beten?«

»Wir können doch unseren Psalm sagen.« Miteinander sprechen wir:

Herr, du erforschest mich und kennest mich. Ich sitze oder stehe auf, so weißt du es; du verstehst meine Gedanken von ferne. Ich gehe oder liege, so bist du um mich und siehst alle meine Wege. Denn siehe, es ist kein Wort auf meiner Zunge, das du, Herr, nicht schon wüsstest. Von allen Seiten umgibst du mich und hältst deine Hand über mir. Diese Erkenntnis ist mir zu wunderbar und zu hoch, ich kann sie nicht begreifen.

»Amen«, sage ich, »nun lass es dir gut schmecken.« Sie greift nach dem Becher, stellt ihn wieder hin. »Das mit der Finsternis auch noch.« Wir sprechen weiter:

Wohin soll ich gehen vor deinem Geist, und wohin soll ich fliehen vor deinem Angesicht? Führe ich gen Himmel, so bist du da; bettete ich mich bei den Toten, siehe, so bist du auch da. Nähme ich Flügel der Morgenröte und bliebe am äußersten Meer, so würde auch dort deine Hand mich führen und deine Rechte mich halten. Spräche ich: Finsternis möge mich decken und Nacht statt Licht um mich sein –, so wäre auch Finsternis nicht finster bei dir, und die Nacht leuchtete wie der Tag. Finsternis ist wie das Licht.

Mit Behagen beißt sie in ihr Honigbrot, strahlt mich an und sagt: »Ich finde ihren Schlafanzug schön, weil der so blau ist.

»Und ich finde deine Augen schön, die sind auch ganz blau. Eine Weile sagen wir beide nichts, widmen uns ganz unseren Honigbroten, innen und außen »umgeben« von Wärme und Zufriedenheit. Die Sonne geht rechts hinter dem Fernsehturm auf.

Inger Hermann

Gott begegnen?

In der autobiografisch erzählten Geschichte »Gott fährt Fahrrad« erzählt Maarten 't Hart, wie er als Junge nach einem Gespräch über den Tod des Nachbarn Kraan sich auf den Weg macht zum etwas entfernt liegenden Garten, um dort seine Eltern zu treffen.

Auf einmal sah ich wieder das schwarze Federchen vor mir. Wie es wohl sein mochte zu sterben? Oder würde ich nie sterben? Nein, ich würde nicht sterben, ich würde leben bleiben bis der Herr Jesus zurückkam auf den Wolken des Himmels, ich würde eins, zwei, drei in den Himmel aufgenommen werden, lebendig und heil, genau wie mein Vater und meine Mutter. Oder vielleicht würde ich, wenn ich nicht lange genug lebte, um die Wiederkunft Christi zu erleben, ein Mann Gottes werden wie der Prophet Elias, und dann würde ich, genau wie er, mit feurigen Rossen und einem feurigen Wagen in einem Sturm gen Himmel fahren. Aber bevor es soweit wäre, würde ich noch lange leben müssen, um ein Mann Gottes zu werden, ich würde sehr alt werden müssen, älter als Nachbar Kraan.

»Na, Kerlchen, ganz allein unterwegs?«

Ich blickte auf. Neben mir fuhr ein freundlicher, schon etwas älterer Mann auf seinem Fahrrad, der mich lächelnd ansah.

»Wohin geht's denn?«

»Zu meinem Vater.«

»Wo ist dein Vater? «

»Im Garten bei Frau Poot im Westgaag. «

»Wie heißt dein Vater?«

»Pau.«

»So, bist du also ein Sohn von Pau und Lena.«

Er musste mit dem Vorderrad schlenkern, um nicht zu stürzen, ich ging jetzt noch etwas langsamer.

»Also bist du ein Enkel von Arie van der Giessen. Der beste Gärtner im ganzen Westland, sein Gemüse: immer Exportqualität. Willst du hintendrauf ein Stück mitfahren?«

»Nein.«

»Warum nicht?«

»Ich lauf lieber.«

»Na, aber wenn du mitfährst, bist du doch schneller bei deinem Vater. Ich kenne deinen Vater, das ist der fröhlichste Mann bei der Versteigerung und er hat immer sehr gutes Gemüse, nur das von deinem Großvater ist noch besser. Ich selbst bin auch Gärtner, weißt du, ich hab gleich beim Tol einen Garten, du könntest bis dahin mitkommen. «

Ich schüttelte den Kopf. Das sollte ich tun, hatte meine Mutter gesagt, nicht sprechen, sondern den Kopf schütteln.

»Du musst es selbst wissen, dann nicht. Tschüs.« [...]

Nachbar Kraan war hoch über diesen dahineilenden Wolken, weit hinter diesem hellen Blau bei Gott. Aber Gott ist überall, Gott konnte ebenso gut auf dem Deich sein, war vielleicht sogar auf dem Deich. Gott liebte ich von ganzem Herzen und mit all meinem Verstand, das wusste ich genau, denn das hörte ich jeden Sonntag in der Zuiderkerk, Gott liebte ich vielleicht sogar noch mehr als meinen Vater und meine Mutter. Vielleicht? Nein, ganz bestimmt. »Wer Vater oder Mutter mehr liebet denn mich, der ist meiner nicht wert«, hatte der Herr Jesus gesagt. Gott sorgte für alles, Gott liebte alle Menschen, liebte alle Menschen so sehr, dass Er Seinen eigenen Sohn ans Kreuz hat schlagen lassen. Einen solchen Gott musste man doch unendlich lieben, einen, der Sein eigenes Kind opferte für deine Sünden. »Gott«, murmelte ich, »ich hab dich furchtbar lieb«, und während ich das sagte, schien es, als ginge Er neben mir. Nein, es war niemand auf dem Deich zu sehen, weit und breit nicht, aber Er konnte jeden Augenblick erscheinen und dann neben mir hergehen, genau wie Er neben Henoch gegangen sein musste. »Und Henoch wandelte mit Gott, und auf einmal war er nicht mehr da, denn Gott hatte ihn hinweggenommen.« Hatte meine Mutter mich vielleicht vor Gott gewarnt? Hatte sie deshalb nicht genau gesagt, warum ich nicht mit fremden Männern mitgehen durfte? Ein solch fremder Mann konnte Gott sein, und wenn man Gott sehr liebte, nahm Er einen hinweg, so wie Er Henoch hinweggenommen hatte, und dann war man nicht mehr da, und das

→ WuK, S. 157/158

wollte meine Mutter natürlich nicht. Oder war sie eifersüchtig, weil ich Gott mehr liebte, lieben musste als sie, um Seiner würdig zu sein? Wollte sie deshalb nicht, dass ich mit einem Fremden mitging, der Gott sein konnte? Wenn Er mich hinwegnahm, würde sie mich nie wiedersehen, und dann würde sie traurig sein und mein Vater auch, das wusste ich sicher, sie würden schrecklich traurig sein, denn sie liebten mich bestimmt mehr als den Herrgott, und das war auch erlaubt, denn in der Bibel wurde nicht gesagt, dass man Gottes nicht würdig sei, wenn man seine Kinder mehr liebte als Ihn, nein, da wurde nur gesagt, dass man Gottes nicht würdig sei, wenn man seinen Vater und seine Mutter mehr liebte. Aber merkwürdig war das schon, ich wollte gern mit Gott wandeln, genau wie Henoch, aber ich wollte nicht hinweggenommen werden. Na gut, wenn Gott erschiene, würde ich es Ihm schon erklären. Herr Jesus, würde ich sagen, ich will wohl hinweggenommen werden, aber das würde meinem Vater und meiner Mutter so viel Kummer bereiten, also warte doch noch ein bisschen, es hat ja keine Eile, und Dein Vater weiß doch, wie schlimm es ist, wenn es einem Kind nicht gut geht. Hat Dein Vater nicht geweint, als Du am Kreuz hingst, und Deiner Mutter gab es doch auch einen Stich durch ihr Herz?

Aber auf dem Deich war Gott noch nicht zu sehen.

Maarten 't Hart

Himmel (auf Erden)

Jesus spricht: »Wenn ich aber durch Gottes Finger die bösen Geister austreibe, so ist ja das Reich Gottes zu euch gekommen. *Lk 11, 20*

Johannes der Täufer wurde ins Gefängnis geworfen. Danach kam Jesus nach Galiläa und verkündete die Gute Nachricht von Gott: »Die von Gott bestimmte Zeit ist da. Sein Reich wird sichtbar in der Welt. Ändert euer Leben und glaubt dieser Guten Nachricht.«

Markus 1,14f. (nach der Basisbibel)

Sigmar Polke, 1969

→ WuK, S. 159/160

Zwischen Jerusalem und Rom

Juden, Christen und Heiden im Römischen Reich

Oben: Darstellung des römischen Gottes Sol invictus aus dem 3. Jh.; *Mitte:* Rekonstruktion eines Öllämpchens aus dem 4. Jh.; *unten:* Frühchristlicher Brotstempel ebenfalls aus dem 4. Jh.

→ WuK, S. 160/161

Fra Angelico, Stephanus' Gang zur Richtstätte, um 1500

Stephanus

Mein Name ist Stephanus. Ein griechischer Name, ich weiß. Aber meine Familie kommt ursprünglich aus Kleinasien und dort spricht man Griechisch. Aber dann hat es uns doch wieder hierher, nach Jerusalem, getrieben, in die heilige Stadt. »Wir sind Juden, wir gehören ins Land Israel. Hier ist der Tempel und hierher soll auch der Messias kommen«, sagte mein Vater, und er hat Recht. Ja, wie sehr er Recht hat. Dieser Jesus, den sie hier ans Kreuz geschlagen haben, er ist der Messias, auf den wir Juden schon so lange warten. Doch er ist auferstanden und den Aposteln erschienen. Wenn wir Jesus-Anhänger uns treffen, dann spüren wir, dass er bei uns ist, besonders wenn wir das gemeinsame Mahl feiern. Und wir werden immer mehr. Wenn ich mich mit den anderen Griechisch sprechenden Juden in unserer Synagoge treffe, dann gibt es oft heftige Diskussionen. Immer geht es dann um Jesus und seine Verkündigung. Viele halten ihn für gescheitert, manche werden richtig aggressiv, aber es gibt auch immer wieder Neugier und Interesse. Einige haben sich unserer Gruppe auch schon angeschlossen. Seitdem ich das Amt des Diakons innehabe, habe ich noch mehr Pflichten in der Gemeinde Jesu Christi. Zur Predigt ist jetzt noch die Aufgabe hinzugekommen, die Versorgung der verwitweten Frauen zu organisieren. Doch in den letzten Tagen habe ich etwas ganz Überwältigendes erlebt. Ich wusste nicht, ob ich wache oder träume. Der Himmel hatte sich mir aufgetan, und ich sah den Auferstandenen. In diesem Moment war mir klar geworden, dass dieser Jesus für alle Menschen gekommen ist, nicht nur für uns Juden. Dann könnten die Gesetze des Mose, unsere geliebte Tora, an ihr Ende gekommen sein. Mit dem Messias Jesus hat eine neue Zeit angefangen.

Der Gedanke ist so neu, so kühn. Als ich ihn jüngst gegenüber einem Freund geäußert habe, hat er ganz entsetzt reagiert: »Unsere Tora, die Gott dem Mose am Sinai gegeben hat, soll nicht mehr heilig sein?« Aber auch wenn ich andere damit schockiere, ich kann diese Eingebung doch nicht für mich behalten. *Gerhard Büttner*

Der Tod des Stephanus

Da standen einige auf von der Synagoge der Libertiner und der Kyrenäer und der Alexandriner und einige von denen aus Zilizien und der Provinz Asien und stritten mit Stephanus und sie sprachen: Wir haben ihn Lästerworte reden hören gegen Mose und gegen Gott. Dieser Mann hört nicht auf zu reden gegen diese heilige Stätte und das Gesetz. Stephanus aber, voll Heiligen Geistes, sah auf zum Himmel und sprach: Siehe, ich sehe den Himmel offen und den Menschensohn zur Rechten Gottes stehen.

Sie schrien aber laut und hielten sich ihre Ohren zu und stürmten einmütig auf ihn ein, stießen ihn zur Stadt hinaus und steinigten ihn. Und sie legten ihre Kleider ab zu Füßen eines jungen Mannes, der hieß hebräisch Saulus, griechisch Paulus. *Apostelgeschichte 6, 9.11.13; 7, 55-58*

Paulus

Ich bin am achten Tag beschnitten, aus dem Volk Israel, vom Stamm Benjamin, ein Hebräer von Hebräern, nach dem Gesetz ein Pharisäer, nach dem Eifer ein Verfolger der Gemeinde, nach der Gerechtigkeit, die das Gesetz fordert, untadelig gewesen. *Brief an die Philipper 3, 5-6*

Auch ich komme aus Kleinasien. Tarsus ist die Heimat meiner Eltern. Ich habe erlebt, was es heißt, als Jude im Ausland zu leben. Immer wieder stoßen wir bei der heidnischen Bevölkerung auf Ablehnung oder Spott. Manche zeigen ihren Hass offen, manche machen eher nebenbei dumme Bemerkungen über uns. Auch fällt es schwer, in der Fremde wirklich jüdisch zu leben. Es ist nicht immer möglich, alle Gebote der Tora genau einzuhalten. Deshalb wollte ich nach Jerusalem. Hier lebe ich unter Juden und darf bei einem der berühmtesten Gesetzeslehrer studieren. Ich bin meinen Eltern sehr dankbar, dass sie mir das ermöglichten.

Zu meinem Schrecken finden sich hier Leute, die unsere Tora, die Gott unserem Volk gegeben hat, infrage stellen. Dass diese Leute selber Juden sind, macht alles noch viel schlimmer. Auch wenn sie sich auf einen Propheten Jesus berufen, der vor einiger Zeit hier aufgetreten ist, dürfen sie die Tora nicht schmähen. Man muss alles daransetzen, dass diese Menschen bestraft werden. *Gerhard Büttner*

Mein Wahlspruch steht im Psalm 1:

Wohl dem,
der nicht wandelt im Rat der Gottlosen
noch tritt auf den Weg der Sünder
noch sitzt, wo die Spötter sitzen,
sondern hat Lust am Gesetz des HERRN
und sinnt über seinem Gesetz Tag und Nacht!

Der ist wie ein Baum,
gepflanzt an den Wasserbächen,
der seine Frucht bringt zu seiner Zeit,
und seine Blätter verwelken nicht.
Und was er macht, das gerät wohl.

Aber so sind die Gottlosen nicht,
sondern wie Spreu,
die der Wind verstreut.

Darum bestehen die Gottlosen nicht im Gericht
noch die Sünder in der Gemeinde der
Gerechten.

Denn der HERR kennt den Weg der Gerechten,
aber der Gottlosen Weg vergeht. *Psalm 1*

→ WuK, S. 161

Lovis Corinth, Der Apostel Paulus, 1911

Das eine müsst ihr wissen, liebe Brüder und Schwestern: Die Gute Nachricht, die ich verkünde, ist nicht von Menschen erdacht. Ich jedenfalls habe sie nicht von Menschen übernommen oder gelernt. Jesus Christus ist mir erschienen und hat sie mir anvertraut.

Ihr wisst doch, was für ein eifriger Anhänger der jüdischen Religion ich früher gewesen bin. Bis zum Äußersten verfolgte ich die Gemeinde Gottes und tat alles, um sie zu vernichten.

Ich befolgte die Vorschriften des Gesetzes peinlich genau und übertraf darin viele meiner Altersgenossen. Fanatischer als alle setzte ich mich für die überlieferten Lehren ein.

Aber dann hat Gott mich seinen Sohn sehen lassen, damit ich ihn überall unter den Völkern bekannt mache. Dazu hatte er mich schon vor meiner Geburt bestimmt und so berief er mich in seiner Gnade zu seinem Dienst.

Brief an die Galater 1,11-16

→ WuK, S. 161

Saulus verfolgte die Jünger und Jüngerinnen des Herrn weiterhin voller Wut und mit schweren Drohungen. Er ging zum obersten Priester und ließ sich Briefe an die jüdischen Gemeinden in Damaskus geben. Darin wurde ihm die Vollmacht erteilt, auch dort nach Anhängern der neuen Lehre zu suchen und sie gegebenenfalls – Männer wie Frauen – festzunehmen und nach Jerusalem zu schaffen.

Auf dem Weg nach Damaskus, kurz vor der Stadt, umstrahlte ihn plötzlich ein Licht vom Himmel. Er stürzte zu Boden und hörte eine Stimme: »Saul, Saul, warum verfolgst du mich?«

»Wer bist du, Herr?« fragte Saulus.

Die Stimme sagte: »Ich bin Jesus, den du verfolgst! Aber steh auf und geh in die Stadt! Dort wirst du erfahren, was du tun sollst.«

Den Männern, die Saulus begleiteten, verschlug es die Sprache. Sie hörten zwar die Stimme, aber sie sahen niemand. Saulus stand von der Erde auf und öffnete die Augen – aber er konnte nichts mehr sehen. Da nahmen sie ihn an der Hand und führten ihn nach Damaskus. Drei Tage lang war er blind und aß nichts und trank nichts. *Apostelgeschichte 9,1-9*

Caravaggio,
Die Bekehrung des
Paulus, 1601

→ WuK, S. 161/162

Petrus und Paulus. Wie stehen Christusanhänger zur Tora?

Drei Jahre, nachdem mir Gott seinen Sohn gezeigt hatte, ging ich nach Jerusalem, um Petrus kennen zu lernen. Ich blieb zwei Wochen bei ihm. Von den anderen Aposteln sah ich damals keinen, nur Jakobus, den Bruder des Herrn. [...]

Erst 14 Jahre später ging ich wieder nach Jerusalem, diesmal mit Barnabas; auch Titus nahm ich mit. Ich ging aufgrund einer göttlichen Weisung und trug dort vor, was ich als Gute Nachricht bei den nichtjüdischen Völkern verkünde. Das tat ich vor der versammelten Gemeinde und auch noch in besonderen Zusammenkünften vor ihren maßgebenden Leuten. Denn ich war in Sorge, meine Missionsarbeit könnte nicht anerkannt werden und meine ganze Mühe vergeblich sein, die künftige wie die bisherige. Aber nicht einmal mein Begleiter Titus, ein Grieche, wurde gezwungen, sich beschneiden zu lassen.

Eine betende Gestalt zwischen Petrus und Paulus. Steinrelief aus dem 4. Jahrhundert.

Es waren allerdings falsche Brüder eingedrungen, wie sie sich damals auch anderswo in den Gemeinden eingeschlichen hatten. Sie wollten sich zu Richtern über die Freiheit machen, die wir durch Jesus Christus haben, und uns wieder unter das Gesetz zwingen. Aber ich habe ihnen nicht einen Augenblick nachgegeben. Die Gute Nachricht sollte euch unverfälscht erhalten bleiben!

Dagegen machten mir die maßgebenden Leute in der Gemeinde keinerlei Auflagen. – Was sie früher einmal waren, interessierte mich im Übrigen nicht; bei Gott gibt es keine Rangunterschiede. – Ganz im Gegenteil: Sie erkannten, dass Gott mich beauftragt hat, die Gute Nachricht den nichtjüdischen Völkern zu bringen, so wie er Petrus beauftragt hat, sie den Juden zu bringen. [...]

Als Petrus später in Antiochia war, stellte ich ihn öffentlich zur Rede, weil sein Verhalten unentschuldbar war. Zuerst nämlich nahm er zusammen mit den nichtjüdischen Brüdern und Schwestern an den gemeinsamen Mahlzeiten teil. Aber dann kamen Leute aus dem Kreis um Jakobus, die das jüdische Gesetz streng befolgten. Da zog sich Petrus von den gemeinsamen Mahlzeiten zurück und aß aus Furcht vor ihnen nicht mehr mit den Nichtjuden.

Gal 1,18 und 2,1-7.11-12

→ WuK, S. 161/162

Das Petrusamt

Christus übergibt Petrus (rechts) im Beisein von Paulus sein Gesetz. San Constanza, Rom, 4. Jahrhundert. Die Inschrift auf der Gesetzesrolle hieß ursprünglich: *dominus legem dat* (der Herr gibt das Gesetz) und wurde bei einer späteren Renovierung verändert in *dominus pacem dat* (der Herr gibt Frieden).

Kann sich der Papst auf das Petrusamt berufen? Das sehen evangelische und katholische Christen ganz unterschiedlich. Bischof Cyprian von Karthago formulierte bereits im 3. Jahrhundert die wesentlichen Argumente für das Papstamt. Martin Luther bestreitet, dass der Papst Stellvertreter Christi auf Erden sei. Von einer Disputation (»Streitgespräch«) in Leipzig 1519 berichtet sein Widersacher, Dr. Eck.

Cyprian:
Der Herr spricht zu Petrus: »*Ich sage dir: du bist Petrus, und auf diesen Felsen werde ich meine Kirche bauen, und die Pforten der Unterwelt sollen sie nicht überwältigen. Ich will dir die Schlüssel des Himmelreiches geben, und was du gebunden haben wirst auf Erden, soll auch im Himmel gebunden sein, und was du gelöst haben wirst auf Erden, soll auch im Himmel gelöst sein*« (Mt 16, 18f.). Und zu demselben sagt er nach seiner Auferstehung: »*Weide meine Schafe*« (Joh 21,17). Auf ihn baut er seine Kirche und ihm vertraut er seine Schafe an, auf dass er sie weide; und obwohl er allen Aposteln gleiche Vollmacht erteilt, hat er doch *nur einen* Bischofsstuhl aufgerichtet und damit kraft seiner Autorität Ursprung und Grund der Einheit der Kirche festgelegt.

Dr. Eck:
Kürzlich haben wir in Leipzig disputiert, in einem voll besetzten Hörsaal, in dem sich von überall her die gelehrtesten Männer versammelt haben. Luther leugnet, dass Petrus der Oberste der Apostel gewesen ist; leugnet, dass der kirchliche Gehorsam durch göttliches Recht legitimiert ist, sondern behauptet, er sei durch menschliche oder kaiserliche Einwilligung eingeführt. Er leugnet, dass die Kirche auf Petrus gebaut ist: »*Auf diesen Fels*« usw. (Mt 16,18). Und als ich diese Aussagen von Cyprian und den anderen Kirchenvätern anführte, verwarf er sie alle ohne Scham und sagte, er als einziger wolle tausend widerstehen – nur darauf gestützt, dass Christus der Grund der Kirche sei und niemand einen anderen Grund legen kann.

→ WuK, S. 162/163

Streit um das Abendmahl

Ein Freund des Sklaven Tertius besucht die Christusgemeinde

Als wir im Hause des Gajus ankamen, waren schon etwa zwanzig bis dreißig Personen versammelt, meistens bessere Leute aus Korinth, entweder Schreib- oder Haussklaven wie ich selbst oder aber relativ begüterte Beamte und Gewerbetreibende. Selbstverständlich waren auch Krispus, der ehemalige Synagogenvorsteher, und Erastus, der Vorsteher des korinthischen Bauamtes, da. Letzterer begrüßte mich persönlich herzlich, wodurch ich mich – ich muss das wohl zugeben – sehr geschmeichelt fühlte. Er sagte, er freue sich, mich hier anzutreffen und bot mir auch gleich einen Becher Wein, Weintrauben und Nüsse an.

Im Ganzen herrschte eine gelockerte Stimmung, anders als bei offiziellen Empfängen. Die meisten Neuankömmlinge brachten etwas Essbares mit: Früchte, Brot, Käse, Oliven, Blumen. Alles wurde auf einen großen Tisch gelegt. Ich war etwas verlegen, da ich nichts mitgenommen hatte.

Der Innenhof der Villa des Gajus füllte sich mehr und mehr. Nach der Abenddämmerung kamen auch Hafenarbeiter. Hätte man sie nicht gesehen, man hätte sie gerochen, denn sie brachten den typischen Geruch der Hafenarbeiter mit sich: Salzwasser und Fisch. Zudem kam

Otmar Alt, Abendmahl, 1982

nach acht Uhr eine ganze Clique von Hilfsarbeitern – alles Sklaven, wie man schon ihrem Benehmen anmerkte – und ausländische Arbeitskräfte aus Oberägypten und anderen entlegenen Orten des römischen Reiches. Unter sich redeten sie übrigens weder Griechisch noch Lateinisch, sondern irgendeinen barbarischen Dialekt. Erastus begrüßte sie ebenfalls und schenkte ihnen Wein ein, wie allen anderen. Allerdings reichte es nicht mehr für sie alle, denn sie hatten offenbar einen Riesendurst.

Nun stellten sich Krispus und Gajus hinter einen Tisch, auf dem Brote lagen. Auch ein großer Kelch war sichtbar. Drüben bei den Hilfsarbeitern und Ausländern war mir schon lange eine etwas exotische Frau aufgefallen mit kurz geschnittenen Haaren und einem purpurnen Kleid. Soweit ich das im Licht der unterdessen angezündeten Fackeln feststellen konnte, bewegte sie eine kleine Handtrommel, eine Art Tamburin. Die Hilfsarbeiter standen auf und stampften mit den Füßen den Takt des Tamburins mit. Ich merkte, dass sie in außerordentlich scharfen und zackigen Rhythmen und fast einfältigen Harmonien, ein Wort ständig wiederholten. Es hieß »marana-tha«, wobei sie die zweitletzte und die letzte Silbe betonten: »marana-tha«. Als sie geendet hatten, nahm Krispus einen Brotfladen, hielt ihn hoch, sprach ein kurzes Dankgebet, brach ihn und sagte: »Das ist mein Leib für euch. Tut dies zu meinem Gedächtnis!« Ich gab Tertius einen Puff, denn ich hielt das für einen schlechten Witz, musste aber sehen, dass er tief im Gebet versunken war und nicht merkte, was um ihn herum vorging. Nun wurde das Brot in Stücke gebrochen und verteilt. Nach kurzer Zeit hielt Krispus auch den Kelch hoch und sagte: »Dieser Kelch ist der neue Bund in meinem Blute. Das tut, sooft ihr daraus trinkt, zu meinem Gedächtnis. Denn sooft ihr dieses Brot esst und den Kelch trinkt, verkündigt ihr damit den Tod des Herrn, bis er wiederkommt.«

Der Becher wurde herumgereicht und die Frau im purpurenen Kleid – unterdessen hatte ich gehört, dass sie Chloë hieß – schlug wieder die Handtrommel, und die Christen sangen, angeführt von den ausländischen Arbeitern »marana-tha, marana-tha«. *Walter Hollenweger*

Paulus kommentiert diese Feier …

Wenn ihr nun zusammenkommt, so hält man da nicht das Abendmahl des Herrn. Denn ein jeder nimmt beim Essen sein eigenes Mahl vorweg, und der eine ist hungrig, der andere ist betrunken. Habt ihr denn nicht Häuser, wo ihr essen und trinken könnt? Oder verachtet ihr die Gemeinde Gottes und beschämt die, die nichts haben? Was soll ich euch sagen? Soll ich euch loben? Hierin lobe ich euch nicht. Denn ich habe von dem Herrn empfangen, was ich euch weitergegeben habe:

Der Herr Jesus, in der Nacht, da er verraten ward, nahm er das Brot, dankte und brach's und sprach: Das ist mein Leib, der für euch gegeben wird; das tut zu meinem Gedächtnis. Desgleichen nahm er auch den Kelch nach dem Mahl und sprach: Dieser Kelch ist der neue Bund in meinem Blut; das tut, sooft ihr daraus trinkt, zu meinem Gedächtnis. Denn sooft ihr von diesem Brot esst und aus dem Kelch trinkt, verkündigt ihr den Tod des Herrn, bis er kommt.

Wer nun unwürdig von dem Brot isst oder aus dem Kelch des Herrn trinkt, der wird schuldig sein am Leib und Blut des Herrn. Der Mensch prüfe aber sich selbst, und so esse er von diesem Brot und trinke aus diesem Kelch.

1. Korinther 11, 20-28

→ WuK, S. 163–165

Der Tod des Paulus

Die Heimkehr des Rabbi Schaul

Auf seinem schwarzen Koffer, wie ihn Soldaten
haben,
Hockt Rabbi Schaul, der Alte, und schweigt vor
sich her.
Doch die Andern, den Kopf im Tallis vergraben,
Nicken und beten, alte Juden, wie er.
Ihren Kerker durchsickern Romas Aborte.
Selbst der Krug und das Brot sind scheußlich
befleckt.
Immer noch nichts! Sie warten auf die Kohorte,
Welche das Todesurteil Cäsars vollstreckt.
Schaul weiß nichts mehr von den durch-
messenen Reichen,
Nichts von Damaskus, dem Anschrei des
Feuerscheins,
Nichts von Verfolgung, von Schiffbruch, von
Rutenstreichen,
Von den fünfmal Vierzig weniger eins.
Nur noch Straßen, grelle, rennen und drängen
Ihm vor den Augen, Straßen steinig und
schlecht,
Straßen sieht er am Himmel des Kerkers
hängen,
Seine Straßen, ein blendendes Blitzgeflecht.
Nun sich die anderen Stimmen steigern und
paaren
Zu dem Segen, wie er geboten steht,
Wenn man auszieht, um heim nach Zion zu
fahren,
Singt und nickt auch der Rabbi das heilge
Gebet.
Und er sieht nach der Sonne, die hoch schon
geklommen,
Wie ein Reisender ausschaut nach seinem Schiff
Ungeduldig nach Hause, nach Haus zu
kommen,
Heim zum Messias, zu Israels Inbegriff.

Franz Werfel

Franz Werfel (1890–1945) hat sich als Jude voller Sympathie mit dem Christentum auseinander gesetzt. 1926 veröffentlichte er das Drama »Paulus unter den Juden« Das Gedicht entstand 1927 im Zusammenhang mit diesem Theaterstück.

Niemand soll glauben, ich sei nicht ganz bei Verstand! Aber wer es meint, soll mich dann eben so nehmen, damit ich mich auch ein klein wenig anpreisen kann […]

Ich habe härter für Christus gearbeitet. Ich bin öfter im Gefängnis gewesen, öfter geschlagen worden. Häufig war ich in Todesgefahr. Fünfmal habe ich von den Juden neununddreißig Schläge bekommen. Dreimal wurde ich von den Römern mit Stöcken geprügelt, einmal wurde ich gesteinigt. Ich habe drei Schiffbrüche erlebt; das eine Mal trieb ich eine Nacht und einen Tag auf dem Meer […]

2. Korinther 11,16.23b-25

Segelschiff im Sturm. Fries auf einem römischen Sarkophag, 3. Jahrhundert n. Chr.

Das Martyrium des heiligen Apostels Paulus in Rom

Weder die Briefe noch die Apostelgeschichte berichten über das Ende des Paulus und über die Ursache seiner Tötung. Dagegen beschreiben die legendenhaften »Paulusakten« aus dem 2./3. Jahrhundert das Martyrium ausführlich. Sie setzen möglicherweise Überlieferungen von christlichen Römern voraus und verbinden diese mit Hinweisen aus Apg 21–28. Nach der Kirchengeschichte des Euseb (Anfang 4. Jahrhundert) hat Paulus bei einem zweiten, späteren Rombesuch um das Jahr 60 das Martyrium erlitten.

Lukas, der aus Gallien gekommen war, und Titus erwarteten aber Paulus in Rom. Als Paulus sie sah, freute er sich. Außerhalb Roms mietete Paulus eine Scheune, in der er mit den Brüdern das Wort der Wahrheit lehrte …

In Rom war auf Betreiben des Bösen, Nero, eine Christenverfolgung im Gange. Er ließ viele Christen ohne Prozess hinrichten. Die Römer stellten sich bei dem Palast auf und schrien:

»Es ist genug, Kaiser! Diese Menschen gehören ja auch zu uns; du vernichtest die Kraft der Römer!«

Da machte er ein Ende der Verfolgung. Niemand von den Christen sollte mehr angerührt werden, bis er selbst den Fall des Paulus untersucht habe. Daraufhin wurde ihm Paulus vorgeführt, und er bestand darauf, dieser sollte enthauptet werden.

Paulus wurde von Freunden die Flucht angeboten, aber er flüchtete nicht, weil er den Tod nicht fürchtete.

Später schickte Nero Leute zu Paulus, um zu sehen, ob er schon enthauptet sei. Sie fanden Paulus aber noch am Leben. Dieser rief sie zu sich und sprach: »Glaubet an den lebendigen Gott, der mich wie auch alle, die an ihn glauben, von den Toten auferweckt!«

Die Leute aber sprachen: »Wir gehen jetzt zu Nero; wenn du aber gestorben und auferstanden bist, dann wollen wir an deinen Gott glauben.« Darauf stellte sich Paulus hin gegen Osten gerichtet und erhob die Hände zum Himmel und betete lange; und nachdem er sich im Gebet auf Hebräisch mit den Vätern unterredet hatte, neigte er den Hals, ohne noch weiter zu sprechen. Als aber der Henker ihm den Kopf abschlug, spritzte Milch auf die Kleider des Soldaten. Der Soldat aber und alle, die dabeistanden, wunderten sich, als sie das sahen, und priesen Gott, der dem Paulus solche Herrlichkeit gegeben hatte. Und sie gingen hin und berichteten dem Kaiser, was geschehen war.

Euseb von Caesarea

Enthauptung des Paulus. Gravierung am Abdinghofer Tragaltar des Roger von Helmarshausen, um 1100. Diözesanmuseum Paderborn.

Perpetua und Felicitas

Karthago im Jahr 203

Märtyrer sind Blutzeugen, die für ihren Glauben den Tod auf sich nehmen. Märtyrer gibt es auch in anderen Religionen, z. B. im Judentum und im Islam. In dem Wort »Märtyrer« steckt das griechische Wort »martys« = Zeuge. Die Wurzeln für die Idee des christlichen Martyriums liegen vor allem im frühen Judentum, wo Menschen sterben mussten, weil sie zu ihrem Glauben standen. (Im 2. und 4. Makkabäerbuch wird das Martyrium des Priesters Eleasar und der sieben makkabäischen Jünglinge samt ihrer Mutter beschrieben). Es gibt aber auch Vorbilder in der römischen Antike. Im Christentum wird das Wort »martys« auf den Blutzeugen angewandt. Erleiden mussten Christen den Märtyrertod, wenn sie sich weigerten, das Opfer vor dem Kaiserbild zu vollziehen.

Perpetua und Felicitas erlitten am 7. März 203 in Karthago (im heutigen Tunesien) den Märtyrertod.

Karthago ist nach seiner Zerstörung in den punischen Kriegen wieder eine pulsierende römische Stadt. Wir finden hier alle Gebäude, die für eine römische Stadt der Kaiserzeit typisch sind, darunter natürlich auch ein Amphitheater, in dem die Gladiatorenkämpfe, die Tierhatzen und auch die spektakulären Hinrichtungen derer stattfanden, die »ad bestias« verurteilt worden waren, also dazu, von den wilden Tieren zerrissen zu werden. Dieses Schicksal konnte Menschen treffen, wenn sie sich zur immer größer werdenden Gruppe der Christen zählten. Diese hatten inzwischen Anhänger/innen in allen gesellschaftlichen Schichten, von den Reichen und Mächtigen bis zu den Sklaven. Oft gab es längere Phasen, in denen sie unbehelligt leben und ihrem Glauben nachgehen konnten. Doch immer wieder musste man mit Denunziationen rechnen oder auch mit Zeiten, in denen die Teilnahme am Kaiseropfer genauer beachtet wurde. Für die nichtchristlichen Bewohner der Stadt war es kein Problem, dem Kaiser, besser gesagt, seinem göttlichen guten Geist, ein Opfer zu bringen. War nicht er es, der ihnen Friede und Wohlstand garantierte? Doch für Christen verdiente nur der eine Gott, der Vater Jesu Christi, göttliche Verehrung. Das Kaiseropfer war also für Christen unmöglich. Doch trotz der drohenden Schwierigkeiten wuchs die Zahl derer, die Christen werden wollten, weiter an. Diejenigen von ihnen, die sich auf ihre Taufe vorbereiteten, wurden Katechumenen genannt. Eine solche Gruppe wurde nun verhaftet und musste für den Fall, dass sie sich nicht doch vom Christentum lossagten, mit dem Tode rechnen. Unter diesen Katechumenen waren auch Perpetua und Felicitas. Erstere stammte aus einem vornehmen Hause; sie war 22 Jahre alt, klassisch gebildet, verheiratet und hatte einen kleinen Sohn, den sie noch stillte. Felicitas war eine Sklavin, auch frisch verheiratet und zum Zeitpunkt der Verhaftung kurz vor der Geburt ihres ersten Kindes. Perpetua hat über die Zeit ihrer Gefangenschaft Tagebuch geführt. Dieses ist erhalten und gibt uns Einblick, wie sie die Zeit vor ihrem Martyrium zubrachte. *Gerhard Büttner/Jörg Thierfelder*

Aus dem Tagebuch Perpetuas

Die Zeit, in der die Katechumenen im Gefängnis die Taufe erlangen, ist für Perpetua geprägt von der Sorge um ihr Kind und der Auseinandersetzung mit ihrem alten Vater, der sie inständig bittet, dem Christentum abzuschwören. Ihr Bruder fordert Perpetua auf, um eine Vision zu bitten, in der sie erfährt, ob sie die Freilassung erwartet oder das Martyrium. In den folgenden Visionen sieht Perpetua in verschlüsselter Form ihr Martyrium voraus.

Am Tag vor unserem Kampf sehe ich in einem Traum Folgendes: Der Diakon Pomponius war zum Gefängnistor gekommen und klopfte heftig. Ich ging hinaus zu ihm und öffnete ihm. Er trug ein ungegürtetes weißes Gewand und reich verziertes Schuhwerk. Und er sagte zu mir: »Perpetua, wir warten auf dich, komm!« Und er hielt mich bei der Hand, und wir machten uns auf den Weg durch grimme, gewundene Orte. Mit

Ad bestias Verurteilte werden an Stricken abgeführt. Relief aus dem 3. Jahrhundert n. Chr.

Mühe und ganz außer Atem gelangten wir endlich zum Amphitheater, und er führte mich mitten in die Arena und sagte zu mir: »Fürchte dich nicht. Ich bin bei dir und stehe dir zur Seite.« Und er ging fort. Und ich sehe eine ungeheure Menge in gespannter Erwartung, und weil ich wusste, dass ich zu den Tieren verurteilt war, wunderte ich mich, dass die Tiere nicht auf mich losgelassen wurden. Und heraus trat als mein Gegner ein Ägypter von abstoßendem Äußeren samt seinen Leuten, um mit mir zu kämpfen. Auch zu mir kommen schöne junge Männer, meine Helfer und Anhänger. Und ich wurde ausgezogen und zum Mann, und meine Leute rieben mich mit Öl ein, wie es bei Wettkämpfen üblich ist. Den Ägypter hingegen sehe ich sich im Staub wälzen. Und heraus trat ein Mann von so wundersamer Größe, dass er sogar den First des Amphitheaters überragte; er trug ein ungegürtetes Gewand, beidseitig mit Streifen gesäumt und purpurn auf der Brust, und kunstreiches, aus Gold und Silber gefertigtes Schuhwerk, und er hielt eine Gerte in Händen wie ein Gladiatorenmeister und einen grünen Zweig, der goldene Äpfel trug. Und er gebot Ruhe und sagte: »Siegt dieser Ägypter, wird er sie mit dem Schwert töten. Besiegt sie ihn, wird sie diesen Zweig empfangen.« Und er trat zurück. Und wir gingen aufeinander los und begannen mit den Fäusten zu schlagen. Er suchte mich an den Füßen zu packen; ich trat ihm aber mit den Fersen ins Gesicht. Und ich wurde in die Luft gehoben und fing an, ihn so zu treten wie jemand, der den Boden nicht mehr berührt. Als ich aber eine Atempause eintreten sah, schloss ich die Hände ineinander, Finger in Finger verschränkt, und packte ihn am Kopf, und er stürzte aufs Gesicht, und ich trat ihm auf den Kopf. Und das Volk brach in Beifall aus und meine Anhänger begannen zu jubilieren. Und ich trat vor den Gladiatorenmeister und empfing den Zweig. Und er küsste mich und sagte zu mir: »Tochter, der Friede sei mit dir.« Und in Herrlichkeit schritt ich zum Tor des Lebens. Und ich erwachte. Und ich erkannte, dass ich nicht mit den Tieren, sondern mit dem Teufel kämpfen werde; doch ich wusste, der Sieg werde mein sein. Das habe ich bis zum Tag vor den Spielen getan. Was aber bei den Spielen selbst geschehen ist, mag aufschreiben, wer immer das will.

Aus der »Passio Perpetua« (»Leidensgeschichte der Perpetua«)

→ WuK, S. 166

Kaiser Konstantin – das Ende der Christenverfolgungen

Wie das Christentum von einer verfolgten zu einer erlaubten und staatlich geförderten Religion wurde, das schildert der römische Schriftsteller Laktanz. Die Entscheidung darüber fiel am 28. Oktober 312 an der milvischen Brücke bei Rom. Mit einem kleinen Heer war Konstantin – einer der vier Teilherrscher des Römischen Reiches – von Gallien her in Italien eingerückt …

Schon war der Bürgerkrieg zwischen Konstantin und Maxentius entbrannt. Und obwohl sich Maxentius innerhalb Roms hielt, da ihm ein Orakel den Untergang für den Fall angekündigt hatte, dass er den Fuß vor die Tore der Stadt setzen werde, ließ er den Krieg von fähigen Generälen führen. Zahlenmäßig war das Heer des Maxentius weit überlegen … Der Jahrestag des Amtsantritts des Maxentius, der 28. Oktober, stand unmittelbar bevor und die Feierlichkeiten aus Anlass seiner fünfjährigen Regierungszeit gingen ihrem Ende entgegen. Da erhielt Konstantin im Traum die Anweisung, das himmlische Zeichen Gottes an den Schilden seiner Soldaten anbringen zu lassen und so den Kampf zu beginnen.

Konstantin ließ das Zeichen Gottes, das von einer Stoßlanze gekreuzte Chi, mit einer Schlinge am oberen Ende versehen. Daraus entsteht der Buchstabe Rho, der wie ein P aussieht. Chi und Rho sind die griechischen Anfangsbuchstaben von Christus (ΧΡΙΣΤΟΣ).

Mit diesem Zeichen bewaffnet stellte sein Heer den Feind und errang einen vollständigen Sieg. Konstantin wurde unter großer Freudenbezeugung des Senats und des Volkes als Kaiser empfangen.

Konstantin war durch seinen Sieg an der milvischen Brücke zum unangefochtenen Herrscher über den Westen geworden. Am 13. Juni 313 ließ er zusammen mit dem im Osten regierenden Kaiser Licinius das Rundschreiben »Über die Wiederherstellung der Kirche« öffentlich anschlagen:

»Als wir, ich, Constantinus Augustus, wie auch ich, Licinius Augustus, uns glücklich zu Mailand eingefunden hatten, um alles, was mit der öffentlichen Wohlfahrt und Sicherheit zu tun hat, zu erörtern, glaubten wir, es sei unter den Fragen, von denen wir uns einen Nutzen für die Mehrheit versprachen, vor allem die der Gottesverehrung einer Neuregelung bedürftig, d. h. wir sollten allen, den Christen wie allen Übrigen, die Freiheit und Möglichkeit geben, derjenigen Religion zu folgen, die ein jeder wünscht, auf dass, was an Göttlichem auf himmlischem Sitze thront, uns und allen Reichsangehörigen gnädig und gewogen sein möge. Daher hielten wir es für heilsam und ganz und gar angemessen, diesen Entschluss zu fassen, dass es schlechterdings niemandem unmöglich gemacht werden dürfe, sich der Religionsausübung der Christen oder der ihm sonst am ehesten zusagenden Religion zu ergeben, damit die höchste Gottheit, deren Religionsdienst wir in freier Hingabe nachleben, uns in allem ihre gewohnte Gunst und Gnade erzeigen könne.«

Zudem erließ er neue Regelungen, zum Beispiel:

Verbot der Gesichtsschändung:
Wenn jemand in Anbetracht der Schwere der Verbrechen, bei denen er ertappt wurde, zu den Spielen oder zur Zwangsarbeit in den Bergwerken verurteilt worden ist, soll er nicht am Gesicht, sondern allenfalls an Händen und Waden gebrandmarkt werden, denn das nach dem Gleichnis der himmlischen Schönheit gebildete Antlitz darf nicht geschändet werden.

Sonntagsgesetze:
Alle Richter, Stadtleute und Handwerker, welches Gewerbe sie auch immer ausüben, sollen an dem verehrungswürdigen Tag der Sonne (*venerabilis dies solis*) ruhen. Dagegen mögen die Landleute frei und ungehindert der Bestellung ihrer Felder nachgehen, damit nicht die ihnen durch Vorsorge des Himmels gebotene Gelegenheit mit dem für Ernte und Weinlese günstigen Augenblick ungenutzt verstreicht.

Piero della Francesca, Der Traum Konstantins, 1452–1466

→ WuK, S. 168/172–175

Reformation

Paul Thumann, Luther in Worms, 1872

Ein feste Burg ist unser Gott,
ein gute Wehr und Waffen.
Er hilft uns frei aus aller Not,
die uns jetzt hat betroffen.
Der alt böse Feind
mit Ernst er's jetzt meint;
groß Macht und viel List
sein grausam Rüstung ist,
auf Erd ist nicht seinsgleichen.

Und wenn die Welt voll Teufel wär
und wollt uns gar verschlingen,
so fürchten wir uns nicht so sehr,
es soll uns doch gelingen.
Der Fürst dieser Welt,
wie sau'r er sich stellt
tut er uns doch nicht;
das macht er ist gericht':
ein Wörtlein kann ihn fällen.

Martin Luther

Der mutige Mönch

Am 18. April 1521 steht der Mönch und Wittenberger Theologieprofessor Martin Luther auf dem Reichstag zu Worms vor dem Kaiser, den Kurfürsten und weiteren Vertretern des Hochadels und der Städte im Deutschen Reich. Er soll seine Schriften widerrufen, sonst droht ihm die kaiserliche Acht. Dadurch wäre er »vogelfrei«. Das heißt, jeder könnte dann mit ihm machen, was er will, ohne dass er dafür eine Strafe zu befürchten hätte. Der Papst hat Luther bereits Anfang des Jahres mit dem kirchlichen Bann belegt. Doch dieser lehnt den Widerruf ab.

Luthers Anhänger haben seine Schlussworte vor dem Wormser Reichstag wie folgt überliefert:

»Wenn Eure Majestät und Eure Herrschaften denn eine einfache Antwort verlangen, so werde ich sie ohne Hörner und Zähne geben.

Wenn ich nicht durch Schriftzeugnisse oder einen klaren Grund widerlegt werde – denn allein dem Papst oder den Konzilien glaube ich nicht; es steht fest, dass sie häufig geirrt und sich auch selbst widersprochen haben –, so bin ich durch die von mir angeführten Schriftworte überwunden. Und da mein Gewissen in den Worten Gottes gefangen ist, kann und will ich nichts widerrufen, weil es gefährlich und unmöglich ist, etwas gegen das Gewissen zu tun. Hier stehe ich, ich kann nicht anders. Gott helfe mir. Amen.«

Eine ähnliche Übersetzung der von Luther auf Lateinisch gehaltenen Rede ins Deutsche findet sich in den offiziellen Protokollen der Deutschen Reichstagsakten. Dort fehlt allerdings der Satz, der später zu einem »geflügelten« Wort wurde: »Hier stehe ich, ich kann nicht anders!«

Der Theologe und Reformator Thomas Müntzer war bei dem Reichstag nicht dabei. Er war ursprünglich ein Anhänger Luthers, dann jedoch sein erbitterter Feind, weil er zu wichtigen Fragen eine andere Meinung vertrat. In einer an Luther gerichteten Schrift urteilte Müntzer über das Ereignis in Worms folgendermaßen:

»Dass du zu Worms vor dem Reich gestanden bist, Dank habe der deutsche Adel, dem du das Maul also wohlbestrichen hast und Honig gegeben, als würdest du mit deinem Predigen Geschenke geben, Klöster und Stifte, welche du jetzt den Fürsten verheißest.[1] Wenn du zu Worms gewankt hättest, wärest du vom Adel eher erstochen als losgegeben worden. Das weiß doch ein jeder. Du brauchst dir wahrlich nichts zuzuschreiben. Wer sich auf deine Schalkheit nicht verstünde, der schwöre wohl zu den Heiligen, du wärest ein frommer Martin. Schlaf sanft, liebes Fleisch!«

In der Zeit, in der das Zweite Deutsche Reich gegründet wurde (1871), haben viele Protestanten geglaubt, jetzt würde die Reformation Luthers mit der politischen und kulturellen Einigung Deutschlands vollendet. In dieser Zeit hat Paul Thumann das Bild »Worms« (siehe S. 78) gemalt. Sein Zeitgenosse, der Schriftsteller Theodor Fontane, lässt in seinem Roman »Der Stechlin« einen alten Gutsbesitzer laut über Luthers Verhalten nachdenken:

»Die Kirche kann was, is was, und der alte Luther, nu der war schon ganz gewiss was, weil er ehrlich war und für seine Sache sterben wollte. Nahe dran war er. Eigentlich kommt's doch immer bloß darauf an, dass einer sagt, ›dafür sterb ich.‹ Und es dann aber auch tut. Für was, is beinahe gleich. Dass man überhaupt so was kann, wie sich opfern, das ist das Große. Kirchlich mag es ja falsch sein, was ich da so sage; aber das persönliche Sicheinsetzen und Für-was-sterben-Können und -Wollen ist doch das Höchste. Mehr kann der Mensch nich.«

[1] Die Einziehung des Kirchengutes durch die weltlichen Machthaber.

Angst vor der Hölle

Der junge Mönch Adson von Melk hat seinen Lehrer William von Baskerville in ein italienisches Kloster begleitet. William soll dort einen grausamen Mord aufklären. Bereits der Anblick des Klosters ließ Adson erschaudern. Nun steht er am ersten Abend vor dem Portal der Klosterkirche und ist tief beeindruckt von den vielen biblischen Szenen, die in den Stein gemeißelt sind. Schon meint er, sein neuer Aufenthaltsort sei gar nicht so schlimm, da fällt sein Blick auf eine andere Szenerie am Portal.

Ich sah eine Lüsterne, nackt und entfleischt, rot von ekligen Schwären, Schlangen fraßen an ihrem Leib, daneben ein trommelbäuchiger Satyr mit pelzigen Greifenklauen und einer obszönen Fratze, die ihre eigene Verdammnis hinausschrie;

und ich sah einen Habsüchtigen, starr in der Starre des Todes auf seinem prunkvollen Lotterbett, nun feige Beute einer Schar von Dämonen, deren einer ihm aus dem röchelnden Munde die Seele zog, sie hatte die Form eines kleinen Kindes (Wehe, nie wird es für ihn eine Auferstehung zum ewigen Leben geben!);

und ich sah einen Hoffärtigen, dem ein Alp auf der Schulter hockte und mit spitzigen Krallen die Augen auskratzte,

und ich sah noch mehr Dämonen, ziegenköpfige, löwenmähnige, panthermäulige, gefangen in einem Flammenwald, dessen Brandgeruch ich fast zu riechen meinte.

Und um sie herum, mit ihnen vermischt, zu ihren Köpfen und zu ihren Füßen, sah ich noch andere Fratzen und Glieder, einen Mann und eine Frau, die sich an den Haaren zerrten, zwei Vipern, die eines Verdammten Augen schlürften, einen irre Lachenden, der mit Krallenhänden den Rachen einer Hydra aufriss, und sämtliche Tiere aus Satans Bestiarium waren versammelt zum Konsistorium und postiert als Wache und Garde des Sitzenden auf dem Thron, seinen Ruhm zu singen durch ihre Unterwerfung: Faune, Hermaphroditen, Bestien mit sechsfingrigen Händen, Sirenen, Zentauren, Gorgonen, Medusen, Harpyien, Erinnyen, Dracontopoden, Lindwürmer, Luchse, Parder, Chimären, Leguane, sechsbeinige Agipiden, die Feuer aus ihren Nüstern sprühten, vielschwänzige Echsen, behaarte Schlangen und Salamander, Vipern, Nattern, Ratten, Raben, Greife, Geier, Eulen, Käuzchen, Wiedehopfe, Wiesel, Warane, Krokodile, Krebse mit Sägehörnern, Leukrokuten mit Löwenkopf und Hyänenleib, Mantikoren mit drei Zahnreihen im Maul, Hydren mit Zahnreihen auf dem Rücken, Drachen, Saurier, Wale, Seeschlangen, Affen mit Hundeköpfen, Makaken, Marder, Ottern, Igel, Basilisken, Chamäleons, Geckos, Skorpione, Sandvipern, Schleichen, Frösche, Polypen, Kraken, Muränen, Molche und Lurche.

Die ganze Schauergesellschaft der niederen Kreaturen schien sich ein Stelldichein gegeben zu haben, um der Erscheinung des Sitzenden auf dem Throne als Vorhof zu dienen, als Unterbau und Kellergewölbe, als unterirdisches Land der Verstoßenen, sie, die Besiegten von Armageddon, im Angesicht dessen, der da kommen wird, endgültig zu trennen zwischen den Lebenden und den Toten. *Umberto Eco*

Über schwere Anfechtungen, Höllenängste und Depressionen während seiner Zeit als Mönch hat Martin Luther rückblickend berichtet:

Hier erscheint Gott schrecklich zornig und mit ihm zugleich die ganze Schöpfung. Dann weiß man nicht aus noch ein. Da ist kein Trost, weder von innen noch von außen. In einem solchen Augenblick kann die Seele (es ist wunderlich zu sagen) nicht glauben, dass sie jemals erlöst werden kann. Da ist kein Winkel in ihr, der nicht mit der bittersten Bitterkeit, mit Schrecken, Zittern und Traurigkeit angefüllt wäre, und zwar so, dass diese alle von ewiger Dauer sind. Und um einigermaßen ein Gleichnis zu geben: Wenn eine Kugel über eine gerade Linie rollt, so trägt jeder Punkt der Linie, der berührt wird, die ganze Kugel. Also auch die Seele in ihrem Punkt: Indem sie von der über sie hingehenden ewigen Überschwemmung berührt wird, empfindet und trinkt sie nichts als die ewige Strafe.

→ WuK, S. 168/169

Hieronymus Bosch, Die Hölle, Ende des 15. Jahrhunderts

→ WuK, S. 169

Eine Entdeckung

Während meiner Zeit als Mönch las ich viel in der Bibel, vor allem im Brief des Paulus an die Römer. Dort stand ein Vers, der mich sehr ärgerte: »Gott zeigt seine Gerechtigkeit im Evangelium, in der frohen Botschaft von Jesus.« (Röm 1,17) Ich aber hasste das Wort »Gottes Gerechtigkeit«, weil ich gelernt hatte, dass Gott die Bösen straft. Ich konnte den gerechten, die Sünder strafenden Gott nicht lieben. Zwar lebte ich als Mönch sehr fromm, aber ich fühlte mich vor Gott doch als Sünder. Mein Gewissen quälte mich sehr. Ich wagte nicht zu hoffen, dass ich Gott durch meine guten Werke gnädig stimmen und versöhnen könnte. Wenn ich Gott auch nicht lästerte, so murrte ich heimlich gewaltig gegen ihn: Reichte es nicht aus, dass die Menschen an den Zehn Geboten schuldig werden und als Sünder verloren sind? Musste uns Gott noch durch das Evangelium seine Gerechtigkeit und seinen Zorn androhen, um damit das Elend zu vergrößern?

Da hatte Gott Mitleid mit mir. Tag und Nacht war ich in grüblerische Gedanken versunken, bis ich endlich auf den Zusammenhang der Worte achtete: »Gott zeigt seine Gerechtigkeit im Evangelium, der frohen Botschaft von Jesus, wie geschrieben steht: ›Der Gerechte lebt aus dem Glauben.‹« Da fing ich an, die Gerechtigkeit Gottes ganz anders zu verstehen: Gott gibt den Menschen den Glauben wie ein Geschenk. Dadurch versöhnt er sich mit ihnen und macht sie gerecht. Der Mensch muss also nicht durch gute Werke Gott gnädig stimmen. Es reicht aus, wenn er sich von Gott den Glauben schenken lässt. Der Mensch muss nichts tun, sondern einfach das Geschenk annehmen.

Als ich das verstanden hatte, fühlte ich mich wie ganz und gar neu geboren. Plötzlich bekam die Bibel für mich ein völlig neues Gesicht. Wie durch ein offenes Tor trat ich in das Paradies selbst ein.

Martin Luther

Dem Teufel ich gefangen lag,
im Tod war ich verloren,
mein Sünd mich quälte Nacht und Tag,
darin ich war geboren;
ich fiel auch immer tiefer drein,
es war kein Guts am Leben mein,
die Sünd hatt' mich besessen.

Mein guten Werk, die galten nicht,
es war mit ihn' verdorben.
Der frei Will hasste Gotts Gericht,
er war zum Gutn erstorben.
Die Angst mich zu verzweifeln trieb,
dass nichts denn Sterben bei mir blieb;
zur Höllen musst ich sinken.

Da jammert' Gott in Ewigkeit
mein Elend übermaßen;
er dacht an sein Barmherzigkeit,
er wollt mir helfen lassen.
Er wandt zu mir das Vaterherz;
es war bei ihm fürwahr kein Scherz,
er ließ's sein Bestes kosten.

Er sprach zu seinem lieben Sohn:
»Die Zeit ist hie zu erbarmen;
fahr hin, meins Herzens werte Kron,
und sei das Heil dem Armen
und hilf ihm aus der Sünden Not,
erwürg für ihn den bittern Tod
und lass ihn mit dir leben.«

Text und Melodie: Martin Luther

→ WuK, S. 169

Hieronymus Bosch, Das Paradies – der Aufstieg in das himmlische Reich, Ende des 15. Jahrhunderts

→ WuK, S. 169/170

Ich bin frei

Lucas Cranach d. Ältere, Lutherpredigt, vor 1547

Ein Christenmensch ist frei – Der Mensch und Gott

Das griechische Wort »Evangelium« heißt auf Deutsch »eine fröhliche Botschaft«. In dieser frohen Botschaft wird Gottes Gnade und Vergebung der Sünden verkündet und angeboten. Darum gehören zum Evangelium nicht die guten Werke, mit denen man Gott gnädig stimmen will. Denn es ist einzig und allein die Zusage und das Angebot der göttlichen Gnade. Wer nur daran glaubt, der bekommt die Gnade wie ein Geschenk …

Jeder muss aber für sich selbst sehen, dass er richtig glaubt. Denn so wenig wie ein anderer für mich in die Hölle oder in den Himmel kommen kann, so wenig kann er auch für mich glauben oder nicht glauben.

Glaube ist nicht der menschliche Wahn und Traum, den etliche für Glauben halten. Das macht, wenn sie das Evangelium hören, so handeln sie voreilig und machen sich aus eigenen Kräften einen Gedanken im Herzen, der sagt: »Ich glaube.« Das halten sie dann für einen rechten Glauben. Der wahre Glaube aber ist ein göttlich Werk in uns, das uns wandelt und neu gebiert aus Gott. Bitte Gott, dass er Glauben in dir wirke, sonst bleibst du wohl ewiglich ohne Glauben. Du erdichtest und tust, was du willst oder kannst. Wer glaubt, wird fröhlich. Dann tut er freiwillig und ganz umsonst gute Werke aus Dankbarkeit über das Geschenk, das er bekommen hat, ohne Furcht vor Strafe und ohne Anspruch auf Lohn.

O, es ist ein lebendig, geschäftig, tätig mächtig Ding um den Glauben, so dass es unmöglich ist, dass er nicht ohne Unterlass Gutes wirken sollte. Er fragt auch nicht, ob gute Werke zu tun sind, sondern ehe man fragt, hat er sie getan und ist immer im Tun. Wer aber nicht solche Werke tut, der ist ein glaubloser Mensch, tappt und sieht um sich nach dem Glauben und guten Werken und weiß weder, was Glaube noch gute Werke sind, und wäscht und schwätzt doch viele Worte von Glauben und guten Werken.

Martin Luther

Dass die guten Werke keine Voraussetzung für die Versöhnung mit Gott sind, aber aus der Dankbarkeit über Gottes Gnade folgen, hat Luther zugespitzt und auf den ersten Blick widersprüchlich auch so formuliert:

Ein Christenmensch
ist ein freier Herr aller Dinge
und niemandem untertan.
Ein Christenmensch
ist ein dienstbarer Knecht aller Dinge
und jedermann untertan.

Frei sein und erzogen werden – Eltern und Kinder

Meinem herzliebsten Sohn Hänschen Luther zu Wittenberg

Gnade und Friede in Christus! Mein herzliebster Sohn! Ich sehe gerne, dass du gut lernst und fleißig betest. Mach das weiterhin so, mein Sohn. Wenn ich heimkomme, so will ich dir etwas Schönes vom Jahrmarkt mitbringen.

Coburg, 19. Juni 1530

Man soll die Kinder nicht zu hart schlagen. Mein Vater schlug mich einmal so sehr, dass ich vor ihm floh. Mir wurde angst und bange, bis ich mich wieder an ihn gewöhnt hatte. Ich möchte mein Hänschen auch nicht gerne so sehr schlagen. Sonst würde er ängstlich und mir feindlich; ich wüsste nichts Schlimmeres.

Meine Mutter schlug mich wegen einer einzigen Nuss, bis ich blutete. Durch diese harte Zucht trieben mich meine Eltern schließlich ins Kloster, obwohl sie es herzlich gut meinten; ich wurde dadurch nur verschüchtert. Sie vermochten das richtige Maß nicht einzuhalten. Man muss so strafen, dass der Apfel bei der Rute ist.

Martin Luther

Frei sein und zur Schule gehen – Schüler und Lehrer

Da die Heilige Schrift das wichtigste Buch der Christen ist, sollen sie es genau lesen, und es ist eine Sünde und Schande, dass wir dieses Buch so wenig kennen.

Ich denke aber, dass die Obrigkeit die Pflicht hat, die Untertanen zu zwingen, ihre Kinder zur Schule zu schicken. Meine Meinung ist, dass man die Knaben jeden Tag eine Stunde oder zwei zur Schule gehen lässt. Die übrige Zeit können sie dann zu Hause arbeiten, ein Handwerk lernen oder wozu man sie sonst haben will. Dann ist beides zusammen möglich, Schule und Arbeit […]

Ganz schlecht ist es, wenn Kinder und Schüler das Zutrauen zu ihren Eltern und Lehrern verlieren. In meiner Schulzeit gab es ungeschliffene Schulmeister, die durch ihr schroffes Auftreten viele glänzende Anlagen verdorben haben. Manche Lehrer sind so grausam wie die Henker. So wurde ich einmal am Vormittag fünfzehnmal geschlagen, ohne jede Schuld, denn ich sollte deklinieren und konjugieren und hatte es noch nicht gelernt.

Jetzt ist unsere Schule nicht mehr eine solche Hölle wie während meiner Kindheit und Jugendzeit. Damals wurden wir in ihr regelrecht gefoltert mit den »Fällen« und »Zeiten« und lernten trotz so viel Schlägen, Zittern, Angst und Jammer überhaupt nichts.

Martin Luther

Ambrosius Holbein, Aushängeschild eines Schulmeisters (»Kinderschule«), 1516

→ WuK, S. 170/171

Angst vor der Freiheit

Die Bauern zur Zeit Martin Luthers waren arm, weil die Herren sie zu Frondiensten und hohen Abgaben zwangen. Zudem waren sie der Willkür der Grundbesitzer rechtlos ausgeliefert. So sahen sie in Luthers Schreiben »Von der Freiheit eines Christenmenschen« auch einen Aufruf zu ihrer Befreiung. Im Jahr 1525 fassten Bauern aus dem Allgäu ihre Forderungen in den »Zwölf Artikeln der Bauernschaft in Schwaben« zusammen. In einem Artikelbrief der Schwarzwälder Bauern heißt es: »Sinn und Zweck dieser christlichen Vereinigung ist es, mit der Hilfe Gottes sich zu befreien, und das so weit wie möglich ohne jeglichen Schwerthieb und Blutvergießen …« Dennoch kam es bald zu blutigen Auseinandersetzungen, weil Grundbesitzer, Städte und Fürsten Verhandlungen ablehnten oder nur zum Schein führten. Zur Enttäuschung der Bauern rief Luther zuerst zur Mäßigung und dann zur gewaltsamen Niederschlagung der Aufstände auf.

Im Gegensatz zu Luther setzte sich in Thüringen Thomas Müntzer an die Spitze der Bauernbewegung. Bei Bad Frankenhausen kam es am 15. Mai 1525 zur entscheidenden Schlacht, die zu einem grausamen Gemetzel ausartete. 6000 Bauern wurden getötet. Auf Seiten der adeligen Grundherren starben nicht einmal eine Handvoll Landsknechte. Thomas Müntzer wurde wenig später aufgespürt und nach tagelanger Folter ebenfalls getötet.

Die Schlacht von Frankenhausen, bei der ein Regenbogen den Bauern den erhofften göttlichen Beistand signalisiert haben soll, hat der Maler Werner Tübke in einem riesigen Wandgemälde festgehalten. Es befindet sich im Bauernkriegsmuseum (Panorama Museum) in Bad Frankenhausen.

»Das Volk wird frei werden, und Gott wird allein der Herr darüber sein.« *Thomas Müntzer*

»Wohlan, wer den Müntzer gesehen hat, der mag sagen, er habe den Teufel leibhaftig gesehen in seinem höchsten Grimm.«

Martin Luther

Aus den Zwölf Artikeln der Bauernschaft in Schwaben (1525)

3. Artikel: Bisher war es üblich, dass man uns wie Eigentum angesehen und besessen hat. Dies ist ein erbärmlicher Zustand, vor allem wenn wir bedenken, dass Christus uns alle mit seinem kostbaren Blut erlöst und erkauft hat. Deshalb sagt die Bibel, dass wir frei sind und frei sein wollen. Das heißt nicht, dass wir ganz frei sein und keine Obrigkeit haben wollen, denn davon sagt die Bibel nichts. Wir wollen unserer Obrigkeit gehorchen, soweit es recht und billig ist. […]

7. Artikel: Wir wollen, dass unsere Herrschaft uns nicht noch mehr Lasten auferlegt. Wenn der Herr eine Arbeitskraft braucht, dann soll ihm der Bauer gehorchen und zu Diensten stehen, doch zu den Zeiten, zu denen er nicht selber arbeiten muss. Auch soll der Bauer für seine Dienste bezahlt werden. […]

Martin Luther: Wider die stürmenden Bauern (1525):

Diese Bauern sündigen in dreifacher Weise. Deshalb haben sie den leiblichen und den seelischen Tod vielfach verdient.

Erstens haben sie ihrer Obrigkeit Treue und Gefolgschaft versprochen und geschworen, untertänig und gehorsam zu sein. Gott gebietet dies in der Bibel in Röm 13,1: »Jedermann sei der Obrigkeit untertan.«

Zweitens machen sie einen Aufstand, rauben und plündern Klöster und Schlösser, die ihnen nicht gehören. Dadurch machen sie sich zu öffentlichen Straßenräubern und Mördern und verdienen den Tod doppelt, an Leib und Seele.

Drittens rechtfertigen sie diese schreckliche Sünde auch noch mit dem Evangelium.

So soll nun die Obrigkeit hier getrost vorpreschen und mit gutem Gewissen dreinschlagen, solange sie dies kann. Denn sie hat den Vorteil, dass die Bauern Unrecht und ein schlechtes Gewissen haben. Jeder Bauer, der erschlagen wird, ist mit Leib und Seele verloren und fährt auf ewig zum Teufel in die Hölle. Aber die Obrigkeit

Werner Tübke, Bauernkrieg, 1983

ist im Recht und hat ein gutes Gewissen und kann mit voller Überzeugung zu Gott sagen: Siehe, mein Gott, du hast mich zum Fürsten oder Herrn gesetzt, daran gibt es keinen Zweifel, und hast mir befohlen, Übeltäter mit dem Schwert zu bestrafen – Röm 13,4. Solch wunderliche Zeiten sind jetzt, dass ein Fürst den Himmel mit Blutvergießen verdienen kann, besser denn andere mit Beten.

Thomas Müntzer: An die Allstedter (1525):
Darum fanget an und streitet den Streit des Herrn! Es ist hohe Zeit. Lasset euer Schwert nicht kalt werden, lasst es nicht erlahmen! Dran, dran, solang ihr Tag habt! Gott ist mit euch. Thomas Müntzer, ein Knecht wider die Gottlosen.

→ WuK, S. 171

Abendmahlsstreit

Nicht nur zwischen den Evangelischen und den Katholischen und zwischen Luther und den Bauern gab es Meinungsverschiedenheiten und erbitterten Streit. Auch die verschiedenen evangelischen Reformatoren stritten untereinander. So geriet Martin Luther mit Huldrych (Ulrich) Zwingli, dem Reformator der Schweizer Stadt Zürich, heftig aneinander über die Frage, wie denn die so genannten Einsetzungsworte beim Abendmahl (»Nehmet, esset, das ist mein Leib …«; Matthäus 26,26-28; 1. Korinther 11,23-25) richtig verstanden werden sollten. Genauer ging es bei diesem Streit um die Bedeutung des einen Wörtchens »ist«! Ist dieses Wörtchen wörtlich zu verstehen oder symbolisch (im Sinne von: »bedeutet«)?

Martin Luther: Sermon (Predigt) von dem Sakrament des Leibes und Blutes Christi (1526)

»Nehmet, esset, das ist mein Leib, der für euch gegeben wird, das tut zu meinem Gedächtnis.« Wenn wir die Worte über das Brot sprechen, so ist er wahrhaftig da und ist doch ein schlichtes Wort und Stimme, die man hört. Wie er nun ins Herz kommt und nicht ein Loch hineinbricht, sondern allein durchs Wort und Hören gefasst wird, so kommt er auch ins Brot, dass er kein Loch hineinzumachen braucht.

Kann er in Herz und Geist kommen und in der Seele wohnen, so kann ihm auf viel einfachere Weise das leibliche Ding offen stehen, sintemal das Herz viel subtiler ist.

Wenn man ihm aber mit der Vernunft nachdenken und nachmessen will, so müssten wir auch vom Glauben sagen, dass kein Mensch glauben könnte, denn er übertrifft zu weit alle Vernunft.

Sie [Zwingli und seine Anhänger] sagen, es solle nur ein Zeichen sein. In dem Bedenken soll die ganze Kraft bestehen, so dass Brot und Wein nicht mehr seien als ein Kennzeichen und (Landes-)Farbe, daran man erkenne, dass wir Christen sind.

[Ich dagegen sage:] Die aber zum Sakrament [des Abendmahls] gehen, sollen glauben und sicher sein, nicht allein, dass sie Christi wahrhaftigen Leib und Blut darin nehmen, sondern auch, dass es ihnen da geschenkt werde und ihr eigen sei. Wozu? So verstehe ich die Worte, dass mir da sein Leib und Blut zur Vergebung der Sünden geschenkt wird.

Huldrych (Ulrich) Zwingli: Antwort auf Luther (1527)

Ich will möglichst klar und ohne Bosheit oder Zorn den Beweis erbringen, dass der allmächtige Gott in der Sakramentslehre Martin Luther das rechte Verständnis vom Geheimnis des Sakraments nicht geoffenbart hat. Niemand halte es für Böswilligkeit oder Anklage, wenn ich sage: »So nicht!«

Ich rate dir, lieber Leser: lerne kritisch lesen!

Wir erklären: Die Worte »Das ist mein Leib, der für euch hingegeben wird« können nicht verstanden werden, wenn man sie nicht als bildliche Ausdrucksweise auffasst und damit die Bedeutung der Worte berücksichtigt.

Nun aber sagt Luther: »Die Worte ›Das ist mein Leib …‹ müssen einfach so genommen werden, wie sie lauten, nicht in übertragenem Sinn.« Darauf entgegnen wir: Es müsste dann auch das Brot für uns ans Kreuz gehängt worden sein, wenn es der für uns gekreuzigte Leib wäre. Darauf gibt Luther zur Antwort: »Nichtsdestoweniger ist es Brot, darüber hinaus aber auch der Leib.«

Nun hat nie jemand, weder die Apostel noch die Evangelisten noch irgend seither ein Gelehrter, auch nur andeutungsweise jemals erklärt, Christus habe gesagt, »das ist Brot, und zugleich ist es mein Fleisch.«. Es können nämlich nicht zwei verschiedene Substanzen ein und dasselbe Ding sein.

→ WuK, S. 171

Lucas Cranach d. Jüngere, Abendmahl, 1565. Anstelle der Jünger sitzen Reformatoren und Personen aus Wittenberg am Tisch.

Wenn der Wein verschüttet wird?

Da hat ein Weibsbild wollen zum abentmal des HERRN gehen / Vnd inn dem sie nu hat wollen inn den Stuel vorm Altar niderknien vnd trincken / tritt sie vnsanffte / vnd stösset hart mit jrem mund an den Kelch des HERRN / daher etwas daraus vom Blut Christi auff jre gefütterte Leibiacke / Mantel / vnd auff die lene des Stuels darinnen sie kniete / vergossen ist worden / Da nun solchs der Ehr. [= Ehrwürdige] D. Lutherus / so gegen vber in einem Stuel gestanden / gesehen hat / ist er bald / gleich wie der Ehr. D. Pomeranus [= Johann Bugenhagen, Pfarrer in Wittenberg] gethan hat / zum Altar gelaufen / vnd haben sampt dem Diacon solchs verschuttet Blut Christi / mit aller reverentz [= Ehrerbietung] / von des Weibes mantel etc. so rein als sie gekündten / helffen ab vnd auff lecken / Es ist auch solcher vnrath genanttem D. Martino [= Luther] also sehr zu hertzen gegangen / das er auch daruber geseuffzet vn(d) gesprochen hat Ah hilff Gott / Es seind im auch seine augen vol wassers gestande(n). Nach gehaltener Communion aber ist er zugefaren / vnd hat das rauchfutter der Leibiacken / darauff das Blut des HERRN war verschüttet worden / weil mans nicht hat künnen rein ablecken / lassen ausschneiden / vnd mit fewr verbrennen / Nach dem aber auch vom genantten Blut war etwas auff die Lenen des Stuels gefallen / hat er solche Lenen lassen höffeln [= abhobeln] / vnd die abgehöffelte spälein / auch lassen zu gleich verbrennen / wie solchs alles beide von Doctoribus vnd Magistris / dazu von Studenten vnd Bürgern etc. so auff dieselbe zeit inn der Kirchen gewesen / mir bekentlich sein [= bezeugen] werden.

Aus dem Bericht eines Pfarrers von Erfurt

→ WuK, S. 171/174

Eine wahrhaft ökumenische Familie

In seinem Roman »Das Wüten der ganzen Welt« erzählt der niederländische Schriftsteller Maarten ’t Hart von einem kleinen Ort in der niederländischen Provinz, in der es unterschiedliche protestantische Kirchen und Gruppierungen gibt. Eines Tages tun sich die Evangelischen (Lutheraner), die Reformierten (Nachfolger der Schweizer Reformation von Ulrich Zwingli aus Zürich und Johannes Calvin aus Genf) und die Heilsarmee zusammen, um gemeinsam eine große Evangelisationskampagne zu veranstalten.

Gemeinsam mit ihren beiden unehelichen Söhnen wollte meine Mutter der Kirche beitreten. Da die Kampagne jedoch von den Evangelischen, den Reformierten und der Heilsarmee organisiert worden war, schien nicht sogleich klar, welcher Kirche sie sich mit ihren Kindern anschließen sollte. Die Reformierten fanden, dass sie und ihre Söhne reformiert werden sollten. Sie waren schließlich die Initiatoren des Kreuzzugs gewesen.

Da sie von Haus aus anglikanisch war, meinten die Evangelischen, dass sie zusammen mit ihren beiden Söhnen evangelisch werden solle. Die evangelische Kirche stand dem Anglikanismus näher als die reformierte Kirche. Und während Reformierte und Evangelische sich noch darüber stritten, welcher Kirche sie beitreten sollte, versuchte ein Kapitän der Heilsarmee, sie zu überreden, dieser Organisation beizutreten.

»Dazu neigte ich damals schon«, sagte sie später zu mir, »ich habe die Heilsarmee immer sympathisch gefunden. Aber für meine Söhne schien mir das nichts zu sein. Sollten die etwa in solch einer Uniform und mit solch einem Käppi durch die Straßen marschieren und Posaune blasen? Also, nicht dass ich mich selbst etwa in schwarzen Strümpfen und mit so ’nem verrückten Hut auf dem Kopf durch die Straßen ziehen sah, aber ich fand und finde die Heilsarmee sympathisch. Vielleicht kommt es daher, weil ich als Kind in Hull gesehen habe, wie sie Suppe an arme Leute ausgeteilt haben. Kurz, ich habe mir damals, wie ich finde, eine sehr elegante Lösung für das Problem ausgedacht: Wir würden eine wahrhaft ökumenische Familie werden. Mein Ältester evangelisch, mein jüngster reformiert und ich selbst ohne Hütchen und Strümpfe bei der Heilsarmee.«

Der jüngere Sohn, William (der Ich-Erzähler), besucht nun den Konfirmandenunterricht der reformierten, der ältere Sohn, Herman, den der lutherischen Kirche. Weil es William aber bei den Reformierten nicht gefällt, tauscht er mit seinem Bruder einfach die Konfession. Herman sitzt nun zum ersten Mal im reformierten Konfirmandenunterricht bei Pastor Dercksen.

Nach dem Eröffnungsgebet zeigte Pastor Dercksen auf ihn und sagte: »Du, wer bist du, ich kenne dich nicht.«

»Ich bin Herman Keenids.«

Spaltung der abendländischen Christenheit in Katholiken und Protestanten. »Der Seelenfischer«, Agitationsbild des niederländischen Malers Adriaen Pieterszoon van de Venne aus dem Jahre 1614. Die ironisierende Darstellung überträgt den von Jesus an seine Jünger gerichteten Ausspruch »Ich mache euch zu Menschenfischern« auf die zeitgenössische Situation der Kirche: Auf einem Fluss versuchen Vertreter der reformierten Nordniederländer und der katholischen Südniederländer im Wettstreit gegeneinander nackte Männer und Frauen – sie versinnbildlichen die einzufangenden Seelen – in ihre Boote zu ziehen. Die Besatzung des einen Bootes besteht aus protestantischen Geistlichen, die des anderen aus Priestern und Bischöfen. Das gesamte Bild wird von der Zweiteilung in ein protestantisches Lager (am linken Flussufer) und in ein katholisches Lager (am rechten Flussufer) beherrscht. Im Vordergrund stehen sich jeweils bekannte Theologen der beiden Seiten gegenüber.

»Oh, du bist ein Bruder von William. Wo ist William?«

»Der kommt nicht mehr. «

»Kommt nicht mehr? Warum nicht?«

»Es gefiel William überhaupt nicht, reformiert zu sein, und mir macht es, ehrlich gesagt, nicht viel aus, evangelisch oder reformiert zu sein. Darum haben mein Bruder und ich getauscht. Er ist evangelisch geworden, und ich bin jetzt reformiert.«

»Ja, ja, aber das geht … das geht doch nicht so.«

»Ich sehe nicht ein, warum nicht«, sagte Herman. »Mein Bruder findet es viel angenehmer, evangelisch zu sein, also, warum sollten wir dann nicht tauschen dürfen?«

Über seine Brille hinweg schaute Pastor Dercksen Herman Keenids erstaunt und auch ein bisschen hilflos an. Unbekümmert blickte ihn Herman seinerseits an. Dann sagte er: »Von meinem Bruder habe ich gehört, dass Sie letzte Woche Sonntag, 27., Frage 72 besprochen haben und dass er sie zu heute auswendig lernen sollte. Deshalb habe ich sie nun gelernt: Ist denn das äußere Wasserbad selber die Reinwaschung von Sünden? Es heißt nein; denn nur das Blut von Jesus Christus und der Heilige Geist reinigen uns von aller Sünde.«

Er schwieg einen Augenblick, blickte sich um und sagte dann: »Dieses ›Es heißt nein‹ finde ich, ehrlich gesagt, ein bisschen dumm. Und dass man von Blut sauber werden könne, scheint mir fragwürdig. Blutflecken, sagt meine Mutter immer, sind gerade die gemeinsten Flecken.«

»Ja, aber das musst du auch nicht wörtlich auffassen«, sagte Pastor Dercksen.

»Oh, ein Glück«, sagte Herman. »Bin ich froh, dass ich reformiert geworden bin.«

Maarten 't Hart

→ WuK, S. 171/174

Katholisch …

Ablass – katholisch

Lucas Cranach d. Jüngere, Der katholische Gottesdienst, 1545

Lieber Thorsten!

Wenn Dein Religionslehrer behauptet, der Ablass sei heute überholt und gehöre längst abgeschafft, dann ist das vielleicht seine eigene Meinung, aber nicht die Lehre der katholischen Kirche. […]

Eine der großen theologischen und menschlichen Stärken der katholischen Kirche ist es, Unterscheidungen zu treffen. Manchmal sind diese äußerst feinsinnig (manchmal auch etwas zu übertrieben, das kommt vor). So unterscheidet die Erfahrung der Kirche bei einer Sünde drei verschiedene Folgen: zwischen persönlicher Schuld, Schaden und Strafe.

Wenn mir jemand zum Beispiel Geld klaut, macht er sich dreifach schuldig:

Indem er mich als Person missbraucht und dadurch verletzt (personale Schuld),

indem er mir einen materiellen Schaden zufügt (mir fehlt jetzt Geld) und

indem er sich selbst und die Gemeinschaft schädigt (Strafe).

Was nun im alltäglichen Leben unserem Rechtsempfinden entspricht, findet die genaue Entsprechung im katholischen Glauben. In der katholischen Kirche wird die personale Schuld durch Gott in der Beichte vergeben, die Buße ist ein Zeichen der Wiedergutmachung (und sollte deshalb auch der Tat entsprechen, also z.B. jemandem Gutes tun, den man zuvor geschädigt hat) und die Strafe ist ein Ablass-Werk, die Tilgung der Strafe der Ablass.

Gott segne Dich – Dein Peter.

Evangelisch …

Buße – evangelisch

Lucas Cranach d. Jüngere, Der evangelische Gottesdienst, 1545

Pfarrer/in: Lasst uns in Demut den Herrn anrufen:

Herr, unser Gott. / Im Lichte deiner Gnade erkennen wir / wie dunkel unser Leben ist / und wie fern wir von dir sind. / Wir haben dich aus dem Blick verloren / darum fehlt es uns an Zuversicht / und wir sind arm an Liebe.

STILLES GEBET [der Gemeinde]

Pfarrer/in: Nimm uns an der Hand und ziehe uns zu dir. / Erneuere uns durch die Kraft deines Geistes. / Herr, erbarme dich.

KYRIE

[Chor und] Gemeinde: Kyriegesang

GNADENZUSPRUCH

Pfarrer/in:

Höret den Zuspruch der göttlichen Gnade:

Das ist gewisslich wahr und ein Wort, des Glaubens wert, dass Christus Jesus in die Welt gekommen ist, die Sünder selig zu machen (1. Timotheus 1,15).

GLORIA

Pfarrer/in: Ehre sei Gott in der Höhe.

Gemeinde: Und auf Erden Fried, den Menschen ein Wohlgefallen.

GLORIA-LIED

Gemeinde:

Allein Gott in der Höh' sei Ehr'
Und Dank für seine Gnade
[…].

Auszug aus einer evangelischen Gottesdienstordnung

Reformationstag oder Halloween?

Reformieren wie Luther

Am Mittwoch war Reformationstag. Ich sage bewusst *war* und nicht: haben wir gefeiert. Das haben wir nämlich nicht. Es waren Herbstferien, da fallen auch die traditionellen Schulgottesdienste aus. Und, Hand aufs Herz, den Meisten von uns fällt zum Reformationstag ohnehin nicht viel ein. Martin Luther, Ein feste Burg ist unser Gott, ok. 95 Thesen, auch gut. Entstehung der evangelischen Kirchen. Das war's dann auch schon. Eigentlich schade, denn der Reformationstag kann uns auch heute an vieles erinnern. Damals, vor 500 Jahren hatte ja die Kirche sich weit, weit entfernt von den Menschen. […]Da hat dann Martin Luther sehr ausdrücklich darauf bestanden, dass die Kirche für die Menschen da sein muss, dass alle Menschen, dass auch Kinder, Jugendliche, dass auch Ungebildete verstehen, was es auf sich hat mit Gottes Liebe, mit Gnade, mit Vergebung. Er hat die Menschen ernst genommen, die Bauern, die kleinen Händler, die Knechte. Das hat ihnen gut getan, zu hören: Du bist getauft. Du bist ein Priester Jesu Christi. Du bist Gott unendlich wichtig. Du bist kein kleines Licht. Du bist etwas ganz Besonderes, weil Gottes Liebe dich zu etwas ganz Besonderem macht. Das ist ein Gedanke, bei dem bleibt einem die Luft weg. […]

Ich sag das mal ganz zugespitzt: Reformationsfest zu feiern, das heißt nicht, »Ein feste Burg ist unser Gott« zu singen. Das heißt auch nicht, Luther zum Heiligen zu erklären und zur letzten Instanz in theologischen Streitfragen. Sondern Reformationsfest zu feiern heißt, es zu machen wie Luther, die Menschen ernst zu nehmen, genau zu hören auf ihre Fragen und immer wieder neu zu fragen, wie können wir Kirche so verändern, dass Menschen den Weg zu ihr finden?

Das ist eine Riesenaufgabe. Die kann niemand allein bewältigen. Dazu braucht es viele Menschen, alte und junge. Dazu brauchen wir auch euch Jugendliche. *Matthias Petersen*

Predigt zum Reformationsfest in der Kaiser-Wilhelm-Gedächtniskirche zu Berlin

Das Thema des Reformationstags ist die Freiheit. Manche verbinden inzwischen mit dem 31. Oktober jedoch ein ganz anderes Fest. Halloween breitet sich auch in Deutschland aus. Immer mehr Gruselfreunde finden Gefallen an diesem Fest. »Süßes oder Saures« – so lautet der Schlachtruf der Kinder, die als Hexen, Geister oder Skelette verkleidet am Vorabend des 1. November durch die Wohngebiete ziehen. Die Bewohner der Häuser kaufen sich frei, indem sie den kleinen Monstern schleunigst eine Handvoll Leckereien aushändigen. Wer sich nicht auslöst, muss damit rechnen, das Opfer übler Streiche zu werden. Fest steht, dass der Gruselboom die Herzen von Geschäftsleuten höher schlagen lässt …

Halloween ist kein christliches Ereignis. Es wird in der Kirche auch nicht gefeiert. Die Vorstellung, dass die Geister Verstorbener als böse Geister wiederkehren, verträgt sich nicht mit dem christlichen Glauben. Für ihn sind die Verstorbenen bei Gott geborgen; sie brauchen nicht umherzugeistern. Der evangelischen Kirche ist auch nicht gleichgültig, dass dieses Spektakel ausgerechnet am 31. Oktober über das Land der Reformation hereinbricht. Wir können den Reformationstag nicht zugunsten einer Gruselparty aufgeben. Denn die Reformation hat den Menschen zur Klarheit verholfen und die Freiheit des Glaubens erneuert. *Wolfgang Huber*

Im Jahr 2006 gibt es den Reformationstag zum ersten Mal auch in Chile

Der ehemalige Präsident Ricardo Lagos Escobar hatte dies im Jahr 2005 beschlossen, um die gesellschaftlichen Verdienste der evangelischen Kirche zu würdigen. Von den 16 Millionen Chilenen zählen sich 2,4 Millionen zu den Protestanten.

→ WuK, S. 176/177

Gemeinsam sind wir stärker

Ole Flensted, Mobile 2

Es sind verschiedene Gaben; aber es ist ein Geist.
Und es sind verschiedene Ämter; aber es ist ein Herr.
Und es sind verschiedene Kräfte; aber es ist ein Gott, der da wirkt alles in allen.
In einem jeden offenbart sich der Geist zum Nutzen aller.

1. Korinther 12,4-7

Martin

Irgendetwas hatten sie mit Martin auf dem Schulfest vor – das spürte er ganz deutlich.

Egge und Strehl zogen ihn zwischen sich, so dass er sich nicht mehr rühren konnte. »Also, Lappi – Martin, besser gesagt, wir haben uns überlegt, dass du zu uns gehören kannst, wenn du willst.« Egges Stimme war so freundlich, als wollte er ihm Schokolade schenken. Aber Martin war misstrauisch geworden und sagte nichts.

Egge boxte ihn in die Seite: »Ey, Martin, wir haben dir einen Vorschlag gemacht!«

»Lasst mich los, ich will gehen.«

»Nein, Martin, echt. Ehrlich, du hast das alles so super gemacht! Komm trink wenigstens einen Schluck!«

Angewidert fuhr Martin vor der Flasche zurück, die Egge ihm unter die Nase hielt. »Ich trinke nichts!«

»Du würdest aber gerne, stimmt's?« Egge drehte den Verschluss von der Flasche und nahm selber einen Schluck. »Komm, Brüderchen, Martin!«

Die Flasche kreiste. Jeder trank ein- oder zweimal und nach zwei Runden war der Flachmann leer.

»Mhm, Rum!«, schnalzte Egge und fuhr sich über die Lippen. »Du ahnst gar nicht, was du verpasst. Oder hast du Angst, Mami könnte was riechen?«

»Unser Martin doch nicht!«, grinste Brockmeyer. »Unser Martin ist groß und stark und wenn Mami etwas sagt, dann kriegt sie eins aufs Maul. So einer ist unser Martin! Ein ganz cooler Typ.«

Der zweite Flachmann wurde herumgereicht. Es roch stechend nach Alkohol und Martin hatte das Gefühl, schon vom Geruch betrunken zu werden. Und sie stichelten immer weiter. Immer schlimmer.

»Aus dir wird nie ein Mann werden, Martin, wenn du so weitermachst.«

Martin wollte sich die Ohren zuhalten.

Sie ließen ihn nicht. …

»Komm, Martin, du brauchst jetzt einen Beruhigungsschluck. Am besten, du siehst das ganz locker.« Er hielt Martin den Flachmann hin. Und Martin griff zu. Trank.

Zu Silvester hatte er ein halbes Gläschen Sekt trinken dürfen. Ihm war so schummerig davon geworden, dass er in den Armen seiner Mutter eingeschlafen war. Seitdem ging er Alkohol aus dem Weg. Jetzt trank er zum ersten Mal in seinem Leben etwas Hartes. Es brannte von der Kehle bis in den Magen hinunter.

Feuer kroch ihm durch die Adern. Wieder kreiste ein Flachmann.

Sie starrten ihn an. Das-bringst-du-nicht-Lappi!

Natürlich brachte er das! Er nahm einen Schluck von dem Zeug, dann noch einen. So schlecht schmeckte es gar nicht. Ganz gut sogar, dachte er. Und alles wurde viel leichter. So anders.

»Ey, Egge, guck mal, der Kleine wird gierig!«

Sie meinten ihn, aber das interessierte ihn schon gar nicht mehr. Er trank weiter wie einer, der am verdursten war.

In beiden Ohren dröhnte eine Band. Die Gesichter um ihn begannen zu schaukeln und fuhren dann grinsend im Kreis.

»Ey, dem wird schlecht – gleich kotzt der hier alles voll! Echt, super Idee von dir, Egge!«

»Der braucht Luft und 'n tiefes Klo. Ey, Martin, reiß dich zusammen!«

Sie meinten ihn. Sie packten seine Schultern und schüttelten ihn.

»Geh auf die Toilette und steck dir 'n Finger in den Hals!«

»Das bringt der nicht mehr. Einer muss mit. Los, Jochen, Joe!«

Sie meinten immer noch ihn. Und keiner wollte mit.

»Ich bin doch keine Krankenschwester! Du hast uns das eingebrockt, Egge. Du gehst mit!«

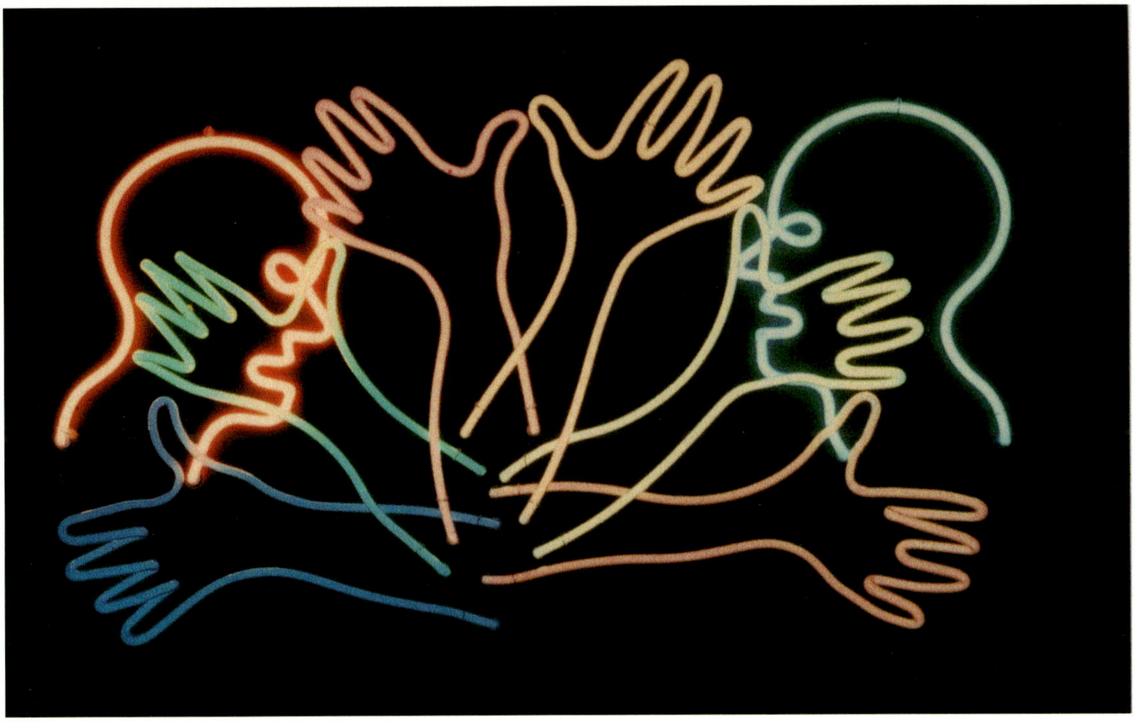

Bruce Nauman, Double Slap in the Walk, 1985

Das Geschenk der Clique

»Du bist so süß in deinem Schmerz«, sagte Jacki. »Aber ich hab was gegen Schmerzen. Komm mal mit.« Und sie zog mich hinter sich her, in die Ecke mit den zwei alten Sofas, warf sich auf das leere Sofa, zog mich zu sich herunter und sagte: »Guck mal.« Und öffnete die Faust und da lagen auf ihrem Handteller zwei kleine, niedliche Tabletten. Sie strahlte. »Hab ich für uns besorgt«, sagte Jacki. »Das hilft gegen Liebeskummer. Das ist das Allerallerbeste gegen Liebeskummer. Du schluckst eine und zehn Minuten später bist du so high, als würdest du auf Watte gehen, was sage ich, auf Wolken. Du hörst super Musik und es kommt dir vor, als wären alle Leute hinreißende, süße, kleine Monster.« Sie lachte. Ihr Lachen klang irgendwie total komisch. Ganz anders. Überhaupt bewegte sie sich anders als sonst. So eckig, so unmotiviert. Und ich dachte, die liegt auf dem Sofa, weil sie nicht mehr stehen kann. Wie sie immerzu ihren Kopf schlug und die Haare um sie rumflogen, und dieses blöde Lachen. So kicherig, so hoch, ihre Stimme, anders als sonst, ganz anders.

»Hast du was genommen?«, fragte ich. Ich stand wieder auf. Ich wollte nicht neben Jacki auf dem Sofa sitzen. »Klar«, sagte Jacki und strahlte, »deshalb geht es mir ja so gut. Aber ich will, dass es dir auch gut geht. Mann, gegen Liebeskummer, gegen die blöden Kerle, die einen nur verarschen, gibt es ein tolles Mittel, ein Mittel …«, und wieder streckte sie mir die Hand mit den Tabletten hin. Alle sind so komisch eingekerbt. Ich bin nicht so blöd, wie alle denken, ich wusste genau, was das war. Aber ich stellte mich dumm und fragte: »Was ist das denn?« Und Jacki sagte: »Komm mal näher«, und zog meinen Kopf zu sich herunter und flüsterte mir ins Ohr: »Ecstasy. Das ist das Geschenk der Clique für dich. Damit du den Liebeskummer mit Carus verkraften kannst. So sind wir zu dir. Und jetzt schluckst du die einfach. Und alles ist gut.«

Brigitte Blobel

→ WuK, S. 178

In der Beratungsstelle

Frederick:

Es ist mir ziemlich schwer gefallen, hierher zu kommen. Meine Mutter hatte schon einmal das Wort »Beratungsstelle« fallen lassen. Das war damals, als ich aus dem Krankenhaus kam, wo man mir nach einem Besäufnis den Magen ausgepumpt hat. Doch als es mir wieder besser ging, hatte ich das schnell wieder vergessen. Aber inzwischen ist soviel in Unordnung. Mit Zuhause habe ich ständig Ärger, ebenso in der Schule. Gegen das Elend hilft dann nur Alkohol, zumindest für kurze Zeit. Bei meinen Kumpels ist das ja nicht viel anders.

Ich ging mit ziemlich gemischten Gefühlen in die Beratungsstelle. Als Herr Klein mich freundlich begrüßt hatte, überlegte ich, wo ich anfangen sollte. Irgendwie habe ich mich geschämt und dachte: »Vielleicht geht's doch ohne.« Doch dann fragte mich Herr Klein, woher ich denn käme und nach meiner Clique. Und da kam ich ins Erzählen. Ja und dann war ich auch schon bei der letzten Fete, bei der ich wieder 'nen vollen Absturz hatte. Ich erzählte von dem Plan, jetzt weniger trinken zu wollen.

Doch als Herr Klein fragte, wie oft ich das schon versucht habe, ja, da war es erst einmal aus. Mein Hals war ganz trocken, ich fühlte einen Kloß im Hals und hätte am liebsten losgeweint. Doch da sah Herr Klein mich freundlich an und meinte nur: »Ich denke, du könntest es jetzt schaffen!« So freundlich hatte schon lange keiner mehr mit mir geredet. Sonst kritisieren alle nur an mir herum.

»Was macht dir denn wirklich Spaß?« fragte Herr Klein. Da musste ich erst einmal nachdenken. Früher habe ich gerne Fußball gespielt und bin mit anderen Inliner gefahren. Aber die, mit denen ich das gemacht habe, hängen meist nur noch herum und überlegen, wo sie was zu trinken organisieren können. »Und was möchtest du heute gerne tun?« Die Frage war gar nicht so einfach zu beantworten.

Herr Klein:

Was soll ich zu Frederick sagen? Er war mir auf Anhieb sympathisch und gerade deshalb bin ich erst einmal erschrocken. Seine Bewegungen waren für einen Jugendlichen seines Alters irgendwie zu langsam. Er wirkte im Moment wie ein alter Mann. Wie konnte ich Kontakt zu ihm finden und sein Vertrauen gewinnen? Ich musste erreichen, dass er ehrlich über sein Alkoholproblem nachdenkt und ohne Beschönigungen darüber spricht. Das ist nicht so einfach. Viel Alkohol zu trinken und vertragen zu können, gilt ja als chic. Da fällt es schwer zuzugeben, dass das Trinken keine Bagatelle ist, sondern eine Sucht. Das bedeutet, dass es eine immer wichtigere Rolle im Leben des Süchtigen spielt. Eltern, Freunde, Schule, alles tritt an Bedeutung zurück gegenüber dem Wunsch nach Alkohol.

Da wird es wichtig sein, dass Frederick etwas findet, was ihm wirklich wichtig ist und was ihm Halt gibt. Das kann vielerlei bedeuten, Interesse am Sport, eine Freundin, die zu ihm hält, Eltern, die ihn unterstützen, vielleicht auch ein Halt im Glauben. Das ist das eine. Das andere ist, dass Frederick akzeptieren muss, dass er krank ist und seine Krankheit seine Zukunft ruinieren wird, wenn er nichts dagegen tut. Deshalb muss er erst einmal erzählen, wie er alles erlebt. Meine Aufgabe besteht darin, nachzufragen und Frederick auf die Stellen aufmerksam zu machen, wo seine Schilderung einseitig ist. Freut er sich wirklich, wenn ihn seine Kumpels zu einer Sauftour abholen? Ist es ihm wirklich egal, wenn er in betrunkenem Zustand Dinge macht, über die er sich eigentlich schämen müsste? Doch es ist nicht so leicht, so etwas zu erreichen. Die erste Sitzung war für ihn ermutigend. Ich denke, dass Frederick nächste Woche wieder kommt. Dann werde ich sehen, ob er weiterhin motiviert und genügend einsichtig ist. Das hoffe ich und glaube ich.

Gerhard Büttner

Jean-Michel Basquiat, Tabac, 1984

→ WuK, S. 179/180

Pieter Breughel, Die sieben Werke der Barmherzigkeit, um 1600

Denn ich bin hungrig gewesen
und ihr habt mir zu essen gegeben.

Ich bin durstig gewesen
und ihr habt mir zu trinken gegeben.

Ich bin ein Fremder gewesen
und ihr habt mich aufgenommen.

Ich bin nackt gewesen
und ihr habt mich gekleidet.

Ich bin krank gewesen
und ihr habt mich besucht.

Ich bin im Gefängnis gewesen
und ihr seid zu mir gekommen.

Matthäus 25, 35-36

Ich will eine neue Chance

Paul ist schlecht. Er starrt die Klinke der braunen Tür des Arbeitszimmers an, als hätte er sie noch nie gesehen. Dabei hat er sie gestern Nacht mit Jörg ganz schnell und leise öffnen können. Schließlich können sie so etwas gut. Kratzspuren sieht man bei hellem Licht deutlich.

»Komm rein, Paul«, ruft die Stimme, die er so gut kennt.

Schwer wie Blei fühlt sich die Hand an, die er auf die Klinke legt. Trotzdem drückt er sie nicht herunter.

Paul, denkt er, so heiße ich doch gar nicht.

Seit vorgestern nicht mehr. Das ist vorbei. Aus. Vor vier Monaten war er zum ersten Mal in diesem Zimmer gewesen – und da ging es auch um Diebstähle, allerdings die aus Hamburg. »Ich weiß alles, was du gemacht hast«, hatte dieser Heimleiter Wichern gesagt. »Es ist einiges – für einen Dreizehnjährigen. Aber das gilt von nun an nicht mehr. Es ist vergeben. Sprich mit niemanden mehr darüber, was du getan hast. Du bekommst wie die anderen auch einen neuen Namen, Paul. Ein neues Haus – ein neues Herz – steht als Motto über dem Haus, in das du hier einziehen wirst.«

Damals fand er das gut. Mit elf anderen Jungs gemeinsam in ein Haus zu ziehen – mit dem Herrn Baumgärtner als Hausleiter, das war auf die Dauer um einiges besser als das vorher: dauernd suchen nach einem guten Schlafplatz und dieses ständige Ankämpfen nicht nur gegen die Polizei – er konnte schließlich schnell rennen –, sondern auch gegen Edwin und seine Leute. Die wussten irgendwie immer, wann er oder sein Bruder gerade einen gut gefüllten Geldbeutel ergattert hatten oder etwas Gutes zu essen, und die waren älter und stärker.

»Paul?«

»Ja!«

»Komm rein! Wofür sollte das Geld sein?«

Pauls Kopf ist leer. Ihm fällt nichts ein. Nicht eine einzige Antwort.

Heute Nacht ist er nach einem ewig langen Fußmarsch umgekehrt und zurückgegangen, über den Keller hineingekommen und hat sich einfach in sein Bett gelegt. Was soll er da auch antworten?

»Dein Bruder Jörg ist aufgegriffen worden. Er war auf dem Weg nach Hause.«

Vielleicht war er ja nicht ganz normal. Aber Jörg muss wirklich verrückt geworden sein. Der wollte gestern tatsächlich nach Hause zurück, obwohl sie dort schon einmal ausgerissen sind. Zurück in dieses einzige, stickige Zimmer nach Hamburg, in dem es immer nach Kohl riecht und nach scharfer Seifenlauge. Wo entweder das Husten der Mutter, die manchmal die ganze Nacht für andere die Wäsche wäscht, beim Einschlafen stört oder das Geheule irgendeines der fünf jüngeren Geschwister. Oder die Angst, dass Vater, betrunken wie er ist, mit Mutter Streit anfängt wegen des Geldes, und sie sich wieder von ihm ›Eine fängt‹. Musste er selbst morgens nicht immer wieder wach genug sein, um zehn Stunden in der Ziegelfabrik durchzuhalten? Für 85 Pfennig am Tag! Immerhin, denn Vater verdient oft nichts.

Vorsichtig fragt er: »Hat Jörg schon etwas gesagt? Ist er hier?«

»Ja«, sagt Hausvater Wichern. »Ja, er ist da.«

Stille. Und jetzt? Jetzt kommt sicher auch für ihn selbst der Ausschluss aus diesem besonderen Heim mit dem Fischteich und den kleinen Wohnhäusern, der Schreinerei, der Bäckerei, den Äckern und der Buchbinderei. Sicher hat Jörg ihm sogar die Hauptschuld am Plan für den Einbruch zugeschoben. In Paul kriecht plötzlich eine unbändige Wut hoch – auf Jörg und überhaupt auf alles und jedes.

»Wo ist er jetzt?«

»Er ist schon in der Schreinerei beim Aufräumen. Das Geld ist auch da. Ab morgen geht er wieder in die Schule. Er wollte eine neue Chance.«

Paul muss sich an die Wand lehnen – so ganz genau kann er den Hausvater nicht mehr erkennen. Vor ihm flimmert alles.

»Was ist denn mit dir los?«

Stille. »Ja«, sagt er. »Ich will auch. – Ich will eine neue Chance.«

Und dann kommt etwas. Von ganz weit weg. Vom Hausvater Wichern auf der anderen Seite des Zimmers – bis zu Paul. Es ist ein Nicken und noch etwas anderes. Vielleicht sogar Anerkennung.

Dorothea von Choltitz

→ WuK, S. 180

»Bin ich denn keine Frau?«

Zu den bekanntesten amerikanischen Freiheitskämpferinnen und Frauenrechtlerinnen gehört die schwarze Predigerin und Sängerin Sojourner Truth (1797–1883), geborene Isabelle. Sie kämpfte gegen die Sklaverei sowie für die Rechte der Frauen und der Armen.

Isabelle wurde 1797 als zweitältestes Kind der Sklaven James und Betsey auf einer Farm in Hurley im US-Bundesstaat New York geboren. Wie damals üblich hatten Sklaven keine Nachnamen. Der Vater trug den Spitznamen »Bomefree«, die Mutter nannte man »Mau Mau Bett« oder »Ma Ma Bett«. Die genaue Zahl der Geschwister von Isabelle ist unbekannt. Ihre Mutter soll zehn bis zwölf Kinder zur Welt gebracht haben.

Isabelles Stimme dringt klar, fast provozierend sicher zu den vielen Frauen vor der Holzbühne. Sie selbst fühlt sich erschöpfter als auf jedem Zuckerrohrfeld, auf dem sie je in ihrem Leben geschlagen hat. Ihr Schweiß rinnt ihr die Taille hinunter. Diese grässliche enge Jacke, die die weiße Mary Chapter ihr vor der Rede noch aufgezwungen hat! Damit Sie auch einen guten Eindruck machen können, hat sie gesagt. Dabei hat sie ihr bestes rosa Kleid angezogen für diese Rede bei der Frauenrechtsversammlung in Akron. Immerhin, sie ist eingeladen worden, als die langsam berühmt-berüchtigte Sojourner Truth, über die es neuerdings sogar ein Buch gibt. Haben sie das schon gehört? Der Satz, der Isabelle überzeugt hat, zu dieser Veranstaltung zu kommen, war der: Hier treffen Sie die Frauen, die sich wehren wollen in ihrer bedauernswerten Lage, die ihre Rechte einfordern gegenüber dieser Männerübermacht im Land. Ja, dies findet Isabelle wichtig. So, wie es ist, kann das nicht gewollt sein – weder von den Frauen noch von Gott dem Herrn. Basta! Jetzt allerdings kann sie in der Runde nur piekfeine Damen der Gesellschaft erkennen, die meisten weiß und sogar gut duftend. Schnell versteckt sie beim Reden ihre Hände hinter dem Rücken, sie sehen aus wie knorrige Baumwurzeln. Anders als diese schlaffen, wie bleiche kranke Hündchen im Schoß liegenden Hände der Lady, die sie gerade mit kalten Fischaugen mustert, angewidert, bestimmt, weil sie schwarz ist, eine ehemalige Sklavin. Was ich hier will bei Ihnen? Die Zwischenruferin machte sie seltsamerweise ruhig. Ja, ich war eine Sklavin. Ja, ich bin mehrfach an Weiße verkauft worden, als ich noch ein Kind war. Ja, ich bin weggegangen, als mein Besitzer sein Versprechen nicht eingelöst hat, dass er mich schon vor dem Unabhängigkeitstag am 4. Juli 1827 frei lässt. Nein, ich bin nicht geflohen. Ich blieb in der Nähe. Ja, ich scheute den Ärger mit ihm nicht. Quäker van Waagenen gewährte mir und meinem Sohn Unterschlupf und kaufte mich später frei. Das Murmeln unter den Frauen wird ein Brausen. Flucht aus der Sklaverei! Mary Chapter bringt die Frauen zur Ruhe. Ja, sagt sie, liebe Schwestern, Sojourner Truth weiß, wovon sie redet, wenn sie ihren berühmten Satz sagt, vor dem die Männer ausspucken: Schwestern, ich verstehe nicht, was ihr wollt. Wenn Frauen mehr Rechte wollen, als sie haben, warum nehmen sie sie sich nicht einfach, statt darüber zu reden? Die Versammlung ist wieder still. Ja, dieses Wort imponiert. Vielen. Da vorne steht die, die ihren eigenen Weg gefunden hat heraus aus Umständen, in der die stinkende Gosse, mit der die Missionare drohen, wenn sie von den bösen Konsequenzen eines falschen Lebens sprechen, einfach nur ein goldener Zustand wäre.

Als Isabelle weiterredet, hört man nur das nervöse Hüsteln einer anderen Schwarzen im Raum: Was ich hier will? Ich konnte genau so viel arbeiten und genauso viel essen wie ein Mann und die Peitsche genauso tapfer ertragen. Und bin ich denn keine Frau? Ich habe 13 Kinder geboren, und fast alle wurden in die Sklaverei verkauft, und als ich laut weinte in meinem mütterlichen Schmerz, hörte mich niemand außer Jesus! Und bin ich denn keine Frau? Der Tumult nimmt zu.

Mary Chapter versucht, die Gemüter zu beruhigen. Seit Jahren ist Isabelle Sojourner Truth, die bekannte Wanderpredigerin. Seit Jahren arbeitet sie bei der Methodistenmission und kümmert sich dort um Prostituierte. Ihr könnt das Buch über sie lesen! Sie nickt Isabelle zu. Die

Roy Lichtenstein, Nurse, 1964

Rettung von Prostituierten liegt den Damen hier am Herzen. Isabelle nickt zurück. Ob diese vorwiegend weißen Frauen sich einlassen werden darauf, dass eine Schwarze, eine ehemalige Sklavin, zu ihnen gehört und sie auch für ihre Rechte kämpfen wollen, oder nicht? Isabelle versteckt ihre Hände nicht mehr. Sie hält sie vor ihren Bauch, leicht und unauffällig gefaltet. Beten kann sie, auch während sie nachdenkt, wie sie reagieren soll. Das hat sie gelernt. Dann gestikuliert sie wieder und unterstreicht ihre Worte mit ihren Händen. Die Luft vibriert vor Spannung.

Ernst Probst

Sojourner Truth gilt als eine der ersten Aktivistinnen, die eine Verbindung zwischen den Rechten der Sklavinnen, der Schwarzen, und den Rechten der Frauen herstellten. Mit ihrem berühmten Ausspruch »And ain't I a woman?« (»Und bin ich denn keine Frau?«) bestand Sojourner Truth darauf, dass weiße Feministinnen ihren Horizont erweitern und schwarze, versklavte und arme Frauen in den Kampf um gleiche Rechte für alle einbeziehen.

Nach Isabelle wurde das kleine Landefahrzeug von »Mars Pathfinder« benannt. Ihr Porträt zierte 1986 eine amerikanische Briefmarke.

 → WuK, S. 180

Wir machen (keine) Unterschiede

Als die Nationalsozialisten mit Hitler 1933 in Deutschland an die Macht kamen, begann für viele Menschen eine Schreckenszeit. Bald fingen die Nazis an, Juden, die ja Deutsche waren wie die anderen auch, aus dem öffentlichen Leben zu verdrängen, zu unterdrücken und zu verfolgen. Wer von jüdischen Eltern oder Großeltern abstammte, wurde aus dem öffentlichen Dienst entlassen (dies forderte der von den Nazis eingeführte so genannte Arierparagraph).

Auch in der evangelischen Kirche waren nach der Machtergreifung sehr viele Menschen von Hitler begeistert und unterstützten die nazitreuen »Deutschen Christen«. Diese versuchten, den Arierparagraphen in der evangelischen Kirche einzuführen. Christen jüdischer Herkunft sollten aus dem Kirchendienst entlassen und aus der Kirche ausgegrenzt werden.

Die beiden Sozialarbeiterinnen Marga Meusel (1897–1953) und Charlotte Friedenthal (1892–1973) wollten keine Unterschiede machen zwischen »Ariern« und »Nichtariern«. Charlotte Friedenthal hatte jüdische Vorfahren. Sie war getauft und christlich erzogen worden. So engagierte sie sich für ihre Leidensgenossen. Sie fand: Christen dürfen keinen Unterschied machen zwischen »Ariern« und »Nichtariern«. Als Christin, die einer jüdischen Familie angehörte, musste sie einen Judenstern tragen und jederzeit mit der Deportation in eines der Vernichtungslager rechnen. Plötzlich war damit die Situation für Charlotte Friedenthal selbst lebensgefährlich geworden. Die Fahrt, die über ihre Zukunft entschied, hat sie in ihrem Tagebuch festgehalten:

Die Fülle im Zug nimmt von Karlsruhe an ab, von Freiburg an sind nur noch wenige Reisende vorhanden. Die Sonne leuchtet durch die Fenster meines Abteils, in dem ich mich allein befinde. Eine Dame beobachtet mich vom Gang aus. Schließlich kommt sie zu mir und fragt, wie das möglich ist, dass ich als »Sternträgerin« reise, es sei doch verboten. Ich beruhige sie, dass alles in Ordnung ginge. In Weil am Rhein, letzte Station vor Basel. Passkontrolle. Alles in Ordnung. […] Gegen 12 Uhr, mit etwa einer Stunde Verspätung, ist die Grenze überschritten. Auf dem [Schweizer]Bahnhof folge ich den wenigen Reisenden. Ein alter Gepäckträger bietet mir seine Hilfe an und zeigt mir die verschiedenen Stationen. Pass und Devisenkontrolle in Ordnung. Zoll-, Arzt- und Gepäckkontrolle. Ich vergesse ganz und bemerke es nicht, dass ich auf Schweizer Boden bin. Zwei Beamte machen mich sehr freundlich darauf aufmerksam, dass ich den Stern ablegen kann. Welch ein Augenblick!!! Ein Schweizer Beamter lächelt mich an und sagt: Sie sind aber ein Glückspilz! Das ist ja ein Wunder.

Seit 1934 engagierte sich Charlotte Friedenthal für verfolgte jüdische Menschen. So richtete sie an Pastor Friedrich von Bodelschwingh einen Hilfe-Appell. Pastor Friedrich von Bodelschwingh war Leiter der weltbekannten Betheler Anstalten für Menschen mit Behinderungen und als solcher eine einflussreiche Persönlichkeit.

Frau Friedenthal dachte sich: Könnte nicht die Diakonie eine Hilfsstelle einrichten? Wäre dies nicht eine wichtige Aufgabe für die Kirche? Wäre nicht der im ganzen Land bekannte und geachtete Pastor Friedrich Bodelschwingh der ideale Schirmherr für eine solche Anlaufstelle?

Die Hoffnungen, mit der Charlotte Friedenthal ihren Brief an Bodelschwingh schrieb, waren berechtigt.

Sehr verehrter Herr Pastor von Bodelschwingh!
Seit fast einem Jahr machen Fräulein Meusel, die Leiterin des evangelischen Bezirkswohlfahrtsamtes Berlin-Zehlendorf, und ich – ich arbeite dort ehrenamtlich, da ich zur Zeit keine bezahlte Arbeit habe – den Versuch, gelegentlich nicht-arischen Christen zu helfen und zu raten. Es ist natürlich nur eine Hilfe von Mensch zu Mensch, durch persönliche Beziehungen, die uns ab und zu auch gelungen ist. Wir sind immer wieder von neuem erschüttert von den Lebensschicksalen, die uns da entgegentreten, und von der Dankbarkeit, mit der jeder Ratschlag aufgenommen wird, auch wenn es sich im Augenblick gar nicht um eine sichtbare Hilfe han-

Felix Nussbaum, Angst, 1941

→ WuK, S. 180

delt. »Dass es überhaupt noch eine Stelle gibt, die sich unserer annimmt«, sagte uns neulich eine Gewerbelehrerin, die nach langjähriger Tätigkeit aufgrund des Arierparagraphen abgebaut worden ist. Und diese Erfahrungen, sehr verehrter Herr Pastor, ermutigen mich, Sie um Ihre Hilfe zu bitten für die Menschen, die durch den Glauben mit der evangelischen Kirche verbunden sind und heute sonst kaum in einer anderen Gemeinschaft etwas gelten.
Ihre
Ihnen sehr ergebene
Charlotte Friedenthal

Umso enttäuschender wirkte Bodelschwinghs Absage. Finanzielle Gründe können nicht den Ausschlag gegeben haben. Denn Charlotte Friedenthal hatte in einem Kostenvoranschlag darauf hingewiesen, dass die Arbeit weitgehend ehrenamtlich geleistet werden sollte und nur geringe Beträge an Aufwandsentschädigungen, Fahrtkosten und Bürobedarf anfallen würden. Bodelschwingh entschuldigte sich mit der vielen Arbeit, die auf ihm laste.

Charlotte Friedenthal war enttäuscht. Doch sie gab nicht auf. Gemeinsam mit Marga Meusel, ihrer früheren Schülerin und jetzigen Chefin im Evangelischen Wohlfahrtsamt im Bezirk Berlin-Zehlendorf, verfolgte sie den Plan zur Errichtung einer Hilfsstelle für »nichtarische« Christen weiter.

Die Menschen in der evangelischen Kirche, die sich gegen die nazitreuen »Deutschen Christen« und die Einführung des Arierparagraphen in der Kirche wehrten, hatten sich zur so genannten Bekennenden Kirche zusammengeschlossen. An einen leitenden Mann der »Bekennenden Kirche« schrieb Marga Meusel in einem Brief:

Was ich in dieser Richtung zu sehen bekomme, ist erschütternd: auf der einen Seite die Not, auf der anderen in evangelischen Kreisen, sogar in Kreisen der Bekennenden Kirche, die allergrößte Verständnislosigkeit.

Die Regierung bereitete ein Rassengesetz vor. Dieses sollte die Rechtsgrundlage für die Aussonderung und später sogar die systematische Tötung von »Nichtariern« sein. Marga Meusel verfasste angesichts der sich zuspitzenden Lage für die Hilfsbedürftigen eine Denkschrift, die sie im Mai 1935 an die Bekennende Kirche richtete.

Durch die Ariergesetzgebung sind weite Kreise in namenloses Elend gestürzt. Familienväter werden arbeitslos und kommen mit ihren Familien in wirtschaftliche Bedrängnis. Eltern sehen keine Existenzmöglichkeiten für ihre Kinder. Jugend sieht nichts als Dunkel vor sich. Zu der äußeren Notlage kommt eine ungeheure innere Belastung. [...]

Wenn die Bekennende Kirche die Arbeit an ihren nichtarischen Brüdern und Schwestern als ihre Aufgabe erkennt, dann muss sie sie irgendwie in Angriff nehmen. Dann muss sie auch in diesem Punkt ganz einfach den Weg des Gehorsams und des Glaubens gehen, auch wenn sie weiß, dass sie damit äußere Sicherungen verliert. Dann trägt die Verantwortung der Herr Christus, in dessen Auftrag sie handelt.

Doch jetzt folgte eine weitere herbe Enttäuschung. Aus den Protokollen geht hervor, dass sich die Synode der Bekennenden Kirche mit der Denkschrift Marga Meusels nicht einmal befasste. Aber die beiden Frauen haben wie viele andere Menschen im Untergrund ein Hilfsnetz geknüpft, wobei sie Verstecke organisiert, Lebensmittel illegal besorgt und Menschen bei der Ausreise geholfen haben. Im Herbst 1942 wäre dieses Engagement Frau Friedenthal fast selbst zum Verhängnis geworden. Doch gelang ihr, wie ihr am Anfang gelesen habt, gerade noch rechtzeitig die Ausreise in die Schweiz ...

Auf der Straße zu Hause

Ugo Rondinone, »Heyday«, 1995

»Meine Mutter war den ganzen Tag arbeiten, sie ging morgens früh aus dem Haus und kam spätabends erst wieder. Da musste ich mir selbst Essen kochen. Meistens habe ich mir eine Dose aufgemacht.«

Als uneheliches Kind einer allein stehenden Frau geboren, lernte Lars schon sehr früh für sich alleine zu sorgen. Mit acht Jahren kam er ins Heim. Das Jugendamt trat in Erscheinung, nachdem er nicht mehr regelmäßig zur Schule gegangen war.

»Am Anfang wurde ich noch von der Polizei abgeholt und in die Schule gebracht. Als das Jugendamt unangemeldet zu uns nach Hause kam, war meine Mutter auf der Arbeit und ich betrunken.«

Lars konnte die lange Abwesenheit seiner Mutter nicht verkraften. Um sich abzulenken sah er sich Videofilme an, rauchte die Zigaretten seiner Mutter und begann Alkohol zu trinken. Nachbarn beschwerten sich bei Lars' Mutter über dessen aufmüpfiges Verhalten; die Zensuren in der Schule wurden immer schlechter. Nach wiederholter Aufforderung des Jugendamtes, sich mehr um das Wohlergehen ihres Kindes zu kümmern, wurde er der Mutter entzogen und in ein Heim gebracht. Mit zwölf Jahren lief er zum ersten Mal aus dem Heim weg, um seine Mutter zu suchen.

»Ich wusste damals gar nicht, wo sie wohnte. Sie hatte mich schon lange nicht mehr besucht. Ich wollte einfach wissen, was mit ihr los ist.« Bei den Nachbarn erkundigte er sich nach ihrem neuen Wohnsitz. »Die waren sehr freundlich zu mir, luden mich zum Essen ein. Aber das Essen stand noch nicht auf dem Tisch, da fuhr auch schon ein Polizeiwagen vor!«

Vier Wochen später flüchtete er erneut aus dem Heim. Diesmal mit mehr Erfolg. Bei seiner Oma erfuhr er die neue Adresse seiner Mutter:

 → WuK, S. 179–181

»Ich habe ihr einfach gesagt, dass ich Urlaub vom Heim bekommen hätte, um sie zu besuchen.« In München fand er sie schließlich. Sie arbeitete als Bardame. »Nachts war sie weg und tagsüber schlief sie. Wir haben kaum miteinander gesprochen. Sie gab mir Zigaretten, Geld und Alkohol. Damit war ich schon zufrieden.« Doch nach drei Wochen lief er auch von seiner Mutter weg.

Lars D. ist jetzt vierzehn Jahre alt. Wir begegnen uns auf dem Hamburger Hauptbahnhof. Er fragt mich, ob ich ihm zwei Mark geben kann. Ich lade ihn zum Essen ein. Als ich ihn frage, wo er wohnt, fängt er an zu stottern. Anfangs merke ich gar nicht, dass Lars ein Straßenkind ist. Sein Äußeres wirkt sehr gepflegt.

Als wir uns am folgenden Tag wieder begegnen, fragt er mich: »Gehen wir essen?« Es kommt mir suspekt vor, dass dieser Junge sich immer noch im Hauptbahnhof herumtreibt, denn am Tag zuvor hatte er mir erklärt, dass er unbedingt nach Hause müsse, um Schularbeiten zu machen.

Mir fällt auf, dass er zusammenzuckt, wenn ein Polizist oder ein Schwarzer Sheriff an uns vorbeigeht. »Hast du etwas ausgefressen?«, will ich wissen. »Nein, nein, ich habe nichts auf dem Kerbholz. Aber die dürfen mich nicht erwischen, ich bin nämlich vor acht Tagen wieder aus dem Heim ausgerissen. Diesmal kriegen die mich aber nicht.«

Lars will nicht mehr ins Heim zurück. Er sagt, dass er lieber auf der Straße lebt, als in diesen ›Scheißladen‹ zurückzugehen. Er lebt vom Betteln. Ab und zu traut er sich auch, in einer Bahnhofsmission etwas zu essen. Sozialeinrichtungen, Übernachtungsherbergen und Polizisten geht er aus dem Weg. »Die wollen mich ja doch alle wieder ins Heim zurückbringen.«

Nachts schläft er auf Spielplätzen, in abbruchreifen Häusern oder in Papiermüllcontainern. Abends verspielt er sein Geld an Spielautomaten. »Ich will auf der Straße bleiben, bis ich achtzehn bin. Falls die mich doch wieder ins Heim stecken, haue ich denen immer wieder ab. Ich hab die Schnauze voll von diesem Heimterror!«

Er gibt sich selbst keine Chance, von der Straße herunterzukommen. Ins Heim will er nicht, und die Möglichkeit, bei Pflegeeltern ein neues Zuhause zu finden, schließt er aus. »Wer will mich denn noch nehmen? Mit vierzehn bekommt man doch keine Pflegeeltern mehr. Und was soll ich denn mit denen?«

Mittlerweile kennt er sich gut aus, er weiß, wo er etwas zu essen bekommt, kennt Pfarrer, die ihm ein paar Euro zustecken, und wenn er kein Bett bei Freunden, die er auf der Straße kennen lernt, bekommt, schläft er im Freien. »Platte machen« heißt das im Jargon.

»Der erste Tag auf der Straße war furchtbar. Bis ich kapiert habe, wie man an Geld, Essen und Kleider kommt. Die Kaufhäuser sind doch voll damit. Wenn ich eine neue Jacke brauche, hole ich mir einfach eine. Mich erwischt keiner. Ich bin schneller als die!« *Rüdiger Heins*

Erstaunlich gut ausgegangen

In seinem Roman »Die Jakobsleiter« erzählt der niederländische Schriftsteller Maarten 't Hart die Lebensgeschichte Adriaans, eines Jugendlichen, der lange auf der Suche ist nach einem Platz im Leben und nach dem für ihn richtigen Beruf. Zuerst absolviert er eine Ausbildung zum Maschinenschlosser, dann fährt er zur See. Eines Tages trifft er Klaske, eine alte Klassenkameradin, wieder. Sie schlägt ihm vor, sich in der Psychiatrie, in der sie arbeitet, als Haushandwerker zu bewerben. Beim Gespräch mit Ossebaar, der für die Anstellungen zuständig ist, ereignet sich folgende Szene:

Bevor ich antworten konnte, brach auf der anderen Seite der Scheibe ein gewaltiger Tumult aus. Ein kräftiger Mann ruderte mit den Armen, schlug zwei Schicksalsgenossen zu Boden, packte einen Pfleger und knallte ihn auf einen Tisch. Eine Klingel begann zu läuten. Die Patienten wichen dem kräftigen Mann aus, der sich einen Stuhl geschnappt hatte. Mit ungleichmäßigen Schritten ging er auf eine Patientin zu. Wollte er ihr eine mit dem Möbelstück verpassen? Ohne lange nachzudenken, stürmte ich aus dem Aquarium. Zwischen Tischen und Stühlen hindurch eilte ich zu dem Mann hin. Ganz unvermittelt riss ich ihm den Stuhl aus den Händen. Dann packte ich ihn bei den Armen und sah ihm fest in die Augen.

»Lass es«, sagte ich ruhig. Er versuchte, sich loszureißen. Er war erstaunlich kräftig. »Lass es lieber«, sagte ich beruhigend und sah ihn dabei fest an. »Ich werde dir derartig eine verpassen, dass du in den Staub fällst«, sagte der Mann.

»Nein, tu's nicht«, sagte ich.

Seine Arme wurden schlaff, aber seine Augen flackerten noch unruhig. Ich ließ seine Arme los, hob ihn hoch und brachte ihn zu einem Stuhl. Während ich ihn durch den Raum trug, kamen drei Krankenpfleger in den Saal, jeder mit einer Spritze. In geschlossener Front gingen sie auf den kräftigen Mann zu. Vorsichtig setzte ich ihn auf einen Stuhl. Geistesabwesend starrte er vor sich hin. »Es ist alles in Ordnung«, sagte ich zu ihm, »es ist alles in Ordnung.«

»Wer sind Sie?« wollte einer der Pfleger wissen.

»Er hat sich nach der Handwerkerstelle erkundigt«, antwortete Ossebaar, »wir waren gerade mitten im Bewerbungsgespräch, als Piet wieder einen Anfall bekam. Und dieser junge Mann rennt einfach hinaus, packt ihn und trägt ihn wie ein Wollknäuel durch den Saal. Und Piet hat sich auf der Stelle beruhigt.«

»Ich gebe ihm vorsichtshalber doch eine Spritze«, sagte der Pfleger.

»Nein, nicht«, sagte ich, »das ist überflüssig.«

»Das haben Sie nicht zu entscheiden«, erwiderte der Pfleger. Ein älterer Herr in Weiß gesellte sich zu uns. »Was ist passiert«, fragte er.

»Piet hat wieder einen Anfall bekommen, Doktor«, antwortete Ossebaar, »aber diesmal ist die Geschichte erstaunlich gut ausgegangen, weil dieser Bursche ihn festgehalten hat.«

»Genau, und jetzt sagt er, wir dürfen Piet keine Spritze geben«, ergänzte der Pfleger.

»Wer sind Sie?« fragte der Arzt mich.

»Mein Name ist Adriaan Vroklage«, sagte ich,

Thomas Huber, Der Wäscheschrank, 1981

»ich wollte mich um eine Stelle als Haushandwerker bewerben.«

Adriaan erhält nun eine Stelle für die Ausbildung zum Krankenpfleger. Glücklich ist er auch darüber, dass er Klaske nun jeden Tag sieht.

»Ich glaube, jetzt läuft mein Leben in einer guten Bahn«, sagte ich eines Tages zu Klaske.

»Gefällt dir die Arbeit hier so gut?«

»Ja«, antwortete ich, »hätte ich das bloß früher gewusst, dass solch eine Arbeit mir liegt. Tja, man weiß so wenig über sich selbst und nichts über andere.«

Maarten 't Hart

→ WuK, S. 183/184

Judentum

Jüdisches Leben – auch in Deutschland

Neo Rauch, Scala, 2000

Eine Schule mit Nestwärme und Überwachungskameras

In Berlin gibt es das bundesweit einzige jüdische Gymnasium.

Auf dem Pausenhof hängt die deutsche neben der israelischen Fahne: Schon von weitem ist zu sehen, dass hier Schüler in mindestens zwei Welten leben. Für Viktor, der gerade über den Pausenhof der Jüdischen Oberschule in Berlin schlendert, kommt sogar noch eine dritte hinzu. Wie so viele Juden ist auch er mit seiner Familie vor sechs Jahren aus Russland nach Deutschland hergezogen. Dort sei er wegen seiner schwarzen, samtenen Kippa, die er ständig auf dem Kopf trägt, »angefeindet« worden. »Hier kann ich frei dazu stehen«, sagt er.

»Anfangs hatte ich große Probleme mit der Sprache«, erinnert sich der 19-Jährige. Der Wechsel auf die jüdische Schule vor vier Jahren sei für ihn zum Glücksfall geworden. »Ich bin nicht sicher, ob ich das Abitur an einer anderen Schule geschafft hätte.« Geholfen habe ihm die offene, familiäre Atmosphäre an der Schule.

Von dieser Offenheit allerdings spürt der Besucher erst einmal nichts. Ein zwei Meter hoher Stahlzaun umgibt den Bau aus dem 19. Jahrhundert nahe des Hackeschen Marktes. Wie an allen jüdischen Einrichtungen haben auch hier Überwachungskameras alles fest im Visier. Doch die Jugendlichen, die ein und aus gehen, stört das wenig. Oft bleiben sie sogar am Eingangsportal stehen, unterhalten sich und rauchen ihre Pausenzigarette im Blickfeld der Kameras.

»Das gehört eben dazu. Nach spätestens zwei Wochen hat man sich daran gewöhnt«, meint der aus Polen stammende Prokop. »Die Schule tickt halt ein wenig anders«, sagt der Zwölftklässler, der selber Katholik ist. »Ich finde es spannend, hier jüdisches Leben und Kultur mitzubekommen.«

Rund 340 Schüler und 35 Lehrer beherbergt das 1993 gegründete Gymnasium, dem noch eine Realschule angegliedert ist. Die Einrichtung ist in dieser Form in Deutschland einmalig. Unlängst wurde sie vom Wirtschaftsmagazin »Capital« in einem Ranking sogar zur besten Schule Berlins gekürt. Dabei wurde allerdings nicht die Unterrichtsqualität untersucht, sondern lediglich das zahlenmäßige Verhältnis zwischen Lehrern und Schülern sowie die technische Ausstattung.

Zwischen zwei Terminen skizziert Schulleiterin Barbara Witting das Profil der Schule. »Wir sind eine deutsche Schule, die ein starkes jüdisches Profil hat.« Auch wenn 40 Prozent der Schüler aus keiner jüdischen Familie stammen, sind Hebräischunterricht und Religionskunde ebenso Pflicht wie das Feiern der jüdischen Festtage.

Genau das ist auch dem gebürtigen Berliner David wichtig, selbst wenn er keine Kippa wie Viktor trägt. »Ich kenne das nicht anders.«

Vorurteile von Jugendlichen außerhalb der Schule sind allerdings auch ihm bekannt. »Die haben einfach keine Ahnung, was jüdisches Leben bedeutet«, meint er etwas abfällig. Erst kürzlich sei eine Klasse in der S-Bahn von anderen Schülern angepöbelt worden, berichtet Witting empört. »Es gab dann zwar eine Aussprache, aber unsere Schüler zeigten sich danach sehr enttäuscht«, meint die Direktorin, die sich selbst als Jüdin »durch und durch« beschreibt. »Es sind vor allem Muslime, mit denen wir uns auseinandersetzen müssen.«

Auf die bröckelnde Sicherheit hat die Jüdische Oberschule bereits reagiert. Sie nimmt verstärkt Schüler auf, die in anderen Gymnasien Schwierigkeiten wegen ihrer jüdischen Herkunft bekommen haben. »Das ist leider so«, stellt die Direktorin bedauernd fest. Umso wichtiger sei es, dass die Schule die Geborgenheit einer Familie ausstrahle. Wie sehr das Gemeinschaftsgefühl betont wird, zeigt sich jeden Mittag beim gemeinsamen Essen als einem Höhepunkt im Schulalltag. In der gediegenen Atmosphäre der Aula werden koscher zubereitete Speisen auf die Tische getragen. Auch das gemeinsame Tischgebet fehlt nicht.

Friedemann Düring

→ WuK, S. 184/185

Erik Dietmann, Remark on Window-gardening nr. 6, 1966–67

Sorry, Mister President

In seiner Rede vor dem Deutschen Bundestag am 16. Januar 1996 forderte der damalige israelische Präsident Ezer Weizman trotz aller Freundschaftsbekundungen und dem Respekt vor dem neuen Deutschland gleichwohl die in Deutschland lebenden Juden auf, das Land zu verlassen und nach Israel auszuwandern. Darauf antwortete der Gitarrist Daniel Kempin-Edelmann (geb. 1964 in Wiesbaden) als Vertreter einer neuen Generation von Deutschen jüdischen Glaubens nach dem Holocaust.

Die Aufforderung des israelischen Präsidenten Ezer Weizman, alle Juden in Deutschland hätten das Land zu verlassen und nach Israel einzuwandern, hat mich zunächst empört. Unzählige Male hatte ich mich in den letzten 15 Jahren dafür zu »rechtfertigen«, musste ich meine Lebens-Existenzberechtigung in Deutschland insbesondere israelischen Juden erklären!

Nachdem ich als Zwölfjähriger sporadisch und auf eigenen Wunsch zusammen mit meiner Mutter den Schabbat-Gottesdienst besucht hatte und nachdem mich 1978 der Film »Holocaust« zu bohrenden Fragen bezüglich der Familiengeschichte veranlasst hatte, die zuvor in geheimnisvolles Schweigen gehüllt war, war es mein Traum, für längere Zeit nach Israel zu gehen.

Immer wieder wurde ich von mir völlig unbekannten Israelis gefragt: »Wie kannst du nur in Deutschland leben? Komm hierher, hier ist dein Zuhause!« Ich bekam ein wirklich schlechtes Gewissen. Ich wusste keine Antwort und dachte ernsthaft über eine mögliche Auswanderung nach, auch später noch.

Nach Deutschland zurückgekehrt, ging ich

regelmäßiger zum jüdischen Gottesdienst, eine Zeit lang sogar zusätzlich noch zur christlichen Messe. Ich suchte weiterhin und hoffte, dass sich die beiden religiösen Stränge in mir verbinden ließen. Dass mir dies nicht möglich war, merkte ich bereits nach wenigen Monaten. Ich begann mit einem Judaistik-Studium, machte Intensivsprachkurse in Jiddisch in Oxford und Tel Aviv, studierte Musik in Darmstadt, um dann wieder, dieses Mal für ein ganzes Jahr, nach Israel zu gehen. Neben Konzerten mit jiddischen Liedern und Rundfunkaufnahmen für den jiddischsprachigen Sender galt mein Hauptaugenmerk dem Thora-Studium in einer Jerusalemer Jeschiwa[1]. Tief ergriffen und nun sicher, entschloss ich mich zu dem, was noch fehlte: Nach der Bestätigung meines »Jude-Seins« beim Oberrabbinat fand die Beschneidung statt. Wieder in Deutschland wurde ich von der Wiesbadener Jüdischen Gemeinde, in die ich schon als Zwölfjähriger sporadisch gegangen war, freudig und liebevoll aufgenommen.

– Ich hatte nun das Gefühl, wirklich nach Hause gekommen zu sein. –

Gleichzeitig gewöhnte ich mich immer mehr an das, woran ich mich nie gewöhnen wollte: Dass, wenn ich beten gehen möchte, eine Gruppe Polizisten mich beschützen muss; dass eine Jüdische Gemeinde mit ihren Schleusen, panzerverglasten Türen und Überwachungskameras eher einem Hochsicherheitstrakt gleicht als einem Bethaus; dass mir nach meinen Konzerten zuweilen zu meinem Deutsch gratuliert wird, ich um meine jüdische Identität beneidet werde, da für jeden jungen Menschen die deutsche unerträglich sei; dass mir ein Hausmeister für ein Konzert den Barhocker verweigert mit der Begründung, es handle sich um »die typisch jüdische Arroganz«, dass ich höher als andere Menschen sitzen wolle …

Nach meiner Wahrnehmung ist für viele deutsche Nichtjuden ein gleichzeitiges Jude- und Deutscher-Sein unmöglich, gilt es als unvereinbar.

Es stimmt: Will man in Deutschland auch »praktizierend« als Jude leben, ist es schwer, zumal wenn man mittlerweile in einem so kleinen »Schtetl«[2] wohnt wie meine Familie und ich. Wir leben allerdings nicht konsequent koscher und achten nur auf grundsätzliche Dinge: Kein Schweinefleisch, keine Vermischung von Milch und Fleisch. Am Schabbat gebe ich keine Konzerte, sondern feiere ihn – wie die anderen Festtage – mit der Familie. Meine Kinder kennen die Brachot (die Segenssprüche) und beten abends das *Sh'ma Jisrael,* das jüdische Glaubensbekenntnis.

Es stimmt: In einem Land wie Deutschland ist es schwer, sich »seine« Gemeinde auszusuchen. Die Auswahl ist gering. Während meiner Konzertreisen in die USA faszinierte mich die Selbstverständlichkeit und die große Spannbreite jüdischen Lebens, sei es die Hauptgemeinde der Lubawitscher[3] in Crown Heights oder die konservative Gemeinde Bnei Jeshuron der Upper West Side, New York. Dennoch: Selbst hier in Deutschland »leisten« wir uns ein Pendeln zwischen der Wiesbadener und der Mainzer Gemeinde sowie der liberal orientierten *Kehillah Chadaschah*[4] in Frankfurt.

Aus innerjüdischer Sicht außerhalb Israels betrachtet, hat sich die »Abhängigkeit« von diesem Staat verringert, lässt die Bereitschaft, sich mit allen politischen Entscheidungen in Israel zu identifizieren, nach. Meine starke emotionale Bindung an dieses Land ist davon jedoch nicht betroffen. Möge es so sein: »*as meshiach wet kumen*«[5], werden alle Juden nach Israel zurückkehren.

Jüdisches Leben in Deutschland ist nach vielen Jahrzehnten der »gepackten-Koffer«-Selbstdefinition vorstellbarer denn je. Es gibt endlich wieder neue Perspektiven, ein neues jüdisches Selbstbewusstsein in Deutschland wächst. Sorry, Mr. President!

Daniel Kempin-Edelmann

[1] (Hebr.) »Sitzung«, Bezeichnung für Talmud- und Thora-Schulen.

[2] (Jiddisch) »Städtchen«.

[3] Orthodoxe jüdische Bewegung, gegründet von dem Rabiner Schneur Salman von Liadi (1745–1812), deren Zentrum sich heute in New York befindet.

[4] (Hebr.): »Neue Gemeinde«, Name eines liberalen Gebetsvereins in Frankfurt am Main.

[5] (Jiddisch): »bis der Messias kommt«.

→ WuK, S. 185/186

In welche Schule soll er gehen?

Max Beckmann, Frankfurter Synagoge am Börneplatz, 1919

Der israelische Schriftsteller Amos Oz (geboren 1939 in Jerusalem) schildert in seinem Roman »Eine Geschichte von Liebe und Finsternis« (2002) seine Schulerfahrungen in Jerusalem vor der Unabhängigkeitserklärung des Staates Israel 1948. Seine Eltern sind in den dreißiger Jahren des 20. Jahrhunderts aus Odessa eingewandert.

Das Haus in der Secharja-Straße hatte vier Wohnungen. Die Wohnung des Ehepaars Nachliëli lag im ersten Stock auf der rückwärtigen Seite. In der Wohnung selbst gab es Küche, Badezimmer, Eingangsflur, zwei Zimmer und acht oder neun Katzen. Das erste Zimmer diente Isabella und ihrem Ehemann nachmittags als Wohnzimmer, und das zweite, noch engere Zimmer diente den beiden und der ganzen Katzenschar nachts als Schlafzimmer. Jeden Morgen standen die Nachliëlis früh auf, drängten sämtliche Möbel im Flur zusammen und trugen aus dem Flur in jedes der beiden Zimmer drei, vier kleine Schultische und drei, vier Bänke, die für jeweils zwei Kinder bestimmt waren. Dadurch verwandelte sich ihre Wohnung täglich von acht Uhr morgens bis zwölf Uhr mittags in eine Privatschule namens »Heimat des Kindes« [...] Die Lehrerin Isabella Nachliëli war Eigentümerin der Schule und wirkte dort als Direktorin, Schatzmeisterin, Lehrplanbeauftragte, Schulschwester, Hausmeisterin, Putzfrau und Klassenlehrerin der ersten Klasse in allen Fächern. Wir nannten sie Mora-Isabella (das Wort *morá*, Lehrerin, betonten wir immer aschkenasisch auf der ersten Silbe, und verbanden es mit dem Namen zu einem durchgehenden Wort).

Im Umkreis einer halben Kindergehstunde von unserem Haus lagen zwei Grundschulen, die eine zu sozialistisch, die andere zu religiös: Auf dem Dach der »Berl-Katznelson-Schule für Arbeiterkinder« am Nordende der Haturim-Straße wehte neben der Nationalflagge auch die rote Fahne der Arbeiterklasse. Dort feierte man mit Paraden und Festakten den 1. Mai. Der Direktor wurde von Lehrern wie Schülern mit »Genosse« angeredet. Die Lehrer trugen im Sommer kurze Khakihosen und offene Sandalen. Im Gemüsegarten auf dem Hof bereitete man die Schüler auf ein Leben in der Landwirtschaft und ihre Selbstverwirklichung im Arbeitersiedlungswerk vor. In Werkstätten lernten sie die produktiven Handwerksberufe: Schreiner, Schlosser, Mechaniker, Baueisenhersteller [...]

Im Klassenzimmer durften die Schüler sitzen, wo sie wollten, sogar Jungen neben Mädchen. Fast alle trugen dort die Blauhemden der sozialistischen Jugendbewegungen, mit rotem oder mit weißem Schnürband am Ausschnitt. Die Jungen gingen in kurzen Hosen, die bis zum Schritt aufgekrempelt waren, während die Hosen der Mädchen, ebenfalls schamlos kurz, mittels Gummizug an den Beinen hafteten. Die Schüler redeten ihre Lehrer mit dem Vornamen an. Sie lernten dort Rechnen und Heimatkunde und Hebräische Literatur und Geschichte, aber auch Fächer wie Geschichte des Jischuw, der Siedlungs- und der Arbeiterbewegung, Grundsätze des Arbeitersiedlungswerks, Entwicklungsstadien des Klassenkampfs. Und sie schmetterten alle möglichen Arbeiterhymnen, von der »Internationale« bis zu »Lasst uns alle Pioniere und Pionierinnen sein« oder »Das Blauhemd ist kostbarer als alle Juwelen«.

Die Bibel wurde hier unterrichtet als eine Sammlung von Aufsätzen über aktuelle Ereignisse: Die Propheten kämpfen für den Fortschritt und soziale Gerechtigkeit und das Wohlergehen der Armen, während die Könige und Priester alle Übel der bestehenden Gesellschaftsordnung verkörpern. Der junge Hirte David war ein kühner Guerillakämpfer im Dienst der nationalen Befreiungsbewegung unter dem Joch der Philister, aber im Alter verwandelte sich ebendieser David in einen imperialistisch-kolonialistischen König, der Länder eroberte, Völker unterdrückte, ja sogar das Lamm des armen Mannes raubte und schamlos den Schweiß der Werktätigen ausbeutete.

Vierhundert Meter von dieser roten Arbeiterschule entfernt, in der Parallelstraße, befand sich die national-religiöse Tachkemoni-Schule, eine Gründung der Misrachi-Bewegung[1], die ausschließlich von Jungen besucht wurde, die im Klassenzimmer immer eine Kopfbedeckung trugen. Die meisten Schüler stammten aus armen Familien, abgesehen von einigen Söhnen der alteingesessenen Jerusalemer Aristokratie [...]. Die Schüler wurden nur mit dem Familiennamen angeredet, Boso, Valero, Danon, Cordovero, Saragosti, Alfasi, und die Lehrer hießen Herr Neimann, Herr Alkalai, Herr Michaeli, Herr Avissar, Herr Benvenisti und Herr Ofir. Der Direktor hieß geehrter Herr Direktor. Allmorgendlich begann die erste Unterrichtsstunde hier mit dem Morgengebet für Kinder. Dem folgte eine Unterweisung in der Tora mit Raschi-Kommentar[2], Stunden, in denen die Schüler die Sprüche der Väter und andere rabbinische Weisheiten lernten, Talmud, Aggada und Halacha, Lektionen zur Geschichte der jüdischen Liturgie und zu allen möglichen Mitzwot und guten Taten, zu Abschnitten aus dem *Schulchan Aruch*[3] und den Gebetbüchern für die verschiedenen Feiertage, zur Geschichte der jüdischen Diaspora und zu den Viten großer jüdischer Religionsgelehrter aller Zeiten, dazu ein paar Legenden mit hoher Moral und guter Lehre, etwas von den maßgebenden rabbinischen Autoritäten, eine Spur Jehuda Halevi[4] und eine Spur Bialik[5], und zwischen alldem hier und da auch mal hebräische Grammatik, Rechnen, Englisch, Singen, Weltgeschichte und ein kleiner Seitenblick in die Erdkunde. Die Lehrer trugen auch an Sommertagen Jacketts, und der geehrte Herr Direktor Ilan erschien immer im dreiteiligen Anzug.

Amos Oz

[1] Weltweiter Zusammenschluss orthodoxer Juden, gegründet 1902, hat in Israel ein eigenes Schulwesen (mit Talmud-Schulen) aufgebaut.

[2] Ein bedeutender jüdischer Gelehrter des Mittelalters war Rabbi Salomo ben Isaak (1040–1105), kurz Raschi genannt. Er kommentierte fast die gesamte Bibel und den Talmud.

[3] Sammlung der Halacha (Auslegung der Gebote) aus dem 16. Jahrhundert, die im Alltag des Judentums Verwendung findet.

[4] Jüdischer Dichter (1075–1141), zahlreiche seiner Gedichte wurden in das Gemeindegebet aufgenommen

[5] Chajim Nachmann, hebräischer Dichter, geb. 1873, gest. Wien 1934; schilderte in Gedichten und Erzählungen das jüdische Leben in Osteuropa vor der Shoa.

→ WuK, S. 186/187

Weihnachten ist der größte Schmonzes

Charley Toorop, Drei Generationen, 1941–1950

Die Publizistin Viola Roggenkamp (geboren 1948 in Hamburg) stammt aus einer deutsch-jüdischen Familie, die den Holocaust in Hamburg überlebt hat. In ihrem Roman »Familienleben« (2004) schildert sie, mit welchen inneren und äußeren Schwierigkeiten vor allem die jüdische Großmutter, Mutter und Töchter mit dem »normalen« Leben im Hamburg des Jahres 1967 zu ringen hatten und was das mit ihr als Kind »gemacht« hat.

Und auf einmal ist Weihnachten, und meine Mutter befindet sich im Wettstreit mit der deutschen Christenheit, mit allen deutschen christlichen Müttern. Weihnachten ist der größte Schmonzes[1], allerdings, wer hat was gegen Schmonzes, wenn Schmonzes so schön ist, wie Weihnachten sein kann. Dieses Fest, dass muss man den Christen lassen, ist eine gute Idee, es könnte eine jüdische Idee sein, ist es aber nicht, wir feiern trotzdem Weihnachten, und Alma Schiefer[2] macht das schönste Weihnachten, jedes Jahr noch schöner. Das kostet Geld.

Mein Vater legt ihr die Scheine zu Füßen. Er verausgabt sich, warnt meine Großmutter ihre Tochter, aber wenn er es mir gibt, sagte sie, und er lacht und hebt die Augenbrauen und die Hände und sagt, Wichtigkeit. Manchmal kann er ganz schön jüdisch tun.

Von größter Bedeutung ist das Essen, selbstverständlich Gänsebraten, selbstverständlich zwei Gänse, die zweite für Gänsesauer, drei könnten es eigentlich sein, zwei auf jeden Fall, und die dritte, nun, man wird sehen, und gestopfter Gänsehals auf Berches am Heilichtabend. Es heißt nicht Heilichtabend, es heißt Heilichabend, ohne T in der Mitte, ach so, ich dachte wegen der Kerzen, und mit einem G, sagt Vera, wo soll denn da ein G sein, jedenfalls ist Heiligabend die erste Gans fällig, oder wollen wir lieber Karpfen blau, und der Baum, ganz groß muss er sein, Paul, du kümmerst dich um den Baum, ich verlass mich darauf, wir haben drei Meter fünfzig Deckenhöhe, unten beschneiden können wir ihn immer noch, grins nicht so, wieso grinst Papi, wegen beschneiden, war Jesus eigentlich beschnitten, woher soll ich das wissen, frag seine Mutter Maria, sie hängen ja ein Tuch davor.

[...] Am vierundzwanzigsten Dezember sind Vera und ich immer bis abends im Bett geblieben. In diesem Jahr nicht. Jetzt bin ich zu alt. Vera hat gemault, wenn wir nicht im Bett bleiben, müssen wir helfen, es war doch immer so schön im Bett. Das ist wahr, wir sind nie zur Schule gegangen am Vierundzwanzigsten, selbst wenn Schule war, das blöde Blockflötengedudel, sagte meine Mutter, und ewige Geseire über Jesus und Maria, was wollt ihr da. So blieben wir im Bett. Wir hörten Radio, stundenlang, von

[1] (Jiddisch) »Unsinn«.
[2] Die Mutter der Familie.

morgens an bis zur Bescherung, und sie rannte von einem Ende der Wohnung zum andern, knisternd, raschelnd, flüsternd, kichernd, ihre Erregung brandete an unserem Bett hoch, ein Hörspiel nach dem anderen wurde gesendet, auf UKW und auf Mittelwelle und im dritten Programm. Kamen Weihnachtslieder, drehten wir weiter zum nächsten Sender, wir mochten die verzückten Kinderstimmen nicht. In der Küche stand meine Großmutter und rührte und schnippelte und knetete und räumte unter den Händen ihrer Tochter fort und reichte zu und wusch ab. Meine Mutter, mehlbestäubt das aufgelöste schwarze Haar, brachte Kostproben, ein Zipfel vom Gänsehals, in Gänseschmalz gebraten, gefüllt mit Gänseleber, Hack und Majoran, ein Flügelchen in Sauer, ein Schälchen Zitronencreme, ein Stück Blitzkuchen mit Mandelsplitter, ein Scheibchen Berches mit Mohn, ob es so richtig sei, ob noch was fehle. Vera und ich saßen in den Kissen und probierten, sie beobachtete unsere Münder, wir schmeckten ab und seufzten begeistert, sie strahlte, wir strahlten, sie rollte ihre Augen, sie machte ein geheimnisvolles Gesicht, und dabei ging die Zeit herum, viel zu langsam für uns, viel zu schnell für sie, draußen dämmerte es.

Am Abend zuvor hatten sie spät in der Nacht auf der Malerleiter gestanden und den Baum geschmückt. Vera und ich durften nicht dabeisein. Aber was hinter der Tür geschah, erzählten sie uns danach ganz genau, und so weiß ich es, als sei ich doch dabeigewesen. Mein Vater saß im Sessel und korrigierte von unten, da fehlt noch eine Kugel, die Kerze ist zu dicht unter dem Tannenzweig, Alma, wenn du die da lässt, wird die auf keinen Fall angezündet, das erlaube ich nicht. Meine Großmutter nähte Puppenkleider, Tante Mimi häkelte Puppenschuhe. Zu Weihnachten wurden unsere Puppen neu eingekleidet, sogar mein alter Teddybär. Selbstverständlich feierten sie mit uns Weihnachten, jedes Mal, alle. Sie saßen unterm Weihnachtsbaum, meine Mutter benötigte sie zum Dekorieren, undenkbar, dass die Puppen mit ihrem schmerzlich süßen Lächeln im dunklen Kinderzimmer zurückblieben, während im großen Zimmer seine geheimnisvolle Majestät, der Weihnachtsbaum, schimmerte. Das konnten wir ihnen nicht antun. Sie saßen zwischen den Zweigen am Boden auf Weihnachtsdecken aus Papier, sie spielten mit den roten Kugeln und reckten ihre Puppenfäuste nach Schokoladenzapfen in Goldpapier, gefüllt mit Melbacreme, das Weihnachtszimmer war ihr Herrschaftsgebiet, sie waren wohl eher nichtjüdisch. Die kleinen Nackten, die Zertretenen, blieben in ihrer Watte im Pappkarton unter meinem Bett verborgen.

Am Abend des Ersten Weihnachtstages geschah, was wir nicht anders erwarteten, sie brach endlich zusammen. Die ganze Zeit war ihr schlecht gewesen, sie hatte nicht essen können, kaum etwas von der Gans, nur wenig vom Karpfen. Sie sank aufs Sofa mit den Worten, nein, ich will mich nicht hinlegen. Mein Vater zog ihr die Pumps von den Füßen und den Rock aus, er öffnete ihren Strumpfhalter und deckte sie mit der neuen Kamelhaardecke zu. Was können wir denn für dich tun, fragte er. Gar nichts, am besten gar nichts, und sie schlief ein, ihr könnt ruhig Platten spielen, das stört mich nicht, hörten wir sie murmeln.

Eine gute Stunde vor Mitternacht erwachte sie, gekräftigt und mit Hunger auf Gänsebraten. Die eine gebratene Gans war bereits verzehrt, und die zweite lag in Sauer, nun hatte die dritte Gans ihren Auftritt, sie war schon gebraten, mein Vater servierte sie tranchiert seiner liegenden Frau auf einem Tablett mit einer Flasche Champagner. Wir saßen um ihr Lager, Vera und ich und meine Großmutter und mein Vater, wir beobachteten sie. Sorgfältig benagte sie die Rückenteile, sie belegte Stücke der Gänsebrust mit Bratengelee, aß sie stumm in sich hinein und dachte nach.

Also, eigentlich ist es doch ein jüdisches Fest, sagte sie, mit vollen Backen kauend, die Mutter ist Jüdin, der Sohn ist Jude, wer der Vater war, ist nicht so wichtig. Sie nahm eine Keule in ihre Hand, sie verspeiste die knusprige Haut. Und das haben die Deutschen den Juden auch geklaut, sie feiern am Vorabend zum Fest, denn Weihnachten ist ja erst morgen. Beinfleisch riss sie mit ihren Zähnen von der Gänsekeule und spülte mit Champagner nach. Zum Schluss stieß sie donnernd auf, entschuldigte sich und sank glücklich lächelnd ins Sofakissen.

Viola Roggenkamp

→ WuK, S. 187–189

Der Moses vom Bodensee

Seit einem Jahr amtiert Rabbiner Naftalin als Richter in Fragen des Judentums. Für manche seiner deutschen Glaubensbrüder ist er selbst ein Streitfall.

Der Rabbiner hat ein Strichmännchen gezeichnet, auch das gehört zu seinem Beruf. Eine bemützte Figur in einem oben offenen Kasten, rings umgeben von Zahlenkolonnen und Rechenoperationen. »Es gibt ein Moß von Wasser, was muss sejn in der Mikwe«, sagt der Rebbe und blättert flink in einem der mächtigen Foliobände. Seine Stimme tönt gegen Baulärm an. Drei Stockwerke unterhalb seines Büros pringelt ein Pressluftbohrer. Dort, umgeben von den Rückfronten der Konstanzer Altstadthäuser, wo in der Loggia Wäsche trocknet und eine Katze sich auf einem Garagendach im Hinterhof lümmelt, ist eine Baugrube eingetieft; deutlich sichtbar bereits ein Betonbecken – der Kasten in der Skizze des Rabbiners. Die jüdische Kultusgemeinde bekommt ein Tauchbad, eine Mikwe, in dem die Gläubigen die von Moses vorgeschriebenen rituellen Reinigungen vollziehen können. Damit dieses Bad, das symbolisch den Ruch der Sünde abwäscht, »koscher« ist, also den kultischen Erfordernissen genügt, hat sich Haim Naftalin in die Materie gekniet und heute noch einmal den Architekten instruiert. Denn er, der Rabbiner und Stadtrichter, bürgt für die traditionsgemäße Auslegung des mosaischen Gesetzes: die Stimme des Moses am Bodensee.

Man vermutet nicht unbedingt den Geist des Sinai in der Konstanzer Sigismundstraße, schräg gegenüber der katholischen Dreifaltigkeitskirche. [...] Von den Tafeln am Hauseingang, direkt neben einem koscheren Lebensmittelladen, weist keine auf diese Institution hin. Nur der Name Naftalin auf einem Klingelschild: Das ist die Institution.

Das erste orthodoxe Rabbinatsgericht auf deutschem Boden, seit 1938 die nationalsozialistische Regierung den Synagogengemeinden den Status einer Körperschaft öffentlichen Rechts entzog und sie damit ihrer autonomen religiösen Gerichtsbarkeit beraubte.

Seit einem Jahr nun amtiert hier der bald 60-jährige Naftalin als Richter, ausgestattet mit einem Zertifikat des Jerusalemer Oberrabbinats. Geholt hatte ihn die Israelitische Religionsgemeinschaft Badens unter dem damaligen Vorsitz des Konstanzers Gideon Nissenbaum. In der Vergangenheit mussten strenggläubige Juden, die sich in religiösen Streitfragen nicht an liberale Rabbiner wenden mochten, Gerichtshöfe in England oder der Schweiz anrufen.

Wer zu Gericht kommt, durchquert des Rabbiners Wohnung. Im Flur grüßt den Eintretenden ein Porträt des Lubavitcher Rabbis Menachem Mendel Schneerson – Zeichen eines frommen Hauses. Der 1994 gestorbene Schneerson, letztes Glied einer osteuropäischen Rabbinerdynastie, galt seiner weltweiten Anhängerschaft als charismatischer Erneuerer eines traditionsbewussten Judentums. Die Tür zum Schlafzimmer rechts steht offen, ein Bild der Ordentlichkeit. Auf dem Bett liegt der breitkrempige Hut, Accessoire eines jeden orthodoxen Juden; auf dem Schrank zwei Koffer. Der Rabbiner ist jeden Monat in Israel. Sein Sohn Moische, erzählt er stolz, lehrt an einer Jerusalemer Talmudschule. Geradeaus der Arbeitsraum von Rabbi Naftalin. Kein Gerichtssaal, kein Zeugenstand, keine Aktenschränke. Ein Raum, ausgekleidet mit Büchern; in der Mitte ein Schreibtisch, ein Stuhl dahinter, zwei davor. Hier spricht der Rabbi Recht, sucht Entscheidungen zu allen Fragen, die ein gläubiges Herz bedrängen können. Ist ein Religionsübertritt gültig? Ist eine Scheidung erlaubt? Und eben auch: Ist unsere Mikwe koscher?

»Hier«, donnert der Rabbi und schiebt einen geöffneten Folianten über den Schreibtisch, wobei er seinen Zeigefinger auf einen Absatz legt. »Hier steht genau, wie es sein muss.« Es ist ein Passus aus dem »Schulchan aruch«, einem monumentalen Auslegungswerk für jüdisches Recht aus dem 16. Jahrhundert. Im Fundus der Gelehrtengenerationen vor ihm kennt sich Naftalin aus; aus diesem formt er seine Entscheidungen in Übereinstimmung mit der Tradition. Was für ihn heißt: in Übereinstimmung mit den

Barnett Newman, Broken Obelisc, 1963

Geboten Gottes. »Gott hat die Gesetze gegeben«, sagt Naftalin. »Wir können sie nur entwickeln, aber nicht ändern.«

Nicht nur in diesem religiösen Anspruch unterscheidet sich Naftalin von seinen weltlichen Kollegen. Vor sein Gericht kann niemand gezwungen werden, und seine Urteile haben hier – anders als in Israel – keine rechtliche Bindekraft. Auch deshalb hat Naftalin mit der bürgerlichen Justiz im Grunde nichts zu tun. Allerdings seien in einigen Fällen, in denen ein gemeindeinterner Streit vor einem Zivilgericht landete, die Richter seiner sachverständigen Empfehlung gefolgt.

Eigentlich ist Naftalin Richter, Seelsorger und Religionslehrer in einem. Die, die ihn um ein Gutachten, eine Schlichtung, ein Urteil angehen, tun dies nicht auf Vorladung oder im Ver-

→ WuK, S. 187–189

lauf eines geregelten Verfahrensweges, sondern weil sie ihn als Autorität akzeptieren. Für sie hat der Entscheid Naftalins aber oft den Rang eines Schicksalsspruchs. »Ich geb dir ein Beispiel.« Naftalin lässt die Augenlider auf Halbmast sinken, streicht über seinen mächtigen Bart. Da war ein deutscher Jude, der sich in ein nichtjüdisches Mädchen verliebte. Sie trat über, als sie heirateten. Nach 39 Jahren tauchten Zweifel an der Gültigkeit der Konversion auf, sie wuchsen unter den Fragen Naftalins. Der Rabbi hebt die Augenbrauen: »In einer Minute war die Familie kaputt.« Jetzt sucht er in den Rechtsquellen Wege zur Schadensbegrenzung, was »nicht zwei, nicht drei Tage« dauern wird. Aber die Chancen, sagt er, stehen schlecht. An sich, sagt Naftalin, stehe für ihn der Mensch im Mittelpunkt, nicht das Gesetz. Man müsse immer »die Hosen des anderen anziehen«, der Situation jedes Beteiligten Rechnung tragen. Grenzen setzt ihm aber das unabänderliche Gebot Gottes – oder dessen normative Auslegung. Naftalin verwahrt sich strikt dagegen, die Tradition um einer falsch verstandenen Menschlichkeit willen aufzuweichen. Für jüdische Fragen, sagt er knapp, könne es nur jüdische Lösungen geben, alles andere hieße »ein Feuer mit Benzin löschen«.

Dass Naftalins Beauftragung durch das Jerusalemer Oberrabbinat ein besonderes Gewicht seiner Entscheide begründen soll, stößt jedoch unter Rabbinern in Deutschland auf Widerspruch: »Das ist mir Wurst«, poltert Rabbinerin Bea Wyler aus Oldenburg. »Ich bin durch meine Ausbildung und Ordination ermächtigt, Recht zu sprechen, dazu brauche ich nicht den Segen von Rabbiner Naftalin und vom Lubavitcher auch nicht.« Entschieden wendet sie sich gegen die Unterstellung, sie nehme es mit der Tradition nicht so genau wie der orthodoxe Naftalin. Wyler dreht den Spieß um: Treue zur Bibel und zur rabbinischen Lehre sei auch eine Sache historisch-kritischer Hermeneutik.

In dieser Hinsicht sei sie »koscherer als Herr Naftalin«. Wyler sieht mit dem neuen Rabbiner eher das Mittelalter nach Konstanz zurückkehren – »Falls es Herr Naftalin nicht gemerkt hat: Wir leben im Zeitalter von Telefon und Flugzeugen« –, möchte ihm aber im Übrigen seine »Insel auf dem Bodensee« nicht streitig machen.

Immerhin unterhält diese Insel wichtige Verbindungen nach Jerusalem. Attestiert Rabbi Naftalin beispielsweise den Übertritt zum jüdischen Glauben, wird diese Entscheidung auch vom dortigen Oberrabbinat anerkannt und berechtigt zur Einbürgerung in Israel. Kinder einer solchen Konvertitin gelten auch dort als Juden mit allen Rechtsfolgen. Beim Übertritt vor einem liberalen Rabbiner ist das nicht der Fall. Nur interessiert das viele nicht.

Während Benjamin Nissenbaum zufrieden bemerkt, durch das orthodoxe Rabbinatsgericht in Konstanz habe Deutschland endlich wieder Anschluss an den Rest der jüdischen Welt gefunden, reagiert der Vorsitzende der Berliner Gemeinde, Andreas Nachama, gleichgültig: »In der Regel« könne es einem in Europa oder Amerika lebenden Juden egal sein, ob eine Gerichtsentscheidung in Jerusalem anerkannt werde. Alles andere würde »Jerusalem die Position eines Obergerichts zubilligen, die es im Judentum gar nicht gibt«. Ebenso wenig werde es dem orthodoxen Rabbinatsgericht in Deutschland gelingen, einen alleinigen Geltungsanspruch durchzusetzen. »Religion ist heute keine Staatsangelegenheit mehr«, sagt Nachama. Die Autorität des Religionsgerichts stehe und falle mit der Akzeptanz durch die Parteien, die es beauftragten. Nicht anders sieht es Naftalin. […]

»Ihr sagt, ihr seid Juden, aber ihr lebt nicht so«, wirft er seinen deutschen Glaubensbrüdern vor. Dabei habe dieses Land große Rabbiner hervorgebracht wie kein zweites: den Bibelkommentator Raschi und die »Weisen von Worms«, den Speyerer Talmudisten Isaak ben Ascher Halevi, den Rechtsgelehrten Gerschon ben Juda aus Mainz. Ihre Wirkorte waren im Mittelalter die geistigen Zentren des mitteleuropäischen Judentums, dort entstand ein Großteil der Bücher, die die Bibliothek in der Konstanzer Rabbinerwohnung füllen. Naftalins Stimme läuft noch einmal zu einem Donnern auf: »Ich bin stolz auf diese Vergangenheit.« Der Rabbi wird nur wenige Jahre in Deutschland bleiben. Dann müssen andere kommen, »jüdische Lösungen« für jüdische Fragen suchen, in den Gemeinden die Tradition wach halten. Denn »was nicht hat Vergangenheit, hat nicht keine Zukunft.«

Burkhard Jürgens

→ WuK, S. 190/191/203

Das Geheimnis des Islam

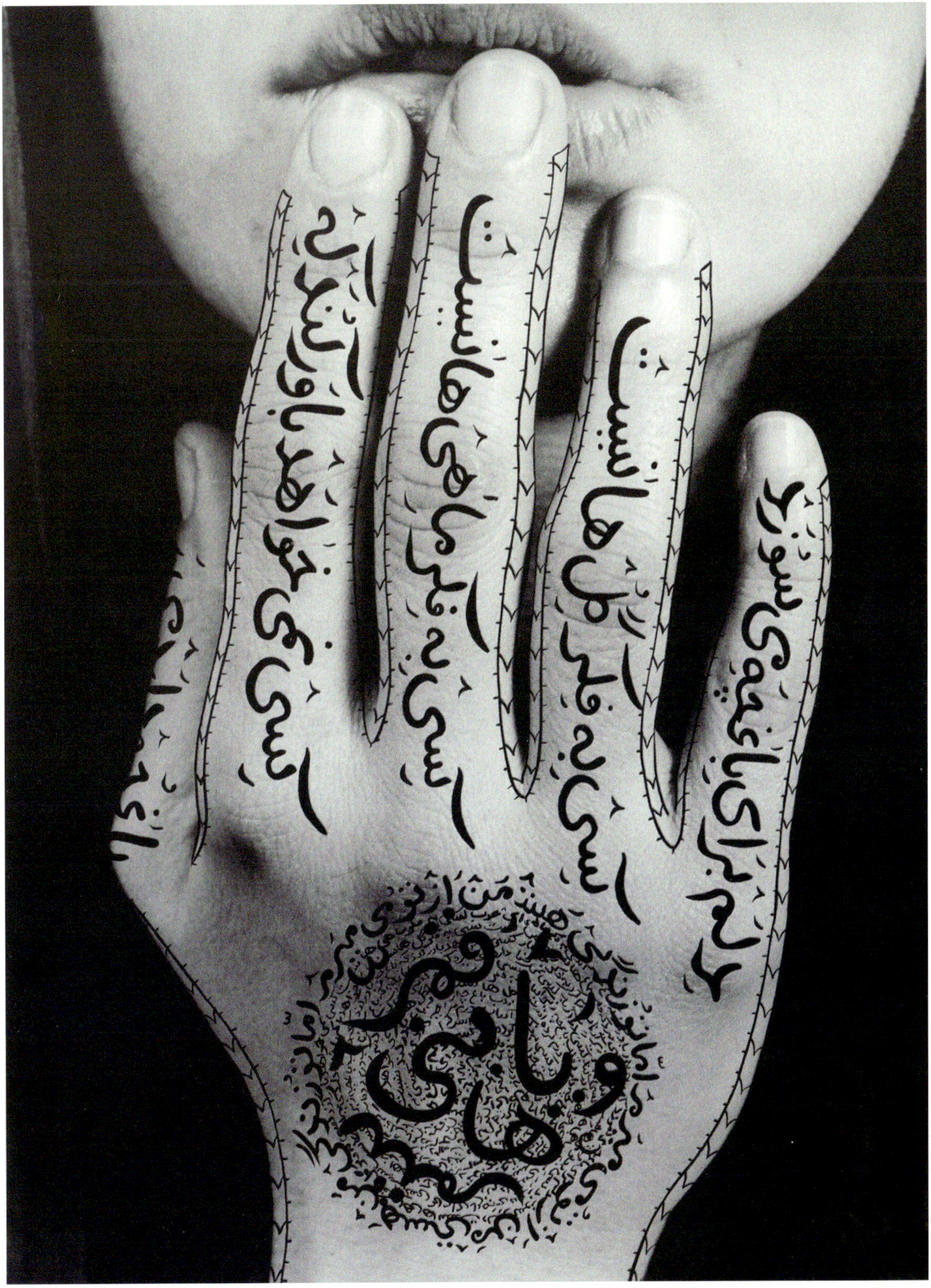

Shirin Neshat, Untitled, 1996

→ WuK, S. 190/191

Erwachen

Der Winter 1929 war sehr hart, und ich wurde krank – Nierenentzündung. Ich konnte zu Hause bleiben, Lehrer und Klassenkameraden brachten Bücher, Mama las mir vor. Aber es gab ein Buch, das mich entscheidend beeinflusste: ein Märchenbuch.

Unter den verschiedensten Märchen aus aller Welt war eins, das ich sonst nirgendwo gefunden habe. Es hieß »Padmanaba und Hassan« und erzählte von einem indischen Weisen, der einen Jüngling in Damaskus in die höhere Weisheit einführt und ihn schließlich durch ein Wunderreich tief unter einem Brunnen leitet. Dort, in einem Gewölbe voll der köstlichsten Juwelen, lag der größte Fürst der Welt aufgebahrt, und über seinem Katafalk stand geschrieben:

»Die Menschen schlafen, und wenn sie sterben, erwachen sie.«

Das Wort traf wie ein Blitz. Zehn Jahre später erfuhr ich, dass es dem Propheten Muhammad zugeschrieben wird und dass die Sufis, die Mystiker des Islam, es besonders liebten.

In diesem Moment wusste ich – vielleicht nicht in konkreter Form –, dass hier mein Weg war: Der Orient war das Ziel, der Orient der mystischen Weisheit. *Annemarie Schimmel*

Ein Besuch in der Moschee. Die Hagia Sophia in Istanbul

Nie konnte ich mich recht mit der Hagia Sophia befreunden. Vielleicht hätte man sie zu einer Zeit sehen müssen, da bärtige Priester in kostbaren Gewändern vor einer dicht gedrängten Menge die Osternacht feierten und das Licht von Tausenden von Kerzen sich im Gold der Mosaike widerspiegelte, vielleicht auch später, wenn sich Scharen von Frommen zum Frühgebet am Fest des Fastenbrechens versammelten und sich im gleichen Rhythmus niederwarfen, knieten, sich beugten, sich erhoben. Die griechische Überlieferung ist nicht müde geworden, schmerzerfüllte Legenden um die Eroberung ihres größten Gotteshauses durch die Türken zu weben, die alle in der Hoffnung gipfelten, dass sich eines Tages eine in der Mauer verborgene Tür öffnen würde und die Engel die Kirche wieder in Besitz nehmen würden. So haben die Muslime in ihren Überlieferungen nicht weniger leidenschaftlich darauf hingewiesen, dass dieses Gotteshaus von Anbeginn an ihnen gehört habe. Der Baumeister – so heißt es mit schönem Anachronismus – habe jahrelang die Kuppel nicht fertig stellen können und sei schließlich durch eine himmlische Stimme angewiesen worden, das Bindemittel für den Mörtel aus Arabien zu holen; die Karawane, die dorthin ausgesandt wurde, brachte auf Geheiß der Stimme ein kleines Gefäß mit dem Speichel des Propheten Muhammad mit sowie siebzig Kamellasten mekkanischer Erde und siebzig Gefäße mit Wasser vom heiligen Brunnen Zamzam in Mekka. Damit wurde die Kuppel unzerstörbar gemacht. Hier hatten schon manche muslimische Heilige gebetet, ehe sich am 29. Mai 1453 die Weissagung des Propheten Muhammad verwirklichte: »Sie werden Konstantinopel erobern – Heil dem Heer, das dies tun wird!«

Eine der ersten Amtshandlungen *Mehmets des Eroberers* (damals erst 23 Jahre alt) war es, in der Hagia Sophia sein Gebet zu verrichten. Die Legenden aber wucherten weiter: War nicht das große Portal aus dem Holz der Arche Noah errichtet? Und wenn man vor einer Reise zwei Gebetseinheiten betet und eine *Fatiha* für Noah rezitiert, wird die Reise gut gehen. – Jetzt aber ist die Hagia Sophia ein leerer Museumsraum, in dem der Besucher wohl die gewaltigen Mosaiken, die in sich gemusterten riesigen Marmorsäulen, die seltsam flach wirkende Kuppel bewundern mag oder sich in die Schriftzüge auf den runden Schildern versenkt, die die Namen des Propheten und seiner ersten vier Nachfolger tragen.

Hagia Sophia, Istanbul

Wie viele Male ging ich durch den kleinen Garten, durchschritt das Tor und wandte mich eilig zur Rechten, wo hinter einem zarten schmiedeeisernen Gitter der für mich schönste Teil der Hagia Sofia lag: die Bibliothek mit ihren kostbaren Handschriften! Der kleine Raum war mit bunten Fliesen ausgekleidet, Fliesen, auf denen zwischen bläulichen und grünlichen zart gerippten Blättern bolusrote Blumen blühten. Ein Schrank und ein Kasten mit Einlegearbeiten aus feinen Perlmuttarabesken, die wohl aus dem indischen Gudscharat stammen dürften, eine lange Sitzbank, ein Tisch, der Schreibtisch des Bibliotheksdirektors vervollständigten die Einrichtung. Es war kühl und dunkel im Zimmer, und das Gurren der Tauben erklang den ganzen Tag. Der Blick, ermüdet vom Abschreiben arabischer oder persischer Handschriften, glitt auf den türkisfarbenen Ranken der Fliesen auf und ab, in denen sich das letzte Licht des Tages spiegelte, und senkte sich wieder auf die Handschrift. Manchmal brachte der junge Direktor aus dem Magazin seine kostbarsten Schätze, miniaturgeschmückte persische Gedichte, alte medizinische Manuskripte mit Zeichnungen, vergoldete Gebetbücher, von Fürsten geschrieben, die sich damit himmlischen Lohn erhofften, Autographen jener Großen, die man aus der Literaturgeschichte kannte und die hier in ihrer Handschrift lebendig wurden. Manchmal kam ein alter türkischer Gelehrter, der sich in theologische Traktate vertiefte, manchmal ein jüngerer Forscher. Es war ein wunderbar stilles Leben. Der einzige Kummer war, dass kein Menschenleben ausreichen würde, all die Handschriften, die hier in der Hagia Sofia lagerten, in die Hand zu nehmen, geschweige denn, zu lesen oder zu verarbeiten.

Annemarie Schimmel

→ WuK, S. 191–193

Muhammads Berufung

Die mündliche Überlieferung (»Hadith«) und auch der Koran berichten von den Offenbarungen, die Muhammad im Alter von 40 Jahren etwa 610 n. Chr. widerfuhren.

»Während ich schlief, kam er (Gabriel) mit einer Decke aus Seidenbrokat, in welcher sich ein Buch befand, zu mir. Er sprach: ›Lies!‹

Ich sagte: ›Ich lese nicht.‹ Da würgte er mich mit dem Buch, so dass ich vermeinte, sterben zu müssen. – Dann ließ er mich los und sagte wieder: ›Lies!‹ Wieder sagte ich: ›Ich lese nicht.‹ Und abermals würgte er mich, dass ich vermeinte, sterben zu müssen. – Dann ließ er mich los und sagte wieder: ›Lies!‹ Wieder sagte ich: ›Ich lese nicht.‹ Und abermals würgte er mich, dass ich vermeinte, sterben zu müssen. – Er ließ mich los und sagte wieder: ›Lies!‹ Ich sagte darauf: ›Was soll ich lesen?‹ So sagte ich nur, um zu verhüten, dass er mir wieder das antue, was er mir bisher angetan hatte. Auf die Frage: ›Was soll ich lesen?‹, antwortete Gabriel: ›Lies im Namen deines Herrn, der erschaffen hat, den Menschen erschaffen hat aus einem Embryo. Lies! Dein Herr ist der Edelmütigste, der durch das Schreibrohr gelehrt hat, den Menschen gelehrt hat, was er nicht wusste‹.

Und so las ich diese (Worte). Dann ließ Gabriel von mir ab und entfernte sich. Ich aber erwachte von meinem Schlaf, und es war mir, als wäre in mein Herz eine Schrift eingeschrieben worden.« *Hadith und Sure 96,1–5*

Der Koran erwähnt eine Erscheinung, bei der ein himmlischer Bote dem Propheten die Botschaft Gottes brachte. Muhammad ist davon überzeugt, dass es sich um eine äußere Erscheinung und nicht um ein inneres Erlebnis handelt.

»Der Koran ist die Rede des edlen Gesandten … Euer Gefährte ist kein Besessener. Er hat ihn gewiss am deutlichen Horizont gesehen …«

Sure 81, 19. 22f

»Beim Stern, wenn er fällt! Euer Gefährte geht nicht irre und ist nicht einem Irrtum erlegen, und er redet nicht aus eigener Neigung. Es ist nichts anderes als eine Offenbarung, die offenbart wird. Belehrt hat ihn einer, der starke Kräfte hat, der Macht besitzt. Er stand aufrecht da, am obersten Horizont. Dann kam er näher und stieg nach unten, so dass er (nur) zwei Bogenlängen entfernt war oder noch näher. Da offenbarte Er seinem Diener, was Er offenbarte. Sein Herz hat nicht gelogen, was er sah. Wollt ihr denn mit ihm streiten über das, was er sieht?«

Sure 53,1–12

»Hätten wir diesen Koran auf einen Berg hinabgesandt, du hättest gesehen, wie er aus Furcht vor Gott demütig innehält und sich spaltet.«

Sure 59,21

Nicht nur zu Beginn, sondern auch später im Laufe seiner Verkündigung hatte Muhammad beim Eintreffen der Offenbarung psychische Erlebnisse, die ihn schwer belasteten. Man überliefert die Mitteilung seiner Lieblingsfrau A'isha:

»Ich sah einmal, wie die Offenbarung an einem sehr kalten Tage über den Gesandten Gottes kam. Als sie vorüber war, triefte seine Stirn von Schweiß.«

Muhammad selbst habe sich dazu geäußert:

»Ich höre ein Getöse, und bei diesem Getöse werde ich vom Schlage getroffen. Niemals kommt die Offenbarung zu mir, ohne dass ich glaube, meine Seele würde von mir genommen.« *Adel Theodor Khoury*

Berufung Muhammads, Türkische Miniatur

→ WuK, S. 193–195

Meine Vatersprache, der Koran

Meine Muttersprache war die Volkssprache von Tunis, Sprache meiner Mutter und der Frauen, die die Familiensphäre bevölkerten. Als Vierjähriger wurde ich in jene Sprache eingeführt, die ich als Vatersprache bezeichnen möchte. Die Vatersprache war für mich das Koranarabische, das sich vom umgangssprachlichen Arabisch weitgehend unterscheidet. Diese Sprache ist uns seit dem Ende des 7. und dem Beginn des 8. Jahrhunderts überliefert. Die Ambivalenz zwischen einer toten und einer lebenden Sprache verleiht ihr eine eigentümliche liturgische Kraft. Mein Vater hat mich als Vierjährigen in den *Koran* eingeführt: In diesem Zusammenhang wirkte der Begriff der Vatersprache als kommunizierende Röhre mit der Muttersprache. Mein Vater war selbst Theologe, ein *alim*. Er gehörte somit zur höchsten Klasse der Doktoren, aus denen der Lehrkörper der im 9. Jahrhundert gegründeten Zituna-Universität und -Moschee bestand. Er war für mich im ganzen Sinn des Wortes ein Initiator sowohl für die Sprache als auch für alles, was mit dem Koran zu tun hat. Zu dieser ersten, über die Vermittlung des *Koran* erfolgten Alphabetisierung kam eine moderne Ausbildung hinzu, die ich als Sechsjähriger begann, als ich in eine zweisprachige (französische und arabische) Grundschule aufgenommen wurde.

Abdelwahab Meddeb

Die Schönheit des Koran

Wir Muslime glauben, dass der Koran einzigartig und unnachahmlich und dass diese Unnachahmlichkeit der Beweis seiner göttlichen Herkunft sei. Wir gründen diese Behauptung auf einige Verse, in denen der Koran die Ungläubigen auffordert, etwas Gleiches vorzubringen. Die Ungläubigen hatten behauptet, der Koran sei Dichtung, Wahrsagerei oder Magie. Mithin hatten sie versucht, den Koran in die Reihe jener Texte einzuordnen, die ihnen vertraut waren. Der Koran forderte sie heraus: Wenn es ein Text ist, wie ihr ihn schon kennt, dann bringt etwas Vergleichbares hervor, einige Suren oder auch nur eine einzige Sure oder wenigstens ein paar Verse. Und so ihr es nicht könnt, erkennt ihr, dass der Koran kein menschlicher Text ist.

Die Theorie von der Unnachahmlichkeit und Unübertreffbarkeit entwickelte sich in mehreren Schritten. Am Ende setzte sich der Gedanke durch, die Einzigartigkeit des Korans im Sinne einer stilistischen Unnachahmlichkeit zu deuten: So vollkommen kann kein Mensch dichten, diese Sprache muss Gottes Sprache sein. Es waren theologische und soziale Gründe, die zu der Etablierung des Dogmas von der sprachlichen Unnachahmlichkeit und Überlegenheit des Korans führten. Aber es war auch eine kollektive Hörerfahrung, die sich im Dogma niederschlug. Es ist überliefert, dass die ersten Hörer des Korans von seltsamen Zuständen ergriffen wurden – sie zitterten und weinten oder fielen in Ohnmacht. Ich stelle mir vor, dass sie die Drohungen des Korans hörten und über die Zerstörung der Erde, die Berge, die bersten, die Sterne, die herabfallen, die Wasser, die sich teilen, in Angst gerieten (vgl. Sure 81,1–14).

Der Koran wirkte also, indem er Furcht hervorrief. Aber da war noch etwas anderes: Der Koran lockte und faszinierte die Hörer des Propheten. Die Überlieferung schildert die Begeisterung, mit der sie dem Koran lauschten, und dass sie nicht mehr von ihm lassen konnten. Selbst die Gegner Mohammeds hätten heimlich den Rezitationen des Korans zugehört, weil sie der Sprache und dem Klang erlegen waren. Jeder Araber, gleich, ob er Muslim oder Christ, gleich, ob er die Bedeutungen gut versteht oder nicht, spürt diese beiden Wirkungen: den Schrecken und die Lust. Beides gehört zusammen, beides ist zur selben Zeit. Mein ganzes wissenschaftliches Leben hat mit dieser sinnlichen Erfahrung angefangen.

Nasr Hamid Abu Zaid

→ WuK, S. 193–195

Sure 1 (al-Fātiḥa, »Eröffnung«). Indische Koranausgabe, 17./18. Jahrhundert

Wann die Sonne sich wird ballen
Die Sterne zu Boden fallen
Und die Gebirge wallen,
Des Meeres Fluten schwallen,
Wann Zuchtkamele sind unverwahrt,
Und die wilden Tiere geschart,
Und die Seelen wieder gepaart,
Man das lebendig Begrabne wird fragen,
Um welche Schuld es sei erschlagen;
Und die Bücher sind aufgeschlagen;
Wann der Himmel wird abgedach't
Und die Hölle wird angefacht,
Und der Garten herangebracht,
Wird eine Seele wissen, was sie dargebracht.
Koran 81,1–14 (Übersetzung: Friedrich Rückert;
Sure 81 ist eine der ersten Offenbarungen des Propheten)

→ WuK, S. 195–197

Jesus und Muhammad im Koran

42 Die Engel sagten: »O Maria, Gott hat dich auserwählt und rein gemacht, und Er hat dich vor den Frauen der Weltenbewohner auserwählt. 43 O Maria, sei deinem Herrn demütig ergeben, wirf dich nieder und verneige dich mit denen, die sich verneigen.« 44 Dies gehört zu den Berichten über das Unsichtbare, die Wir dir offenbaren …

45 Die Engel sagten: »O Maria, Gott verkündet dir ein Wort von Ihm, dessen Name Christus Jesus, der Sohn Marias, ist; er wird angesehen sein im Diesseits und Jenseits, und einer von denen, die in die Nähe (Gottes) zugelassen werden. 46 Er wird zu den Menschen sprechen in der Wiege und als Erwachsener und einer der Rechtschaffenen sein.« 47 Sie sagte: »Mein Herr, wie soll ich ein Kind bekommen, wo mich kein Mensch berührt hat?« Er sprach: »So ist es; Gott schafft, was Er will. Wenn Er eine Sache beschlossen hat, sagt Er zu ihr nur: Sei! Und sie ist.« 48 Und Er wird ihn lehren das Buch, die Weisheit, die Tora und das Evangelium. 49 Und (Er wird ihn) zu einem Gesandten an die Kinder Israels (machen). *Sure 3,42ff.*

153 Die Leute des Buchs fordern von dir, dass du auf sie ein Buch vom Himmel herabsenden lässt. Sie haben von Mose noch etwas Größeres als dieses gefordert und gesagt: »Lass uns Gott offen sehen.« Da ergriff sie der Donnerschlag wegen ihrer Ungerechtigkeit … 155 (Verflucht wurden sie,) … 157 weil sie sagen: »Wir haben Christus Jesus, den Sohn Marias, getötet.« – Sie haben ihn aber nicht getötet, und sie haben ihn nicht gekreuzigt, sondern es erschien ihnen eine ähnliche Gestalt … Sie haben kein Wissen über ihn, außer dass sie Vermutungen folgen. Und sie haben ihn nicht mit Gewissheit getötet. 158 Sondern Gott hat ihn zu sich erhoben. Gott ist mächtig und weise. 159 Und es gibt keinen unter den Leuten des Buches, der nicht noch vor seinem Tod an ihn glauben würde. Am Tag der Auferstehung wird er über sie Zeuge sein. *Sure 4,153–159*

72 Ungläubig sind diejenigen, die sagen: Gott ist Christus, der Sohn Marias, wo doch Christus gesagt hat: »O ihr Kinder Israels, dienet Gott, meinem Herrn und eurem Herrn.« Wer Gott (andere) beigesellt, dem verwehrt Gott das Paradies. *Sure 5,72*

7 Von den Propheten nahmen wir ihre Verpflichtungen entgegen, von dir und von Noach, Abraham, Mose und Jesus, dem Sohn Marias … 39 Die Propheten (sollen) die Botschaften Gottes ausrichten, Ihn fürchten und niemanden fürchten außer Gott … 40 Muhammad ist nicht der Vater irgendeines von euren Männern, sondern der Gesandte Gottes und das Siegel der Propheten. *Sure 33,7.39-40*

Christliche Mönche machen Muhammad ihre Aufwartung. Persische Miniatur. Nach islamischen Heiligenlegenden begegnete der neunjährige Muhammad auf einer Reise dem Mönch Bahira (»Der Auserwählte«) im syrischen Bosra. Dieser bestätigte, dass der Junge der von Evangelien und Propheten angekündigte letzte Prophet sei.

Muhammad und Jesus reiten nebeneinander. Jesus reitet auf dem Esel, Persien 18. Jahrhundert

Leute des Buchs

Der Koran nennt Juden, Christen und Muslime »Leute des Buchs«:

Sprich: O ihr Leute des Buches, kommt her zu einem zwischen uns und euch angenommenen Wort, dass wir Gott allein dienen und ihm nichts beigesellen, und dass wir nicht einander zu Herren nehmen neben Gott. Doch wenn sie sich abkehren, dann sagt: »Bezeugt, dass wir gottergeben sind.« *Sure 3, 64*

O ihr Leute des Buches, übertreibt nicht in eurer Religion und sagt über Gott nur die Wahrheit. Christus Jesus, der Sohn Marias, ist doch nur der Gesandte Gottes und sein Wort, das Er zu Maria hinüberbrachte, und ein Geist von Ihm. So glaubt an Gott und seine Gesandten. Und sagt nicht: Drei (d. h. drei Götter). Hört auf, das ist besser für euch. Gott ist doch ein einziger Gott … und erhaben darüber, dass Er ein Kind habe. *Sure 4,171*

(Übersetzung: Adel Theodor Khoury)

Das muslimische Glaubensbekenntnis (shahada):

Ich bezeuge, es gibt keinen Gott außer Gott, und Muhammad ist der Gesandte Gottes.

→ WuK, S. 197/198

Die Pilgerfahrt (Hadsch)

»Wir folgen alle dem Weg Ibrahims«, sagte mir Salem, ein noch junger und relativ wohlhabender Kaufmann aus Taza, den ich am Morgen des Opferfestes an den Ort begleitete, wo er ein Lamm opfern wollte. Wir waren uns im Laufe der Tage nähergekommen, da wir in dem großen Zelt, das auch als Gebetsstätte diente, Seite an Seite schliefen. Salem sagte mir, dass er eine beträchtliche Summe zusammengebracht habe (ungefähr 70 000 Dirham oder 6300 Euro), um die Ausgaben bestreiten zu können, vor allem für den Kauf von Geschenken und das Rückkehrfest: Er wusste, dass ich eine Wohltätigkeitsorganisation dafür bezahlt hatte, das Opfer an meiner Statt zu vollziehen. Ich musste mich also nirgendwo hinbegeben; aber Salem schlug vor, ihn zu begleiten. Während wir liefen, wiederholte er unablässig: »Wir gehen dorthin, wohin Ibrahim ging. Wir wandeln auf seinen gesegneten Spuren und tun es unserem Propheten gleich, der seinerseits dem von Ibrahim, dem Freund Gottes, gebahnten Weg folgte. Wir tun es den beiden gleich, möge Gott unser Opfer annehmen!«

Diese immer wiederholten Worte waren vermutlich ebenso an ihn selbst gerichtet wie an mich. Dem Propheten nachfolgen – all das hatte ich schon in der Koranschule gelernt. Wir alle sollten durch unser Tun Zeugnis für ihr Tun ablegen. Diese bewegte Menge vollzog immer wieder die Geburt einer ganzen Welt aus der Bezeugung. Unser Alltag sollte sich nur noch so darstellen, als folge er den Spuren des Propheten.

In dem Menschenstrom, der sich am Fuß der dürren, schwarzen Berge in die Stadt Mina ergoss und dem wir folgten, als näherten wir uns den Pforten des Jenseits, liefen die Geschäfte gut. Die Beduinen waren hart im Verhandeln, aber die marokkanischen Pilger standen ihnen in nichts nach. Ich betrachtete gerade die düsteren Pferche, an denen wir tags zuvor entlanggefahren waren; als mein Begleiter mich nach meiner Meinung zu dem schönen Widder fragte, den er soeben ausgewählt hatte. Wir befanden uns in einem riesigen Schlachthof, wo die Tiere darauf warteten, dass man sie packte und den grüngewandeten Schächtern anvertraute. Ohne auf meine Antwort wirklich zu achten, schloss mein Gefährte den Handel ab, indem er das Opfer zwei Männern übergab, die es packten und Richtung Mekka ausgestreckt auf die Seite legten. Nach einer kurzen Anrufung, dem *takbir*, schnitten sie ihm mit einer ebenso schnellen wie sicheren Handbewegung die Kehle durch, bevor sie es an eine der Rollstangen hängten, damit es zerteilt werde. An jeder dieser Rollstangen hingen geschlachtete Tiere in unabsehbarer Zahl. Ich war wie stets bestürzt über das Schauspiel dieser Gewalt, die im Zentrum des Ritus stand, zumal dieser uns Gott im Frieden näherbringen sollte.

Wir gingen schweigend zum Zeltplatz zurück. Plötzlich blieb mein Begleiter stehen, und ich musste es ihm gleichtun. Er fixierte mich mit den Augen und sagte: »Siehst du, ich nehme das zusammen mit dem Wasser der Zamzamquelle mit nach Hause. Der *barouk* des Hadsch ist besser als alle Geschenke, als alle Güter dieser Welt. Möge Gott uns und allen Muslimen die *baraka* (den Segen) des Propheten schenken!«

Ich begnügte mich damit, »Amen« zu sagen, und wir setzten den Weg fort, wobei ich meinen Blick über das gezackte Relief gleiten ließ, das aus dem klaren Morgenlicht deutlich hervortrat. In der Ferne ragte jener Gipfel stumm in den Himmel, auf dem der Engel erschienen war, um den vertrauten Vorhang der Welt zu zerreißen. Eben dort auf dem Berg Nur war ein Mitglied des Stammes der Quraisch von einer Vision überwältigt worden; hatte der Engel ihm aufgetragen, zu schreiben, zu lesen, zu sprechen …; von dort war er überstürzt aufgebrochen und von Furcht und Zittern gepackt geflohen.

Wir hatten alles rasch und im Laufschritt erledigt, denn die Opferung und die vorangehende Steinigung waren nur dann von Wert, wenn sie am Vormittag vollzogen wurden, damit man sich anschließend zur Umkreisung der Ka'aba nach Mekka begeben und noch vor dem Abendgebet nach Mina zurückkehren konnte.

Abdellah Hammoudi

→ WuK, S. 197/198

Mekka (Saudiarabien). Pilger vor der Ka'aba im Zentrum der heiligen Moschee. Sie bildet den geografischen und religiösen Mittelpunkt des Islam. In den schwarzen Brokat sind das muslimische Glaubensbekenntnis und Koranverse eingewoben.

Ramadan im Döner-Imbiss

Türkische Muslime, die in einer Döner-Bude arbeiten, haben es im Ramadan besonders schwer. Von morgens bis abends steigen ihnen die Döner-Düfte in die Nase, und sie dürfen nichts essen. Zum Glück muss man in einem Imbiss nicht viel abschmecken. Der Döner-Spieß besteht aus übereinander gelegten Hackfleischscheiben, die über Nacht in eine Marinade aus Zwiebelsaft, Salz, Pfeffer und Öl eingelegt wurden. Er wird fertig gekauft: Ursprünglich bestand ein Döner nur aus Hammelfleisch. Mittlerweile ist es eine Mischung aus allerlei Fleischsorten. Schweinefleisch darf allerdings nicht dabei sein. Weil die Schweine als unrein gelten, dürfen Muslime kein Schweinefleisch essen. Gilt der Fastenmonat Ramadan auch im Döner-Imbiss?

Die dritte Säule:

Das Fastengebot ist die dritte Säule des Islam. Im Ramadan, dem neunten Monat des muslimischen Kalenders, dürfen die Gläubigen nichts essen oder trinken, solange die Sonne am Himmel steht. Männer und Frauen dürfen in dieser Zeit auch nicht miteinander schlafen. Gefastet wird in vielen Religionen. Wer fastet, reinigt seinen Körper und erinnert sich selbst daran, dass das Leben nicht nur aus Konsum, aus Essen und Vergnügungen besteht. Im Islam kommt hinzu, dass alle Muslime gemeinsam fasten, was sie sehr miteinander verbindet und auch den Familien gut tut.

Das Fasten beginnt mit dem Sonnenaufgang. In muslimischen Ländern geht vorher oft ein Trommler durch die Straßen, um die Gläubigen daran zu erinnern, noch ein schnelles Frühstück einzunehmen. Das Fasten endet, wenn die Sonne untergegangen ist. Damit alle Muslime das mitbekommen, wurde in islamischen Ländern früher eine Kanone abgefeuert, heute wird der Schuss im Radio oder Fernsehen übertragen. Die Zeit von Sonnenaufgang bis Sonnuntergang kann ganz schön lang werden, es gibt kein Mittagessen, keinen Kuchen und nicht einmal einen Apfel zwischendurch.

Das Schöne am Fasten ist, dass man sich danach wieder richtig aufs Essen freut. Meist haben die Muslime für die Zeit nach Sonnenuntergang schon ein riesiges Festmahl vorbereitet. Dabei wird nicht nur der Hunger gestillt, es wird auch ordentlich gefeiert. Die meisten älteren Muslime halten sich an das Fastengebot im Ramadan. Die jüngeren allerdings hungern nicht mehr so gern. Nur ein Drittel der jungen Muslime nehmen den Ramadan in Deutschland noch ernst, schätzt man.

Diejenigen, denen das Fasten nicht gut tut, weil sie zu klein, zu schwach oder krank sind, müssen nicht mitmachen. Der Islam ist eine einfache und praktische Religion und erlaubt Ausnahmen, wenn es sinnvoll ist. Der Ramadan entspricht übrigens nicht einem unserer Monate. Weil sich das islamische Jahr allein nach dem Mond richtet, und nicht wie unser Jahr nach der Sonne, verschieben sich die Anfangszeiten der muslimischen Monate gegenüber unserem Kalender.

Die vierte Säule:

Muslime müssen nicht nur fasten, sie sind auch verpflichtet, den Armen zu helfen. Der Prophet Mohammed wollte, dass sich alle Muslime als Brüder und Schwestern verstehen und zueinander halten. Deswegen besagt die vierte Säule, dass die Muslime die Armen mit einer Abgabe unterstützen sollen. Die Abgabe wurde früher ungefähr so erhoben wie heute die Steuern. Inzwischen zahlen die Muslime in den meisten Staaten ganz normal ihre Steuern und freiwillig eine Abgabe an wohltätige Organisationen.

Ulrich Janßen und Ulla Steuernagel

Die Fatih Moschee in Wülfrath.

Das Gebet

Der Koran verpflichtet alle erwachsenen Muslime (Frauen und Männer) zum Gebet. Kinder ab sieben Jahren sollen in die Gebetsrituale eingeführt werden.

Ihr Gläubigen! Wenn ihr euch zum Gebet aufstellt, dann wascht euch das Gesicht und die Hände bis zu den Ellbogen und streicht euch über den Kopf und die Füße bis zu den Knöcheln! Und wenn ihr unrein seid, dann nehmt eine Reinigung vor! Und wenn ihr krank seid oder auf einer Reise oder einer von euch vom Abort kommt oder ihr mit Frauen in Berührung gekommen seid und kein Wasser findet, dann sucht einen sauberen hochgelegenen Platz auf und streicht euch davon über das Gesicht und die Hände! Gott will euch nichts auferlegen, was bedrückt. Vielmehr will er euch rein machen und seine Gnade an euch vollenden. Vielleicht würdet ihr dankbar sein. *Sure 5, 6*

Ihr Gläubigen! Wenn am Freitag zum Gebet gerufen wird, dann wendet euch mit Eifer dem Gedenken Gottes zu und lasst das Kaufgeschäft (so lange ruhen)! Das ist besser für euch, wenn ihr wisst. Doch wenn das Gebet zu Ende ist, dann geht eurer Wege und strebt danach, dass Gott euch Gunst erweist! Und gedenket ohne Unterlass! Vielleicht wird es euch wohl ergehen.

Sure 62, 9f.

→ WuK, S. 199–204

Was hält Allah von der Playstation?

Der Koran versteht sich als endgültige »Rechtleitung« (huda), nachdem die Tora und das Evangelium angeblich nicht angenommen oder verfälscht wurden. Die Vorschriften zur richtigen Lebensführung finden sich im Koran, in den Schriften der Tradition (Sunna) und im Konsens der Rechtsgelehrten. Sie umfassen die fünf religiösen Pflichten, das bürgerliche Recht und die soziale Ordnung.

Um die Auslegung der Gebote kümmern sich im Islam die Rechtsgelehrten. Es sind kluge Männer, die an eigenen Universitäten ausgebildet wurden und viel zu tun haben. Als Mohammed lebte, gab es noch keine Playstation, keine Kondome und keine geklonten Lebewesen. Wie soll ein Muslim damit umgehen? Darf ein islamischer Wissenschaftler ein Tier klonen? Oder eine Perücke tragen? Was würde Mohammed dazu sagen? Was ist der Wunsch Allahs? Unter diesen Gesichtspunkten entscheiden die Gelehrten. Die Universität mit den wichtigsten Gelehrten und dem größten Einfluss ist die Hochschule der Azhar-Moschee in Kairo. Die Wissenschaftler, die dort arbeiten, veröffentlichen regelmäßig ihre Meinungen zu allen wichtigen Fragen in einer Zeitschrift. *Fatwas* nennen sich diese Gutachten, an denen sich die Muslime orientieren können, aber nicht müssen.

Einigen Muslimen, den radikalen und gewaltbereiten Islamisten, geht diese Freiheit zu weit. Sie wollen, dass in den muslimischen Staaten die islamischen Gesetze sehr streng gelten. Zum Beispiel finden sie, dass allen Dieben die Hand abgehackt werden müsste und dass Ehebrecherinnen gesteinigt gehören. Nach Meinung der Islamisten sollten alle muslimischen Staaten diese strengen Gebote als Gesetze beschließen, und die Polizei soll dafür sorgen, dass sie eingehalten werden. In einigen Ländern wird versucht, das strenge Gesetz direkt umzusetzen. Allerdings gibt es selbst in ganz strengen islamischen Staaten keine Einigkeit über die richtigen Gebote. Der Koran gibt einfach keine fertigen Antworten auf alle modernen Probleme, und außer dem Koran gibt es keine festen und verbindlichen Gesetze.

Die *Scharia*, auf die sich die Islamisten beziehen, ist eine Sammlung, die aus Korangeboten besteht, aber auch aus Regeln, nach denen Mohammed gelebt haben soll, und aus *Fatwas*, den verschiedenen Gutachten der Gelehrten zu aktuellen Fragen. Was alles zur Scharia gehört und was nicht, auch darüber sind sich die Muslime auf der Welt nicht einig. Es gibt unterschiedliche Rechtsschulen, die unterschiedliche Meinungen vertreten. Und wie im Christentum gibt es auch im Islam unterschiedliche Bekenntnisse. Die meisten Muslime auf der Welt sind Sunniten, doch gibt es vor allem im Iran auch Schiiten.

Im großen arabischen Reich verloren die Nachfolger Mohammeds, die Kalifen in Bagdad, bald ihre politische Macht. Die Herrscher in anderen Teilen des Reiches wurden immer mächtiger und kümmerten sich immer weniger um das, was in Bagdad beschlossen wurde. Sie wollten neue Länder und neue Reichtümer für sich erobern und benutzten die Religion nur noch als Ausrede. Im Jahr 1055 übernahmen schließlich die Türken die Macht in Bagdad. Obwohl auch die Türken sich zum Islam bekannten, wurden sie von den anderen Muslimen damals nicht sehr geachtet. Ein paar hundert Jahre später nannte sich ihr Reich das Osmanische Reich, und der wahre Herrscher war der Sultan.

Manche Leute denken, dass die Islamisten der starken religiösen Gemeinschaft zur Zeit des Propheten Mohammed hinterhertrauern und dass einige von ihnen deshalb Anschläge begehen und versuchen, Regierungen zu stürzen. Da ist wahrscheinlich etwas dran. Sicher ist, dass viele Islamisten die westlichen Staaten hassen. Sie denken, dass im Westen der Glaube an Gott verloren gegangen ist, dass es nur noch um Geld, Spaß und Konsum und die eigenen Bedürfnisse geht. Die Reichen auf der Welt würden immer reicher und beuteten die Armen skrupellos aus. Das World Trade Center in New York sahen Islamisten als Symbol für diese Haltung, und deshalb haben die Attentäter des 11. September sich genau dieses Ziel ausgesucht. Sie geben dem westlichen Denken und vor allem Amerika die Schuld an der Machtlosigkeit vieler

Hasan-i Fakhaari, Der jüngste Tag – Paradies und Hölle. Iran, um 1900. Der Prophet Muhammad steht auf der fünfstufigen Kanzel; am Fuß warten die Verstorbenen auf den Richtspruch des Erzengels Gabriel. Über einen schmalen Weg, so scharf wie eine Rasierklinge, machen sie sich auf ins Paradies.

islamischer Länder und der Armut in vielen Teilen der Welt.

Allerdings gibt es auch unter radikalen Muslimen verschiedene Meinungen zur Gewalt. Der Koran stellt zwar »die Leute des Buchs« – Juden und Christen – unter einen besonderen Schutz. Aber er rechtfertigt auch den Kampf gegen Ungläubige. Der Islam war von Anfang an auch eine kriegerische Bewegung. So bezeichnet das Wort »Dschihad« ursprünglich das gewaltsame Bemühen um den rechten Weg. Man unterscheidet im Islam den kleinen Dschihad (den bewaffneten Kampf) und den großen Dschihad, der das tägliche Bemühen um den rechten Weg im Glauben meint. Anders als Jesus in der Bibel ist der Koran auf jeden Fall nicht grundsätzlich gegen Krieg. Wer für die Sache Gottes stirbt, dem wird sogar ein Weiterleben im Paradies versprochen. […] Wahrscheinlich haben aber die Attentäter vom 11. September 2001 ihre Flugzeuge in aller Ruhe in das World Trade Center gesteuert. Sie waren überzeugt, direkt ins Paradies zu gelangen.

Der Anschlag auf das World Trade Center hat auch unter den Muslimen viele Diskussionen ausgelöst. Es gibt Muslime, die Verständnis für den Anschlag haben, weil sie finden, dass Amerika zu viel Macht hat und sich überall einmischt. Die Selbstmordattentate sind für sie die einzige Chance, die Supermacht zu treffen. Die meisten Muslime aber haben den Anschlag als gottlos verurteilt. Viele fürchten, dass der Islam im Westen nur noch als eine böse Religion wahrgenommen und verfolgt wird. In Wahrheit sind es natürlich nie die Religionen, die etwas Böses tun, sondern immer die Menschen. Egal, welcher Religion sie angehören.

Ulrich Janßen und Ulla Steuernagel

 → WuK, S. 199–204

Den Satan reizen

Hier im Viertel wohnte ein Mädchen. Sie war eine gute Schülerin, die Familie war allseits respektiert, und selbst die Jungen, die dafür bekannt waren, große Schlitzohren zu sein, halfen ihrem Vater sonntags, die Taschen vom Markt nach Hause zu tragen. Das Mädchen spielte Theater in einer Truppe. Sie liebte das Schauspielern und wollte es zu ihrem Beruf machen.

Eines Tages fanden ihre Eltern eine anonyme Botschaft im Briefkasten: »Ihre Tochter hat schlechten Umgang, sie geht viel aus und ist oft mit Jungen unterwegs. Man hört Sachen über sie, die ihren Namen beschmutzen und ihrem guten Ruf schaden. Das ganze Viertel weiß, dass sie sich mit jungen Männern einlässt und vom rechten Weg abkommt. Gott sagt, Sie sind verantwortlich für den Weg ihrer Kinder. Sie müssen streng mit ihr sein, damit sie ihre Familie und den Islam fürchtet. Jetzt wissen die Leute, dass ihre Tochter sich auf der Straße herumtreibt. Die Franzosen führen sie auf den Pfad des Bösen. Man hat bemerkt, dass sie sich schminkt, sich die Haare färbt. Das heißt, sie gefällt gern Männern und reizt Satan. Sollte ihr etwas Schlimmes widerfahren, weiß Gott, dass Sie zu großzügig mit ihr waren, und Sie sind ebenso schuldig wie sie. Gott schenkt uns Milde und Erbarmen. Sie kann wieder zu ihrer Familie und unseren Sitten zurückkehren, wenn Sie Strenge walten lassen. Das Gebet muss der Gestrauchelten eine Hilfe Gottes sein. Ihrer Familie wird viel Respekt gezollt und das soll so bleiben. Ein Vater kann seine Tochter wieder auf den rechten Weg bringen. Vertrauen Sie auf die Macht, die Gott Ihnen schenkt, um eine anständige Familie zu sein.«

Nach diesem Brief änderte sich für das Mädchen alles. Es war dem anonymen Schwein, das diesen Mist geschrieben hatte, gelungen, die Eltern zu überzeugen. Sie hatten ein schlechtes Gewissen, ihrer Tochter zu viele Freiheiten gelassen zu haben. Ab sofort durfte sie weder ins Theater noch sonst wohin, nicht mal zum Brotkaufen. Und vor allem wurde auf einmal dauernd von Hochzeit geredet. Der letzte Strohhalm, wenn Eltern das Gefühl haben, ihre Tochter könnte ihnen entwischen. In einer Zeitschrift erzählte das Mädchen, wie es damals beschloss von zu Hause auszureißen. Heute lebt sie allein und hat praktisch keinen Kontakt mehr zu ihren Eltern. Aber sie wurde Mitglied des Ensembles der »Comédie-Francaise« und kann inzwischen von ihrer großen Liebe zum Theater leben. Am Ende hat sie doch gewonnen. Oder?

Faïza Guène

Leben in zwei Welten

Mir schräg gegenüber saßen zwei junge Türkinnen von vielleicht 15 oder 16 Jahren. Sie schienen enge Freundinnen zu sein, kamen wohl gerade aus der Schule. Die eine war auffallend hübsch, gestylt wie aus einem Magazin für junge Mode, fesch und aufgedreht. Die andere dagegen trug ein Kopftuch, das kaum ihr ganzes Gesicht erkennen ließ und einen bodenlangen Sommermantel, ganz nach den Kleidungsvorschriften des Islam. Sie wirkte gegenüber ihrer Freundin zurückhaltend und scheu. In der nächsten Station stiegen zwei türkische Jungen ein, standen eine Weile, bis sie die beiden Mädchen entdeckten und der eine sie ansprach: »Hallo, wohin geht die Reise?«. Kichernd schauten die beiden Mädchen weg und reagierten nicht. Der forsch wirkende junge Mann mit Cowboystiefeln und Lederjacke sprach auf das gestylte Mädchen weiter ein. Sein Begleiter, mit kariertem engem Anzug, unsicher wirkend, schaute meistens peinlich berührt weg. Bis er schließlich von seinem Bekannten aufgefordert wurde, auch ein Gespräch mit dem anderen Mädchen zu beginnen. Gesprochen wurde ein Mischmasch aus Tür-

Shirin Neshat, Untitled, 1988.

kisch und Deutsch. Floskeln wie »Ey, ihr spinnt wohl« wurden auf Deutsch ausgetauscht, über den Urlaub in der Türkei unterhielten sie sich aber auf Türkisch. Bei jedem Halt fragte der Junge: »Wollt ihr hier wirklich nicht mit uns aussteigen, nur auf einen Kaffee oder etwas spazieren gehen?« Antwort auf Deutsch: »Was denkt ihr denn, wer wir sind, wir steigen niemals mit euch aus!« Das »moderne« Mädchen verhielt sich jetzt ganz traditionell.

Einige Zeit verging, weder sie noch ich stiegen aus. Ich war auf das Kommunikationsspiel neugierig geworden und wollte, ohne das Ende abzuwarten, nicht aus dem Zug. Der Wortführer der beiden Jungen sprach plötzlich türkisch, ganz ernst: »Allah möge mich erschlagen, wenn ich dich nur berühren sollte, nur dein Lächeln und deine schönen Worte sollen mich erfreuen.« Ein ähnlicher Schwur kam auch von dem anderen Jungen. Es gelang ihnen schließlich, die Mädchen zum Tee einzuladen, und zwar am anderen Ende von Berlin. *Necla Kelek*

→ WuK, S. 199–204

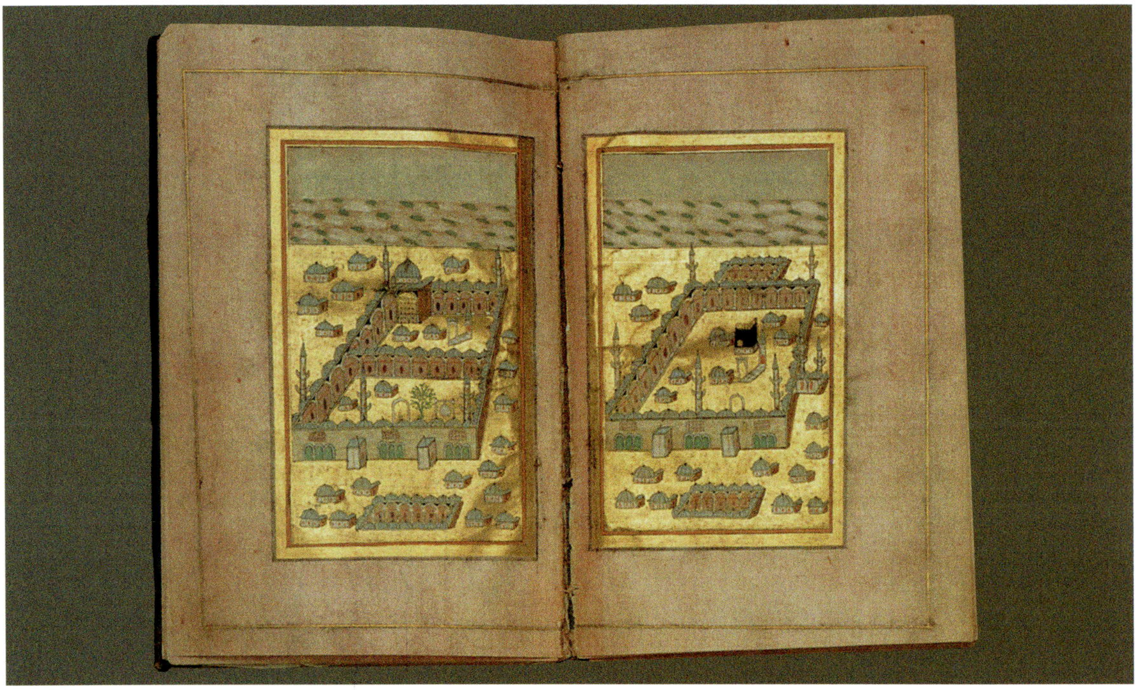

Gebetbuch aus dem Jahr 1788. Abgebildet sind die beiden wichtigsten islamischen Städte: links Medina, rechts Mekka mit der Kaaba.

Gott sieht alles

Faruk war in den Sommerferien für sechs Wochen in der Zentrumsmoschee am Hamburger Hauptbahnhof in einem Internat untergebracht, wo die Schüler täglich beteten und den Koran lasen. Von morgens um acht bis nachmittags um siebzehn Uhr wurden sie unterrichtet, zwischendurch spielten sie Fußball.

Senol meint, in der Koranschule habe er gelernt, wie ein richtiger Muslim leben müsse, das wisse er nun. Und irgendwann würde er mit der Befolgung der religiösen Pflichten auch anfangen, allerdings, fügt er nach einigem Zögern hinzu, weil seine Eltern das wollten. Auch Faruk betet derzeit nicht, aber er habe gelernt, dass er niemals vergessen dürfe, dass er ein Muslim sei. Alle drei halten die religiösen Regeln nicht ein. Sie seien *delikanli*, hätten verrücktes Blut, sprich: Sie seien in der Pubertät. Er wisse schon, sagt Faruk, dass das Sünde sei, aber erst müsse er sich austoben, das würden auch die Eltern akzeptieren. Denn wenn er heirate, meint er, sei ohnehin Schluss damit, dann wolle er wie ein echter Muslim leben. [...] Welche religiösen Regeln ihnen denn wichtig seien, möchte ich wissen. Dass man als Jungfrau in die Ehe gehe, meint Kenan, auch die Männer müssten das eigentlich tun, aber daran würde sich hier niemand halten. Daran sei Deutschland schuld, denn hier seien die Menschen so verdorben. Für Senol ist es wichtig, dass eine Frau ein Kopftuch trägt, aber viele würden das nicht freiwillig machen. Es komme nicht aus ihrem Herzen, das habe er beobachtet.

Auch die Ehre müsse ein Mädchen rein halten, das heißt, es dürfe keinen Kontakt zu Männern haben. Eigentlich müssten sich auch die Jungen daran halten. Gott würde alles sehen und jene bestrafen, die sich nicht an Allahs Gebote hielten. Hier und erst recht im Jenseits. Er habe Angst vor Gott, wenn er zum Beispiel allein auf der Straße sei und ein Geräusch höre, dann denke er, das sei bestimmt der Teufel. Um dem vorzubeugen, müsse man alles so machen, wie es von Gott befohlen sei.

Necla Kelek

Auf den zweiten Blick

Auf den ersten Blick sehen wir meist die materielle Welt. Wir sehen zum Beispiel sofort, dass die Schultasche aus Kunststoff, Leder oder Stoff ist. Auf den zweiten Blick nehmen wir auch ihre Gebrauchsspuren wahr. Diese verraten nicht nur, ob es sich um eine neue oder alte Schultasche handelt. Sie erinnern uns auch an bestimmte Ereignisse, zum Beispiel wie wir die Tasche geschenkt bekommen haben, wie wir beim Kauf mit dabei waren, wie wir sie einmal vergessen haben …

Das Gespräch zwischen Hilla und Georg (S. 11) macht deutlich, dass man die Welt auf verschiedene Arten sehen kann, zum Beispiel als mathematisch-physikalische Formel oder als ein großes Gedicht. Beide Sichtweisen sind möglich, vielleicht sogar notwendig. Wenn solche Welten zusammenstoßen wie in dem Bild von Giorgio de Chirico, dann sind wir meist erst einmal verwirrt. Natürlich kann man im Sessel sitzen und träumen, auf dem Meer in einem Boot unterwegs zu sein. Doch wenn ein Maler diese verschiedenen Handlungen in *einem* Bild zusammenzieht, dann gibt uns das *zu denken.*

Der Religionsunterricht stößt immer wieder auf solche Situationen. Wo *wir* etwas über Gott erfahren und aussagen, stoßen *andere* auf physikalische oder psychologische Erklärungen. Diese sind in der Regel nicht falsch, genügen aber – zumindest auf den zweiten Blick – dann eben doch nicht. Dieses Kapitel will auf solche »rätselhafte« Seiten der Welt aufmerksam machen.

Aufgaben

1. Werft einen »zweiten Blick« auf das Bild von Giorgio de Chirico (S. 11) und sucht nach weiteren Bildern mit irritierenden Darstellungen in anderen Kapiteln des Buches.
2. Macht ein Gedankenexperiment: Wie könnte ein Maler, eine Dichterin, ein Architekt, eine Raumausstatterin usw. das Bild interpretieren? Arbeitet in Gruppen.
3. Stellt zusammen, in welcher Weise eure verschiedenen Schulfächer einen Zugang zur Wirklichkeit bieten. *Was* versuchen sie *wie* zu erfassen? Was blenden sie aus? Überprüft zu dieser Frage (in Gruppen) Schulbücher anderer Fächer (und insbesondere deren Inhaltsverzeichnisse).

Spiegel und Schrift

Zu den Seiten 12 und 13

Die Bedeutung eines Spiegels oder der Schrift ist uns so selbstverständlich, dass es der Erinnerung aus fernen Weltgegenden bedarf, damit wir deren Besonderheit erkennen.

Marc Chagalls Bild zeigt ebenso wie Sabine Kueglers Geschichte, dass ein Spiegel nicht nur der Morgentoilette dient. Er ermöglicht die Wahr-

nehmung meiner selbst – allerdings spiegelverkehrt. Durch solch einen »zweiten Blick« können wir die Welt oder uns selbst nochmals ganz anders sehen, als wir dies vorher getan haben.

Wenn etwas als Schrift zu Papier gebracht worden ist, entfaltet es seine eigene Dynamik. Der Gedanke in meinem Kopf, das flüchtig hingeworfene Wort, beide gewinnen ein Eigenleben, wenn sie als Geschriebenes vorliegen. Dies gilt für Tagebücher genauso wie für die Texte der Bibel.

Aufgaben

1. Experimentiert mit Spiegeln: real und gedanklich. Zeigen Spiegel die »Wirklichkeit« bzw. die »Wahrheit«?
2. Stellt euch vor: eine Welt / eine Woche ohne Schrift! – Wäre das eher ein Wunschtraum oder ein Alptraum? Tragt Argumente pro und contra zusammen.
3. Tragt zu »Spiegel – Sprechen – Schreiben« zusammen: Welche Bedeutung hatten diese drei Dinge bzw. Tätigkeiten in der Geschichte der Menschheit? Welche Bedeutung haben sie für euch als Jugendliche in unserer heutigen Welt?

Zu den Seiten 14 und 15

Wie Dinge sich verändern

Wenn du in einem Museum oder auf einem öffentlichen Platz vor einem mannshohen Daumen stehst, findest du das vielleicht lustig oder albern. Es stellt sich jedoch die Frage: Handelt es sich hier um ein Kunstwerk oder um einen Daumen? Natürlich soll hier ein Daumen dargestellt werden, doch gegenüber dem rechten Daumen deiner Hand gibt es mindestens ebenso viele Unterschiede wie Ähnlichkeiten. Wir können annehmen, dass der Künstler solche Fragen mit seiner Plastik anstoßen wollte.

Eine ähnliche Frage stellt sich bei der Geschichte »Das Abendmahlsbrot«. Verändert sich etwas, wenn der Pfarrer über dieses Brot die Einsetzungsworte gesprochen hat, denen zufolge es jetzt zum »Leib Christi« geworden ist? Auf den ersten Blick ändert sich dadurch an der Beschaffenheit des Brots nichts. Doch zeigt uns ein Gedankenexperiment, dass diese Sichtweise vielleicht doch zu einfach ist: Ein leckeres Frühstücksbrötchen wird jeder als ein *Lebensmittel* identifizieren. Doch fällt dasselbe versehentlich in den Schmutz, dann wird es zum *Müll*, obgleich sich seine materielle Zusammensetzung nicht geändert hat. So ähnlich können wir uns vielleicht auch das vorstellen, was bei der »Wandlung« im Abendmahl passiert. Die Veränderung des Brots wird nur »auf den zweiten Blick« wahrnehmbar.

11–21 22–37 38–50 51–62 63–77 78–94 95–109 110–120 121–138

Aufgaben

1. Tragt – real oder in Gedanken – Dinge zusammen, die in unterschiedlichen Situationen (oder »Kontexten«) Verschiedenes bedeuten können (zum Beispiel ein Kreuz als Schmuckstück, als religiöses Symbol und – bei den Römern – als Marter- und Tötungsinstrument). Experimentiert dabei auch mit Veränderungen: Ändert sich die Bedeutung bei Vergrößerung / Verkleinerung, beim Transport in andere Räume, Regionen oder Zeiten?
2. Besucht ein Kunstmuseum und tragt (in Gruppen) zu einem Bild bzw. Werk zusammen, welche Gegenstände aus der Welt hier aufgenommen werden und welche Bedeutung sie im Kunstwerk bekommen. (Ihr könnt diese Aufgabe auch anhand ausgewählter Bilder aus diesem Buch lösen.)
3. Stellt einander die Frage, ob Brot und Wein beim Abendmahl etwas Besonderes sind. Prüft, ob die Reformatoren Martin Luther und Ulrich Zwingli Abendmahlsbrot und -wein als etwas Besonderes angesehen haben (dazu die Texte auf S. 88, bei Luther auch die Erzählung S. 89 heranziehen). Stellt die Frage auch euren katholischen Klassenkamerad/innen und deren katholischem Religionslehrer.
4. Besucht eine Kirche und tragt in drei Spalten Dinge zusammen, die
   a) nur in der Kirche eine sinnvolle Bedeutung haben;
   b) auch außerhalb der Kirche eingesetzt werden könnten, jedoch mit anderer Bedeutung (mit welcher?);
   c) in und außerhalb mit der gleichen Bedeutung in gleicher Weise sinnvoll sind.

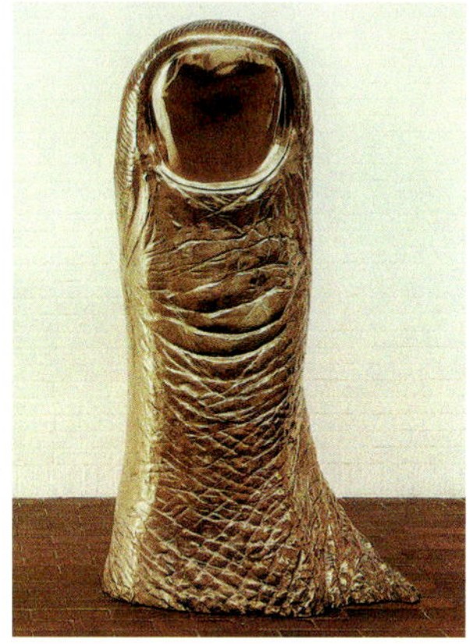

Medien – Computer

Zu den Seiten 16–19

Wahrscheinlich hast du Erfahrungen mit Computerspielen und kennst dich auch im Internet aus. Wenn man das tut, vergisst man leicht, dass es sich hier um »virtuelle Wirklichkeiten« handelt. »Virtuell« bedeutet, dass hier Welten betreten werden, die »auf den ersten Blick« nur aus elektronisch erzeugten Pixeln zusammensetzt sind. Doch wer an diesen Welten teilhat, bewegt sich dort ähnlich wie in der »realen« Welt, d. h. man erlebt Furcht, Spannung oder Freude und reagiert auch körperlich wie in entsprechenden Situationen der Alltagswelt.

Wenn man sich dies klar macht, dann ist es nur ein kleiner Schritt zu den Gedankenexperimenten. Wir können überlegen, ob unsere als »Realität« gedachte Welt nicht vielleicht *virtuell* ist. Ob andere Welten als »unsere« denkbar sind. Ob künstlich erzeugte »Welten« wünschenswert wären.

11–21 22–37 38–50 51–62 63–77 78–94 95–109 110–120 121–138

Aufgaben

1. Stellt in den beiden Bildern von Keith Haring (S. 17/18) die Bildelemente mit religiöser und mit nicht-religiöser Bedeutung zusammen und fragt nach dem Zusammenhang der unterschiedlichen Elemente und Ebenen.
2. Diskutiert: Das ganze Leben oder auch nur ein Jahr in einer »Wunscherfüllungsmaschine« – Traum oder Alptraum? Oder erfindet dazu eine Phantasiegeschichte.
3. Recherchiert, was man im Internet zu Fragen der Religion finden kann. Dazu folgende Vorschläge:
   - www.ekd.de (die offizielle Seite der Evangelischen Kirche in Deutschland [=EKD] und dort unter »Glauben« weiter recherchieren)
   - www.wikipedia.de (dort unter dem Stichwort »glauben« weitersuchen)
   - www.google.de (dort unter verschiedenen Begriffen suchen, die mit »Religion« und »Glaube« zu tun haben
   - Diskussionen über religiöse Fragen in einem Chatroom mitverfolgen. Prüft und diskutiert, welchen Stellenwert die unterschiedlichen Informationen und Aussagen haben.

Zu den Seiten 20 und 21

Gedankenexperimente

Jostein Gaarder bietet ein doppeltes Gedankenexperiment. In seinem Roman erfahren die »Helden« Sofie und Antonio, dass sie nur Figuren in einer Geschichte sind, die Hilde von ihrem Vater geschenkt bekommt. Doch der Hinweis auf den irischen Philosophen George Berkeley (1685–1743) stößt uns gleichzeitig auf den Gedanken, dass in derselben Weise wir Menschen gewissermaßen nur die Figuren in einem großen Theaterstück Gottes seien. Dieses Gedankenspiel ist reizvoll und kann zu verschiedenen »Lösungen« führen.

Aufgaben

1. Lest die beiden Geschichten »Gehirne im Tank« (S. 18) und »Die Wunscherfüllmaschine« (S. 19) noch einmal und versucht von hier aus »Sofies Entdeckung« (S. 20) zu deuten: Wer ist hier wessen Gedanke? Wer ist »real«?
2. Diskutiert die beiden Fragen: Kann man mit Gedanken die Wirklichkeit beeinflussen? – Beeinflusst die Wirklichkeit unsere Gedanken?
3. Betrachtet und beschreibt aus der Perspektive Gottes / eines »Jenseitigen« unseren Planeten.

Was du in diesem Kapitel lernen kannst

- Du kannst erklären, warum bereits durch »Medien« wie Spiegel oder Schrift die Welt sich in bestimmter Hinsicht »verdoppelt«.
- Du kannst am Beispiel des Abendmahlsbrotes zeigen, inwiefern sich etwas verändern kann, auch wenn es auf den ersten Blick gleich bleibt.
- Du kannst ein Gedankenexperiment selbständig erläutern und zeigen, wie so etwas funktioniert.
- Anhand eines Beispiels kannst du zeigen, was man unter einer »virtuellen« Wirklichkeit versteht.
- Du kannst mit eigenen Worten das Gedankenexperiment George Berkeleys darstellen und Argumente pro und contra nennen.

Ich – Wir – Du

Das Kapitel beschäftigt sich mit der Situation von euch Jugendlichen. Dabei werden drei Themenkreise betrachtet:

- Ich / mein Selbstbild (S. 22–25)
- Wir / meine Familie, meine Gruppe (S. 26–33)
- Du / meine Freundschaften, meine Liebe (S. 34–37)

Das Kapitel soll euch dazu anregen, über euch selbst nachzudenken. Zuerst wird das Ich in den Blick genommen: Wo liegen meine Stärken und Schwächen? Wie kann ich mit diesen Schwächen umgehen? Die Bibel zeigt uns ein bestimmtes Bild vom Menschen: Er ist – so heißt es – ein Geschöpf Gottes, aber auch ein Sünder. Was heißt das und wie passt es zusammen?

Danach wird das Wir thematisiert: Wir leben nicht nur für uns allein, sondern in unterschiedlichen Gemeinschaften, vielleicht auch manchmal als Außenseiter. Wie ist meine Rolle in meiner Familie, in meinem Freundeskreis? Wie komme ich bei dem anderen Geschlecht an? Welche Regeln, welche Werte bestimmen unser Zusammenleben?

Das Ich braucht immer ein Du, von dem es sich unterscheidet, mit dem es vielleicht aber auch Ähnlichkeit hat. Mädchen und Jungen sehen die Welt unterschiedlich.

Zu den Seiten 22 und 23

Was will ich? – Wie bin ich?

Wenn wir in den Spiegel schauen, prüfen wir, ob wir uns selbst und anderen gefallen. In der Pubertät und der gesamten Jugendzeit verändern wir uns besonders rasant. So kann uns unser Aussehen manchmal ganz schön zu schaffen machen. Und natürlich die Frage, ob wir gut aussehen und den anderen gefallen …

Aber auch unsere Gefühlswelt verändert sich in dieser Zeit besonders schnell und kann manchmal mit uns Achterbahn fahren. Wir merken, dass wir einmal große Lust auf Action haben, ein andermal gar nicht. Und dass wir manchmal Dinge denken, sagen und tun, die wir so gar nicht wollten, ja, dass wir nicht einmal genau wissen, was wir wollen, oder dass wir das Eine wollen und zugleich auch das Gegenteil.

Von dieser Erfahrung, sich innerlich hin- und hergerissen zu fühlen, erzählt auch die Bibel. Erstaunlicherweise scheint sogar der Apostel Paulus, der ein frommer Mensch und Missionar war, diese Gespaltenheit und Zerrissenheit gekannt zu haben …

Aufgaben

1. Paulus schreibt: »Denn das Gute, das ich will, das tue ich nicht, sondern das Böse, das ich nicht will, das tue ich.« Überlegt euch zu zweit oder dritt eine Situation, auf die dieser Satz zutrifft.

11–21
22–37
38–50
51–62
63–77
78–94
95–109
110–120
121–138

2. Betrachtet das Bild auf S. 22. Überlegt: Welches Bild von euch zeigt ihr anderen? Wie seht ihr euch selbst?
3. Lest den Text »Mittsommertanz« auf S. 23. Welches Bild von sich zeigt Nancy den Leuten im Dorf? Wie sieht sie sich selbst?
4. Verfasst in Dreier-Gruppen einen kurzen Text mit dem Titel »40«. Beschreibt, was 40-Jährige toll finden. Wie schätzen sie 15-Jährige ein?

Nach-Denken

Zu den Seiten 24 und 25

Auch das Denken verändert sich. Schon länger sprechen Psychologen davon, dass Jugendliche – im Gegensatz zu Kindern – abstrakt denken können, also rechnen und logisch kombinieren können, ohne sich etwas ganz Konkretes und Anschauliches dabei vorstellen zu müssen. Und Hirnforscher haben in den letzten Jahren herausgefunden, dass sich in der Jugendzeit das Gehirn umstrukturiert und sich noch einmal ganz neue »Schaltungen« herausbilden. Da kann es wirklich Spaß machen, einmal alles ganz genau zu durchdenken und ein andermal die Gedanken einfach frei und wild dahingaloppieren zu lassen, zu träumen und zu phantasieren. Aber nicht nur Spaß kann das machen, sondern auch Angst. Denn was ist eigentlich richtig?

Diese Frage stellt sich auch beim Glauben. Was ich als Kind gedacht, gefühlt und geglaubt habe, wird jetzt einem Test unterzogen, ob es noch passt. Vielleicht muss ich von manchen kindlichen Vorstellungen von Gott, von Jesus, vom Glauben oder Frommsein Abschied nehmen. Aber wie sehen meine neuen Vorstellungen aus?

Aufgaben
1. Das Bild von Loretta Lux (S. 25) weckt in uns Fantasien, Gedanken, Gefühle. Notiere eigene Einfälle.
2. Welche Gedanken und Fantasien hatten a) Hermann Hesse (S. 24) und b) Leo Tolstoi (S. 25) als Jugendliche? Tauscht euch darüber in Partnerarbeit aus.

Gewinnen – verlieren – sich schämen

Zu den Seiten 26 und 27

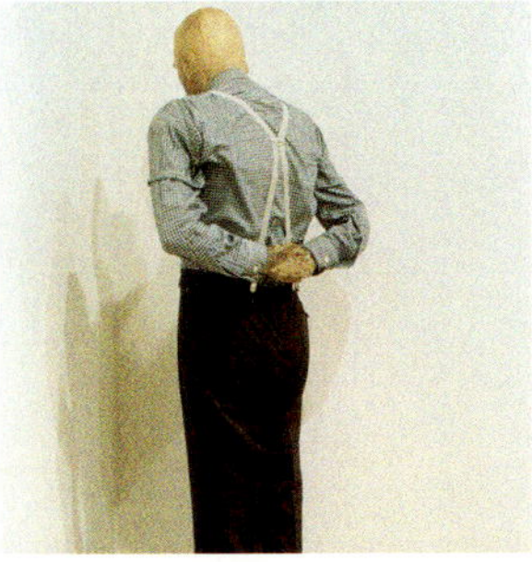

»Martin, ab in die Ecke und schäm dich« ist eines der zahlreichen Selbstbildnisse des Künstlers Martin Kippenberger (1953–1997). Der Künstler spielte sich gern in den Vordergrund. Viele Menschen lehnten ihn deshalb ab. »Bürgerschreck«, »Berufskomiker«, »pubertärer Kraftmeier« – das war Kippenberger in den Augen seiner Kritiker. Er liebte es, im Mittelpunkt zu stehen.

Wer sollte sich eigentlich schämen in der Geschichte von Jakob und Esau? Der Schriftsteller Thomas Mann erzählt den Geschwisterstreit aus der Sicht des Verlierers (S. 26f.).

11–21 22–37 38–50 51–62 63–77 78–94 95–109 110–120 121–138

Aufgaben
1. Schreibe eine Erzählung zu Jakob und Esau aus deiner Sicht. Verwende dazu auch die biblischen Quellen (1. Mose, Kapitel 25,19ff. und Kapitel 27).
2. *In der Gruppe:* Welche Person bzw. Gestalt der Jakobsgeschichte würdet ihr »in die Ecke« stellen?

Zu den Seiten 28 und 29

Ich wollte frei werden …

»Pubertät ist, wenn die Eltern komisch werden« – sagen manche. Die Schriftstellerin Sheila Och (1940–1999) überlegt, wer mit wem nicht mehr klarkommt und wer sich in dieser Lebensphase verändert (»Wir sind eben keine Babys mehr«, S. 29). Die gebürtige Engländerin lebte in Prag und in Deutschland.

Amos Oz erlebte seine Pubertät als richtigen »Durchhänger«. Sein Vater war sehr humorvoll, aber er zeigte sich auch besorgt um Amos und fragte sich, was aus ihm werden solle (»Ich wollte frei werden«, S. 28). Amos Oz lebt in Israel. Er wuchs im geteilten Jerusalem auf.

Aufgaben
1. Was stört den heranwachsenden Amos, was interessiert ihn?
2. Schreibt und spielt eine Auseinandersetzung zwischen Amos und seinem Vater.
3. Wohin die beiden Mädchen auf dem Bild S. 29 wohl blicken? Und wohin wollen sie sich bewegen (ohne dabei die Hand der anderen loszulassen)? Erfindet eine kleine Szene.
4. Worin unterscheidet sich eigentlich die Zeit der Pubertät von der Kindheit und vom Erwachsensein?

Zu den Seiten 30 und 31

Gruppenbild

Für viele Jugendliche wird die Gruppe der Gleichaltrigen sehr wichtig. Und das ist gut so. In der Gruppe trifft man Gleichgesinnte. Man hat Spaß miteinander, kann viel unternehmen, miteinander reden und allerhand ausprobieren. Aber nicht alles ist unproblematisch. Vielleicht sagt oder macht man der Gruppe zuliebe auch Dinge, von denen man selbst gar nicht so recht überzeugt ist. Also bin ich in einer Gruppe, aber ich bleibe doch auch ich selbst, eine unverwechselbare Person, die sich von anderen unterscheidet.

Aufgabe
1. Schreibt ein Gespräch auf zwischen den fünf, die zur Gruppe gehören, und dem sechsten, der gerne dazugehören will (im Text von Franz Kafka, S. 30). Führt das Gespräch in der Klasse vor.
2. Beschreibt, wie in eurer Gruppe oder einer euch bekannten Gruppe ein Neuer/eine Neue aufgenommen wird.

Das Geheimnis eines Schullebens

Zu den Seiten 32 und 33

Zu einer Gruppe dazugehören – das ist wichtig. Umso wichtiger ist es, wenn die Familie, die Eltern nicht mehr im Mittelpunkt stehen. Auf S. 30 hieß es noch: Die fünf leben jetzt zusammen, »es wäre ein friedliches Leben, wenn sich nicht immerfort ein sechster einmischen würde Er ist […] uns lästig.« – Nun geht es um John. Er ist einer von drei neuen Schülern, der sich für die falsche Gruppe entscheidet und dafür gequält und ausgestoßen wird. Eigentlich ist er konfessionslos. Aber die Schule verlangt, dass er zu einer Religion gehört. Die Mehrheit ist christlich, das heißt in diesem Fall: evangelisch.

Der Literatur-Nobelpreisträger John M. Coetzee (geb. 1940) erzählt uns seine eigene Geschichte. Es ist die Geschichte einer schwierigen Kindheit in einem öden Provinznest bei Kapstadt in Südafrika.

Das Bild (S. 33) erzählt vom »Nervous System«. Jean-Michel Basquiat (1960–1988) hat mit Graffitis in New York U-Bahnen und Häuserwände bemalt. Sein Bild skizziert eine ganz eigene Welt, die er mit bestimmten Signalen markiert.

Aufgaben
1. Welche Erfahrungen macht John in seiner neuen Schule?
2. Welche Regeln (»Gruppengesetze«) bekommt er zu spüren?
3. Welche Regeln gelten in eurer/einer euch bekannten Gruppe?

Ich schau dir in die Augen

Zu den Seiten 34 und 35

Der Regierende Bürgermeister von Berlin hat einmal gesagt: »Ich bin schwul. Und das ist gut so.« Er war einer von denen, die sich öffentlich dafür eingesetzt haben, dass Homosexualität (es gibt sie bei beiden Geschlechtern) heute in unserer Gesellschaft nicht mehr als etwas Schlechtes oder »Widernatürliches« angesehen wird. Das war nicht immer so, und auch heute noch sagen manche Jugendliche als Beschimpfung: »Du bist schwul.«

Auf den ersten Blick ist auch in der Bibel Homosexualität etwas Schlechtes und Verbotenes. Doch lässt sich das aus der damaligen Zeit und Kultur verstehen. Man kann ja nicht die Aussagen der Bibel von damals auf heute einfach übertragen wie die Anweisungen eines Kochbuchs. Entwicklungspsychologen weisen darauf hin, dass phasenweise für viele Jugendliche im Laufe ihrer Entwicklung das gleiche Geschlecht eine gewisse Faszination ausüben kann (Homoerotik). Das entscheidende Kriterium ist wohl in allen Beziehungen, ob Fairness, echte Zuneigung oder auch Liebe im Spiel ist. »Das war es – hick – bei mir«, erzählt in der Geschichte Julia ihrer Freundin über das erste Mal mit einem Jungen …

11–21 | 22–37 | 38–50 | 51–62 | 63–77 | 78–94 | 95–109 | 110–120 | 121–138

Aufgaben
1. Was erzählen die beiden Freundinnen in der Geschichte »Kussentfernung sozusagen« (S. 34) von sich und von anderen? Wie reden sie miteinander und über andere?
2. Beschreibe Gesichtsausdruck und Körperhaltung der beiden Jugendlichen auf dem Bild »The Great Fall« von Hernan Bas (S. 35).

Zu den Seiten 36 und 37

Liebe auf den ersten Blick

Und dann beginnen die Freundschaften zwischen Jungen und Mädchen. Das Flattern der Schmetterlinge im Bauch… Man »geht miteinander« … Andere tuscheln und schauen – neidisch oder verächtlich? – herüber. Alles ist so neu, so prickelnd … Aber auch hier geht nicht immer alles glatt: Wer kennt nicht Unsicherheit, Sehnsucht, Liebeskummer … Und natürlich die Frage: Liebt mich der / die andere denn so, wie ich bin?

Wie soll man solche Gefühle beschreiben? In der Bibel findet sich eines der ältesten und schönsten Liebesgedichte der Menschheit, das Hohe Lied der Liebe – ein Werk der biblischen Weisheitsdichtung. Es besingt die Liebe zweier Menschen bildhaft – poetisch, aber ziemlich konkret. Darüber hinaus sieht sie die Liebe als übermenschliche Macht.

Aufgaben
1. Lies die Geschichte von Jakob und Rahel (S. 36) und den Ausschnitt aus dem Hohelied (S. 37). Schreibe die Geschichte von Jakob und Rahel um, indem du den beiden die Verse aus dem Hohelied in den Mund legst.
2. Wählt ein Lied/Musikstück aus, das eurer Meinung nach gut zu dem Bild passt und das euch selbst gut gefällt.

Am Ende der 8. Klasse solltest du:

- darüber nachgedacht haben, wie die Pubertät deinen Körper, dein Fühlen, Denken und deinen Glauben verändern kann;
- dir klar gemacht haben, wie sich deine Vorstellungen von Gott, der Welt und dir selbst seit deiner Kindheit verändert haben;
- biblische Aussagen zur Widersprüchlichkeit des Menschen kennen und darüber nachgedacht haben;
- positive und problematische Seiten der »Peer-Group« (Gleichaltrigen-Gruppe) benennen können;
- biblische Geschichten zum Umgang miteinander kennen und kritisch bedacht haben;
- dir Gedanken zur Außenseiterproblematik und zur Integration von »anderen« gemacht haben.

Amos

Was versteht man unter Propheten?

Amos war ein Prophet. Propheten sind Menschen, die von Gott den Auftrag erhalten, eine bestimmte göttliche Botschaft zu verkünden. Sie sind also Boten Gottes. Diese Botschaft teilt Gott ihnen in besonderen Erlebnissen mit, entweder so, dass die Propheten Gottes Stimme hören (Auditionen), oder so, dass sie etwas sehen, was eine bestimmte Bedeutung hat (Visionen). Propheten verstehen sich als Sprachrohr Gottes. Deshalb findest du in prophetischen Texten öfter die Formulierung: »Spruch des Herrn«, oder: »so spricht der Herr«. Man nennt das die »Botenspruchformel«.

Im Alten Testament begegnen uns unterschiedliche Arten von Propheten. Es gab Hofpropheten, Tempelpropheten und freie Einzelpropheten. Die Hofpropheten arbeiteten am Hof des Königs. Sie wurden von ihm bezahlt und sollten dafür Auskunft geben, wenn es zum Beispiel darum ging zu entscheiden, ob der König in den Krieg ziehen sollte oder nicht. Nathan war ein solcher Hofprophet. Er arbeitete für den König David. Texte zu ihm findest du z. B. in 2. Samuel 7 und 11–12. Die Tempelpropheten – sie wurden auch Kultpropheten genannt – arbeiteten am Tempel. Sie hielten Fürbitte für das Volk oder einzelne Personen und überbrachten den Menschen göttlichen Zuspruch. In Jerusalem waren sie der Priesterschaft untergeordnet. In 1. Samuel 3 kannst du nachlesen, wie der junge Samuel am Heiligtum von Schilo zum Tempelpropheten ausgebildet wird. Ebenso wie die Hofpropheten gehörten die Tempelpropheten zum königlichen Beamtenapparat. Die freien Einzelpropheten waren dagegen unabhängig vom König. Sie waren nicht bei ihm angestellt. Deshalb konnten sie den König auch viel schärfer kritisieren als die Hofpropheten. Amos ist ein solcher freier Prophet.

Außerdem unterscheidet die Wissenschaft zwischen vorschriftlichen Propheten und Schriftpropheten. Nach Amos ist ein Buch des Alten Testaments benannt, das uns von der Botschaft des Amos und seiner Person erzählt. Deshalb zählt man Amos zu den »Schriftpropheten«. Weitere Schriftpropheten sind z. B. Jesaja und Jeremia. Daneben erzählt das Alte Testament von Propheten, denen kein eigenes Buch zugeschrieben wurde, z. B. Elia. Elia ist also ein vorschriftlicher Prophet. Texte zu Elia findest du z. B. in 1. Könige 17–19. Die meisten Schriftpropheten waren freie Einzelpropheten. Denn ihre Botschaft war für die späteren Generationen oft am spannendsten. Viele Menschen fühlten sich auch später durch diese prophetischen Worte angesprochen. Deshalb wollte man diese Worte festhalten und auf neue Situationen beziehen. Prophetenworte sind also nicht ursprünglich Schriftworte, sondern sie wurden mündlich vorgetragen. Die »Buchwerdung« war bei den Schriftpropheten ein langer Prozess, bei dem wohl mehrere Schreiber ihre Sicht der Dinge eintrugen und so die prophetische Botschaft erneuerten.

11–21
22–37
38–50
51–62
63–77
78–94
95–109
110–120
121–138

<table>
<tr><td colspan="6">Propheten:
Erhalten durch Visionen oder Auditionen eine göttliche Botschaft.
Erhalten von Gott den Auftrag, diese Botschaft zu verkünden.
Verstehen sich als Sprachrohr Gottes.
Benutzen oft die »Botenspruchformel« (»Spruch des Herrn«, oder: »so spricht der Herr«).</td></tr>
<tr><td colspan="2">Hofpropheten:
Arbeiten am Hof des Königs.</td><td colspan="2">Tempelpropheten:
Arbeiten am Tempel.</td><td colspan="2">Freie Einzelpropheten:
Sind unabhängig vom König, kritisieren ihn oft scharf.</td></tr>
<tr><td colspan="3">Vorschriftliche Propheten:
Nach diesen Propheten sind keine eigenen Bücher benannt. Überwiegend Hof- und Tempelpropheten.</td><td colspan="3">Schriftpropheten:
Nach diesen Propheten sind biblische Bücher benannt. Überwiegend freie Einzelpropheten.</td></tr>
</table>

Der Prophet Amos

Amos ist der älteste Schriftprophet des Alten Testaments. Er wirkte um das Jahr 760 v. Chr. Zu dieser Zeit gab es zwei Reiche: das Nordreich Israel und das Südreich Juda. Amos stammte aus dem Südreich, genauer gesagt aus Tekoa. Dort arbeitete er als Hirte und züchtete Maulbeerfeigen (7,14). Er übte also einen Beruf aus und war damit finanziell vom König unabhängig. Dann aber fühlte Amos sich vom Herrn berufen und zog in das Nordreich Israel, um dort als Prophet zu wirken. Er verstand sich als Sprachrohr Gottes.

Amos machte sich im Nordreich mit dem, was er zu sagen hatte, nicht gerade beliebt. Denn er kritisierte zum einen die Rücksichtslosigkeit der reichen Leute, die ihre armen Mitmenschen skrupellos ausnutzten, zum anderen die Scheinheiligkeit, mit der die Menschen Gottesdienste feierten, ohne dass sich diese Verehrung des Herrn in ihrem Alltag ausgewirkt hätte. Amos sah in Visionen (7,1–9; 8,1-3; 9,1–4) das Gericht Gottes auf Israel zukommen. Dieses Gericht – so die Überzeugung des Amos – würde furchtbar werden. Das Amosbuch endet dann aber mit einem Ausblick, der dem Nordreich Israel nach einer Katastrophe neues Heil in Aussicht stellt. Im Amosbuch begegnet uns also nicht (nur) der »liebe Gott«. Das Kapitel fordert uns heraus, unsere Vorstellungen von Gott und unser eigenes Handeln zu überdenken.

Propheten – schillernde Gestalten

Zu den Seiten 38 und 39

Die Frage »Was ist ein Prophet?« kann sehr unterschiedlich beantwortet werden. Wir verstehen heute unter Prophetie auch nicht mehr unbedingt das, was die alttestamentlichen Texte uns sagen. Auf den Seiten 38–39 findest du zwei Bilder und sieben Texte, die jeweils bestimmte Eigenschaften eines Propheten hervorheben.

Aufgaben
1. Was stellst du dir unter einem Propheten vor?
2. Lies dir die Definitionen auf Seite 39 durch. Was erfährst du über die Tätigkeit von Propheten? Welche Beschreibungen passen zu deiner Vorstellung von Prophetie?
3. Betrachte die beiden Bilder. Erstelle einen Steckbrief, in dem du stichwortartig notierst, welche Eigenschaften einen Propheten in dem jeweiligen Bild auszeichnen.
4. Verfasse einen Lexikonartikel zum Stichwort »Prophet«. Berücksichtige dazu die Informationen aus dem oben abgedruckten Sachtext und besorge dir Informationen aus dem Internet. Der Artikel kann unterschiedliche Unterpunkte haben, z. B.:
   Was uns die alttestamentliche Wissenschaft sagt.
   Was wir heute unter Prophetie verstehen.
   Was mir an der Prophetie besonders wichtig ist.

Die Gegenspieler

Zur Seite 40

Die freien Einzelpropheten haben im Alten Testament oft einen Gegenspieler, und zwar den König. Die israelitischen Könige glaubten, Gott besonders nahe zu stehen. Deshalb reagierten sie natürlich empfindlich darauf, wenn einzelne Männer auftraten und sie im Namen Gottes scharf kritisierten. Zur Zeit des Amos regierte im Nordreich der König Jerobeam II. Seine Herrschaft war stabil und auf den ersten Blick erfolgreich. Amos jedoch griff ihn heftig an.

Aufgabe
Verfasst zu zweit einen Zeitungsartikel über Jerobeam II., in dem ihr den König sehr positiv darstellt. Überlegt euch eine möglichst treffende Überschrift. Lest dazu den Text auf S. 40.

Soziale Ungerechtigkeit

Zu den Seiten 41–43

Unter Jerobeam II. erlebte das Nordreich eine Zeit wirtschaftlicher Blüte. Aber der Reichtum kam nur einigen aus der Bevölkerung zugute, während viele andere sehr arm waren und von den Reichen ausgebeutet wurden. Reichtum und Armut gibt es auch bei uns heute in Deutschland und anderswo auf der Welt. Amos war davon überzeugt, dass Gott das Volk Israel wegen dieser sozialen Ungerechtigkeit bestrafen würde.

11–21 22–37 38–50 51–62 63–77 78–94 95–109 110–120 121–138

Diese Strafe würde nicht nur die Reichen treffen, sondern alle. Das mag uns ungerecht erscheinen, es zeigt aber, wie wichtig es für Amos war, dass alle im Volk Israel zusammenhalten. Die Solidarität war für ihn ungeheuer wichtig. Denn – so glaubte er – wenn nicht alle zusammenhalten, gehen alle unter.

Aufgabe
Bildet Vierergruppen und lest euch die Geschichte auf S. 42 durch. Haltet in Stichpunkten fest, wie Michael in seine wirtschaftliche Notlage geraten ist.
Formuliert Gesetze, die verhindern könnten, dass Menschen wie Ephraim in solch eine Notlage geraten.
Stimmt in der Klasse über die Gesetzesvorschläge ab.

Zu den Seiten 44 und 45

Gegenwart und Zukunft

Amos ging anders vor. Er versuchte nicht, neue Gesetze einzubringen, sondern er kündigte seinem Volk das göttliche Gericht an. Hier zeigt sich, dass er sich – wie andere Propheten auch – als Sprachrohr Gottes verstand. Amos wusste: Gott war mit seinem Volk alles andere als zufrieden, er prangerte verschiedene so genannte »Freveltaten« an und stellte seinem Volk das Gericht in Aussicht. Im so genannten Völkerspruchzyklus (Amos 1,3–2,16) kritisiert Amos im Namen Gottes verschiedene Völker. Die Sprüche haben einen typischen Aufbau: Sie nennen zunächst den »Gegner« oder das Volk, gegen das sich der Spruch richtet. Dann das Verbrechen des Volkes und schließlich die Strafe für diese Verbrechen (siehe Tabelle).

Der Völkerspruchzyklus Amos 1,3–2,16

Nummer	Textstelle	Gegner	Verbrechen	Strafankündigung
1	1,3–5		Verwüstung des Landes	
2		Philister	Entvölkerung durch Verschleppung	
3				Feuer
4	1,11–12			
5		Ammon		
6	2,1–3			
7			Gegen Gottes Gesetz und gegen Gott selbst	
8				Gerichtsbilder der Ernte und des Gottesschreckens
9		eigenes Land		

Aufgaben
1. Suche in Kapitel 4 und 5 nach der »Botenspruchformel«.
2. Lies Amos 1,3–2,16. Übertrage die Tabelle von S. 152 in dein Heft und fülle sie farbig aus.
3. Auch die so genannten Visionsberichte haben einen typischen Aufbau. Lies S. 44/45 den Abschnitt »Der Herr ließ mich schauen« und entwirf eine »Schablone«, die den Aufbau verdeutlicht.

Der Tag des Herrn

Zu den Seiten 46–49

»Der Tag des Herrn« ist in der Bibel ein feststehender Begriff. Er meint den Tag am Ende der Zeiten, wenn Gott sich den Menschen in besonderer Weise zeigen wird. Wie genau dieser Tag aussehen wird, darüber finden sich in der Bibel sehr unterschiedliche Auffassungen.

Aufgaben
1. In der Erzählung »Als ich ein kleiner Junge war« ist von den »apokalyptischen Reitern« die Rede (S. 47). Der Erzähler spielt hier auf Visionen aus einem anderen Buch der Bibel an, und zwar aus der Offenbarung des Johannes. Ihr findet diese Visionen in Kapitel 6, Verse 1–8.
2. Auf der S. 48 findest du weitere Texte zum Thema »Tag des Herrn«. Welche Vorstellungen zu diesem Tag finden sich hier?
3. Was könnte das Bild auf S. 49 mit dem Thema »Tag des Herrn« zu tun haben? Wenn du keine Idee hast, schlag einmal die Offenbarung des Johannes 20,11–15 auf.
4. Entwerft zu dritt ein Plakat zum Thema »Tag des Herrn«.

Prophezeiungen erfüllen sich?

Zur Seite 50

Die Bibel erzählt nicht nur von wahren, sondern auch von falschen Propheten. Während die wahren Propheten tatsächlich Gottes Wort verkünden, behaupten die falschen Propheten dies nur, tun aber eigentlich ihre eigene Meinung kund.

Aufgaben
1. Woran konnten die Menschen in der Bibel erkennen, ob es sich bei jemandem um einen wahren oder einen falschen Propheten handelte? Lies dazu 5. Mose 18,20–22.
2. Stellt euch vor, es wäre das Jahr 720 v.Chr. Vor ungefähr 40 Jahren ist der Prophet Amos aufgetreten. Die Menschen erinnern sich noch gut an ihn. Ihr befindet euch in Samaria. Das Nordreich ist gerade von einem Fremdvolk erobert und besetzt worden. Formuliert zu dritt zwei verschiedene Flugblätter. Das eine trägt die Überschrift: »Amos – der wahre Prophet«, das andere die Überschrift: »Amos – der Lügner«.

11–21 | 22–37 | 38–50 | 51–62 | 63–77 | 78–94 | 95–109 | 110–120 | 121–138

11–21
22–37
38–50
51–62
63–77
78–94
95–109
110–120
121–138

Am Ende der 8. Klasse solltest du:

- verschiedene Aspekte von Prophetie benennen können.
- zwischen Hof-, Tempel- und freien Propheten unterscheiden können.
- wissen, was Schriftpropheten auszeichnet.
- wissen, was Amos am Volk Israel kritisiert hat.
- wissen, was Amos dem Volk angekündigt hat.
- dich mit dem Unterschied zwischen wahrer und falscher Prophetie beschäftigt haben.
- darüber nachgedacht haben, was für ein Gott uns im Buch Amos begegnet.
- darüber nachgedacht haben, was für eine Bedeutung die Botschaft des Amos in unserer Gegenwart haben könnte.

Auf Wunder warten

Mit den Wundern ist es eine eigentümliche Sache. Sie durchbrechen auf unerklärliche und überraschende Weise das Alltägliche. Wenn wir denken, es könne Wunder eigentlich gar nicht geben, dann wird der Wunsch, dass ein Wunder geschehen möge, nur umso größer. Mit Recht haben Menschen Wunder mit Gott oder Jesus Christus in Verbindung gebracht. Das können wir schon in dem Gespräch zwischen den Johannesjüngern und Jesus erkennen (siehe S. 51).

Wunder können ganz plötzlich und unerwartet passieren. Oft ist aber gerade das Warten auf ein Wunder das, was wichtig und bestimmend ist.

Für dieses Kapitel wurden drei Grundfragen des Lebens ausgewählt, auf die Jesus durch seine Wundertaten eine Antwort gegeben hat. Bis in unsere Zeit hinein schöpfen viele Menschen daraus Hoffnung, dass es Hilfe in der Not geben kann: bei Hunger, Krankheit und der Suche nach Geborgenheit.

Macht der Glaube satt?

Wenn du die Geschichte von der Brotvermehrung nach dem Johannesevangelium liest, dann kannst du in einem ersten Durchgang versuchen, die Geschichte so aufzunehmen, dass du sie nacherzählen kannst. Wichtig ist dabei, auf die einzelnen Personen in der Geschichte zu achten. Was denken sie? Und was tun sie? Wichtig sind auch die Angaben über Zeiten und Orte.

Wenn du so den Ablauf der Wundergeschichte – vielleicht am besten in einer eigenen kleinen Skizze – erfasst hast, kannst du überlegen, welche der Angaben zu Orten, Zahlen oder Abläufen eine symbolische Bedeutung haben könnten. In einer Welt, in der die meisten Menschen sich nur selten satt essen konnten, verbindet sich der Gedanke an ein reichliches Mahl mit den Vorstellungen von einer zukünftigen Zeit, in der paradiesähnliche Zustände herrschen (Reich Gottes). In der Geschichte vom Schlaraffenland (S. 53) findest du einen märchenhaften Abklatsch dieses Gedankens.

Der Gedanke, dass Jesus selber »das Brot des Lebens« ist, will dies deutlich machen. Gleichzeitig gibt er uns im Abendmahlsbrot ein Zeichen, an dem wir die Hoffnung auf Sättigung schmecken können.

Aufgaben

1. Um den Ablauf einer neutestamentlichen Wundergeschichte möglichst genau darstellen zu können, bedarf es einer Art »Drehbuch«. Um ein solches herzustellen, müssen folgende Vorüberlegungen getroffen werden: Ihr müsst zunächst überlegen, wie viele Einzelszenen zu unterscheiden sind. Dann müsst ihr

Zu den Seiten 52 und 53

Und der HERR Zebaoth wird auf diesem Berge allen Völkern ein fettes Mahl machen, ein Mahl von reinem Wein, von Fett, von Mark, von Wein, darin keine Hefe ist.
Und er wird auf diesem Berge die Hülle wegnehmen, mit der alle Völker verhüllt sind, und die Decke, mit der alle Heiden zugedeckt sind.
Er wird den Tod verschlingen auf ewig. Und Gott der HERR wird die Tränen von allen Angesichtern abwischen und wird aufheben die Schmach seines Volks in allen Landen; denn der HERR hat's gesagt.

Jesaja 25,6–8

überlegen, welche Personen in dieser »Einstellung« jeweils zu sehen sein sollen. Ihr könnt dann einzelne oder auch alle Szenen zumindest einmal als »Standbild« inszenieren. Dazu braucht man Schauspieler, aber auch einen oder zwei Regisseure, die diesem für Stellung, Mimik und Gestik Ratschläge geben.

2. Was die Geschichte vom Speisungswunder bedeuten kann, lässt sich am besten durch einen Vergleich mit der Stelle aus dem Jesajabuch auf S. 155 erkennen. Du kannst notieren, welche Einzelheiten der Jesusgeschichte der Jesajaverheißung entsprechen.

Zu den Seiten 54–57

Macht Gott gesund?

Das Bild von Duccio ist ein so genanntes Simultanbild. Das heißt, mehrere Phasen der Geschichte von der Blindenheilung sind in *eine* Darstellung zusammengezogen. Wieder ist eine zentrale Aussage Jesu, nämlich sein Wort: »Ich bin das Licht der Welt!«, mit einer Geschichte verbunden. Wieder kann man die Geschichte als Heilung lesen. Man kann sie aber auch als Beispiel verstehen, was es für Menschen bedeuten kann, »dem Licht der Welt« zu begegnen. Das Gespräch mit Eva macht deutlich, dass für heutige Hörer/innen die Heilungsgeschichte auch vor dem Hintergrund ärztlicher Hilfe bzw. Hilflosigkeit gehört wird. Die Geschichte von Lydia macht deutlich, wie brisant im Ernstfall die Alternative »Arzt oder Gottvertrauen« sein kann.

Aufgaben

1. Wie sieht Eva die Möglichkeiten von Wunderheilungen? Notiere, an welchen Stellen du mit ihr übereinstimmst und wo du anderer Meinung bist.
2. Ist das Verhalten von Lydia und ihrem Mann für dich eher ein Zeichen von Gottvertrauen oder von Leichtsinn? Stellt euch vor, Lydia wäre gestorben und Lewi würde wegen unterlassener Hilfeleistung angeklagt. Für eine Gerichtsverhandlung müsst ihr Argumente für den anklagenden Staatsanwalt und für den Verteidiger sammeln und aufschreiben. Die Klasse kann dann – nach Anhörung der Plädoyers – als Schöffengericht ein Urteil sprechen.

Zu den Seiten 58–60

Hilft Jesus in der Not?

Die Gefahr auf dem Meer ist eine reale Bedrohung. Wir können sie aber auch lesen als ein Symbol für all die Stürme des Lebens, die uns immer wieder ängstigen. Interessanterweise haben Künstler ganz unterschiedlicher Zeiten und Stile eine Bildersprache entwickelt, in der sie versucht haben, das »göttliche Licht« als Gegenpart zu der umgebenden »dunklen« bedrohlichen Welt sichtbar zu machen. Auch Irene erfährt Gottes tröstliche Anwesenheit in einem Licht (S. 59 f.).

Aufgaben

1. Erzähle die Geschichte von der Sturmstillung unter Einbeziehung des Bildes von James Ensor (S. 58). Dabei kannst du die Perspektive eines beteiligten Jüngers oder eines Außenstehenden einnehmen. Ändert sich die Geschichte durch die unterschiedlichen Standpunkte?
2. Überlege, ob das Bild von Jesus als »Licht der Welt« zu der Geschichte von Irene und ihrer Lehrerin (S. 59/60) passen könnte. Du kannst das Jesuswort vom Licht in die Mitte eines Blattes schreiben und darum herum solche Geschichten in Stichworten notieren, die nach deiner Meinung dazu passen. Wenn ihr eure Einfälle anschließend miteinander vergleicht, ist es interessant zu sehen, bei welchen Geschichten ihr übereinstimmt und wo nicht.

Reich der Himmel – Reich Gottes

Zu den Seiten 61 und 62

Dass Jesus vom Reich Gottes gesprochen und er in seinen Wundertaten gezeigt hat, dass es mit ihm seinen Anfang genommen hat, ist kaum bestreitbar. Gewiss bedeutet »Reich Gottes«, dass ein Stück von Gottes Welt hier auf der Erde greifbar und spürbar wird. Dies geschieht auch dadurch, dass wir selbst uns zumindest manchmal Reich-Gottes-gemäß verhalten. Doch wann, wo und wie das vonstatten geht, ist nicht immer einfach zu entscheiden. Die Kindheitsgeschichte von Maarten 't Hart (S. 61 f.) und das Bild von Sigmar Polke (S. 62) wollen Anstöße geben, über diese Frage – wenn auch vielleicht nicht ganz ernst – nachzudenken, und zwar gerade im Kontrast zu den Jesusworten auf S. 62.

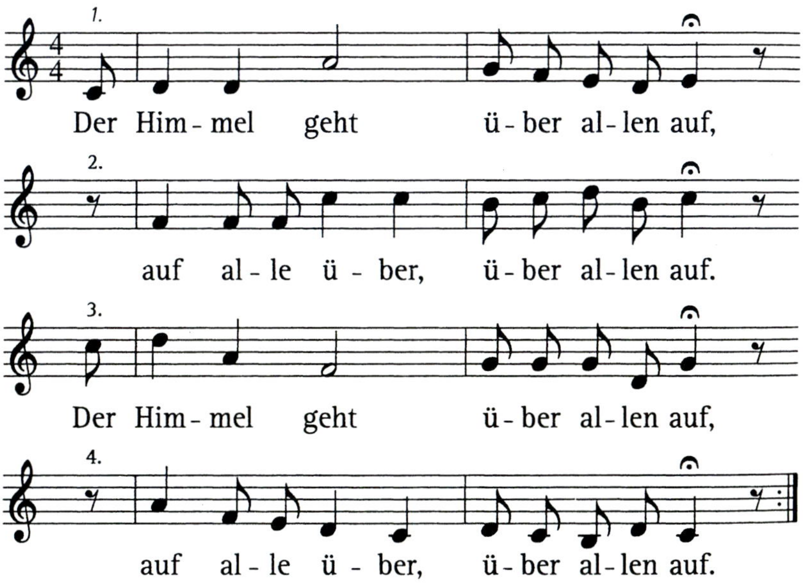

Text: Wilhelm Willms; Melodie: Peter Janssens, © Peter Janssens Musik Verlag, Telgte – Westfalen

11–21
22–37
38–50
51–62
63–77
78–94
95–109
110–120
121–138

11–21 22–37 38–50 51–62 63–77 78–94 95–109 110–120 121–138

Aufgabe

Jesu Reich-Gottes-Botschaft stellt uns die Frage, wo und wie dieses Reich heute, hier und jetzt greifbar werden kann. Es wird dabei Vorstellungen geben, die wir alle teilen, und solche, wo wir nicht ganz sicher sind, ob wir sie für wünschenswert halten. Ihr könnt in einer Vierergruppe ein großes Blatt nehmen und in die Mitte schreiben: »Das Reich Gottes bedeutet für mich …« Jeder von euch notiert in einer Ecke seinen Einfall. Danach dreht ihr das Blatt und könnt dann die Aussagen kommentieren oder neue Einfälle formulieren. Nach einigen Runden könnt ihr dann festhalten, in welchen Punkten ihr übereinstimmt und wo nicht. Diese Resultate können dann in die Klasse eingebracht und nach Diskussion als ein Gesamtergebnis festgehalten werden. Ihr könnt dazu die Anregungen der Seiten 61 und 62 mit heranziehen oder auch das Lied »Der Himmel geht über allen auf«.

Am Ende der 8. Klasse solltest du:

- drei Wundergeschichten erzählen können. Dabei solltest du zeigen können, welche Merkmale für diese Geschichten typisch sind, welche Personen dort auftreten und wie sie sich verhalten. Du solltest dies in eine szenische Form als Drehbuch oder als Standbild übersetzen können.
- die künstlerischen Darstellungen dieser Geschichten mit dem Text vergleichen und Besonderheiten, Abweichungen Hervorhebungen wahrnehmen und erklären können.
- zeigen können, in welcher Weise Jesu Wunder die Anwesenheit Gottes in der Welt zeigen wollen. Dazu solltest du im Hinblick auf einen konkreten Fall Argumente pro und contra nennen können.
- zeigen können, dass Jesu Reden von Brot und Licht auch eine symbolische Bedeutung haben. Dazu solltest du jeweils mindestens eine Beispielgeschichte erzählen können.
- zeigen können, warum Menschen die Wundergeschichten Jesu in bedrohlichen Situationen als Hoffnungeschichten für sich verstehen können. Dazu solltest du ein Beispiel aus deiner Umgebung, aus Literatur oder Film anführen.

Zwischen Jerusalem und Rom

Juden, Christen und Heiden im Römischen Reich

Zum gesamten Kapitel: S. 63–77

In diesem Kapitel kannst du verschiedene Schwerpunkte setzen. Du kannst:

- recherchieren, wie Juden und Christen im Römischen Reich lebten und wie die Kirche entstand (S. 63–77)
- dich mit Lebensgeschichten von Menschen beschäftigen, die wegen ihrer Überzeugung freiwillig in den Tod gingen (S. 64/65 und 72–75)
- den Lebensweg eines Menschen begleiten, der sich sehr für die Freiheit und Gleichheit der Menschen eingesetzt hat, nämlich Paulus (S. 65–77)
- ein und dieselbe Geschichte auf zwei verschiedene Weisen lesen und dabei etwas über den kritischen Umgang mit biblischen und anderen Geschichten lernen (S. 66/67)
- nachdenken, wie es zum Papsttum kam und wie die Evangelischen das sehen (S. 68/69)
- dich mit der Frage beschäftigen, warum im Abendmahl keine Unterschiede gemacht werden dürfen (S. 70/71)

Glaubensrichtungen

Zur Seite 63

Das Römische Reich umfasste viele Völker mit unterschiedlichen Kulturen und Religionen. Juden, Christen und heidnische Kulte wurden großzügig toleriert, wenn sie sich nur dem Kaiserkult unterordneten.

Öllampen, wie du sie auf der Seite 63 siehst, waren im ganzen Römischen Reich verbreitet, in Nordafrika ebenso wie am Rhein oder in Britannien. Ihr »Spiegel« – so nennt man die Mitte – trug oft ein typisches Symbol, zum Beispiel einen Schwertkämpfer, eine Menora (= einen siebenarmigen Leuchter) oder ein Kreuzes-Symbol.

Die Karte auf S. 160 zeigt dir die Ausdehnung des Römischen Reiches in den ersten Jahrhunderten nach Christus sowie zahlreiche jüdische und christliche Gemeinden.

Aufgaben

1. Informiere dich über das Römische Reich, über Ausdehnung, Sprachen, Straßen, Religionen, Ausgrabungen und Ausstellungen in deiner Umgebung (Kooperation oder Projekt mit dem Fach Geschichte).
2. Ihr könnt Öllampen selber basteln aus Ton mit einem inneren Hohlraum für das Öl. Den Ton musst du brennen und die Lampe anschließend mit Lampenöl und Kerzen-Docht versehen.
3. Informiere dich über die Symbole »Menora« und das »X P« (Siehe dazu das WuK-Kapitel »Judentum«, S. 188 und S. 76: »Kaiser Konstantin – das Ende der Christenverfolgungen«).

11–21
22–37
38–50
51–62
63–77
78–94
95–109
110–120
121–138

Die Ausbreitung jüdischer und christlicher Gemeinden im Römischen Reich vom 1.–4. Jh. n. Chr. Die Karte zeigt das Römische Reich in seiner Ausdehnung zur Zeit des Kaisers Augustus um 14 n. Chr.

Zu den Seiten 64–65

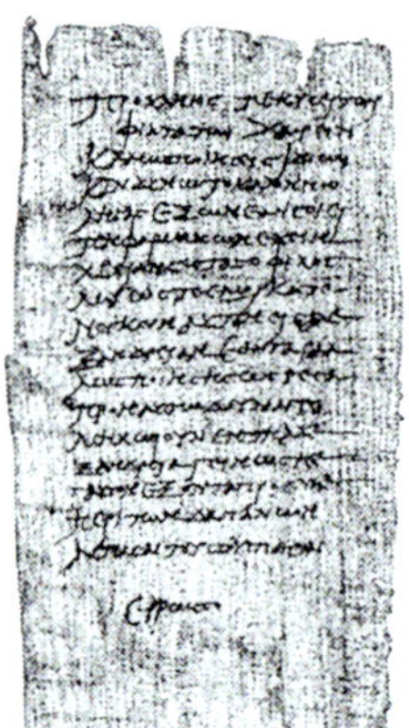

Jude sein und Christ werden

Was sagen Stephanus und Paulus über ihren jüdischen Glauben und über Jesus? Damals gab es viele neue religiöse Richtungen, die manchmal lebensbedrohliche Konflikte auslösten. Du kannst ihre Aussagen und ihre Probleme in die Form eines Briefes bringen, der folgendermaßen beginnen könnte:

»Jerusalem, den 25. Nisan. Liebe Mutter, inzwischen wohne ich in der Heiligen Stadt. Da wird es Zeit, Dir zu schreiben. Hier ist was los! Gestern mussten wir uns mit dem Fall eines gewissen Stephanus beschäftigen. Davon muss ich euch berichten: … Im Auftrag des Hohen Rats soll ich bald nach Damaskus. Ich soll Leute wie Stephanus aufspüren. Was soll ich tun? …«

Aufgaben
1. Schreibe einen Brief, wie ihn Saul geschrieben haben könnte. Ziehe dazu auch die »Bibelwerkstatt«, S. 205 ff. zu Rate.
2. Juden und Christen lebten und feierten ursprünglich zusammen, dann trennten sich ihre Wege. Was verband sie und was trennte sie schließlich? Sammle Aussagen in den Texten. Siehe dazu auch S. 68–69 und das Kapitel »Judentum«, S. 110 ff.

Die Wende

Zu den Seiten 66 und 67

Texte und Bilder transportieren Fakten. Aber sie deuten das Geschehen auch. Wie und weshalb geschieht das? Da sind zum einen die Absichten des ersten »Kirchenhistorikers« Lukas. Er beschreibt die Anfänge der Kirche für Christen, die selber noch immer mit Anfeindungen und Verfolgung rechnen müssen. Und da ist zum anderen Paulus, der wenig über sich, dafür aber viel von Christus redet. Er kämpft um seine offene Haltung als Apostel der Völker, weil er überzeugt ist, dass das Evangelium allen Menschen gilt. Und da sind noch Künstler, die eine Geschichte ins Bild setzen und damit weitere Deutungen hinzufügen.

Aufgabe
1. Warum erzählt die Bibel die Geschichte, wie Paulus zum »Apostel der Völker« wurde, zwei Mal auf ganz verschiedene Weise? Lies zunächst in deiner Bibel Galater 1 und Apostelgeschichte 9 und skizziere jeden Text mit einer Umrisszeichnung und einer wichtigen Aussage aus den Bibeltexten.
2. Vergleiche die beiden Texte miteinander. Dabei werden dir bestimmte Unterschiede auffallen, die auch in den Bildern zum Ausdruck kommen. Welche Anliegen sind den beiden Erzählern wichtig? Was bedeutet eigentlich »Bekehrung« bzw. »Berufung«? Achte beim Vergleich auf Inhalte und Orte sowie auf das äußere und innere Geschehen.
3. Welche Texte stellen die Bilder dar und welche Deutung geben sie dem Geschehen?

Zwischen Petrus und Paulus

Zu den Seiten 68 und 69

Aus dem Galaterbrief erfahren wir auch, was nach der Berufung des Paulus geschah (siehe S. 68). Über die Frage, wie genau die Tora (zum Beispiel die Speise- und Reinheitsvorschriften) in den Gemeinden eingehalten werden soll, gab es Streit. Die Meinungsverschiedenheiten wurden schließlich auf dem Apostelkonvent in Jerusalem besprochen und beigelegt. Petrus, Johannes und Jakobus, die Jerusalemer Autoritäten, erkannten die gesetzesfreie Heidenmission des Paulus an. Man vereinbarte eine Teilung der Missionsaufgabe: Barnabas und Paulus gingen zu den Heiden, die »Jerusalemer« zu den Juden. Aber Paulus war mit dieser Teilung nicht zufrieden.

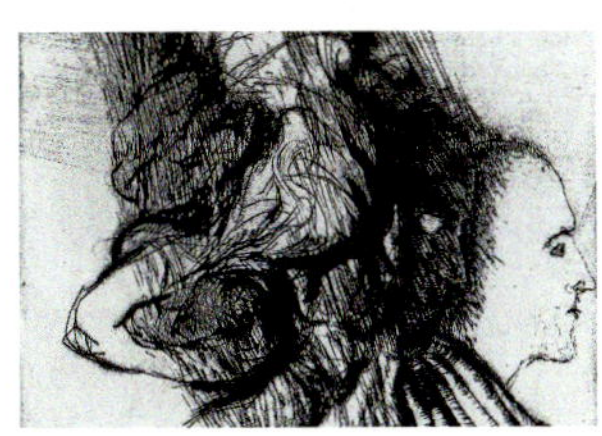
Thomas Zacharias, Berufung des Paulus

Zur Seite 69 Petrus

Petrus und Paulus als Märtyrer. Über den Aposteln ist die Märtyrerkrone abgebildet. Petrus erscheint auf Bildern oft mit dem Schlüssel des Petrusamtes. Paulus wird mit Buch und Schwert dargestellt. Typisch ist der fast kahle Kopf, das längliche Gesicht und der lange Bart.
Goldglas, Rom, 4. Jh., Vatikanische Bibliothek.

Das Wandmosaik aus dem 4. Jahrhundert zeigt, dass Petrus und Paulus schon früh als die wichtigsten Apostel galten – Petrus als die kirchliche, Paulus als die theologische Autorität. Bischof Cyprian gilt als wichtiger theologischer Begründer des Papsttums. Diese Sicht war aber auf den Westen des Römischen Reiches beschränkt und von Anfang an umstritten. Die Gemeinden im östlichen Teil des Römischen Reiches hatten ihr geistliches Zentrum in Konstantinopel, wo später die orthodoxe Kirche entstand (11. Jahrhundert). Bereits im 12. Jahrhundert geriet Petrus Waldus aus Lyon mit dem Papst in Konflikt, weil er die Bibel ins Französische übersetzen ließ und die freie Predigt von Frauen und Männern forderte. Diese vorreformatorischen Strömungen bereiteten die großen Reformationen von Luther, Calvin und Zwingli im 16. Jahrhundert vor (siehe das Kapitel »Reformation«, S. 78–94).

Aufgaben

1. Erstellt in Partnerarbeit ein Portrait von Petrus und Paulus. Sucht in Lexika und Internet, was man über sie weiß (Lebensdaten). Lest auch die angegebenen Bibeltexte und stellt euch die beiden Portraits gegenseitig vor. *Petrus:* Berufung als Jünger, Petrusbekenntnis, Verrat, Erscheinung an Ostern. *Paulus:* Berufung/Bekehrung, sein Amt als Apostel, sein Verständnis der Tora und des Evangeliums von Jesus, seine Haltung zum Abendmahl, seine Missionsarbeit, sein Tod, seine Briefe und seine Bedeutung für das Christentum.
2. In welchem Konflikt stand Paulus bei dem Apostelkonvent? Schreibe dazu einen Text über die Entwicklung seines Glaubens. Vergleiche dazu seine Positionen auf S. 64 und 68 mit den Erläuterungen auf diesen Seiten.
3. Warum war Paulus gegen ein Nebeneinander von juden- und heidenchristlichen Gemeinden?
4. Was hat Luther gegen das Papsttum einzuwenden?
5. *Fächerverbindend mit dem katholischen Religionsunterricht und / oder Ethik:* Wie wird das Amt des Papstes in der evangelischen und in der katholischen Kirche heute gesehen?

Zu den Seiten 70 und 71 Das Abendmahl

Wie ging es in einer paulinischen Gemeinde zu? Auffällig war, dass man sich nicht mehr in den Synagogen traf. Zu sehr unterschieden sich Juden und (Heiden-)Christen in ihren Auffassungen. Die ersten Christen trafen sich in Wohnungen und Privathäusern. Ursprünglich gehörte zur Zusammenkunft (meist gegen Abend) eine richtige Mahlzeit (*Agape*), der sich die Abendmahlsfeier anschloss. Die Erzählung S. 70 f. spiegelt diese Praxis.

Die 1921 entdeckte und ausgegrabene Hauskirche von Dura Europos am oberen Euphrat vermittelt einen anschaulichen Eindruck vom Mittelpunkt einer christlichen Kirche Anfang des 3. Jahrhunderts. Aus zwei kleinen Räumen machte man einen einen großen Versammlungsraum mit breiter Tür zum Innenhof. Daneben wurde in dem Haus noch ein Taufraum mit einem Steintrog, dem Taufbecken, eingerichtet. (Siehe auch SpurenLesen 1, S. 150 f.)

Brotstempel für das Abendmahlsbrot (→ S. 63)

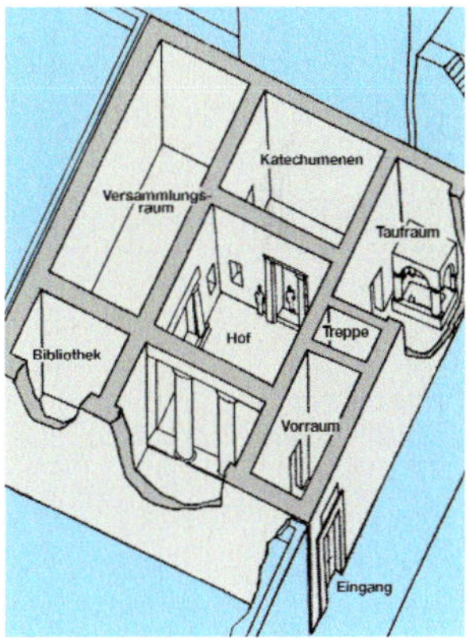

Grundriss der Hauskirche von Dura Europos, ca. 232 n. Chr.

Aufgaben

1. Lerne die »Einsetzungsworte« aus 1. Korinther 11,23 ff. auswendig.
2. Was führte zu dem Streit in Korinth? Skizziere die unterschiedlichen Positionen und begründe sie.
3. Warum hatten die Mächtigen und Reichen in der Gemeinde keine besonderen Vorrechte mehr? Lies dazu auch 1. Korinther 1,26–31; Galater 3,26–28.
4. Warum übte diese Gemeinschaft eine große Anziehungskraft aus?
5. Welche Argumente verwendet Paulus in 1. Korinther 12? Auf welche Gruppen würdest du sein »Körpersystem« übertragen? Mit welchen Konsequenzen?
6. Welche Aufgaben und Berufe hatten Frauen in den Gemeinden, zum Beispiel Junia, Prisca, Phöbe und Nympha? Lies dazu Römer 16,1 ff. und Apg 16,14 f.

Christen werden verfolgt

Zu den Seiten 72–75

Paulus hat auf seinen Reisen ca. 20 000 km auf der Landstraße zurückgelegt. Am Tag schaffte man ungefähr 30 km. Viele Menschen waren unterwegs, vor allem Händler und Soldaten (Rom hatte allein eine halbe Million Legionäre unter Waffen). Wegelagerer und Piraten machten das Reisen unsicher. Schiffsreisen waren besonders gefährlich. Mit wenig Geld unterwegs, fuhr Paulus auf billigen, alten Schiffen, auf kleineren Frachtseglern mit einem, höchstens zwei Masten und plumper Besegelung. Die heidnischen Matrosen konnten im Sturm auf den Gedanken kommen: »Poseidon, der Gott des Meeres, zürnt uns, weil wir Männer an Bord haben, die nicht an ihn glauben. Vielleicht beruhigt sich das Meer, wenn wir diese Männer über Bord werfen!« (Vgl. Apostelgeschichte 27 und 28.)

Nach dem Apostelkonvent (siehe S. 161) hat Paulus auf Reisen in Kleinasien das Evangelium verkündet. Auf seiner zweiten Reise ging er von Kleinasien hinüber nach Griechenland und gründete dort Gemeinden in Philippi, Thessalonich und Korinth. Auch in Athen soll er durch seine Predigt auf dem Areopag (dem Gerichtsplatz der Stadt) Aufsehen erregt haben (Apg 17,22–34). Eine Gemeindegründung ist ihm hier allerdings nicht gelungen. Nur wenige schlossen sich ihm an. Die dritte Missionsreise führte Paulus zur damals sehr berühmten kleinasiatischen Stadt Ephesus. Hier blieb er ungefähr zweieinhalb Jahre. Nach einem Zwischenaufenthalt in Makedonien ging er noch einmal nach Je-

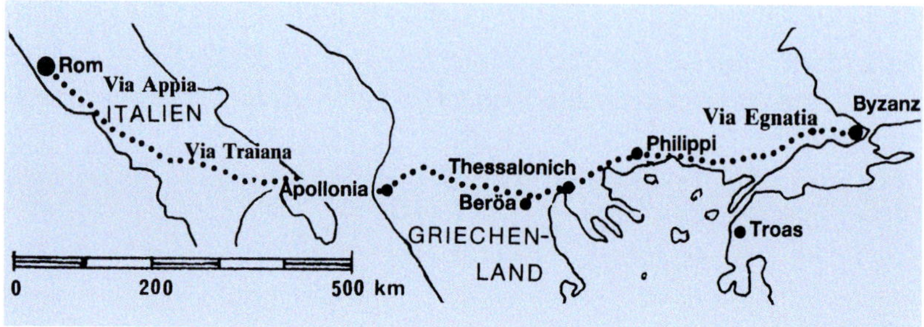

Die Via Egnatia bei Philippi, Gesamtlänge 535 Meilen. Die Fortsetzung bildete auf der anderen Seite der Adria die Via Appia von Brindisi bis Rom. Von Meilensteinen, die Namen römischer Kaiser tragen, wissen wir, dass die Straße bis ins 4. Jahrhundert gepflegt wurde.

rusalem, um die Kollekte von seinen Reisen für die Armen der Urgemeinde zu überbringen. Noch immer gab es in Jerusalem erhebliche Vorbehalte gegen die Predigt des Paulus. Er wurde nicht gerade mit offenen Armen empfangen. Einige Juden beschuldigten ihn, er habe einen seiner nichtjüdischen Begleiter mit in den Tempel gebracht. Sie zeigten ihn als Gesetzesbrecher an, und die römische Besatzungsmacht nahm ihn fest: Da Paulus sich an das Gericht des Kaisers in Rom wandte, wurde er dorthin gebracht. Er lebte in der Stadt zwei Jahre in leichterer Haft, während der es ihm sogar möglich war zu predigen. Wahrscheinlich schon im Jahre 60 starb Paulus unter Nero als Zeuge für seinen Glauben den Märtyrertod.

1. Informiere dich über die Paulusreisen anhand der Karten in der Bibel. Vergleiche auch die Karte auf S. 160.
2. Trage die 3. Missionsreise und die Reise nach Rom in eine Umrisszeichnung ein. Lies dazu Apostelgeschichte 27 und 28.
3. Trage in die Karte an den entsprechenden Orten die Namen wichtiger Paulusbriefe ein.
4. Was geschah in späteren Jahren mit den christlichen Gemeinden in Ephesus und in »Galatien«?
5. Informiere dich über die Briefe des Paulus (Bibelwerkstatt, S. 215–218) und lerne ihre Namen in der Reihenfolge der Lutherbibel.

In den Katakomben finden sich Bilder, die verfolgten Christen Mut und Hoffnung verliehen. Oft genug erlebten sie, dass Mitchristen »ad bestias«, also zum Kampf mit wilden Tieren, verurteilt wurden.

Zwei Lebensbilder verdeutlichen beispielhaft das »Martyrium« von Christen im Römischen Reich – das Martyrium von »Rabbi Schaul« um das Jahr 60 (siehe S. 72) in Rom und von Felicitas und Perpetua um 203 in Karthago (siehe S. 74–75).

Paulus

Zu Lebzeiten des Paulus wurden die Christen teilweise noch als eine jüdische Sekte angesehen. Sie lebten sozusagen im Schatten des Judentums, das zu den tolerierten Religionen gehörte. Beim Brand von Rom im Jahre 64 erscheinen die Christen bereits als eigene Gruppe. Kaiser Nero macht sie zu Sündenböcken und erklärt sie für schuldig, den Brand gelegt zu haben. Der Geschichtsschreiber Tacitus machte ihnen den Vorwurf der Menschenverachtung, ja »des Hasses gegen das Menschengeschlecht«: Sie sondern sich ab, treiben im Untergrund verbotene Dinge, missachten Recht, Ordnung und Tradition. Die meisten Verfolgungen waren örtlich und zeitlich begrenzt. Da gab es Ausschreitungen des Pöbels, wie zum Beispiel der Aufruhr der Silberschmiede in Ephesus (Apostelgeschichte 19,21–40), Übergriffe eines Despoten wie Kaiser Nero, aber es gab auch Zeiten der Ruhe. Das Dokument des Kaisers Trajan aus dem Jahr 112/113 enthält eine Regelung in der Provinz Bithynien (Kleinasien):

»Bei der Untersuchung gegen die als Christen bezeichneten Personen hast Du, lieber Plinius, den richtigen Weg eingeschlagen; denn es lässt sich nichts im Allgemeinen, was gleichsam als bestimmte Regel aufgestellt werden könnte, verfügen. Man soll sie nicht aufspüren, wenn sie aber angezeigt und überführt werden, sind sie zu bestrafen, doch so, dass, wenn einer leugnet, Christ zu sein, und es durch die Tat beweist, nämlich durch Anflehung unserer Götter, ihm wegen seiner Reue Verzeihung zuteil werden soll, mag er auch früher noch so verdächtig gewesen sein. Anonyme Anzeigen aber dürfen bei keiner Anschuldigung berücksichtigt werden, denn das gibt ein sehr schlechtes Beispiel und ist mit dem Geist unseres Jahrhunderts nicht vereinbar.«

Felicitas und Perpetua

Perpetua stammte aus einer vornehmen Familie, Felicitas aus dem Sklavenstand. Beide waren jung verheiratet. Perpetua hatte schon ein Kind, Felicitas sollte in der Gefangenschaft ein Kind bekommen. Die Ehemänner der beiden jungen Frauen werden nicht erwähnt. Möglicherweise waren sie »Heiden«, die sich wegen des christlichen Bekenntnisses ihrer Frauen, das als Hochverrat galt, scheiden ließen. Die beiden Frauen wurden zur Feier des kaiserlichen Geburtstags den wilden Tieren im Amphitheater der nordafrikanischen Stadt Karthago vorgeworfen. Dies alles weiß man aus den so genannten Märtyrerakten von Perpetua und Felicitas. Diese wurden möglicherweise vom Kirchenvater Tertullian (160–222) verfasst, der in Karthago lebte. Ihm liegen authentische Berichte der beiden Märtyrerinnen sowie Augenzeugenberichte zugrunde. Die Aussagen der Perpetua sind der einzige erhaltene Tagebuchbericht einer Frau aus der Antike. Tertullian schrieb: *Semen est sanguis Christianorum* = das Blut der Christen ist der Same [der Kirche].

Rom war gegenüber anderen Religionen tolerant, sofern sie den eigenen Staatskult nicht in Frage stellten. Ein auf einem Papyrusblatt erhaltener Freibrief aus dieser Zeit, geschrieben unter Kaiser Decius (241–251), zeigt, wie man dem allgemeinen Bekenntniszwang entgehen konnte (siehe Randspalte):

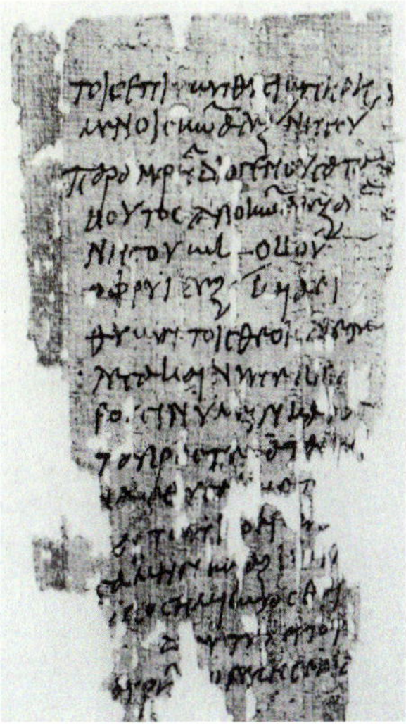

»An die Opferkommission des Dorfes Alexanderinsel. Von Aurelius Diogenes Satabus, 72 Jahre alt, mit Narbe über der rechten Augenbraue.
Ich habe immer den Göttern geopfert und auch jetzt in eurer Gegenwart wie vorgeschrieben geopfert und gespendet, das Opferfleisch gekostet, und ich bitte euch, mir das zu bescheinigen.
Ich, Aurelius Syrus, habe ihn mit seinen Söhnen opfern sehen. Im ersten Jahr des Kaisers Decius, des Glücklichen und Erhabenen, am 26. Juni.«
Papyrussammlung der Staatlichen Museen in Berlin

11–21 22–37 38–50 51–62 63–77 78–94 95–109 110–120 121–138

Zu den Seiten 76–77

Das »Labarum« ist das Hauptheereszeichen, das Kaiser Konstantin der Legende nach am Vorabend der Schlacht auf der Milvischen Brücke (312) hatte anfertigen lassen. Auf ihr befand sich das Christusmonogramm »XP«, das ihm im Traum erschienen war. Dieses Siegeszeichen hat Konstantin auf allen seinen Kriegszügen mitgenommen.

Aufgaben
1. Warum wurden Paulus, Felicitas und Perpetua getötet?
2. Was denkt ihr über ihre persönliche Einstellung. Denkt darüber nach, in welchen Konflikten diese Personen standen. Hätten sie ihren Tod vermeiden können oder sollen?
3. Welche allgemeinen Gründe für Christenverfolgungen kannst du in den Texten erkennen?
4. Welche Staaten verfolgen heute Menschen mit anderen Glaubenseinstellungen?

Die Konstantinische Wende

Im Jahr 311 erließ Kaiser Galerius im Osten des Römischen Reiches ein Edikt zugunsten der Christen. Kaiser Konstantin leitete dann mit dem Mailänder Edikt im Jahr 313 eine weltgeschichtliche Wende ein (»Konstantinische Wende«). Im Jahr 325 einigte man sich in Nizäa unter seiner Leitung auf das Nizäische Glaubensbekenntnis.

An Kaiser Konstantin schieden sich schon bald die Geister – bis heute. Bereits der Kirchenvater Hieronymus (347–419/420) klagte: »Seitdem die Kirche unter christliche Kaiser gekommen ist, wuchs sie zwar an Macht und Reichtum, hat aber an sittlicher Kraft abgenommen.«

1. Welches Christussymbol hat Konstantin gesehen?
2. Was besagt das Mailänder Edikt?
3. Was versteht man unter dem Nizäischen Glaubensbekenntnis?
4. Denkt darüber nach, was »die Konstantinische Wende« für die Kirche und für Europa bedeutet hat und heute noch bedeutet.

Was du in diesem Kapitel lernen kannst

- Du weißt, wie Juden und Christen im Römischen Reich lebten und wie die Kirche entstand.
- Du kannst den Lebensweg des Paulus mit einigen seiner Entscheidungen und Konflikte beschreiben.
- Du kannst die Namen der neutestamentlichen Briefe in der Reihenfolge der Lutherbibel aufzählen.
- Du weißt, wo Ephesus, Galatien, Korinth und Rom liegen, und kannst Texte aus der Apostelgeschichte und den Korintherbriefen nachschlagen.
- Du kennst die Einsetzungsworte zum Abendmahl aus 1. Korinther 11 auswendig.
- Du kannst den Zusammenhang, in dem die Einsetzungworte stehen, beschreiben.
- Du kennst die Argumente des Paulus für ein Gemeinschaftsmodell von gleichen und freien Menschen entsprechend seinem Abendmahlsverständnis nach 1. Korinther 12.

- Am Beispiel der Bekehrung bzw. Berufung des Paulus kannst du aufzeigen, wie man ein und dieselbe Geschichte auf zwei verschiedene Weisen lesen und dabei etwas über den kritischen Umgang mit biblischen und anderen Geschichten lernen kann.
- Du kannst Überlegungen und Gewissenskonflikte von Menschen beschreiben, die ihrem Gewissen folgten und die wegen ihres Glaubens freiwillig in den Tod gingen (zum Beispiel anhand der Geschichte von der Berufung des Paulus und der Märtyrerakten).
- Du kannst wichtige Ereignisse aus dem Leben des Petrus aufzählen.
- Du kannst erklären, wie es zum Papsttum kam.
- Du kennt Argumente, die das Papsttum in Frage stellen (Evangelische Position).

Reformation

Zu den Seiten 78 und 79

Luther auf dem Reichstag in Worms

Mut gegen Macht

An Martin Luther können wir etwas Wichtiges über die Beschäftigung mit der (Kirchen-)Geschichte sehen: Manches an der Vergangenheit ist klar und eindeutig. Luther etwa verweigerte am 17./18. April 1521 auf dem Reichstag in Worms vor dem Kaiser den Widerruf seiner Schriften und seiner Ansichten. Das können wir ganz einfach zur Kenntnis nehmen und uns einprägen (auswendig lernen). Etwas ganz anderes aber ist die Frage, wie wir dies bewerten und beurteilen. Einige unterschiedliche Bewertungen findest du auf S. 79 abgedruckt. Auch das Bild auf S. 78 ist eine (künstlerische) Deutung dieses Ereignisses. – Den *Sinn* eines Geschehens können wir jedenfalls nicht einfach zur Kennntis nehmen wie die reinen *Fakten*. An diesem Beispiel sehen wir, dass es – je nach dem jeweiligen Standpunkt des Beurteilenden – unterschiedliche Deutungen geben kann.

Aufgaben

1. Schildert (in Gruppen) ein Geschehen, das ihr erlebt habt, und vergleicht die verschiedenen Schilderungen miteinander.
2. Vergleicht die unterschiedlichen Beurteilungen zu Luthers Auftreten in Worms miteinander und fragt nach den Ursachen für die Unterschiede.
3. Stellt in einem Standbild eine Situation »Mut gegen Mächtige[n]« dar.

Zu den Seiten 80 und 81

Luther als Mönch

Angst vor der Hölle

Martin Luther wusste, was Angst ist und wie sie einem zusetzen kann – schon als Kind. Die Angst vor Gott und dem Jüngsten Gericht, vor Hölle und Teufel, vor Vater und Mutter (siehe dazu auch die Seiten 84/85). Und als Luther als junger Mann ein Mönch wurde und ins Kloster ging, quälte ihn – obwohl er »untadelig« lebte – sein Gewissen. Er hatte eine höllische Angst vor Gott, so dass er manchmal richtig depressiv wurde. Er stellte sich Gott vor wie einen zwar gerechten, aber sehr, sehr strengen Richter, der die Menschen auf Herz und Nieren prüft …

Aufgaben

1. Schreibt eigene Texte und vergleicht diese dann miteinander: »Gott ist wie …«.
2. Stellt die Ängste Luthers als Kind und als Erwachsener zusammen (S. 85 heranziehen) und vergleicht sie mit den Schauerdarstellungen im Text von Umberto Eco und im Bild von Hieronymus Bosch.

3. Sucht weitere Bilder mit Angst- und Schauer-Motiven im Buch zusammen und überlegt, was man gegen Alpträume unternehmen kann.

Die Befreiung

Zu den Seiten 82 und 83

Martin Luther war schon lange Zeit Mönch und mehrere Jahre Professor der Theologie in Wittenberg, ehe sich sein Glaube und sein Leben grundlegend veränderten. Kurz vor seinem Tod hat er diese Veränderung in einer Art Autobiographie als eine »Entdeckung« beschrieben, die ihn innerlich frei und zu einem ganz neuen Menschen machte (weil dies beim Studium der Bibel im Turmzimmer des Augustinerklosters geschah, wird es als »Turmerlebnis« bezeichnet). Immer wieder hat Luther von dieser Kehrtwendung seines Denkens und Glaubens erzählt, etwa auch in dem Kirchenlied »Nun freut euch, lieben Christeng'mein« = Gemeinde der Christen).

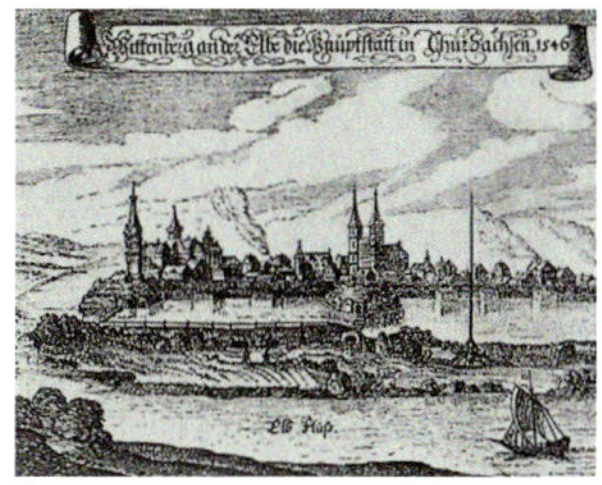

Wittenberg im Jahr 1546

Aufgaben

1. Beschreibt die Erfahrung eines Menschen, der plötzlich von einer großen Last, Angst oder etwas Ähnlichem befreit wurde.
2. Beschreibt anhand des Berichtes und des Liedes von Martin Luther sein »Befreiungserlebnis« und stellt einen Vergleich an mit dem bei Aufgabe 1 dargestellten Fall.
3. Vergleicht Luthers Gottesbild vor und nach seinem »Befreiungserlebnis« (»Turmerlebnis«) miteinander und dann mit euren eigenen Gottesvorstellungen (bei Aufgabe 1 zu S. 80/81).
4. Gestaltet zum Bild von Hieronymus Bosch in einem Bild/einer Grafik, wie die Welt auf der anderen, hellen Seite des Tunnels aussehen könnte.
5. Besucht einen Gottesdienst und protokolliert, wie oft in der Predigt a) etwas Bedrohliches bzw. Gesetzliches gesagt und b) von Freiheit gesprochen wird.

Ich bin frei

Zu den Seiten 84 und 85

Dass Gott Gutes für die Menschen will, sie von Last, Schuld und Angst befreit, vor allem auch von der Sorge, es Gott recht machen zu müssen, um gut vor ihm dazustehen, war die große Entdeckung Martin Luthers (so genannte Rechtfertigungslehre). Und dass diese neue Freiheit sich auch im ganz normalen Leben im Umgang der Menschen miteinander zeigen muss und soll (etwa der Eltern mit den Kindern oder der Lehrer mit den Schülern), ist für ihn auch selbstverständlich. Frei sein heißt dabei nicht einfach: machen, was man will. Denn natürlich wird ein Christ Gutes tun. Er tut dies aber aus Dankbarkeit über Gottes Liebe, Güte und Gnade, nicht um vor Gott gut dazustehen. Dabei bleibt es.

(Latein-)Schule

11–21
22–37
38–50
51–62
63–77
78–94
95–109
110–120
121–138

Aufgaben

1. Erstellt in Gruppen eine Collage, ein Mindmap, ein Bild … zum Thema: »Ich bin frei!«
2. Gestaltet die Doppelaussage Luthers zur Freiheit und »Dienstbarkeit« des Menschen auf einem Blatt bzw. Plakat kalligraphisch (d. h. in schön gestalteter Schrift). Tragt darunter stichwortartig zusammen, wo Luther den Menschen frei sehen wollte und vergleicht dies mit euren eigenen Aussagen.
3. Sucht im ganzen Buch Bilder zusammen, die ein Gefühl von Befreiung, Freiheit und Befriedigung vermitteln (ausgehend vom Bild von Hieronymus Bosch auf S. 83).
4. Gestaltet selbst in einem Bild/einer Grafik, wie a) ein Gottesdienst und eine Schulstunde heute aussehen und b) wie sie unter dem Motto »Wir sind frei« aussehen sollten und könnten.
5. Besucht eine Kirche oder ein Museum. Tragt (in Gruppen) zu einzelnen Bildern zusammen, welche Ängste und furchtbaren Dinge bzw. welche befreienden Elemente dargestellt werden.

Zu den Seiten 86 und 87

Streit um die Freiheit

Auch unter den einfachen Menschen, den Bauern (etwa 90 Prozent der Bevölkerung in Deutschland arbeitete damals in der Landwirtschaft), verbreiteten sich Luthers Gedanken über die »Freiheit eines Christenmenschen« in Windeseile. Es zeigte sich aber, dass Luther und die Bauern unter »Freiheit« etwas Unterschiedliches verstanden. Die Bauern wollten sich von einem Übermaß an Unterdrückung und Ausbeutung befreien, obwohl sie keine vollständige Freiheit und Unabhängigkeit forderten (von heute aus gesehen erscheinen die Forderungen wohl sehr berechtigt!). Sehr schlimm ist, dass Luther – in seiner Angst, selbst als Aufrührer oder Revolutionär angesehen zu werden oder auch einfach aus Überzeugung – in einer maßlosen Hetze die »Obrigkeit« dazu aufrief, die aufständischen Bauern niederzumetzeln …

Bauernaufstand

Aufgaben

1. Diskutiert, wo unsere eigene Freiheit ihre Grenze haben sollte.
2. Tragt auf eurem Blatt bzw. Plakat zur Doppelthese Luthers stichwortartig zusammen, wo Luther den Menschen frei und wo er ihn »dienstbar« sehen wollte (siehe Aufgabe 2 zu S. 84/85).
3. Charakterisiert das Freiheitsverständnis der Bauern und Thomas Müntzers. Vergleicht es mit demjenigen Luthers und mit eurem eigenen und verfasst ein Bittgebet / einen Klagepsalm der Bauern.

4. Beschreibt einzelne Szenen auf dem Bild von Werner Tübke und besprecht, wie die Gesten der Personen, die Farben und das Gesamtbild auf euch wirken.
5. Recherchiert (in Gruppen), wie in eurem Heimatort/eurer Gegend die Lebensumstände während der Reformationszeit waren und was sich während des Bauernkriegs dort abgespielt hat. Weiterhelfen kann euch der Besuch eines Heimatmuseums oder ein Interview mit einem Heimatforscher.

Der Streit ums Abendmahl

Zu den Seiten 88 und 89

Gestritten wurde unter den Reformatoren um die Frage, ob Brot und Wein beim Abendmahl wirklich Leib und Blut Jesu »sind« (so Luther) oder nur darauf hinweisen (so Zwingli aus Zürich). Wenn du jetzt in der Zeit deines Konfirmandenunterrichts und der Konfirmation zum ersten Mal das Abendmahl in der Kirche feierst, wirst du diesen Streit um die Bedeutung des einen Wörtchens »ist« wahrscheinlich sehr spitzfindig und merkwürdig finden. Da scheint es wirklich wichtigere Fragen zu geben! Wenn man die Argumente der beiden Gegner aber genauer ansieht, kann man feststellen, dass sich hinter den verschiedenen Auffassungen doch unterschiedliche Vorstellungen von Gott, vom Glauben, vom menschlichen Denken und von dem, was die Wirklichkeit »ist«, verbergen. Und da kann die Frage, was das Wörtchen »ist« bedeutet, doch ganz schön wichtig werden …

Die Reformatoren beim Abendmahl

Aufgaben
1. Lest die verschiedenen biblischen Geschichten zum letzten Essen (Mahl) Jesu mit seinen Jüngern vor seinem Sterben und versucht eine eigene Deutung (→ S. 70 f. und Mk 14,12–26 par.).
2. Deutet, welche Details und genauen Vorgänge des Abendmahls auf dem Bild von Lucas Cranach dargestellt sind.
3. Lest die Geschichte von der Hochzeit in Kana (Johannes 2, 1–11) und diskutiert darüber, ob so ein Wunder wirklich geschehen sein kann und ob Brot und Wein beim Abendmahl etwas Besonderes sind oder nicht (dazu auch die Geschichte zum Abendmahlbrot auf S. 14 und den Bericht zum Abendmahlwein auf S. 89 lesen).
4. Beschreibt, wie das Abendmahl in Korinth zur Zeit des Apostels Paulus gefeiert wurde und vergleicht das Abendmahlsverständnis der Reformatoren mit dem des Paulus (siehe dazu im Kapitel »Zwischen Jerusalem und Rom« S. 70 f.).

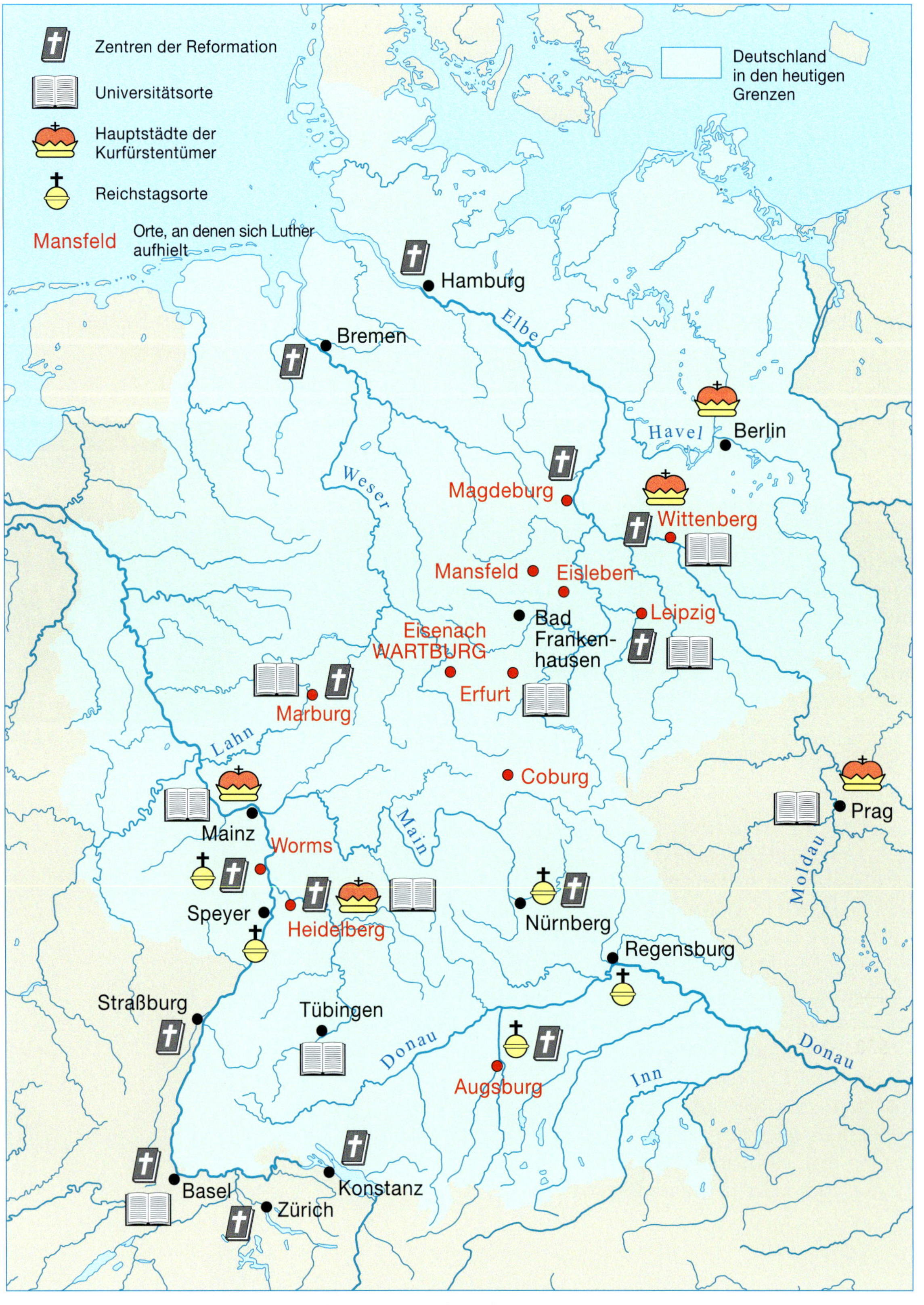

Deutschland zur Zeit der Reformation

Luthers Lebensweg in Etappen

1483–1505 Am 10. November 1483 wird Martin Luther in Eisleben im Kurfürstentum Sachsen geboren. Er wächst in Mansfeld auf. Nach dem Besuch der *Lateinschulen* in Mansfeld, Magdeburg und Eisenach studiert er in Erfurt. Die Erziehung im Elternhaus und in den Schulen ist sehr streng.

1505–1512 Bei einem schweren Gewitter gelobt Luther: »Heilige Anna, ich will ein Mönch werden.« Als *Mönch* in Erfurt wird Luther zum Priester geweiht und schließt ein Theologiestudium mit der Promotion zum Doktor ab. Trotz seines frommen Lebens plagen ihn schwere Gewissensbisse und Zweifel.

1512–1520 Martin Luther wird Professor der Theologie in *Wittenberg*. Im so genannten »Turmerlebnis« erkennt er, dass Gott den Menschen aus Gnade vergibt und nicht wegen ihrer guten Werke. Am 31. Oktober 1517 soll er seine 95 Thesen an die Türe der Schlosskirche genagelt haben (Kritik am Ablass, dem Erkaufen der Vergebung durch Geld). Seine Schriften – etwa das Werk »Von der Freiheit eines Christenmenschen« – machen ihn in ganz Deutschland bekannt.

1521–1522 Im Jahr 1521 wird Luther nach einem Ketzerprozess vom Papst gebannt (aus der Kirchengemeinschaft ausgeschlossen) und dann vom Kaiser geächtet und für »vogelfrei«, also schutzlos, erklärt, weil er sich auf dem *Reichstag in Worms* weigert, seine Ansichten zu widerrufen. Incognito in Schutzhaft auf der Wartburg bei Eisenach (1521/22) übersetzt er das Neue Testament ins Deutsche. Es erscheint 1522 und wird zum Bestseller.

1522–1525 Manche früheren Freunde Luthers drängen zu radikaleren Reformen. 1524/25 erheben sich die Bauern gegen die zunehmende Unterdrückung. Zunehmend stellt sich Luther gegen die Bauern auf die Seite der Fürsten. Der *Bauernaufstand* wird in der Schlacht von Bad Frankenhausen blutig niedergeschlagen, ihr Anführer Thomas Müntzer gefangen, gefoltert und getötet. Luther heiratet die ehemalige Nonne Katharina von Bora.

1525–1529 Obwohl Luther bei den einfachen Leuten viel Sympathie verspielt hat, breitet sich die Reformation weiter aus. Manche Gebiete und Städte werden evangelisch. 1529 kommt es bei einem Religionsgespräch in Marburg zu keiner Einigung in der umstrittenen *Abendmahlsfrage* zwischen Martin Luther und dem Schweizer Reformator Ulrich Zwingli.

1530 Auf dem *Reichstag in Augsburg* verteidigt Luthers Freund und Wittenberger Mitreformator Philipp Melanchthon die Reformation mit einer wichtigen Bekenntnisschrift: dem so genannten »Augsburger Bekenntnis« (Confessio Augustana). Als Geächteter darf Luther nicht auf dem Reichstag erscheinen. Für ein halbes Jahr lebt er auf der Coburg, dem südlichsten Zipfel des kursächsischen Gebietes.

1530–1546 / 1555 Weite Teile Deutschlands schließen sich der Reformation an. Es entstehen evangelische Landeskirchen. 1534 erscheint die gesamte Bibel auf Deutsch in der Übersetzung Martin Luthers und seiner Mitarbeiter. Den *alternden Reformator* plagen mancherlei Krankheiten. Am 18. Februar 1546 stirbt er bei einem Aufenthalt in seinem Geburtsort Eisleben. 1555 werden die Evangelischen (Lutheraner) auf dem Reichstag in Ausgburg als gleichberechtigt anerkannt.

Zu den Seiten 90–93

Reichstag in Augsburg

»Sehet an den Reichstag zu Augsburg, der wahrhaftig die letzte Posaune und Trompete ist vor dem jüngsten Tage. Wie wütete da die Welt wider das Wort Gottes! Da brach unsere Lehre durch die Confessio (das Augsburger Bekenntnis) hervor ans Licht, also dass sie in kurzer Zeit durch den Kaiser allen Königen, Fürsten und Universitäten zugeschickt ward. Viele feine treffliche Leute fingen diese Lehre wie ein Zunder und danach zündeten sie andere auch an.« *Martin Luther*

Zur Seite 94

Der alternde Reformator

»Wenn ich wieder von Eisleben komme, dann will ich mich in meinen Sarg legen und den Würmern einen feisten Doktor zum Schmause geben.«
»Wir sind Bettler. Das ist wahr.« *Martin Luther*

Konfessionen – Ökumene / Evangelisch – katholisch

Evangelische und Katholische standen einander in der Reformationszeit und danach trotz mancher Vermittlungs- und Versöhnungsversuche unversöhnlich und feindlich gegenüber. Und heute wissen manche nicht einmal genau, ob sie evangelisch oder katholisch sind und wo die Unterschiede genau liegen. Das ist einerseits gut so, denn Feindschaft oder gar Krieg über solche Fragen ist nicht sinnvoll. Und die evangelische und katholische Kirche haben sich vor ein paar Jahren in der früher so umstrittenen Frage über die Rechtfertigung des Menschen weitgehend geeinigt. Doch andererseits gibt es auch heute noch Unterschiede zwischen den beiden großen Konfessionen, etwa in den Auffassungen über die Bedeutung der Kirche und des Papstes, oder bei der Frage, was Buße ist und ob es so etwas wie einen »Ablass« geben kann …

Aufgaben

1. Führt unter Jugendlichen, Erwachsenen, euren Eltern und Großeltern … Interviews durch zur Frage, welcher Konfession sie angehören und was sie darunter verstehen.
2. Tragt bei einem gemeinsamen Gottesdienstbesuch in einer katholischen und evangelischen Kirche die Gemeinsamkeiten und Unterschiede zusammen.
3. Stellt eurer Zusammenstellung die beiden extremen Darstellungen von Lucas Cranach auf S. 92/93 gegenüber.

Reformationsfest oder Halloween?

Will uns die Kirche die Freude an einem ausgelassenen Fest verderben? Am 31. Oktober mag es beinahe so scheinen. Da feiern die Evangelischen den Reformationstag, erinnern an Martin Luther und warnen vor heidnischen Bräuchen, während die Kinder von Haus zu Haus ziehen und Süßigkeiten einheimsen. Vielleicht aber können wir auch von Luthers Reformation her ein Fest wie Halloween neu deuten: Wir brauchen nicht an Zombies, umhergeisternde Seelen und finstere Mächte zu glauben – vielmehr hat uns Gott von solchem Aberglauben befreit. Dann wären die Süßigkeiten für die Kinder wie ein Symbol für Gottes Geschenk, der es freundlich und gut mit uns Menschen meint.

Aufgaben

1. Tragt (in Gruppen) die Merkmale der beiden auf dasselbe Datum (31. Oktober) fallenden Erinnerungstage (Reformationsfest und Halloween) zusammen.
2. Sucht nach möglichen Sinngebungen für beide Feiern.
3. Recherchiert in eurem Heimatort, wie Kinder und Jugendliche Halloween feiern und wie in der Kirchengemeinde der Reformationstag begangen wird.
4. Gestaltet in der Schule vor den Herbstferien ein Erinnerungsfest.

Aufgaben

Ihr könnt mit den Informationen im Hauptteil und mit den Angaben zur Geschichte Martin Luthers und der Reformation auf S. 172 und 173 selbständig arbeiten:

1. Ihr könnt die in den Texten genannten Orte herausschreiben und auf der Karte suchen.
2. Ihr könnt kurz beschreiben, was an diesen Orten (oder in einem bestimmten Zeitraum) geschehen ist.
3. Aus dem Hauptteil könnt ihr eine kurze Aussage Luthers zu diesem Ereignis heraussuchen und dazuschreiben (bis S. 89).
4. Wenn ihr zu jedem Zeitraum (bis S. 89) die Jahreszahlen, Orte, Ereignisse und Luthers Kurz-Kommentare auf verschiedene Kärtchen schreibt, könnt ihr sogar selbst Quartette herstellen.
5. Eure Zusammenstellungen/Quartette könnt ihr noch durch die zugehörigen Bilder in den Randspalten (S. 168–174) ergänzen. Zur einfacheren Zuordnung ist bei jeder Lebensetappe ein Stichwort *kursiv* gesetzt, das sich auf das Bild bezieht.

Was du in diesem Kapitel lernen kannst

- Du kennst die wichtigsten Etappen des Lebensweges von Martin Luther sowie der Entstehung und des Fortganges der Reformation in Deutschland.
- Du kannst erzählen und beschreiben, was für Martin Luther die große »Entdeckung« seines Lebens war (so genanntes »Turmerlebnis«) und was für den reformatorischen Glauben besonders wichtig und charakteristisch ist.
- Du kennst unterschiedliche Stellungnahmen zu dem Auftreten Luthers vor dem Kaiser auf dem Reichstag in Worms. Dabei kannst du erklären, dass Deutungen eines Geschehens von dem jeweiligen Standpunkt des Beobachters abhängig sind – und dabei selbst eine eigene begründete Meinung vertreten.
- Du kannst erläutern, was Luther unter »Freiheit« verstanden hat und wo er die Grenzen der Freiheit sah.
- Du kannst unterschiedliche Verständnisse von Freiheit (etwa bei Luther und bei den Bauern) voneinander unterscheiden – und selbst eine begründete Position beziehen.
- Du kannst das evangelische Verständnis des Abendmahls beschreiben und den Streit darüber erläutern.
- Du kennst die Gemeinsamkeiten und die Unterschiede zwischen der evangelischen und der katholischen Kirche und kannst begründen, warum eine Feindschaft nicht sinnvoll und richtig ist – und warum bei dem gemeinsamen Gespräch trotzdem verschiedene Positionen und Meinungen stehen bleiben (mit dem Respekt auch für den jeweils anderen Gesprächspartner).
- Du kennst die historischen Gründe, warum am 31. Oktober bei uns zwei Feste gefeiert werden, welche Bedeutung(en) diese Feste haben. Du kannst ein Erinnerungs-Fest selbst mitgestalten.

11–21 | 22–37 | 38–50 | 51–62 | 63–77 | 78–94 | 95–109 | 110–120 | 121–138

Gemeinsam sind wir stärker

Früher war es meist klar, dass wir bei Mutter oder Vater und in der Familie Geborgenheit erleben konnten und in gefährlichen Situationen Schutz fanden. Jetzt, nachdem wir älter sowie größer wurden und Jugendliche sind, müssen wir schwierige Situationen immer häufiger allein durchstehen. Wir sind mehr und mehr auf uns selbst gestellt, auf unsere eigenen Fähigkeiten und Kräfte. In dieser Situation können wir erleben, dass unsere Freunde und die Gleichaltrigen in unserer Gruppe für uns sehr wichtig werden. Hier finden wir neue Gesprächspartner, mit denen wir uns austauschen und beraten können. Über diese Entwicklung haben wir uns in dem Kapitel »Ich – Wir – Du«, S. 22–37, Gedanken gemacht.

Ein Sprichwort sagt: Jeder ist seines Glückes Schmied! Und in unserer Gesellschaft wird immer wieder darauf gepocht, dass jeder für sein Leben selbst verantwortlich ist. Und bis zu einem gewissen Grad ist das auch richtig.

Aber: Ist dann auch jeder selbst schuld, wenn er scheitert? Ein Blick in deine Klasse zeigt dir, wie unterschiedlich die Begabungen verteilt sind. Außerdem entscheidet oft auch die Familie oder das Schicksal über die Chancen, das Leben zu bewältigen. Im Grunde können wir für manche Bedingungen, die für unser Leben von entscheidender Bedeutung sind, ganz wenig oder gar nichts: wo wir geboren wurden und wo wir aufwachsen; wie viele Chancen und Möglichkeiten unsere Eltern uns eröffnen können; ob wir körperlich, seelisch und geistig gesund sind und bleiben. Ganz gleich, woher Menschen stammen und wie sie sind: es gelingt keinem, sein Leben ganz allein auf sich gestellt zu meistern. So lässt sich leicht erkennen, dass Menschen für ihr Leben verantwortlich und zugleich auf Hilfe angewiesen sind. Gerade im Christentum hat sich die Vorstellung herausgebildet, dass Menschen, die in Probleme und Not geraten sind – ob unverschuldet oder durch eigenes Versagen –, nicht allein gelassen werden dürfen, dass ihnen Hilfe und Beistand angeboten werden muss. Die Bibel nennt das »Barmherzigkeit«. Mit dieser Aufgabe befasst sich dieses Kapitel: Gemeinsam sind wir stärker.

Zur Seite 95

Gemeinsam sind wir stärker

Was eine(r) allein nicht schafft, kann in der Gruppe oder in einer anderen Gemeinschaft von Menschen gelingen. Dieser Gedanke steht wie eine Überschrift über unserem ganzen Kapitel. Und der Blick auf unser Eingangsbild, das Mobile, zeigt, dass ein solches Kunstwerk nur dann ganz und in Ordnung ist, wenn alle Teile an der rechten Stelle sind und miteinander in Beziehung stehen. Ein Mobile zeigt aber auch: Wenn irgendwo sich etwas ändert, hat dies Auswirkungen auf die anderen Teile, ja auf die gesamte Einheit. Wird einer der Körper nach unten gedrückt, sorgen die anderen Teile durch die Verbindung und durch die eigene Gegenbewegung dafür, dass er nicht ganz abstürzt und nach einer Phase der Unruhe tatsächlich wieder auf seinem alten Platz zur Ruhe kommt. Eine wahrhaft phantastische Konstruktion.

Aufgaben

1. Bastelt (in Gruppen) ein Mobile und stellt damit Experimente an: Was passiert, wenn … (eines der Teile nach unten gedrückt wird etc.). Erstellt ein Protokoll eurer Experimente.
2. Schreibt auf die Teile des Mobiles Namen (z. B. unterschiedliche Personen in einer Gruppe, Familie oder Schulklasse – ganz nach eigener Wahl reale oder erfundene). Stellt wiederum Experimente an, die ihr beschreibt. Erfindet dazu Situationen bzw. Geschichten. Ein Teil gerät aus der Bahn, dann passiert dies oder das …
   Zusatz: Diese Aufgabe könnt ihr auch für eine einzelne Person machen, da die ja auch aus unterschiedlichen Regungen oder »Teilen« besteht. Die verschiedenen Elemente des Mobiles tragen dann die Namen: Gefühle, Gedanken, körperliches Befinden, Handeln usw.; Störungen können sein: Krankheiten, Bestraftwerden etc.
3. Stellt in der Klasse Situationen zusammen, wie eine Gruppe von Menschen (als Mobile gedacht) durch eine Person oder ein Ereignis aus dem Gleichgewicht geraten und wie es dann wieder ins Gleichgewicht gebracht werden kann.
4. Lest dazu in der Bibel den »Grundtext einer christlichen Gesellschaftsordnung« in 1. Korinther 12, 4–7 und 12–31.
5. Versucht, das Bild vom Mobile auf unser gesamtes Land, auf unsere Gesellschaft zu übertragen: Wo gibt es hier Ungleichgewichte? Wie können sie ausgeglichen werden?

»Der Körper des Menschen ist einer und besteht doch aus vielen Teilen. Aber all die vielen Teile gehören zusammen und bilden einen unteilbaren Organismus. So ist es auch mit Christus: mit der Gemeinde, die sein Leib ist. […] Und wenn ein Teil leidet, so leiden alle Teile mit, und wenn es einem Teil gut geht, so freuen sich alle Teile mit.«
Nach 1. Korinther 12,12 u. 26.

Nein sagen lernen

In einer Gruppe oder Clique zu sein, ist cool (mehr dazu im Kapitel »Ich – Wir – Du«, S. 30–33). Aber ich muss nicht bei allem mitmachen, was die Gruppe will. Ich kann auch mal Nein sagen. Das kann die eine mal besser und der andere mal schlechter – nicht alle Menschen und Situationen sind gleich. Aber lernen müssen es alle. Sonst wird man zum Spielball, aber nicht zu einer starken Persönlichkeit. Auch auf die Gefahr hin, dass man einen Streit riskiert oder einen die anderen auch mal blöd finden. Im Nachhinein stellt sich manchmal heraus, dass sich ein Streit gelohnt haben kann. Auch wenn er es nicht ausspricht, denkt vielleicht mancher bei sich: allen Respekt, die (oder der) weiß, was sie (er) will!

Zu den Seiten 96 und 97

Ilja Kabakov, Reihe, 1969

Aufgaben

1. Überlegt, an welcher Stelle einer der Jugendlichen hätte »Nein« sagen können und sollen – und wie die Geschichte dann viel-

11–21
22–37
38–50
51–62
63–77
78–94
95–109
110–120
121–138

leicht weitergegangen wäre. Schreibt die Geschichte (allein oder in Gruppen) zu Ende (Alternative oder Zusatz: Weiterschreiben der zweiten Geschichte »Das Geschenk der Clique«).

2. Stellt in einem »Standbild« mit verschiedenen Personen eine Situation der »Verführung« dar (Alkohol, Zigaretten) und beschreibt die Gefühle und Gedanken der jeweiligen Personen. Führt kleine Übungen in einer kurzen Szene durch: In einer Gruppe soll jemand zum Trinken, Rauchen … überredet werden. Dieser lernt, »Nein« zu sagen.
3. Erfindet zu dem Bild von Keith Haring eine Geschichte. Versucht umgekehrt, zu einem Erlebnis (in einer Gruppe, in der Klasse …) ein Bild in der Art von Keith Haring zu zeichnen.

Zu den Seiten 98 und 99

Ansprechpartner/innen finden

Wenn ich auf der Suche nach dem Weg, den ich in meinem Leben gehen will, nicht mehr weiter weiß, ist es wichtig für mich zu wissen, wer mir beistehen kann. Hilfestellung, Ratschläge und Halt können die Menschen meiner Umgebung geben, Erwachsene oder Gleichaltrige. Es gibt aber auch Situationen, in denen alle nicht mehr weiterwissen. Oder Dinge, die ich mit meinen Eltern oder meinen Freunden nicht besprechen will oder kann. Da ist es gut, dass in unserem Land Menschen mit den unterschiedlichsten Problemen Beratungsstellen und praktische Hilfe finden können. Auch für Jugendliche gibt es viele Angebote. Es ist wichtig, solche Angebote und Anlaufstellen zu kennen, nicht nur für mich selbst – vielleicht kann ich mal jemandem, der mich fragt, einen Tipp geben. Eine Auswahl von möglichen Hilfsorganisationen findest du in der Randspalte.

Diakonie Württemberg

Deutsches Rotes Kreuz

pro familia Deutsche Gesellschaft für Familienplanung, Sexualpädagogik + Sexualberatung e.V.

caritas Not sehen und handeln. Caritas

AWO

Aufgaben

1. Besucht (in Gruppen oder mit der ganzen Klasse) eine oder mehrere Beratungsstellen der Kirche, der Diakonie und anderer Organisationen, insbesondere für Jugendliche in besonderen Lebenslagen: mit Alkohol- und anderen Drogenproblemen; bei psychischen Krisen; bei Fragen der Lebensplanung (ungewollte Schwangerschaft etc.).
2. Stellt (in arbeitsteiligen Gruppen) eine Info-Broschüre / eine Ausstellung / eine Power Point-Präsentation zusammen: Anlaufstellen für Jugendliche in besonderen Lebenslagen in unserer Stadt / unserem Landkreis.
3. Beschreibt die verschiedenen Gefühle Fredericks beim Besuch bei Herrn Klein. Überlegt, wodurch sich seine Gefühle verändern, und versucht, für ihn und /oder euch seine Schlussfrage zu beantworten.
4. Macht eine Umrisszeichnung des Bildes von Jean-Michel Basquiat und setzt das Bild fort. (Ihr könnt auch – evtl. in Gruppen – eine Collage daraus gestalten.)

11–21 22–37 38–50 51–62 63–77 78–94 95–109 110–120 121–138

Ein neues Zuhause finden – Auf der Straße leben

Heranwachsende, die aus der Bahn geworfen wurden und auf der Straße leben, können eine neue Heimat finden. Besonders Männer und Frauen der Kirche haben sich um Waisen und wohnungslose Kinder und Jugendliche gekümmert und Heime für sie gegründet. Zu ihnen gehörte auch der Gründer des »Rauhen Hauses« in Hamburg, der Theologe Johann Hinrich Wichern. Auch heute noch bildet diese Arbeit einen Teil der kirchlichen Diakonie. Begründungen für diese diakonische Arbeit in der Kirche findest du in diesem Kapitel auf S. 100 und 95, im Kapitel »Amos«, S. 38–50 und »Auf Wunder warten«, S. 51–62 sowie in der Erzählung über Stephanus, mit dem die Geschichte der Diakonie begonnen hat (»Zwischen Jerusalem und Rom«, S. 64 f.).

Manche Heranwachsende meinen, auf der Straße erwarte sie die große Freiheit, vor allem, wenn sie es daheim kaum mehr aushalten! Doch das Leben auf der Straße ist hart. Aber einigen gelingt es, sich auch unter schwierigsten Bedingungen durchzuschlagen …

Vielleicht denkt man zuerst einmal, die Reihenfolge dieser beiden Doppelseiten sollte umgekehrt werden: zuerst die Not und dann die Hilfe! Und tatsächlich kann man an dieser Stelle die Seiten (wie manchmal auch sonst!) »von hinten nach vorn« lesen. Die übliche und gewohnte Reihenfolge ist an dieser Stelle aber mit Absicht umgekehrt, um so einen »zweiten«, neuen Blick zu ermöglichen: nicht alle Jugendliche, die auf der Straße leben (aber auch alle andere Jugendliche mit Problemen), bekommen Hilfe oder wollen Hilfe bekommen. So bleibt das Problem trotz aller Hilfsangebote immer auch eine offene Frage, an unsere Gesellschaft, an die Kirche und an uns selbst …

Zu den Seiten 100 und 101 sowie 107 und 108

Johann Hinrich Wichern (1808–1881)

Die Anlage des Rauhen Hauses um 1850. Vorne rechts das Gründungshaus, in dem Wichern im Herbst 1833 seine Arbeit begann.

Aufgaben

1. Welche Probleme hat Paul und welche Chance wird ihm vermittelt?
2. In welcher Zeit und in welcher Situation spielt diese Geschichte sich ab? Informiere dich über die Arbeit von »Hausvater Wichern« und das Rauhe Haus in Hamburg aus der Erzählung »Ich will eine neue Chance« (S. 100 f.). Du kannst Informationen auch im Internet finden, zum Beispiel unter www.rauheshaus.de.
3. Erkundigt euch (im Internet oder in eurer Gemeinde, eurem Landkreis »vor Ort«) über Einrichtungen der Diakonie, speziell auch für (wohnungslose) Jugendliche.
4. Vergleicht die beiden Geschichten auf S. 100/101 und 107/108 miteinander (sie spielen beide in der Großstadt Hamburg, allerdings zu ganz verschiedenen Zeiten) und stellt zusammen, was den einen Jugendlichen zum Einzug in ein Heim und den anderen zur Flucht aus dem Heim bringt. Legt in eurem Heft drei Spalten an; schreibt in die eine Spalte die Probleme des Lebens

auf der Straße, in die andere Spalte, was an diesem Leben (vielleicht) faszinierend ist. Nehmt in einer dritten Spalte selbst Stellung!
5. Schreibt kurze Geschichten zu den einzelnen Szenen, die auf dem Bild von Peter Brueghel dargestellt sind.
6. Warum gehört die diakonische Arbeit zu den wichtigen Aufgaben der Kirche?
7. Vielleicht können ein paar Mutige von euch auch Kontakt mit Sozialarbeitern aufnehmen, die mit Menschen, die auf der Straße leben, arbeiten.

Zu den Seiten 102–106

Frauen engagieren sich

Charlotte Friedenthal (1892–1973)

Immer wieder waren es ganz besonders die Frauen, die sich für die eigenen Rechte oder für die Rechte anderer eingesetzt haben. Viele riskierten dabei eine ganze Menge, manchmal sogar das eigene Leben. Wir haben zwei Beispiele aus der Geschichte ausgewählt, die uns aber auch noch heute anregen und Mut machen können …

Schwarze Frauen wurden jahrhundertelang in dreifacher Weise unterdrückt und benachteiligt: weil sie schwarz waren und als Sklaven gehalten wurden und weil sie Frauen waren. Die Sklaverei ist heute abgeschafft. Wie aber steht es mit der Benachteiligung von Menschen anderer Hautfarbe und von Frauen?

Im Dritten Reich mussten alle Menschen, die jüdischer Abstammung waren, ob Mann oder Frau, um ihr Leben bangen. Doch es gab einzelne mutige Menschen, die Widerstand leisteten und sich für die Verfolgten einsetzten; neben den bekannten Männern wie Pastor Dietrich Bonhoeffer waren es auch Frauen, die unbekannt geblieben sind. An sie möchten wir in diesem Kapitel erinnern …

Marga Meusel (1897–1953)

Aufgaben
1. Stellt den Lebenslauf und das Engagement von Sojourner Truth zusammen. Überlegt, wofür sich eine Frau heute in Deutschland einsetzen könnte. Erfindet eine solche Person und schreibt ihren Lebenslauf.
2. Recherchiert (zum Bild von Roy Lichtenstein, S. 103), wie viele Frauen prozentual in welchen Berufen arbeiten (wählt – in Gruppen – einige Berufssparten aus, z. B. Managerinnen, Friseurinnen, Lehrerinnen etc.) und vergleicht den Durchschnittsverdienst in diesen Berufen miteinander.
3. Schreibt auf, was ihr (aus dem Geschichtsunterricht, aus dem Fernsehen etc.) über das Dritte Reich und die Verfolgung der Juden wisst, und stellt vor diesem Hintergrund den Lebenslauf und das Engagement von Charlotte Friedenthal zusammen.
4. Schreibt einen Klagepsalm oder ein Bittgebet zum Bild von Felix Nussbaum (S. 105).

Ungeahnte Kräfte – Was in uns steckt

Zu den Seiten 108 unten und 109

Manchmal wissen wir gar nicht, wozu wir fähig sind – nicht nur im Schlechten, sondern auch im Guten! Wenn wir uns auf eine neue Herausforderung einlassen, können wir in uns vielleicht ganz neue, ungeahnte Fähigkeiten und Kräfte entdecken. Ist es dir auch einmal schon so ergangen? Es kann sich also lohnen, sich etwas zuzutrauen und sich auf eine neue Herausforderung einzulassen.

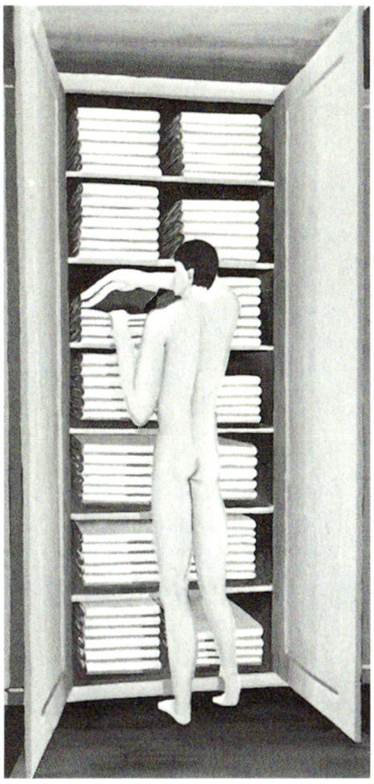

Aufgaben

1. Was hat Adriaan mit Piet gemacht – was hätte man in der Situation auch tun können? – Und welche Fähigkeiten hat er dabei bewiesen?
2. Erfinde eine Fortsetzung für den Lebenslauf von Adriaan.
3. Stellt (Erarbeitung allein oder in Gruppen) eurer Klasse einen Jugendlichen vor, der etwas in ganz besonderer Weise gut konnte bzw. kann (aus dem Bekanntenkreis, den Medien oder einem Jugendbuch, das du gelesen hast und gut findest).
4. Stelle (für dich selbst) zusammen, wo du deine Stärken siehst, welche Herausforderungen du gut meisterst und auf welche Herausforderungen du dich einlassen würdest.
5. Stellt (in Kleingruppen, in der Klasse) zusammen, welche Aufgaben Jugendliche übernehmen, in der Familie (Haushalt usw.), in der Schule, bei Projekten etc. und welche ihrer Fähigkeiten dabei gefragt und gefördert werden.

Aufgaben zum gesamten Kapitel

1. Soziale Aufgaben in der Familie, Verwandtschaft und bei Freunden wahrnehmen und erfüllen.
2. Ein Sozialpraktikum in der Schule organisieren und durchführen (siehe dazu auch im Teil »Gewusst wie« das Kapitel zum Thema »Soziales Lernen einüben«, S. 237 f.).
3. Im Rahmen des Konfirmandenunterrichts könntet ihr ein Gemeindepraktikum absolvieren und zum Beispiel Hausbesuche bei alten und kranken Menschen machen oder Begegnungen verschiedener Gruppen innerhalb der Gemeinde organisieren.
4. Weitere Möglichkeiten für soziales Engagement bieten euch Jugendgruppen, Sportvereine sowie soziale Dienste wie das Rote Kreuz oder die Freiwillige Feuerwehr.

Was du in diesem Kapitel lernen kannst

- Du kannst begründen, warum es nicht ausreicht zu sagen: »Jeder ist seines Glückes Schmied«, und was das Motto bedeutet: »Gemeinsam sind wir stärker«.

11–21 22–37 38–50 51–62 63–77 78–94 95–109 110–120 121–138

- Du kannst Situationen nennen, in denen es wichtig sein kann, »Nein« zu sagen, und kannst Gefühle und Gedanken beschreiben, die einem das »Nein sagen« schwer machen können.
- Du kennst verschiedene Situationen von Menschen, insbesondere Heranwachsenden, in schwierigen Lebenslagen und kannst mögliche Ursachen und Probleme benennen.
- Du weißt konkrete Wege und kennst Anlaufstellen, wie und wo ein Jugendlicher, der in eine sehr problematische Situation geraten ist, Hilfe finden kann.
- Du kannst einige Tätigkeiten der kirchlichen Diakonie beschreiben.
- Du kennst ein (oder mehrere) Beispiel(e) aus der Geschichte, in dem (denen) sich Menschen, besonders Frauen, für benachteiligte oder gefährdete Mitmenschen eingesetzt haben.
- Du kannst biblische Belegstellen für die Aufgabe, Benachteiligte nicht allein zu lassen, und für das Motto »Gemeinsam sind wir stärker« benennen.
- Du hast (im Rahmen der Schule, des Konfirmandenunterrichts, des freiwilligen Engagements in deiner Freizeit) an einem kleinen sozialen Projekt teilgenommen und kannst deine vielfältigen (und durchaus auch unterschiedlichen) Erfahrungen beschreiben und reflektieren.

Judentum

Jüdisches Leben – auch in Deutschland

In diesem Kapitel kannst du erfahren, wie junge jüdische Menschen in Deutschland leben. Nach dem Holocaust ist das Leben von Juden in Deutschland nicht unbefangen und selbstverständlich. Wie gehen Kinder und Jugendliche mit dieser Situation um und welche Erlebnisse machen sie dabei? Wie geht es ihnen mit ihrer Religion in der Schule? Wie bei den Christen ist die Zugehörigkeit und Nähe zu einer Synagogengemeinde unterschiedlich. Nicht alle sind religiös gebunden. Zudem gibt es große Unterschiede zwischen den Synagogengemeinden. Auch das Verhältnis zum Staat Israel ist sehr unterschiedlich, denn Juden in Deutschland sind keine Israelis, sondern Deutsche jüdischen Glaubens. Aber du erfährst auch, dass es immer wieder judenfeindliche Handlungen und Denkweisen gibt, die von Vorurteilen genährt werden.

Das Judentum als Religion ist also keineswegs eine einheitliche Größe: Religiöse Juden in Deutschland gehören in der Regel orthodoxen (»strenggläubigen«) oder liberalen (»offeneren«) Gemeinden an. Diese Gemeinden sind im »Zentralrat der Juden in Deutschland« zusammengeschlossen. In ihm sind 23 Landesverbände und Großgemeinden mit zusammen rund 105.000 Mitgliedern in 86 Orten vertreten. Die liberalen Juden haben sich in der »Union progressiver Juden« zusammengeschlossen.

In den letzten Jahren sind viele Menschen jüdischen Glaubens aus Russland und anderen Ländern der ehemaligen Sowjetunion nach Deutschland eingewandert. Sie haben neue jüdische Gemeinden in unserem Land gegründet. Insgesamt leben etwa 220.000 jüdische Menschen in Deutschland (siehe: wikipedia, Artikel »Judentum«).

Am Ende des Kapitels findest du ein kleines Lexikon, in dem wichtige Begriffe zu Religion, Geschichte und Leben von Menschen jüdischen Glaubens erklärt werden.

Jüdische Schule

Zu den Seiten 110 und 111

Das Bild des Leipziger Malers Neo Rauch (geb. 1960) spricht das Thema »Aufwachsen« an. Rauch zeigt auf seinem Bild einerseits ganz normale Heranwachsende, »wie sie sind«; doch gleichzeitig wirken die Gestalten, ihre Gesichter und Handlungen auch fremd und merkwürdig. So können wir in dem Bild Alltägliches entdecken und diesen Alltag und die so genannte »Normalität« zugleich hinterfragen. Die zum Teil phantastisch wirkende Szenerie der Bilder von Neo Rauch spiegelt zudem häufig Seelenzustände wider; die Bilder können so innere Vorgänge äußerlich sichtbar machen.

Das Leben ist für jüdische Kinder in Deutschland ganz normal wie das Aufwachsen von Kindern auch sonst – und doch ganz anders. Manche erleben das schon als Schülerin oder Schüler, wenn sie auf eine besondere jüdische Schule gehen. Dies zeigt der Bericht über ein jüdisches Gymnasium in Berlin. Die Angst vor Terroranschlägen ist für viele eine dauernde Bedrohung. Deshalb müssen jüdische Schulen und Gotteshäuser (Synagogen) ständig mit Kameras überwacht oder von Polizisten bewacht werden.

Aufgaben

1. Versucht zu beschreiben, was ihr auf dem Bild von Neo Rauch seht.
2. Ihr könnt einen Titel für das Bild suchen, das euren Eindruck beschreibt. Vergleicht euren Titel mit dem auf dem Bild vom Künstler gemalten Titel »SCALA«.
3. Überlegt, ob bzw. wie das Bild zum Thema passt.
4. Welche Erwartungen verknüpft ihr mit eurem Bildtitel im Blick auf das Kapitel im Buch?
5. Bereitet eine Pro und Contra-Diskussion in eurer Klasse vor zur Frage: Soll man für jüdische, muslimische, christliche usw. Kinder jeweils eigene Schulen einrichten?
6. Sucht Argumente aus dem Bericht des jüdischen Gymnasiums in Berlin. Was ist an dieser Schule anders als an eurer?
7. Woran ist die Schule als jüdische Schule zu erkennen?
8. Tragt Gründe zusammen, warum Schülerinnen und Schüler gerade diese Schule besuchen?

Zu den Seiten 112 und 113

Als Jude in Deutschland leben

Für viele Juden in der Welt ist es nach dem Holocaust nicht selbstverständlich, als Jude in Deutschland zu leben. Juden in Deutschland müssen sich dafür immer wieder rechtfertigen. Der Brief von Daniel ist nur ein Beispiel dafür. Daniel beschreibt sein Leben in verschiedenen Ländern und seine Entscheidung, in Deutschland zu bleiben, obwohl auch er immer wieder erlebt, dass dieses Leben keineswegs einfach und problemlos ist …

Vielleicht bringt der Künstler Erik Dietmann mit seiner »Schaufenster«-Installation etwas davon zum Ausdruck, wie es ist, wenn man unter besonderer Beobachtung aufwächst.

Vorurteile in der Bevölkerung in Deutschland gegen Juden rühren vor allem aus der Situation des Judentums als einer Minderheit her, deren abweichende Verhaltensweisen als fremd empfunden werden. Darüber hinaus können mangelndes Wissen und die Übernahme von ungeprüften Urteilen anderer zu Vorurteilen führen. Wenn solche ungeprüften Urteile gegenüber dem Judentum systematisch vertreten und verbreitet werden, sprechen wir von Antisemitismus.

Aufgaben

1. Beschreibe die Elemente, mit denen der Künstler seine Installation gestaltet. Beachte vor allem den »Kaktus« als Symbol. Was löst der Titel »Schaufenster« bei dir aus? Wie kann das Bild in einigen Jahren aussehen? Siehst du einen Bezug zum Leben von jüdischen Menschen in Deutschland?
2. Tragt Gründe zusammen, warum Daniel zeitweise in anderen Ländern gelebt hat und warum er trotzdem den Entschluss fasste, weiterhin in Deutschland zu bleiben.
3. Erzählt die Erlebnisse, von denen Daniel aus seinem Leben in Deutschland berichtet, und beschreibt, welche Gefühle hierdurch (bei Daniel / bei anderen / bei euch) ausgelöst werden können.
4. Ladet jüdische Mitbürger in eurer Umgebung zu einem Gespräch zum Thema »Als Jude in Deutschland leben« in eure Klasse ein. Bereitet das Gespräch vor, indem ihr aus den Texten auf S. 111–113 Themen des Gesprächs herausstellt und mögliche (auch kontroverse) Positionen zu diesen Themen festhaltet.

Religion in der Schule

Zu den Seiten 114 und 115

Der israelische Schriftsteller Amos Oz hat die Unterschiede innerhalb des Judentums in verschiedenen Schulen erlebt, die er als Kind in Jerusalem besucht hat. Dabei konnte auch die Bibel ganz unterschiedlich gelesen, verstanden und ausgelegt werden. Für manche enthielt sie vor allem eine soziale und politische Botschaft, die zum Einsatz für Gerechtigkeit und Befreiung aufruft. Andere legten das Hauptgewicht auf die Kenntnis und Beachtung der religiösen Tradition, auf Gottesdienst, Gebet und Geschichte.

Der Maler Max Beckmann hat in einem Bild aus dem Jahr 1919 die Frankfurter Synagoge am Börneplatz festgehalten. Vor dem Holocaust im Dritten Reich war Frankfurt am Main eine der wichtigsten Stätten des deutschen Judentums. Sowohl das liberale Judentum, das zu den Trägern von Wissenschaft und Kultur in der Stadt gehörte (1914 Gründung einer Universität durch dieses Bürgertum) als auch die Rückbesinnung auf die eigenen religiösen Traditionen, die durch die Gründung eines »Freien Jüdischen Lehrhauses« 1920 zum Ausdruck kam, prägten die Stadt. Die Synagoge am Frankfurter Börneplatz war der Gottesdienstraum der orthodoxen Gemeinde. Sie wurde am 10. November 1938 in der »Reichspogromnacht« niedergebrannt und anschließend abgetragen.

Zur alten Börneplatzsynagoge und ihrer Geschichte (mit Link zu einem 3D CAD-Modell der Synagoge!): http://www.wikipedia.org unter dem Stichwort »Börneplatzsynagoge«.

Aufgaben
1. Welche »Botschaft« über die Synagoge lest ihr in diesem Bild?
2. Mit welchen malerischen Mitteln bringt der Künstler diese »Botschaft« zum Ausdruck?
3. Wenn eure Beobachtungen sehr weit auseinander liegen, versucht zu klären, wie es zu den unterschiedlichen Sichtweisen kommt.
4. Versucht herauszufinden, wo sich die nächste Synagoge in eurer Umgebung findet. Vielleicht findet ihr auch Orte und Gebäude früherer Synagogen, die 1938 zerstört wurden. Sucht Material für ein Referat. Ihr könnt euren Mitschülerinnen und Mitschülern von euren Forschungsergebnissen berichten.
5. Im Jiddischen ist die Bezeichnung für das Bethaus bzw. die Synagoge »Schul«. Überlegt, wie es zu dieser Bezeichnung gekommen sein könnte. Das könnte auch eine Brücke zwischen dem Bild von Beckmann und dem Text von Amos Oz sein.
6. Lest den Text »In welche Schule soll er gehen?« von Amos Oz. Schreibt in drei Spalten auf, was die drei unterschiedlichen Schulen im Jerusalem des Jahres 1944 kennzeichnet. Achtet dabei besonders auf die Rolle der Religion. Diskutiert das »Pro« und »Contra« der jeweiligen Schule. Warum haben die Eltern von Amos Oz ihren Sohn in die Privatschule »Heimat des Kindes« geschickt?

Zu den Seiten 116 und 117

Jüdisches Leben in christlicher Umgebung

Das Leben als Minderheit bringt vor allem denen zwiespältige Situationen, die sich auch kulturell der Mehrheitsgesellschaft anpassen wollen. Das kannst du an der Weise beobachten, wie in manchen jüdischen Familien das christliche Weihnachtsfest begangen wird.

Die deutsche Journalistin und Autorin Viola Roggenkamp erzählt von ihrer Kindheit als jüdisches Mädchen in Hamburg während der sechziger Jahre des letzten Jahrhunderts. Dabei wird neben der Spannung zwischen den drei Generationen (dazu passt vor allem auch das Bild von Charley Toorop) auch die Spannung deutlich zwischen dem christlichen Weihnachtsfest und dem Einfluss, den es auch auf die jüdische Familie ausübt.

Das Bild »Drei Generationen« ist das bekannteste Bild der niederländischen Malerin Charley Toorop (1891–1955). Sie war Autodidaktin, das heißt, sie hat sich das Malen selbst beigebracht. Auf dem Bild ist sie selber, ihr Vater und ihr Großvater zu sehen. Ihr Vater war ebenfalls Künstler, ihr Großvater Beamter in der damaligen niederländischen Kolonie Indonesien.

Aufgaben
1. Wie deutet ihr das Verhältnis der Generationen, das die Malerin schildert? Begründet eure Aussagen.

2. Tragt zusammen: Was gehört für euch zum Weihnachtsfest? Was darf nicht fehlen? Stellt eine Checkliste her und vergleicht mit euren Nachbarn.
3. Lest die Geschichte von Viola Roggenkamp: Was passt zu eurer Art, Weihnachten zu feiern? Was ist anders?
4. Überlegt und diskutiert: Was ist der Sinn des Weihnachtsfestes? Warum ist Weihnachten so populär?

Was ist »jüdisch«?

Zu den Seiten 118–120

Der Bericht »Der Moses vom Bodensee« stammt aus dem Jahr 2000. Einzelheiten können sich inzwischen geändert haben. Ein Rabbiner in Konstanz soll entscheiden, wie man als Jude in Deutschland »richtig« lebt – doch längst nicht alle sind mit seinen Vorstellungen einverstanden … Du erfährst aus dem Bericht etwas über die Aufgaben eines orthodoxen Rabbiners und die unterschiedlichen Einstellungen in jüdischen Gemeinden in Deutschland vor allem im Blick auf die Rolle, die das Judentum in Israel für sie spielt.

Der amerikanische Künstler Barnett Newman (1905–1970) ist vor allem als Maler der Farbfeldmalerei (Colour Field Painting) bekannt geworden. Newman ist Sohn jüdischer Einwanderer aus Russland. Die abgebildete Skulptur aus dem Jahr 1963 ist aus Stahl gefertigt und 7,75 Meter hoch. Sie steht auf dem Gelände der University of Washington.

Zwei antike ägyptische Vorbilder werden miteinander verbunden: Pyramide (monumentale Grabmäler ägyptischer Könige; Wahrzeichen einer antiken Hochkultur) und Obelisk (hoher vierkantiger Steinpfeiler, der nach oben verjüngt in einer pyramidenförmigen Spitze endet; ursprünglich ein Kultsymbol des ägyptischen Sonnengottes Re; Symbol des Lebens und der Wiedergeburt).

Aufgaben
1. Was sind die Aufgaben eines Rabbiners? Versuche das aus dem Bericht zu entnehmen. Du kannst dann auch ein Lexikon hinzuziehen und deine Ergebnisse damit vergleichen.
2. »Jüdische Lösungen für jüdische Fragen« – wie lösen orthodoxe, wie liberale Rabbiner diese Aufgabe? Vergleiche die Position dieser beiden Gruppen miteinander!
3. Bei welchen Fragen brechen Probleme auf?
4. Was ist der Maßstab für die jeweilige Entscheidung? Auf welche Instanz berufen sich die beiden Gruppen?
5. Beachte, wie die beiden Symbole in der Skulptur von Barnett Newman miteinander verbunden sind und wie die Pyramide dargestellt ist. Welche Absicht erkennst du in der Darstellungsweise des Künstlers?
6. Entwerft und gestaltet ein Symbol für das Zusammenleben von Juden, Christen und Muslimen in Deutschland.

Kleines Lexikon zum Judentum

Aggada (hebr.): »Verkündigung/Erzählung«. Im Unterschied zur → Halacha die nicht gesetzliche rabbinische Überlieferung, die sich vor allem an biblische Texte und Erzählungen anschließt.

Aschkenasisch/Aschkenasim: Ein biblischer geographischer Ausdruck, *Aschkenas,* wurde im Mittelalter mit Deutschland gleichgesetzt. Heute Bezeichnung für die Juden, die sich der mitteleuropäischen jüdischen Kultur verbunden wissen im Gegensatz zum → sefardischen Judentum.

Berches (hebr. von *barach*: »segnen«): In Zopfform geflochtene Brötchen, die am Sabbat auf den Tisch kommen.

Beschneidung: Entfernung der Vorhaut des männlichen Glieds; Zeichen des Bundes zwischen Gott und seinem Volk und damit Zeichen der Zugehörigkeit zum Volk Gottes (vgl. 1. Mose 17).

Halacha (hebr.): Bezeichnung für das System religiöser Gebote im Judentum und deren Auslegung (→ Aggada).

Holocaust: Bezeichnung für die Vernichtung der europäischen Juden während der nationalsozialistischen Herrschaft in Deutschland und Europa (1933–45). Das Wort stammt aus dem Griechischen und bedeutet »Ganzopfer«, »Brandopfer« (»etwas, das ganz im Rauch aufsteigt«). Im Hebräischen wird dafür der Begriff »Schoah« (auch: Shoa, Shoah) gebraucht.

Israelisch/jüdisch: Auf den Staat Israel bezogen/auf die jüdische Religion bezogen.

Jiddisch: Ursprünglich Sprache der Juden in Europa. Sie besteht zu großen Teilen aus deutschen Elementen, hat aber viele hebräische und aramäische, romanische und slawische Anteile. Jiddisch war die Sprache der Diaspora – ohne eigenes Territorium trug und erhielt es eine eigenständige Kultur.

Jischuw (hebr.): »Bewohntes Land«; Bezeichnung der jüdischen Gemeinschaft vor der Staatsgründung Israels.

Judaistik: Wissenschaft vom Judentum.

Jude ist nach rabbinischem Verständnis ein Mensch mit einer jüdischen Mutter.

Kippa (hebr.): Kopfbedeckung des Mannes

koscher (hebr.): »Rein« nach den jüdischen Reinheitsvorschriften für Nahrungsmittel und Gebrauchsgegenstände.

Menora: Siebenarmiger Leuchter. Er erinnert an die sechs Tage der Schöpfung und den Ruhetag (→ Schabbat/Sabbat).

Mitzwot (hebr. Plural): »Gebote«; Bezeichnung für einzelne Pflichten innerhalb des Systems der Halacha.

Schabbat/Sabbat: Jüdischer Feiertag am siebten Tag der Woche (vgl. 1. Mose 2,2.3).

Schtetl (jiddisch): »Städtchen«, besonders die jüdischen Gemeinden Osteuropas mit ihrer eigenständigen jüdischen Lebenswelt vor der Shoah.

Sefardisch: Nach einem biblischen geographischen Ausdruck bezeichnete man im Mittelalter die Iberische Halbinsel mit dem Ausdruck *Sefarad.* Davon leitet sich die noch heute verwendete Bezeichnung der *Sefaradim* oder sefardischen Juden ab. Allerdings wird der Begriff heute oft auf alle nordafrikanischen und orientalischen Juden ohne spanische Vorfahren angewendet.

Sh'ma Jisrael (hebr.): »Höre Israel!«, Anfang des jüdischen Bekenntnisses aus 5. Mose 6, 4ff.

Sprüche der Väter (hebr. *Pirke Abot*): Teil der Talmud-Überlieferung, der in die Liturgie und die Gebetbücher Eingang gefunden hat.

Talmud (hebr.): »Lernen«, »Lehre«, »Studium«; Sammlung von Bibelkommentaren jüdischer Gelehrter.

Tora: (hebr.): »Lehre«, »Unterweisung«, die Mose am Sinai übergebene Offenbarung Gottes und die fünf Bücher Mose (Pentateuch).

Aufgaben zum gesamten Kapitel

1. Jedes Jahr findet im März die »Woche der Brüderlichkeit« statt. Informiert euch, welche Veranstaltungen dazu in eurem Schulort geplant sind. Überlegt, ob ihr in eurer Schule für die Schulgemeinde (Mitschülerinnen und Mitschüler, Lehrerschaft, Elternschaft) oder für die ganze Stadt einen Beitrag leisten könnt.
2. Informiert euch über die »Aktion Courage«. Dies ist eine Aktion für Schulen, die gegen Rassismus etwas tun wollen. Überlegt, ob eure Schule sich an dieser Aktion beteiligen könnte und was sie dazu tun müsste (http://www.schule-ohne-rassismus.org).

Was du in diesem Kapitel lernen kannst

- Du kannst unterscheiden zwischen Juden, die unterschiedlichen Richtungen des Judentums angehören, und solchen, die sich als nicht religiös verstehen.
- Du kannst die beiden wichtigsten Richtungen des Judentums (in Deutschland) benennen, ihr Grundanliegen skizzieren und ihre wichtigsten Unterschiede benennen.
- Du kennst die wichtigsten Quellen des Judentums: Tora und Talmud
- Du weißt, welche Aufgaben ein Rabbiner/eine Rabbinerin hat.
- Du bist darüber informiert, dass es unter Juden unterschiedliche Haltungen zum Leben im heutigen Deutschland gibt.
- Du kannst Vorurteile in der Bevölkerung in Deutschland gegen Juden benennen, erklären, wie es zu Vorurteilen kommt und wie sie überwunden werden können.
- Du weißt, was Antisemitismus ist, welche Folgen er für die Betroffenen hat und wie man ihm entgegenwirken kann.
- Du kannst (etwa am Beispiel des Weihnachtsfestes) nachvollziehen und beschreiben, wie schwierig und zwiespältig das Leben als Minderheit für die ist, die sich auch kulturell der Mehrheitsgesellschaft anpassen wollen.

11–21
22–37
38–50
51–62
63–77
78–94
95–109
110–120
121–138

Das Geheimnis des Islam

Zu den Seiten 121–123

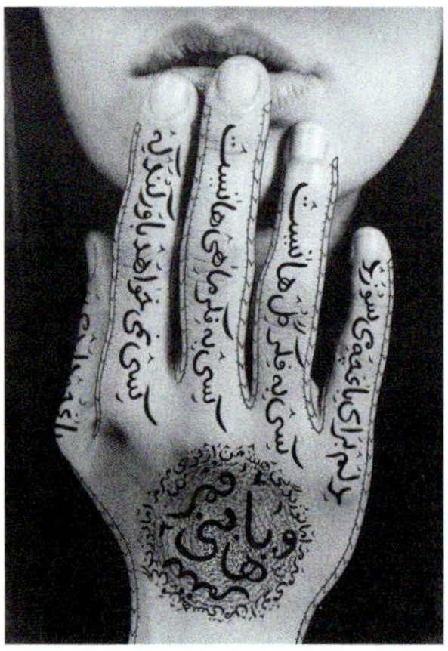

Gläubige bemalen ihre Hände, wenn sie das Ende des Ramadan feiern. Die iranische Künstlerin Shirin Neshat beschrieb und verzierte Finger und Hand mit zwei persischen Gedichten:

»Mein Herz sehnt sich nach einem Garten. Niemand denkt an die Blumen. Niemand denkt an die Fische. Niemand will glauben, dass der Garten kein Herz hat.«

Auf dem Handrücken steht:
»Ich sterbe an dir,
aber du bist mein Leben.«

»Gib einer Hand eine andere Hand, damit diese dir hilft.«

Ein Traum vom Orient

Du hast sicher schon einiges über den Islam gehört und gelesen. Diese Religion begegnet dir in der Schule, in deiner Nachbarschaft. Im Fernsehen macht sie Schlagzeilen. Aber du kannst auch sehen, dass der Islam in vielen Ländern und Kulturen ganz unterschiedlich gelebt wird.

Der Titel »Das Geheimnis des Islam« will dir sagen: Das scheinbar bekannte Thema mit seinen oft knalligen Schlagzeilen und vorschnellen Meinungen bietet – genauer betrachtet – sehr viel mehr an Interessantem als wir normalerweise kennen. Denn neben den durchaus wichtigen und vom Fernsehen her bekannten Seiten gibt es auch viele verschwiegene, stille und geheimnisvolle Bereiche. Diesen Seiten nähern wir uns zunächst vorsichtig – entdeckend – enträtselnd wie bei einer Reise auf einem fremden Kontinent oder bei dem allmählichen Verstehen einer fremden Sprache. Wir wollen schauen, was es da zu entdecken, zu entschlüsseln gibt.

Geheimnisvoll wie das Titelbild ist es auch, wie die Orientalistin Annemarie Schimmel (1922–2002) ihre Liebe zum Islam entdeckte. Sie lehrte als Professorin für Indo-Muslimische Kultur an den Universitäten Harvard (USA) und Bonn. Sie verstand sich als Vermittlerin zwischen Orient und Okzident und wurde für ihre Erforschung des Islam vielfach ausgezeichnet. Aus ihrer Zeit als Professorin für islamische Theologie in der Türkei stammt ihre Erzählung über die Hagia Sophia in Istanbul. Die Stadt, die ursprünglich Konstantinopel hieß (= »Stadt des Kaisers Konstantin«; siehe dazu S. 76f.), wurde 1453 durch die Osmanen erobert. Die ehemals christliche Kirche Hagia Sophia wurde zur Moschee. Eine Ahnung von der Schönheit der Schätze, die Annemarie Schimmel in der Bibliothek entdeckt, vermitteln dir die türkischen, persischen und indischen Miniaturen auf den Seiten 125, 127, 128 und S. 138.

Aufgaben

1. Vergleiche die beiden Bilder von S. 121 und 137. Welche Haltungen, welche Empfindungen entdeckst du im Gesichtsausdruck und in der Körperhaltung? Wer könnte in den Texten das »Du« sein? (»Du« bist mein Leben …; siehe auch S. 203).
2. Was führte Annemarie Schimmel zu ihrer Beschäftigung mit dem Islam?
3. Suche weitere Informationen zum Datum 1453, zum Beispiel in deinem Geschichtsbuch.
4. Fertige eine Umrisszeichnung der Hagia Sophia (S. 123) an. Beschrifte die Umrisszeichnung mit Angaben aus dem Text.

11–21 22–37 38–50 51–62 63–77 78–94 95–109 110–120 121–138

5. Vergleiche deine Notizen zur Hagia Sophia mit anderen Moscheen.
6. Bereitet als Auftakt zum Thema – gemeinsam mit euren muslimischen Mitschülern – den Besuch einer Moschee vor.
7. Bereitet den Besuch in einer Kirche vor.
8. Fertigt danach Zeichnungen mit Erklärungen an. Vergleicht dabei das äußere und das innere Erscheinungsbild einer Kirche mit dem einer Moschee (Grundriss, Einrichtung und Ausrichtung, Himmelsrichtung; Orientierungsort Jerusalem / Mekka).

Der Prophet Muhammad

Zu den Seiten 124 und 125

Der Prophet soll um 570 in Mekka geboren worden sein. Als Waisenkind wuchs er bei seiner Verwandtschaft auf, wurde von seinen Verwandten zu Hilfsdiensten herangezogen und hatte das Kleinvieh zu hüten. Diese Armut und Verlassenheit hat er sein Leben lang nicht vergessen. Immer wieder hat er als Erwachsener zur Mildtätigkeit gegenüber Armen und Waisen aufgerufen. Eine Ausbildung im Lesen und Schreiben hat er nie erhalten. Als junger Mann begann Muhammad dann eine Handelstätigkeit, die ihn mit mekkanischen Karawanen bis nach Syrien führte, wo er christliche Gemeinden kennen lernte. Dort soll er mit dem christlichen Mönch Bahira zusammengetroffen sein, der an ihm das Zeichen der Gottesgesandtschaft erkannte und ihm weissagte, dass er der Prophet der Araber sein werde (siehe S.128).

Seine Handelsgeschäfte führte er im Auftrag und auf Rechnung einer wohlhabenden verwitweten Geschäftsfrau namens Hadidja, durch. Er war zu diesem Zeitpunkt etwa 25 Jahre alt. Diese ältere Frau fand Gefallen an dem jungen, ernsthaften und wohl auch erfolgreichen Mann und schlug ihm die Ehe vor. Die Verbindung wurde sehr glücklich. Aus der Ehe gingen einige Kinder hervor, von denen aber nur eine Tochter, Fatima, das Erwachsenenalter erreichte.

Muhammad zog sich oft zu religiösen Übungen in Einödgebiete oder Höhlen in der Nähe von Mekka zurück, fastete und meditierte. Offenbar wurde er zu derartigen Praktiken von seiner Familie begleitet. Im Zusammenhang mit seinen religiösen Übungen hatte Muhammad ein Erlebnis, das von der islamischen Tradition als der Beginn der Offenbarung des Korans an den Propheten bezeichnet wird. Nach der Überlieferung hat sich dieses Ereignis um das Jahr 610 abgespielt, als Muhammad etwa vierzig Jahre alt war (siehe S. 124).

Nach und nach festigte sich auch durch Khadijas Rückhalt in Muhammad die Überzeugung, dass er von Gott zum Propheten der Araber auserwählt worden sei. So trat er öffentlich auf und betonte das Heraufziehen des Jüngsten Tages, eine Vorstellung, die den Bewohnern Mekkas und der Umge-

Zeittafel zum Leben Muhammads

569 / 570	Geburt in Mekka
Ca. 595	Muhammad heiratet die Kaufmannswitwe Hadidja
Ca. 610	Berufungserlebnis am Berg Hira
Ca 613	Beginn der öffentlichen Verkündigung des Islam
622	Hidjra: Auswanderung von ca. 70 Frauen und Männern nach Medina; Gründung des ersten muslimischen Gemeinwesens; Beginn der islamischen Zeitrechnung
632	Abschiedswallfahrt nach Mekka
8. 6. 632	Tod in Medina

Jüdische Einwohner in Medina werden gefangen und in die Verbannung geschickt. Mit diesem Ereignis beginnt eine lange, konfliktreiche Beziehung zwischen Muslimen und Juden.

bung völlig fremd war. Er verband diese Warnungen vor der Endzeit mit der Aufforderung an seine Zeitgenossen, ihren Lebenswandel zu bessern und an einen einzigen Gott, Allah, zu glauben.

Die Reaktionen waren mehrheitlich negativ. Seine Betonung des Monotheismus (= Glauben an einen einzigen Gott) konnte aus ihrer Sicht nachteilige Konsequenzen für die wirtschaftliche Position der Stadt mit sich bringen. Sie forderten ihn zunächst auf, das Predigen einzustellen, und bezeichneten ihn als Dichter, Besessenen oder Scharlatan. Im Übrigen nahm Muhammad in seinen Predigten auch zur sozialen Situation in Mekka Stellung. Seine Forderung, solidarisch zu handeln und die Bedürftigen und Schwachen der mekkanischen Gesellschaft zu unterstützen, wurde von der mekkanischen Elite ebenfalls mit Ablehnung aufgenommen.

Die Ablehnung seiner Botschaft wurde für ihn bedrohlich, ja lebensgefährlich. In letzter Minute konnte Muhammad seinen Verfolgern entkommen, die schon Mordpläne gegen ihn vorbereitet hatten. In Medina gab es Probleme mit zwei jüdischen Stämmen, die seit undenklichen Zeiten in Medina ansässig waren. Bei seiner Ankunft in Medina war Muhammad noch davon überzeugt, dass er ein Prophet wie Moses oder Jesus sei und dass seine Botschaft mit der seiner Vorgänger überein-

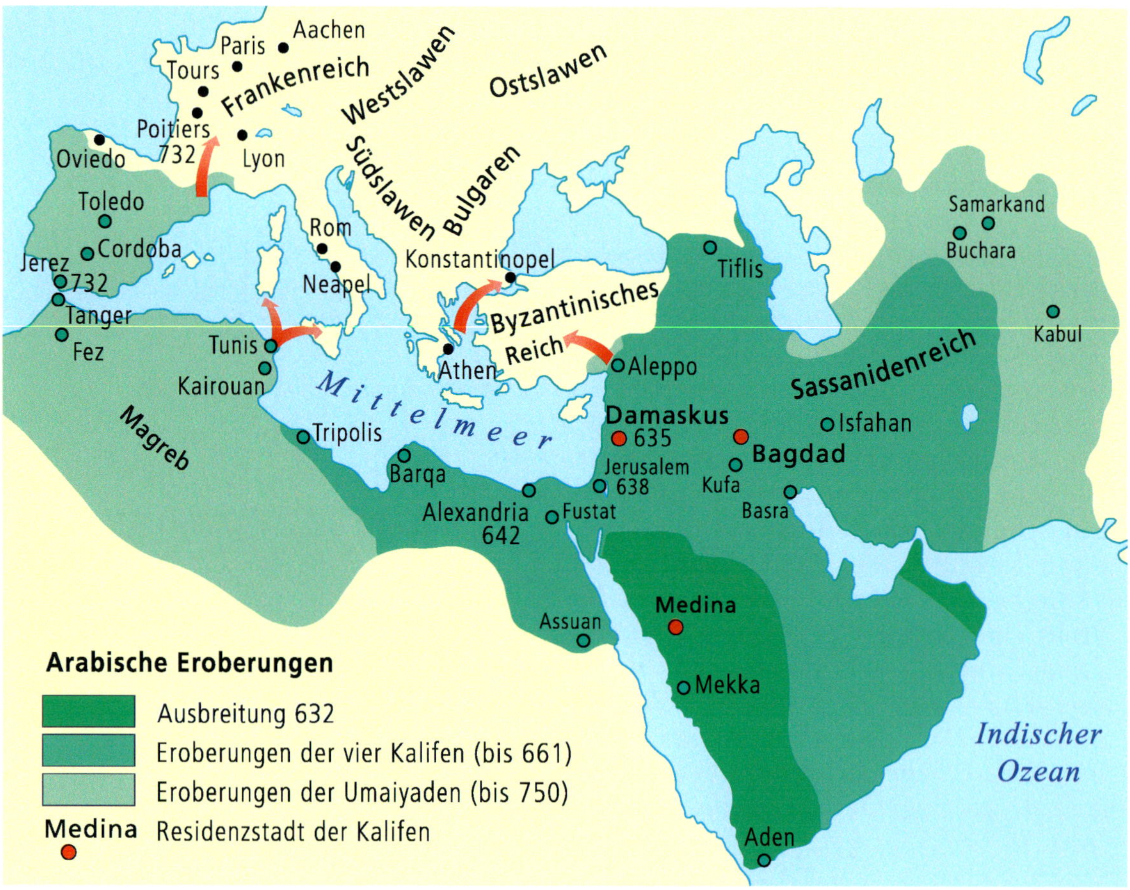

Die Ausdehnung des Islamischen Reiches von 632 (dem Todesjahr Muhammads) bis 750.

stimme. Die Juden von Medina lehnten ihn ab, weil sie keine Übereinstimmung mit ihm erkennen konnten.

Damit veränderte sich die Haltung des Propheten gegenüber Juden und Christen. Er sah sich von nun an nicht mehr als Prophet, der von Gott allein zu den Arabern geschickt worden sei, sondern erhob jetzt einen universalen Anspruch. Die Gebets-Richtung war nun nicht mehr Jerusalem, sondern Mekka. Fortan wurde betont, dass der Stammvater Ibrahim (Abraham) bei der Kaaba in Mekka einen monotheistischen Kult etabliert habe, der allerdings mit der Zeit in Vergessenheit geraten sei. Er begann einen Dschihad (Glaubenskrieg) gegen Mekka, gegen Juden und Christen. Als der Prophet im Jahr 632 n. Chr. starb, hinterließ er ein ausgedehntes Staatswesen (siehe die Karte S. 192).

Aufgaben

1. Erstelle eine Kurzfassung der Biografie Muhammads aus verschiedenen Quellen.
2. Schreibe eine Nacherzählung zu Muhammads Gedanken und zu seiner Geschichte.
3. Suche Erklärungen zur Karte, den Orten, den Ereignissen.
4. Besorge dir noch andere Karten zur Ausbreitung des Islam in der Geschichte und heute.
5. Ergänze die Karte mit den Ereignissen um 1453 (Eroberung Konstantinopels).

Der Koran

Zu den Seiten 126 und 127

Abdelwahab Meddeb und Nasr Hamid Abu Zaid berichten von ihrer tiefen Prägung durch den Koran. Andererseits haben sie ein recht kritisches Verständnis des Korans. Abdelwahab Meddeb lebt als erfolgreicher Schriftsteller in Frankreich.

Die Abbildung der ersten Sure vermittelt dir einen Eindruck von der Schönheit islamischer Kalligraphiekunst. Die »Fatiḥa« (sprich: Fatika), d. h. die »Öffnende« oder die »Eröffnung« steht am Anfang des Korans. Sie wird auch »Mutter des Korans« genannt. In dieser Sure klingen Leitmotive des ganzen Korans an. Sie ist ein einfaches Gebet, das bei Muslimen etwa die gleiche Bedeutung hat wie bei Christen das »Vaterunser« und von den Frommen täglich mehrmals gebetet wird. Sie lautet:

1 *Im Namen Gottes, des Erbarmers, des Barmherzigen.*
2 *Lob sei Gott, dem Herrn der Welten,*
3 *dem Erbarmer, dem Barmherzigen,*
4 *der Verfügungsgewalt besitzt über den Tag des Gerichtes!*
5 *Dir dienen wir, und dich bitten wir um Hilfe.*
6 *Führe uns den geraden Weg,*
7 *den Weg derer, die Du begnadet hast, die nicht dem Zorn verfallen und nicht irregehen.*

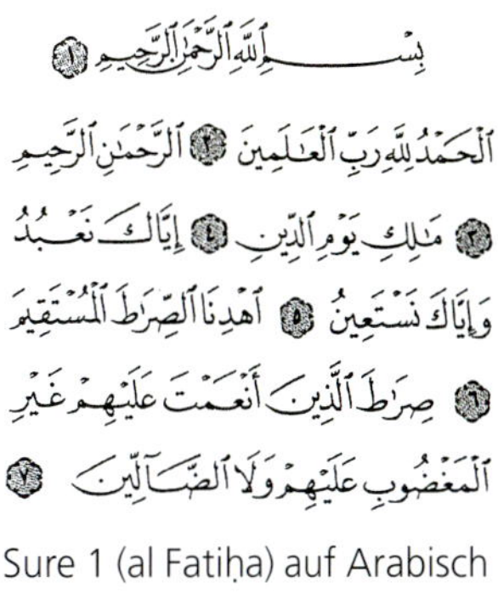

Sure 1 (al Fatiḥa) auf Arabisch

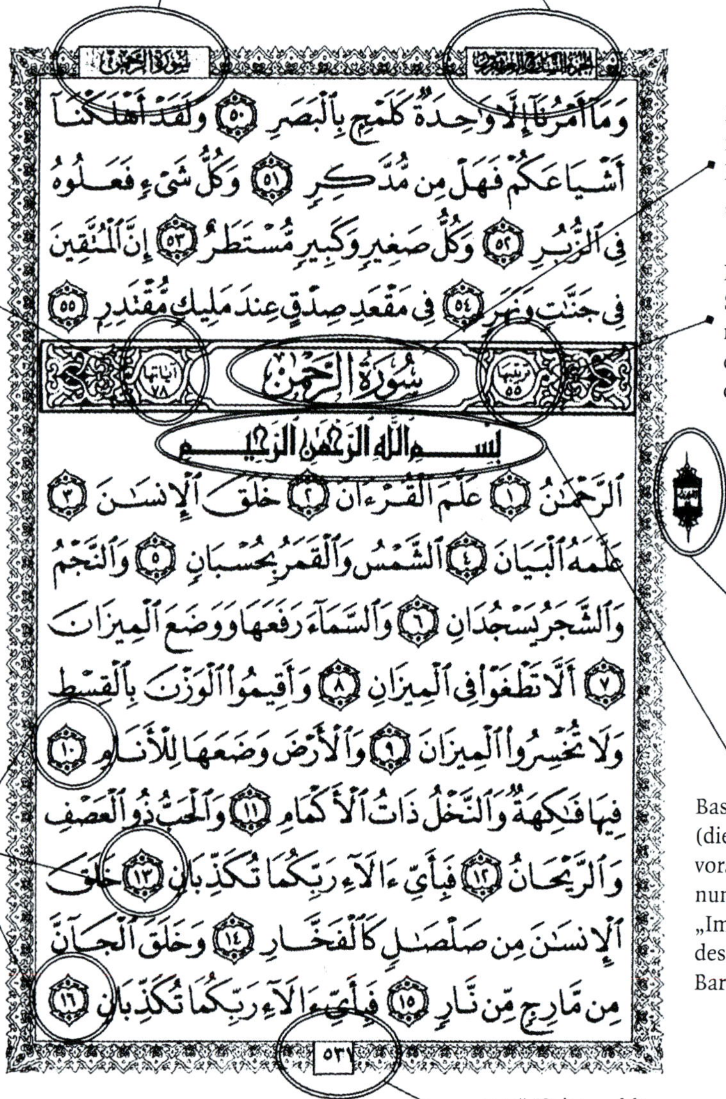

Aufgaben

1. Was sagen die beiden islamischen Wissenschaftler über Sprache und Schönheit des Korans?
2. Wie verstehst du das Wortspiel »Vatersprache – Muttersprache«?
3. Hat auch die Bibel sprachbildend gewirkt? Denke an die Lutherbibel (siehe das Kapitel »Reformation«, S. 78 ff.)

11–21 22–37 38–50 51–62 63–77 78–94 95–109 110–120 121–138

1. Welche Argumente führt der Islam an, um zu belegen, der Koran sei nicht von Menschen gemacht?
2. Wie denkst du darüber?
3. Was ist damit gemeint, wenn die Bibel als »Wort Gottes« bezeichnet wird?
4. Welche Konflikte kann ein kritischer Umgang mit dem Koran auslösen?
5. Worin siehst du Ähnlichkeiten und Unterschiede zwischen Bibel und Koran? Siehe dazu auch das Kapitel »Bibelwerkstatt«, S. 205 ff.

Der Koran und die Bibel

Zu den Seiten 128 und 129

Der Koran bezeichnet Juden, Christen und Muslime als »Leute des Buchs« (siehe Seite 129). Der Koran hat Erzählungen aus dem christlich-jüdischen Umfeld übernommen und abgeändert. Dazu zählen die Geschichten von Adam und Eva, Noah, Abraham, David, Jona, Hiob – und auch von Jesus. Das ökumenische Glaubensbekenntnis aus dem 4. Jahrhundert stellt ein gemeinsames Bekenntnis aller Christen dar. Es entstand auf Synoden (= Kirchenversammlungen) in Nicäa und Konstantinopel (siehe S. 197).

Aufgaben

Zum Thema »Leute des Buchs«:

1. Warum werden Juden, Christen und Muslime im Koran »Leute des Buches« genannt?
2. Was verbindet Juden, Christen und Muslime?

Zum Thema »Glaubensbekenntnis«:

3. Vergleiche die christlichen und muslimischen Glaubensaussagen zu Maria, Jesus und Muhammad und stelle vergleichbare und sich unterscheidende Aussagen in einer Tabelle dar:
   - Maria: die Weihnachsgeschichte nach Lukas 1–2.
   - Jesus Christus, Sohn Gottes , Tod und Auferstehung: Markus 1, 9–15; Matthäus 16, 13–17; Matthäus 27–28.
   - Christliche Glaubensbekenntnisse sprechen von Gott dem Schöpfer, Jesus dem Sohn Gottes und dem Heiligen Geist (»Trinität«). Der Koran bestreitet das christliche Bekenntnis. Stelle wichtige Aussagen des christlichen und des muslimischen Glaubensbekenntnis einander gegenüber.
4. Wie lauteten die beiden christlichen Glaubensbekenntnisse? Schlage in einem Gesangbuch nach. Die altertümliche Sprache ist dir vielleicht fremd. Formuliere den Text mit eigenen Worten und erstellt in der Gruppe gemeinsam eigene Bekenntnisaussagen in der heutigen Sprache.

11–21 22–37 38–50 51–62 63–77 78–94 95–109 110–120 121–138

Zum Thema »Gottesbild«:

5. Wir sieht der Koran das christliche Bekenntnis zu dem dreieinigen Gott (Gott = Vater, Sohn und Heiliger Geist)?
6. Welche äußeren und inneren Beweggründe führten Muhammad zum Glauben an einen einzigen Gott (Monotheismus)?
7. Welche Gebets- und Korantexte belegen das monotheistische Gottesbild?

Zum Thema »Jesus und Muhammad«:

8. Vergleiche die unterschiedlichen Auffassungen im Koran und im christlichen Glaubensbekenntnis zu Jesus als »Gottes Sohn«.
9. Wie steht der Koran zu Jesus und Muhammad? Betrachte dazu die Bilder und »übersetze« ihre Aussagen.
10. Welchen Rang spricht der Koran Jesus und Muhammad zu?
11. Was sagen Christen zur Offenbarung Gottes an Muhammad? Vergleiche dazu auch in der Bibel den Hebräerbrief, Kapitel 1.

Zum Bild »Muhammad und Jesus reiten zusammen ...«

12. Wie werden Jesus und Muhammad auf dem Bild dargestellt? Beachte dabei ihren Gesichtsausdruck, die Körpersprache und den Rang der Reittiere.
13. Umrisszeichnung: Schreibt in Partnerarbeit einen Dialog zwischen den beiden Propheten. Überlegt euch ein Thema, über welches sich die beiden unterhalten und verwendet dabei die entsprechenden Seiten, zum Beispiel S. 128 f., 134 f. oder S. 136 f.
14. Erweitert die Zeichnung durch das Gesicht im Fenster und schreibt einen eigenen Kommentar über Jesus und Muhammad aus dieser Perspektive, indem ihr dem Betrachter im Fenster unterschiedliche Namen gebt, zum Beispiel: »Ich, ein Christ, ein Moslem, Gott...«

Schülerkommentare zur Anregung:

J: »Folgt mir. Ich bin die einzig wahre Religion. Liebet eure Feinde und tut denen Gutes, die euch hassen, denn die Friedfertigen kommen in das Reich Gottes.«

M: »Jetzt hört doch mal zu! Die Christen sind Leute der Schrift und sie glauben an den gleichen Gott wie wir, also tötet sie nicht.«

J: »Meine lieben Christenmenschen: ist es nicht langsam an der Zeit, die alten Differenzen zwischen Muslimen und Christen zu klären? Gewalt fordert nur Gegengewalt und führt nicht zum Ziel. Was ist unser Ziel eigentlich und welches Ziel ist es wert, dass es so viele Menschenleben fordert? Ich kann euch nur raten, versöhnt euch mit den Muslimen.«

Wenn du die Seiten 124–129 bearbeitet hast, solltest du über folgende Punkte Bescheid wissen. Dazu musst du auch eigenständig weitere Informationen einholen:

1. Muhammads Offenbarungen und sein Glaube (siehe S. 124–125)
2. Kurzfassung des Lebenslaufs (siehe S. 191)
3. Verbreitung des Islams (Karte; Suche nach Kartenmaterial zur Gegenwart)
4. Der Koran: Sure 1, Sprache und der Rang des Korans (S. 126–127)
5. Du kennst das apostolische und das muslimische Glaubensbekenntnis im Wortlaut (siehe S. 128–129; S. 195, Aufgabe 3 und 4).
6. Du kannst die Begriffe »Leute des Buchs« und »Trinität« erklären.
7. Du kannst Gemeinsames und Unterscheidendes über Muhammad und Jesus nach dem Koran beschreiben (siehe S. 128–129).

»Und wisse, es gibt keinen Gott außer Gott, und Muhammad ist der Gesandte Gottes.«

Die fünf Säulen des Glaubens

Zu den Seiten 130–133

Die fünf religiösen Pflichten eines Muslims sind:

- das Glaubensbekenntnis (*shahada* – Zeugnis ablegen),
- das Pflichtgebet, das fünfmal am Tag verrichtet werden soll (*salat*),
- das Fasten im Monat Ramadan (*saum*),
- die Sozialabgabe (*zakat*)
- und die Wallfahrt nach Mekka, die einmal im Leben zu vollziehen ist (*hadsch*).

Beispielhaft werden auf den Seiten 130–133 die Wallfahrt, das Fasten und das Gebet vorgestellt.

Islamischer Kalender und Feste

Die islamischen Feste, wie zum Beispiel das »Fastenbrechen«, folgen dem muslimischen Kalender. Dieser orientiert sich am Mondlauf und unterscheidet sich deshalb von unserem gregorianischen Kalender. Mit dem gregorianischen Kalender wurde im 16. Jahrhundert der bis dahin gültige Julianische Kalender dem wirklichen Sonnenjahr noch genauer angepasst. Im Alltag halten sich die meisten Muslime an den international gebräuchlichen Kalender der Christen. Die arabischen Tageszeitungen geben die Jahreszahlen doppelt an, in muslimischer und in gregorianischer Zeit. Nur in Saudi-Arabien, im Iran und im Sudan lebt man ausschließlich nach dem islamischen Kalender. Weil das islamische Jahr elf Tage kürzer ist als das gregorianische, werden die Jahreszahlen sich einmal treffen. Das ist aber erst in über 19.000 Jahren der Fall. Um die muslimische in christliche Zeitrechnung umzurechnen, kann man eine einfache mathematische Formel benutzen:

Glaubensbekenntnis von Nizäa

Wir glauben an den einen Gott,
den Vater, den Allmächtigen,
der alles geschaffen hat, Himmel und Erde,
die sichtbare und die unsichtbare Welt.

Und an den einen Herrn Jesus Christus,
Gottes eingeborenen Sohn,
aus dem Vater geboren vor aller Zeit:
Gott von Gott, Licht vom Licht,
wahrer Gott vom wahren Gott,
gezeugt, nicht geschaffen,
eines Wesens mit dem Vater;
durch ihn ist alles geschaffen.
Für uns Menschen und zu unserm Heil
ist er vom Himmel gekommen,
hat Fleisch angenommen durch den Heiligen Geist
von der Jungfrau Maria
und ist Mensch geworden.

Er wurde für uns gekreuzigt unter Pontius Pilatus,
hat gelitten und ist begraben worden,
ist am dritten Tage auferstanden nach der Schrift
und aufgefahren in den Himmel.
Er sitzt zur Rechten des Vaters
und wird wiederkommen in Herrlichkeit,
zu richten die Lebenden und die Toten;
seiner Herrschaft wird kein Ende sein.

Wir glauben an den Heiligen Geist,
der Herr ist und lebendig macht,
der aus dem Vater und dem Sohn hervorgeht,
der mit dem Vater und dem Sohn angebetet und verherrlicht wird,
der gesprochen hat durch die Propheten,
und die eine, heilige, allgemeine und apostolische Kirche.

Wir bekennen die eine Taufe zur Vergebung der Sünden.
Wir erwarten die Auferstehung der Toten
und das Leben der kommenden Welt. Amen.

11–21 22–37 38–50 51–62 63–77 78–94 95–109 110–120 121–138

C (= christliches Jahr) = H (= Hidra: 622 n. Chr.)

C = H × 32/33 + 622; H = 33/32 × (C–622)

Körperhaltungen beim Gebet

Das Gebet

Um würdig vor Gott zu treten, reinigt sich der Beter zunächst auf symbolische Weise an Gesicht und Händen. Das islamische Ritualgebet (*salat*) besteht aus einer Reihe von Körperhaltungen (*rak'a*): Aufrechtstehen, Rumpfbeugungen, Knien mit zweimaligem Berühren des Bodens mit der Stirn. Mit einer Kopfwendung nach rechts und dann links beschließt man das Gebet, das nach Mekka gerichtet ist.

Im Morgengebet spricht man unter anderem:

- Gott ist der Allergrößte!« (*Allahu akbar*)
- Die Fatiḥa (siehe Seite 127 und 193).
- »Ehre sei Gott und Anbetung und Heiligkeit. Friede sei mit Dir, o Prophet … Ich bezeuge, dass es keinen Gott gibt außer Gott und ich bezeuge dass Muhammad Sein Diener und Gedandter ist.«
- »Friede sei mit euch und Gottes Gnade!« (zwei Mal)

Die Wallfahrt nach Mekka

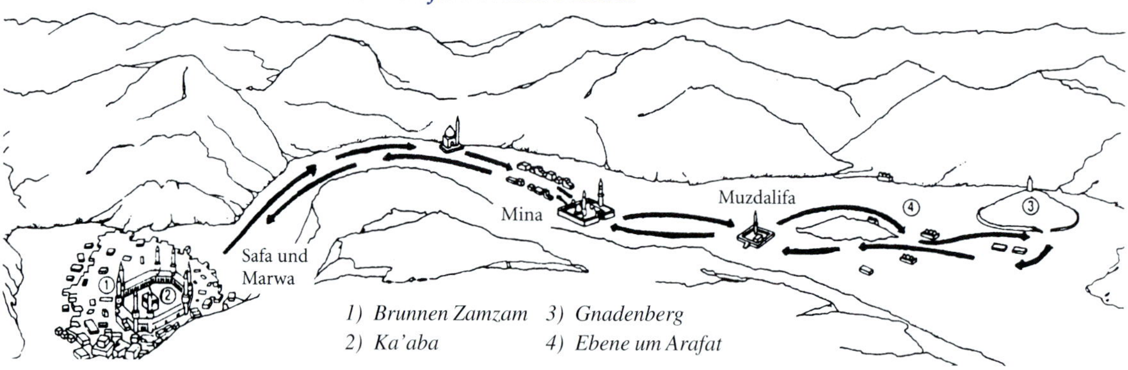

Stationen der Wallfahrt in Mekka

Aufgaben

1. Wann beginnt die muslimische Zeitzählung?
2. Welche Feste feiern Muslime?
3. Welche Feste feiern Juden und Christen?
4. Recherchiere die aktuellen Festtermine, zum Beispiel unter www.bibelwerk.de oder www.wikipedia.de.
5. Was bedeuten die Begriffe »Rechtleitung«, »Fatwa« und »Scharia«?
6. Welche anderen Quellen bestimmen neben dem Koran Verhalten, Glaubenspraxis und Recht?
7. Worin bestehen die fünf religiösen Pflichten des Islam?
8. Kennst du entsprechende Pflichten auch für Juden und Christen? Wo findest du solche?
9. Vergleiche die Moschee in Wülfrath mit der Hagia Sophia. Siehe dazu auch die Aufgaben zu Seite 122 f.

Regeln und Konflikte im Alltag

Zu den Seiten 134–135

Was motiviert fromme Muslime zum rechten Handeln, zum Gebet, zu den fünf Pflichten? Es ist das Wissen um die Unausweichlichkeit des Todes. Fünfmal am Tag sprechen sie im Rahmen des Pflichtgebets: »Bei der flüchtigen Zeit! Wahrlich, der Mensch ist verloren, außer jenen, die glauben und Gutes tun und sich gegenseitig zur Wahrheitsliebe anspornen und einander zum Ausharren mahnen.« Der Begriff Dschihad beschreibt dabei, um was es geht, nämlich um die Frömmigkeit, die tägliche Anstrengung. Dabei hat das Wort Dschihad zwei verschiedene Bedeutungen. Es bedeutet zunächst ganz grundsätzlich Anstrengung, Bemühung. Aber genauso gut bedeutet es bewaffneten Kampf. Die erste Bedeutung des Dschihad wird u. a. im täglichen Gebet und in der Vorbereitung auf den Tod sichtbar.

Der Beitrag zur Kinder-Uni Tübingen auf S. 134f. erklärt, wie die muslimischen Vorschriften zur richtigen Lebensführung ausgelegt werden können. Der Text beschäftigt sich mit der Scharia, also den Geboten des Korans und den entsprechenden Rechtsgutachten und Auslegungen hierzu, den Fatwas.

Im Text geht es vor allem um die Anschläge auf das World Trade Center 2001 und die Motive der Attentäter. Dabei werden vor allem radikale Positionen gewaltbereiter Islamisten vorgestellt. Von ihnen distanzieren sich viele Muslime, u.a. auch Muslime in Deutschland, welche die Regeln unseres Staates beachten und mit Christen zusammenarbeiten. Der Zentralrat der Muslime hat ein Jahr nach den Attentaten vom 11. September 2001 die »Islam-Charta« veröffentlicht. Sie bekennt sich u.a. zu folgenden Punkten:

1. Der Islam ist die Religion des Friedens.
2. Wir glauben an den barmherzigen Gott.
3. Der Koran ist die verbale Offenbarung Gottes.
4. Wir glauben an die Propheten des Einen Gottes.
5. Der Mensch muss am Jüngsten Tag Rechenschaft ablegen.
6. Der Muslim und die Muslima haben die gleiche Lebensaufgabe.
7. Die fünf Säulen des Islam.
8. Der Islam ist Glaube, Ethik, soziale Ordnung und Lebensweise zugleich.
9. Dem Islam geht es nicht um Abschaffung von Reichtum.
10. Das islamische Recht verpflichtet Muslime in der Diaspora.
11. Muslime bejahen die vom Grundgesetz garantierte gewaltenteilige, rechtsstaatliche und demokratische Grundordnung.
12. Wir zielen nicht auf Herstellung eines »Gottesstaates« ab.
13. Es besteht kein Widerspruch zwischen der islamischen Lehre und dem Kernbestand der Menschenrechte. […]

Zum Bild auf S. 135

Muslime und Christen glauben an ein Gericht am Jüngsten Tag (s. o. in der Islam-Charta Punkt 5). Wahrscheinlich hat der Koran dabei wesentliche Vorstellungen der jüdischen und christlichen Gemeinden in seinem damaligen Umfeld übernommen. Einige hat er dabei aber stark verändert.

Sure 56 schildert die Sicht des Koran:

Das Paradies – der Lohn des Dschihad

Im Namen Gottes, des Erbarmers, des Barmherzigen.

1 Wenn die Stunde eintrifft, die eintreffen wird 2 – es gibt niemanden, der ihr Eintreffen leugnen könnte –, 3 wird sie einiges niedrig machen und einiges erhöhen. 4 Wenn die Erde heftig geschüttelt wird 5 und die Berge völlig zertrümmert werden, 6 und zu verstreutem Staub werden, 7 und ihr in drei Gruppen aufgeteilt werdet.

8 Die von der rechten Seite – was sind die von der rechten Seite? 9 Und die von der unglückseligen Seite? 10 Und die Allerersten, ja sie werden die Allerersten sein. 11 Das sind die, die in der Nähe (Gottes) zugelassen werden, 12 in den Gärten der Wonne. 13 Eine große Schar von den Früheren 14 und wenige von den Späteren. 15 Auf durchwobenen Betten 16 legen sie sich einander gegenüber. 17 Unter ihnen machen ewig junge Knaben die Runde 18 mit Humpen und Krügen und einem Becher aus einem Quell, 19 von dem sie weder Kopfweh bekommen noch sich berauschen, 20 und mit Früchten von dem, was sie sich auswählen, 21 und Fleisch von Geflügel von dem, was sie begehren. 22 Und darin sind großäugige Huri, 23 gleich wohlverwahrten Perlen. 24 Dies als Lohn für das, was sie zu tun pflegten. 25 Sie hören darin keine unbedachte Rede und nichts Sündhaftes, 26 sondern nur das Wort »Friede! Friede!«

27 Die von der rechten Seite – was sind die von der rechten Seite? 28 Sie sind unter Zizyphusbäumen ohne Dornen 29 und übereinander gereihten Bananen 30 und ausgestreckten Schatten, 31 an Wasser, das sich ergießt, 32 mit vielen Früchten, 33 die weder aufhören noch verwehrt sind …

41 Und die von der linken Seite – was sind die von der linken Seite? 42 Sie sind in glühendem Wind und heißem Wasser, 43 und im Schatten aus schwarzem Rauch, 44 der weder kühl noch trefflich ist. 45 Sie lebten ja vordem üppig 46 und verharrten in der gewaltigen Untreue. 47 Und sie sagten: »Wenn wir gestorben und zu Staub und Knochen geworden sind, sollen wir dann wirklich auferweckt werden?«

Sure 56 (*übersetzt von Adel Theodor Khoury*)

Aufgaben

1. Wer sitzt auf dem Richterstuhl (siehe Bild S.135)?
2. Wonach werden die Menschen beurteilt?
3. Wer sind »die zur Rechten und zur Linken«?
4. Wer kommt ins Paradies? Stelle muslimische und christliche Auffassungen zusammen nach Sure 56 und Matthäus 25,31ff. Wie wurde diese Frage zur Zeit Martin Luthers diskutiert? (Vgl. dazu den Streit um Ablass und Buße und die Aussagen Martin Luthers zur Rechtfertigung auf S. 80ff. und WuK, S. 170f.)

Glaubensrichtungen im Islam

Zu den Seiten 136–138

Um die verschiedenen Auffassungen zur Lebensführung innerhalb des Islam besser einordnen zu können, solltest du etwas über die islamischen Glaubensrichtungen wissen. Wir unterscheiden u.a. Sunniten, Schiiten und Aleviten. Sie haben teilweise ganz unterschiedliche Auffassungen zum Koran und zur Lebensführung.

Sunniten (85% der Muslime weltweit) folgen neben dem Koran der *Sunna*. »Sunna« ist die Tradition. Sie besteht aus der Sammlung der Sprüche und Taten Muhammads (*Hadithe*) und den Auslegungen der

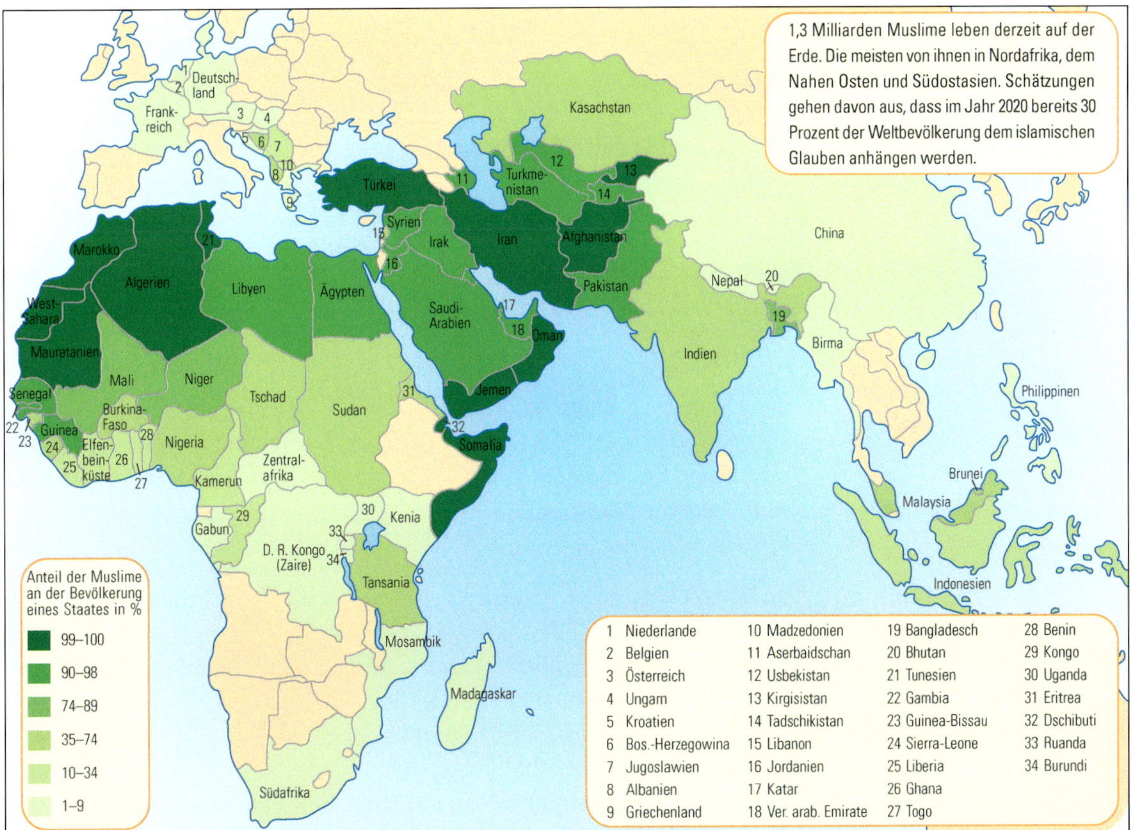

Rechtsschulen. Sie praktizieren ihren Glauben streng, aber realitätsbezogen.

Die Schiiten (*Shi'at Ali* – arab.: die Partei Alis; 10–15% weltweit). Sie glauben, die Lehre Muhammads werde durch seine rechtmäßigen Nachfolger am besten bewahrt. Eben durch seinen Nachfolger Ali, Vetter und Schwiegersohn Muhammads, die Kalifen Imame und schiitischen Rechtsgelehrten.

Die Aleviten erkennen den Koran nur bedingt an. Die fünf Säulen und die Scharia spielen keine Rolle. Alkohol und Schweinefleisch sind erlaubt, Hasenfleisch ist verboten. Toleranz und die Gleichberechtigung der Frau sind ihnen sehr wichtig. Sie sind im 14./15. Jahrhundert *im Osten der Türkei* in einer mystischen Bruderschaft entstanden und betrachten sich als rechtgläubig, wurden wegen ihres Glaubens aber häufig verfolgt.

Die **Aḥmadlyya-Bewegung** geht auf Gulam Aḥmad (Pakistan, 1835–1908) zurück. Nach seiner Lehre ist der Prophet Isa (Jesus) dem Kreuz entkommen, verkündete in Indien bis zu seinem Tod mit 120 Jahren das Evangelium. Aḥmad sah sich selbst als Messias und trat auch für die Verehrung Jesu ein. Er forderte die Begrenzung des Dschihad auf missionarische Tätigkeiten (vgl. S. 134 f.). Die Bewegung betreibt weltweit eine planmäßige Mission vor allem in Indien und in Westafrika und hat ca. 10 Millionen Mitglieder. Die Aḥmadlyya-Bewegung gilt im Islam als Irrlehre, weil sie mit der Verehrung des Propheten Aḥmad das »Siegel des Propheten« verletzt (zum »Siegel des Propheten« vgl. S. 128 f.).

Muslime in Deutschland

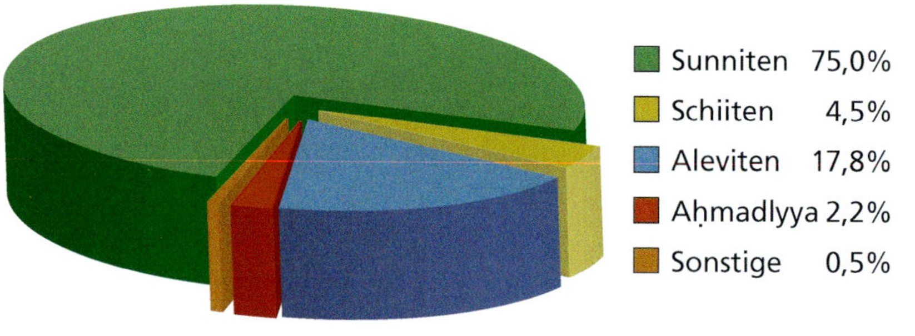

In Deutschland leben 3,2 Mio Muslime 4% der Gesamtbevölkerung), davon 2 Mio türkischer Herkunft. Es gibt 750.000 schulpflichtige muslimische Kinder und Jugendliche (Stand 2005).

Die Beispiele auf den Seiten 136–138 sollen dich dazu anregen, selbst zu recherchieren und ein Meinungsbild muslimischer Mitschülerinnen und Mitschüler zum Thema Glaube und Alltag zu skizzieren. Die Szene auf S. 136 hat die Journalistin und Sozialwissenschaftlerin Necla Kelek festhalten. Sie hat türkische Jugendliche zum Thema Glauben und Alltag interviewt.

Frau Kelek lebt seit 30 Jahren in Deutschland, bezeichnet sich als voll integriert und spricht Deutsch so gut wie ihre türkische Muttersprache.

80% der etwa 3 Millionen Muslime in Deutschland sind türkischer Herkunft und bilden so die größte Migrantengruppe.

Eine ihrer Fallgeschichten findest du auch auf S. 136f. In den beiden Geschichten kannst du herausfinden:

- wie sich religiöse Überzeugungen und Verhaltensweisen miteinander verbinden;
- wie Einstellungen von den Überzeugungen der Familie und von der Herkunft aus der ursprünglichen Heimat geprägt sein können;
- wie unterschiedlich Mädchen und Jungen damit umgehen;
- wie Konflikte und Lösungswege aussehen können.

In unserer ersten Geschichte entscheidet sich das Mädchen für einen eigenen Weg, der sie aus ihrer Familie hinausführt, während die Jungen Faruk und Senol das leben, was sie in der Koranschule gelernt haben, nämlich »wie ein richtiger Muslim« leben muss.

Aufgaben

1. In welchem Dilemma befinden sich gerade junge Türkinnen und Türken in Deutschland, wenn es um die Gebote der Religion, um Traditionen, die Werte von Familie und moderner Gesellschaft geht?
2. Wie denkst du über diese beiden Geschichten und die Einstellungen der Jugendlichen?
3. Welche Erfahrungen hast du mit muslimischen Jugendlichen machen können?
4. Wie wirken sich deine Überzeugungen, die deiner Familie und dein Glauben auf deinen Alltag aus?

Die Bilder am Anfang und am Ende des Kapitels

Die beiden Bilder am Anfang und am Ende des Kapitels stammen von der iranischen Künstlerin Shirin Neshat (geb. 1957). Sie rahmen das Kapitel ein. Was könnte das bedeuten? Wie verstehst du die Haltung und die Gestik der Frauen? Vergleiche das Bild auf S. 137 mit dem Eingangsbild auf S. 121. Weitere Angaben findest du auf S. 190. Suche im Internet weitere Informationen zu Shirin Neshat.

Aufgaben

1. Wo finden sich die Vorschriften zur richtigen Lebensführung?
2. Wer entscheidet über aktuelle Fragen der Auslegung?
3. Wie unterscheiden sich die genannten Glaubensrichtungen des Islam?
4. Wie löst Faruk die Forderung, »wie ein echter Muslim zu leben«, ein?
5. Wie hat das Mädchen ihren eigenen Weg als Muslimin in Europa gefunden?
6. Welche Konflikte haben muslimische Jugendliche bei uns und welche Ideen hast du für gute Lösungen?

Was du in diesem Kapitel lernen kannst

- Du kannst Informationen über eine Moschee und über islamisches Leben in der eigenen Region beschaffen und präsentieren.
- Du kannst Gemeinsamkeiten und Unterschiede von Kirchen und Moscheen beschreiben.
- Du kennst die Biographie Muhammads in Grundzügen.
- Du kannst das Gottesbild von Muhammad beschreiben und durch einen islamischen Koran- und Gebetstext belegen.
- Du kannst vergleichen, wie Jesus im christlichen Glaubensbekenntnis und im Koran beschrieben wird.
- Du kannst beschreiben, welchen Rang der Koran Jesus und Mohammed einräumt.
- Du kannst erklären, was unter »islamischer Rechtleitung« zu verstehen ist.
- Du kennst die Namen und den Inhalt der »fünf Säulen des Islam«.
- Du kannst erklären, warum es im Islam Unterschiede in der Auffassung über die richtige Lebensführung gibt.
- Du kennst die drei wichtigsten Glaubensrichtungen des Islam in Deutschland.
- Du kannst erörtern, in welche Konflikte muslimische Jugendliche in Deutschland kommen können, wenn sie nach den Geboten des Islam leben wollen.
- Du kannst Vorschläge machen, wie ein gemeinsames Zusammenleben von Christen, Muslimen und anderen Religionen möglich ist.

Bibelwerkstatt

Die Bibel – ein prächtiges Buch

Zwei Freunde unterhalten sich:

A: Ich bin dabei, die Bibel jetzt ganz durchzulesen, denn ich will genau wissen, wofür ich mich entscheide, wenn ich Christ werde. Ich muss dir ehrlich sagen: Ich finde, es ist ein merkwürdiges Buch, aber ich hab' es noch nicht durch. Solange warte ich noch mit meinem Urteil.

B: Wie weit bist du?

A: Oh, bei Maleachi, aber ich habe, ehrlich gesagt, von hinten angefangen, ich lese Bücher immer verkehrt herum. Wenn man weiß, wie ein Buch ausgeht, liest man genauer und geduldiger. Meine Mutter sagt immer, dass ein guter Schriftsteller mit dem Schluss beginnt, warum also soll nicht auch der Leser mit dem Schluss anfangen?

B: Dann hast du das ganz Neue Testament also schon gehabt?

A: Natürlich, und ich muss sagen: Den Schluss kannst du glatt vergessen. Was für ein Unsinn. Visionen, aus denen man überhaupt nicht klug werden kann. Und vorher gibt es auch vieles, was ich nicht verstehe, aber bevor ich mir das erklären lasse, will ich die Bibel erst mal ganz durchlesen. Ich hoffe, dass ich dann alles, was ich nicht verstehe, mit dir besprechen kann […]

Maarten 't Hart

Der schönste Mord der Bibel

»In der Bibel werden erstaunlich viele Morde begangen«, sagte er an einem der Abende, »es beginnt schon bei Genesis 4, Kain und Abel, und dann geht es immer so weiter, aber der schönste Mord ist der von Jaël an Sisera – sie nagelt ihn mit einem Zeltpflock durch seine Schläfe am Boden fest, phantastisch –, ja, es ist ein prächtiges Buch, die Bibel, vor allem in der ersten Hälfte, bis Esra ist es glänzend; ich wollte, ich hätte es eher gelesen. […]«

Maarten 't Hart

Wie du dich über biblische Texte informieren kannst

In dem oben zitierten Gespräch zweier Freunde werden biblische Namen und Geschichten genannt, die du vielleicht nicht alle kennst: Maleachi, Kain und Abel, Jaël und Sisera sowie Esra. Wie kannst du dich genauer über diese Namen und die dazugehörigen Geschichten informieren?

Die folgenden Seiten erklären, wie du vorgehen kannst. Wenn du sie durchgelesen hast, kannst du ausprobieren, ob du die Geschichte(n) zu einem der genannten Namen findest.

Ein Fall, wie er immer wieder einmal vorkommen kann

Nehmen wir an, du erinnerst dich dunkel an eine Geschichte von Jesus, die du einmal irgendwo gehört hast. Diese Geschichte möchtest du nun

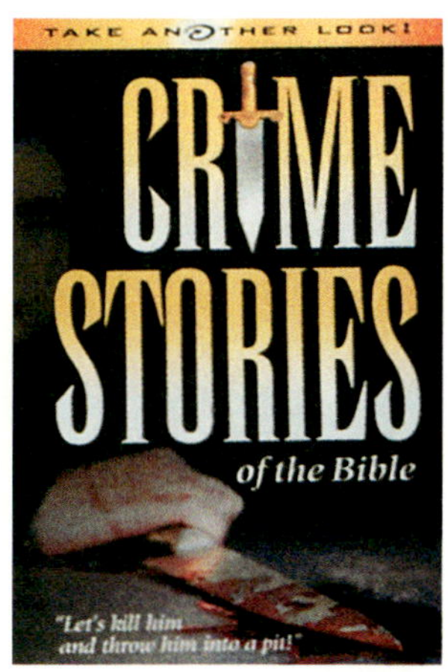

selbst in der Bibel nachschlagen. Aber alles, was du noch weißt, ist, dass es in der Geschichte um Jesus ging, der auf dem Wasser *gehen* konnte.

Nun wäre es sehr umständlich, die ganze Bibel durchzulesen, um diese Geschichte zu finden. Wie also kannst du vorgehen?

Eine Konkordanz weiß Rat

Zum Auffinden von bestimmten Texten in der Bibel gibt es ein hervorragendes Hilfsmittel, die so genannte *Konkordanz*. In einer Konkordanz sind alle Wörter, die in der Bibel vorkommen, in alphabetischer Reihenfolge aufgeführt. Zu jedem Wort ist angegeben, wo es überall steht.

Um die Geschichte mit Jesus, der auf dem Wasser geht, zu finden, müssen wir also ein Wort, das mit Sicherheit in der Geschichte vorkommt, herausgreifen, und in der Konkordanz nachschlagen. Nehmen wir das Wort »gehen«. Da das Wort sehr häufig in der Bibel vorkommt, ist die Liste der Stellenangaben ziemlich lang. Sie reicht über sieben Seiten. Es wäre also immer noch sehr mühsam, all diese Stellen nachzuschlagen. Du brauchst aber gar nicht alle Stellen zu überprüfen. Denn die Stellen sind in der Reihenfolge der biblischen Bücher angegeben. Zuerst kommen also die Stellen aus dem Alten Testament. Da die Geschichte, die du suchst, von Jesus handelt, kannst du die alttestamentlichen Stellen überspringen. Denn das Alte Testament bezieht sich ja auf die Zeit vor Jesu Geburt. Die neutestamentlichen Briefe erzählen keine Geschichten von Jesus, sondern sie beschäftigen sich mit Fragen und Problemen, die christliche Gemeinden hatten. Und die Apostelgeschichte bezieht sich auf die Zeit nach Jesu Tod. Deshalb kannst du dich auf die Stellenangaben aus den vier Evangelien (abgekürzt: Mt, Mk, Lk, Jh) beschränken. Diese Schriften bilden den Anfang des Neuen Testaments. Zu dem Vorkommen des Wortes »gehen« in den vier Evangelien findest du in der Konkordanz folgende Angaben (siehe Kasten):

gehen

Mt	12,44	*in mein Haus, daraus ich geg. Lk 11,24*
	45	*so wird's auch diesem argen Geschlecht g.*
	13,1	an demselben Tage g. Jesus aus dem Hause
	36	da ließ Jesus das Volk g. 15,39; Mk 8,9
	40	so wird's am Ende der Welt g. 49
	14,15	laß das Volk g., damit sie in die Dörfer g. Mk 6,36; Lk 9,12
	25	Jesus g. auf dem See 26; Mk 6,48.49; Jh 6,19
	29	Petrus g. auf dem Wasser
	15,17	daß alles, was zum Mund hineingeht, das g. in den Bauch Mk 7,19
	23	laß sie doch g., denn sie schreit uns nach
	32	ich will sie nicht hungrig g. lassen
	16,21	wie er nach Jerusalem g. müsse
	17,24	*g. zu Petrus, die… einnahmen*
	19,22	*g. er betrübt von ihm*
	24	es ist leichter, daß ein Kamel durch ein Nadelöhr g. Mk 10,25; Lk 18,25
	20,14	nimm, was dein ist, und g.
	21,14	es g. zu ihm Blinde und Lahme im Tempel
	18	als er am Morgen in die Stadt g., hungerte ihn
	28	g. zu dem ersten (Sohn) und sprach 30
	33	verpachtete ihn und g. außer Landes 25,14; Mk 12,1; Lk 20,9
	25,9	g. zum Kaufmann und kauft für euch selbst
	26,36	solange ich dorthin g. und bete
	46	steht auf, laßt uns g. Mk 14,42
	27,53	g. aus den Gräbern nach seiner Auferstehung

Das Wort »gehen« wird durch ein »g.« abgekürzt. In der linken Spalte stehen die Stellenangaben: zuerst die biblische Schrift (z. B. »Mt«), dann das Kapitel und der Vers (z. B. 12,44 = Kapitel 12, Vers 44). Wenn nur *eine* Zahl angegeben ist, handelt es sich um eine Versangabe. Alle Verse, die keine eigene Kapitelangabe aufweisen, gehören zu dem Kapitel, das zuletzt angegeben wurde.

Die Konkordanz zitiert immer kurze Abschnitte aus einem Vers, in dem das gesuchte Wort vorkommt. So kann man bestimmte Erzählungen aufspüren.

Du gehst jetzt also die Liste durch und suchst nach einem Ausschnitt, der aus deiner gesuchten Geschichte stammen könnte. Zur Stellenangabe Mt 14,25 findet sich ein Ausschnitt, der passen könnte:

»Mt 14,25 Jesus g[ing] auf dem See 26; Mk 6,48.49; Jh 6,19«

Wenn du Mt 14,25 nachschlägst, stößt du im Abschnitt Mt 14,22-33 tatsächlich auf die Geschichte, die du gesucht hast:

22 Und alsbald trieb Jesus seine Jünger, in das Boot zu steigen und vor ihm
hinüberzufahren, bis er das Volk gehen ließe. 23 Und als er das Volk hatte
gehen lassen, stieg er allein auf einen Berg, um zu beten. Und am Abend
war er dort allein. 24 Und das Boot war schon weit vom Land entfernt und
kam in Not durch die Wellen; denn der Wind stand ihm entgegen. 25 Aber
in der vierten Nachtwache kam Jesus zu ihnen und ging auf dem See. 26
Und als ihn die Jünger sahen auf dem See gehen, erschraken sie und riefen:
Es ist ein Gespenst! und schrien vor Furcht. 27 Aber sogleich redete Jesus mit
ihnen und sprach: Seid getrost, ich bin's; fürchtet euch nicht! 28 Petrus aber
antwortete ihm und sprach: Herr, bist du es, so befiehl mir, zu dir zu kom-
men auf dem Wasser. 29 Und er sprach: Komm her! Und Petrus stieg aus
dem Boot und ging auf dem Wasser und kam auf Jesus zu. 30 Als er aber den
starken Wind sah, erschrak er und begann zu sinken und schrie: Herr, hilf
mir! 31 Jesus aber streckte sogleich die Hand aus und ergriff ihn und sprach
zu ihm: Du Kleingläubiger, warum hast du gezweifelt? 32 Und sie traten in
das Boot, und der Wind legte sich. 33 Die aber im Boot waren, fielen vor
ihm nieder und sprachen: Du bist wahrhaftig Gottes Sohn!

Ein Bibellexikon erklärt uns die Welt der Bibel

Du schaust dir nun die Geschichte genauer an. Der Vers 25 enthält eine merkwürdige Angabe: »in der vierten Nachtwache«. In einem Bibellexikon kannst du nachschlagen, was diese Angabe bedeutet. Bibellexika erklären biblische Begriffe, die für uns heute nicht mehr einfach verständlich sind. Diese Begriffe werden alphabetisch geordnet und erklärt. Zu dem Begriff »Nachtwache« findet sich in einem Bibellexikon eine Erklärung (siehe den Lexikonausschnitt):

Nachtwache. Die Nacht ist in der atl. Zeit gleichmäßig in drei N. zu je vier Stunden eingeteilt. Die »mittlere Wache« (Ri 7,19) und die »Morgenwache« (2Mo 14,24; 1Sm 11,11) finden wegen ihrer Bedeutung im Krieg ausdrückliche Erwähnung. In den Psalmen erscheinen die N., völlig gelöst vom militär. Zusammenhang, als besonders geeignete Zeit für die Gemeinschaft mit Gott, für Betrachtung und Gebet (Ps 63,7 MT; 119,148 MT). Zum Klagegebet am Beginn jeder N. fordert Klg 2,19 auf. Eine ganze Nacht des Wachens begeht Israel zur Erinnerung an den Auszug aus Ägypten (2Mo 12,42). Im NT ist die röm. Regelung mit vier N. übernommen (Mk 6,48; Apg 12,4); nach Mk 13,35 heißen sie: Abend, Mitternacht, Hahnenschrei und Frühe.

Zu welcher Zeit spielt also die matthäische Erzählung von Jesus, der auf dem Wasser geht?

Aufgabe
Wenn du alle Wörter, die in einem biblischen Text vorkommen, kennst, und du den Text nacherzählen oder zusammenfassen kannst, hast du wahrscheinlich (zu recht) das Gefühl, ihn verstanden zu haben. Dann macht es Spaß, mit dem Text zu »spielen«, tiefer in ihn einzutauchen. Zum Beispiel könntest du dir vorstellen, dass Petrus einen Freund trifft, dem er von dem nächtlichen Ereignis auf dem See erzählt. Was würde Petrus wohl sagen? Vielleicht würde er seine Erzählung mit folgenden Worten beginnen: »*Du wirst nicht glauben, was mir letzte Nacht passiert ist …*«

Manche Geschichten kommen mehrmals in der Bibel vor
Schauen wir noch einmal zurück auf die Angaben aus der Konkordanz. Hinter dem zitierten Textabschnitt steht eine 26. Das bedeutet: In Vers 26 kommt das Wort »gehen« noch einmal vor. Wenn du dir die Geschichte ansieht, wirst du feststellen, dass das stimmt. Danach folgen aber noch zwei weitere Stellenangaben: »Mk 6,48.49; Jh 6,19«.

Wir schlagen zunächst Mk 6,48.49 nach und stoßen in Mk 6,45–52 auf eine Geschichte, die derjenigen aus dem Matthäusevangelium sehr ähnlich ist.

*45Und alsbald trieb er seine Jünger, in das Boot zu steigen und vor ihm hin-
überzufahren nach Betsaida, bis er das Volk gehen ließe. 46Und als er sie
fortgeschickt hatte, ging er hin auf einen Berg, um zu beten. 47Und am
Abend war das Boot mitten auf dem See und er auf dem Land allein.
48Und er sah, dass sie sich abplagten beim Rudern, denn der Wind stand
ihnen entgegen. Um die vierte Nachtwache kam er zu ihnen und ging auf
dem See und wollte an ihnen vorübergehen. 49Und als sie ihn sahen auf
dem See gehen, meinten sie, es wäre ein Gespenst, und schrien; 50denn sie
sahen ihn alle und erschraken. Aber sogleich redete er mit ihnen und
sprach zu ihnen: Seid getrost, ich bin's; fürchtet euch nicht! 51und trat zu
ihnen ins Boot, und der Wind legte sich. Und sie entsetzten sich über die
Maßen; 52denn sie waren um nichts verständiger geworden angesichts der
Brote, sondern ihr Herz war verhärtet.*

Der letzte Vers ist für sich unverständlich. Was meint der Evangelist mit der Formulierung »angesichts der Brote«? Wenn du im Evangelium zurückblätterst, stellst du fest, dass Markus im Abschnitt vorher gerade von der »Speisung der 5000« erzählt hat (6,30-44). In dieser Geschichte geht es darum, dass Jesus mit nur fünf Broten und zwei Fischen 5000 Menschen satt macht.

Und wo hat das alles stattgefunden – Der Bibelatlas
Markus macht eine Angabe, die Matthäus nicht hat: Die Jünger sollen hinüberfahren nach Betsaida. In einem *Bibelatlas* kannst du nachschlagen, wo Betsaida liegt. Ein Bibelatlas enthält Karten, die sich auf unterschiedliche Zeiträume beziehen. Das ist sinnvoll, weil sich ja die Namen

von Orten und Städten manchmal verändern und neue Ortschaften entstehen bzw. alte zerstört werden. Du brauchst in diesem Fall also eine Karte, die sich auf den Raum Palästina zur Zeit Jesu bezieht. Oft findest du so eine Karte auch auf den Anfangs- oder Schlussseiten einer Bibel. Eine solche Karte sieht zum Beispiel so aus wie die nebenstehende:

> **Aufgabe**
> Betsaida muss an einem See liegen. Kannst du es finden?

Ein Vergleich kann interessante Informationen liefern – Die Synopse

Die Erzählungen von Matthäus und Markus ähneln sich sehr, aber sie sind doch nicht ganz gleich. Da ist es interessant, sie genauer zu vergleichen und hinzuschauen, wo die Unterschiede liegen. Auch dafür gibt es ein Hilfsmittel: die Synopse. »Synopse« kommt von einem griechischen Wort, das »Zusammenschau« bedeutet. Texte, die ähnlich sind, werden in der Synopse nebeneinander abgedruckt, so dass sie auf einen Blick »zusammengeschaut« werden können. Der Abschnitt aus der Synopse zu Mt 14,22–33 sieht folgendermaßen aus:

In der ganz linken Spalte steht der Text aus dem Matthäusevangelium, dann folgt in der nächsten Spalte der Text aus dem Markusevangelium, dann derjenige aus dem Lukasevangelium und dann derjenige aus dem Johannesevangelium. Ein Blick auf die Synopse zeigt sofort, dass Lukas die Erzählung nicht bringt – die Spalte bleibt also leer. Johannes erzählt die Geschichte zwar, aber sie ist deutlich anders als bei Matthäus und Markus. Insgesamt sind die Unterschiede so groß, dass man das Johannesevangelium gar nicht zu den so genannten »synoptischen Evangelien« (= Markus, Matthäus und Lukas) zählt. Dennoch findet sich zum Vergleich in vielen Synopsen auch dafür eine Spalte.

Matthäus 14,22-33

22 Und alsbald trieb Jesus seine Jünger, in das Boot zu steigen und vor ihm hinüberzufahren, bis er das Volk gehen ließe.
23 Und als er das Volk hatte gehen lassen, stieg er allein auf einen Berg, um zu beten.
Und am Abend war er dort allein.
24 Und das Boot war schon weit vom Land entfernt und kam in Not durch die Wellen; denn der Wind stand ihm entgegen.
25 Aber in der vierten Nachtwache kam Jesus zu ihnen und ging auf dem See.

26 Und als ihn die Jünger sahen auf dem See gehen, erschraken sie und riefen: Es ist ein Gespenst! und schrien vor Furcht.

27 Aber sogleich redete Jesus mit ihnen und sprach: Seid getrost, ich bin's; fürchtet euch nicht!
28 Petrus aber antwortete ihm und sprach: Herr, bist du es, so befiehl mir, zu dir zu kommen auf dem Wasser. 29 Und er sprach: Komm her! Und Petrus stieg aus dem Boot und ging auf dem Wasser und kam auf Jesus zu. 30 Als er aber den starken Wind sah, erschrak er und begann zu sinken und schrie: Herr, hilf mir! 31 Jesus aber streckte sogleich die Hand aus und ergriff ihn und sprach zu ihm: Du Kleingläubiger, warum hast du gezweifelt?
32 Und sie traten in das Boot, und der Wind legte sich. 33 Die aber im Boot waren, fielen vor ihm nieder und sprachen: Du bist wahrhaftig Gottes Sohn!

Markus 6,45-52

45 Und alsbald trieb er seine Jünger, in das Boot zu steigen und vor ihm hinüberzufahren nach Betsaida, bis er das Volk gehen ließe.
46 Und als er sie fortgeschickt hatte, ging er hin auf einen Berg, um zu beten.

47 Und am Abend war das Boot mitten auf dem See und er auf dem Land allein.
48 Und er sah, dass sie sich abplagten beim Rudern, denn der Wind stand ihnen entgegen. Um die vierte Nachtwache kam er zu ihnen und ging auf dem See und wollte an ihnen vorübergehen.
49 Und als sie ihn sahen auf dem See gehen,

meinten sie, es wäre ein Gespenst, und schrien; 50 denn sie sahen ihn alle und erschraken. Aber sogleich redete er mit ihnen und sprach zu ihnen: Seid getrost, ich bin's; fürchtet euch nicht!

51 und trat zu ihnen ins Boot, und der Wind legte sich. Und sie entsetzten sich über die Maßen;

52 denn sie waren um nichts verständiger geworden angesichts der Brote, sondern ihr Herz war verhärtet.

[Lukas]

Johannes 6,16-21

16 Am Abend aber gingen seine Jünger
hinab an den See, 17 stiegen in ein Boot
und fuhren über den See nach Kaper-
naum.

Und es war schon finster geworden, und
Jesus war noch nicht zu ihnen gekom-
men. 18 Und der See wurde aufgewühlt
von einem starken Wind.
19 Als sie nun etwa eine Stunde geru-
dert hatten,

sahen sie Jesus auf dem See gehen und
nahe an das Boot kommen;

und sie fürchteten sich.

20 Er sprach aber zu ihnen:

Ich bin's; fürchtet euch nicht!

21 Da wollten sie ihn ins Boot nehmen;

und sogleich war das Boot am Land,
wohin sie fahren wollten.

Aufgaben
- Vergleiche die Version des Markus mit derjenigen des Matthäus.
- Stelle dir vor, dass Petrus einem Freund erzählt, was er in der Nacht erlebt hat. Wie würde seine Erzählung vermutlich aussehen, wenn du dich nur auf den Text des Markusevangeliums beziehst?

Wie ist es zu erklären, dass Matthäus und Markus so ähnliche Geschichten überliefern?

Wenn wir nur *eine* Erzählung hätten, die in beiden Evangelien vorkommt, könnten wir annehmen, dass es sich um einen Zufall handelt. Aber ein Vergleich der beiden Evangelien zeigt, dass fast das ganze Markusevangelium in etwas abgeänderter Form bei Matthäus wieder auftaucht – und zwar in derselben Reihenfolge. Aus dieser Beobachtung haben die Bibelwissenschaftler geschlossen, dass der Evangelist Matthäus das Markusevangelium gekannt hat. Er benutzt das Markusevangelium als Quelle, also als Vorlage für sein eigenes Evangelium. Dabei verändert er bestimmte Erzählungen ein wenig, um seinen Lesern und Leserinnen das zu sagen, was ihm selber wichtig ist.

Aufgaben
- Versuche zu erklären, warum Matthäus die Erzählung abändert. Was ist ihm an dieser Erzählung besonders wichtig?
- Überlege, was Matthäus mit dem Begriff »kleingläubig« meint.

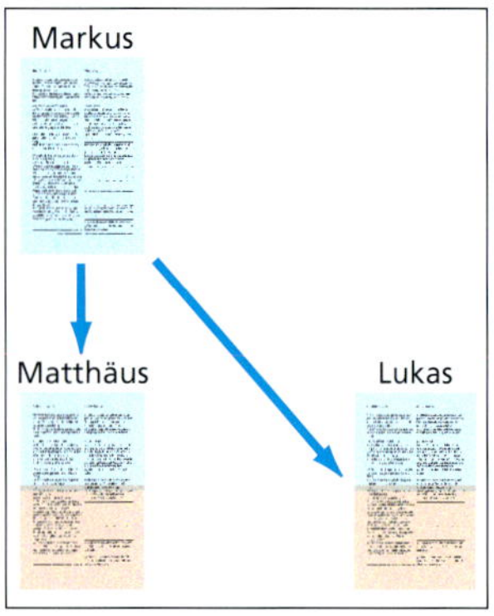

Neben Texten, die auch im Markusevangelium vorkommen, enthält das Matthäusevangelium außerdem Texte, die im Markusevangelium nicht vorkommen. Viele dieser Texte finden wir jedoch im Lukasevangelium.

Daneben enthält das Lukasevangelium auch viele Texte aus dem Markusevangelium. Die Bibelwissenschaftler schließen daraus, dass auch der Evangelist Lukas das Markusevangelium gekannt hat.

In der nebenstehenden Skizze sind diese Beobachtungen dargestellt:

Aufgaben
- Wie lassen sich die Übereinstimmungen zwischen Matthäus und Lukas erklären, die keine Parallele bei Markus haben? Vergleiche dazu die Worte, mit denen Lukas sein Evangelium beginnt:

Schon viele haben es unternommen, einen Bericht über all das abzufassen, was sich unter uns ereignet und erfüllt hat. Dabei hielten sie sich an die Überlieferung derer, die von Anfang an Augenzeugen und Diener des Wortes waren. Nun habe auch ich mich entschlossen, allem von Grund auf sorgfältig nachzugehen, um es für dich, hoch verehrter

Theophilus, der Reihe nach aufzuschreiben. So kannst du dich von der Zuverlässigkeit der Lehre überzeugen, in der du unterwiesen wurdest. (Lk 1,1–4)

Auch das Johannesevangelium erzählt davon, dass Jesus auf dem See ging, und zwar in 6,16–21. Insgesamt sind die Übereinstimmungen zwischen Markus und Johannes gering.

Als es noch keine E-Mails gab …
Die Briefe des Paulus

Die ältesten Schriften des Neuen Testaments stammen von Paulus. Nach dem Tod Jesu reiste Paulus umher und gründete christliche Gemeinden. Da er nicht ständig bei diesen Gemeinden bleiben konnte, schrieb er ihnen Briefe. Das war etwa in den Jahren 50–60 n. Chr.

Siehe auch S. 63–77 (»Zwischen Jerusalem und Rom«)

Römisches Tintenfass mit Feder. Es stammt aus dem 1. Jh. n. Chr., der Zeit, als Paulus seine Briefe diktierte.

Wie man zur Zeit des Paulus Briefe schrieb

Zum Schreiben schnitt man sich einen Schilfrohrstängel. Die schwarze Tinte wurde aus Ruß gewonnen, den man in Wasser auflöste und mit einem pflanzlichen Bindemittel versetzte. Das Tintenfass war aus Metall oder Keramik.

- Man schrieb auf Papier oder Pergament. Das Papier war aus Papyrusblättern gefertigt, die miteinander verflochten, verklebt und stark zusammengepresst wurden. Dadurch entstanden ziemlich glatte Blätter von einer Größe, die ungefähr unserem DIN A4-Format entsprach. Diese Blätter wurden dann an den Rändern zu Schriftrollen aneinandergeklebt. Pergament wurde aus Tierhäuten – meistens von Schafen oder Lämmern – gefertigt. Sie wurden für die Beschriftung hergerichtet, indem man sie ähnlich wie Papyrusblätter an beiden Randseiten zu einer Rolle zusammennähte. Man konnte aber auch alle Blätter nur auf einer Seite miteinander vernähen, wodurch dann so etwas wie ein Buch entstand – ein so genannter *Codex*.

- Briefe wurden im Allgemeinen diktiert. Die Technik des Schnellschreibens (Stenographie oder Tachygraphie) war auch damals schon bekannt und weit verbreitet. Auf Papyrus konnte man allerdings nur schlecht schnell schreiben, weil die genaue Dosierung der Tintenmenge in der Feder und das Verbessern von Fehlern zeitraubend waren. Deshalb schrieb man zunächst beim Diktat mit Hilfe eines Griffels auf kleinen Täfelchen, die mit Wachs überzogen waren. Anschließend wurde der Text dann auf Papyrus oder Pergament ins Reine geschrieben.

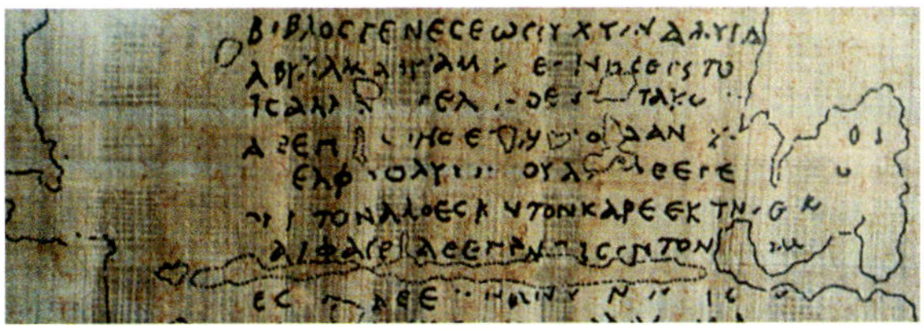

Griechische Handschrift auf einem Papyrusblatt

- Mit der Arbeit des Schreibens betraute man einen Sekretär. Sein Auftrag konnte vom rein mechanischen Abschreiben bis hin zur Korrektur von Grammatik und Stil gehen. Auch dass ein Sekretär damit beauftragt wurde, das Gesamtwerk zu schreiben, und zwar auf der Grundlage von Notizen des Auftraggebers mit den wichtigsten Ideen und Gesichtspunkten, kam vor.

Vom Sekretär, dem Paulus den Römerbrief diktiert hat, wissen wir sogar, dass er Tertius hieß, denn am Schluss dieses Briefes (Röm 16,22) lässt er die Gemeinde in Rom grüßen. Darüber hinaus ist aber auch denkbar, dass Paulus seine Briefe mit einem oder mehreren Mitarbeitern gemeinsam schrieb, dass er sich von ihnen beraten ließ und mit ihnen Argumente und ihre Formulierung besprach, denn er nennt sie häufig als Mitabsender.

- Den Brief brachte dann ein Bote zum Adressaten und erläuterte diesem – wenn es erforderlich war – den Inhalt. Das scheint auch bei den Briefen des Paulus der Fall gewesen zu sein. Im Allgemeinen bewahrte der Absender eine Abschrift des Briefes bei sich auf.

Jean-Noël Aletti

Die typische Form des paulinischen Briefes

Briefe haben eine ganz bestimmte Form. Unsere Briefe heute beginnen mit einer Anrede, entweder mit »Liebe/r ...«, oder – wenn der Ton förmlicher ist, mit »Sehr geehrte/r ...«.

Am Ende eines Briefes schreiben wir: »Mit herzlichen (oder: freundlichen) Grüßen, Ihr ...

In E-Mails verwenden wir zum Teil lockere Floskeln wie zum Beispiel »Hallo« in der Anrede oder »Tschüss«, »Ade« oder ähnliches am Ende.

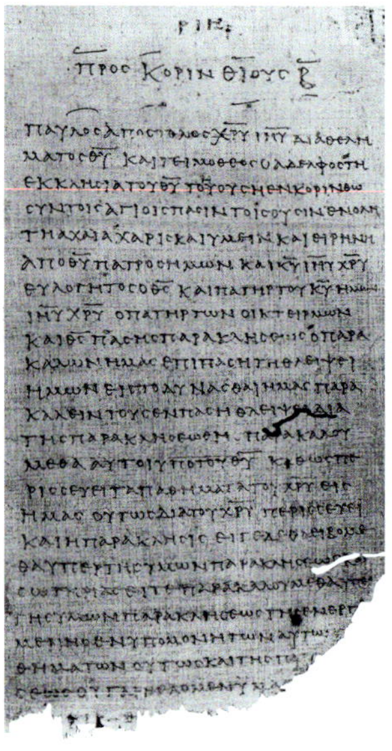

Der Anfang des 2. Korintherbriefes. Dieses griechisch beschriebene Papyrusblatt ist eine Kopie aus der Zeit um 200.

Der Anfang eines Briefes

Auch zur Zeit des Neuen Testaments gab es bestimmte Formen, die aber etwas anders aussahen.

Der Anfang eines Briefes, das so genannte *Präskript.* Das kommt aus dem Lateinischen und bedeutet »Vor-Schrift«, also das, was zuerst kommt: Ein *Präskript* bestand aus drei Elementen:

1. der Angabe des Absenders,
2. der Angabe der Adressaten,
3. einem Gruß oder einem Wunsch für die Adressaten.

In einem Brief, den Paulus an die Gemeinde in Korinth geschrieben hat (1. Korintherbrief) finden sich im Präskript folgende Angaben:

1. *Paulus, berufen zum Apostel Christi Jesu durch den Willen Gottes, und Sosthenes, unser Bruder,*
2. *an die Gemeinde Gottes in Korinth, an die Geheiligten in Christus Jesus, die berufenen Heiligen samt allen, die den Namen unseres Herrn Jesus Christus anrufen an jedem Ort, bei ihnen und bei uns:*
3. *Gnade sei mit euch und Friede von Gott, unserm Vater, und dem Herrn Jesus Christus!*

Paulus nennt also nicht nur seinen eigenen Namen, sondern er beschreibt seine Stellung noch genauer: er ist »berufen zum Apostel Christi Jesu durch den Willen Gottes«. Außerdem nennt er einen Mitabsender: »Sosthenes, unser Bruder« (»Bruder« meint hier: »Mitglied der christlichen Gemeinde«).

Die Adressaten, also die Gemeinde in Korinth, werden ebenfalls nicht nur einfach benannt, sondern genauer beschrieben: Sie sind geheiligt in Christus Jesus, berufene Heilige (damit sind alle Getauften gemeint). Paulus macht auch deutlich, dass der Brief nicht nur für die Korinther geschrieben ist, sondern allen gilt, »die den Namen unseres Herrn Jesus Christus anrufen an jedem Ort«. Bibelwissenschaftler nehmen an, dass die Briefe abgeschrieben und an andere christliche Gemeinden weiter-

Die Bibliothek des Celsus in Ephesus, erbaut im Jahr 110 n. Chr. In Ephesus hat Paulus etwa 60 Jahre zuvor den 1. Korintherbrief geschrieben.

geschickt wurden. In den gottesdienstlichen Versammlungen wurden die Briefe dann vorgelesen, denn viele Christen und Christinnen konnten weder lesen noch schreiben.

Paulus wünscht den Christen in Korinth »Gnade und Friede von Gott, unserm Vater, und dem Herrn Jesus Christus«. Das ist ein Wunsch, der sich in vielen Briefen des Paulus findet.

Der Schluss eines Briefes

Typisch für den Schluss eines Briefes waren zur Zeit des Paulus vier Elemente, die allerdings nicht immer alle vorkommen mussten und auch variiert werden konnten:

1. Es finden sich bestimmte *Aufforderungen* und *Ermahnungen*. (Etwas Ähnliches kennst du vielleicht aus deinem eigenen Leben. Eltern ermahnen gerne ihre Kinder, bevor sie sie vorübergehend allein lassen.)
2. Öfter schreibt Paulus, dass er vorhat, die Adressaten demnächst zu *besuchen*.
3. Im paulinischen Briefschluss finden sich außerdem – ähnlich wie bei uns heute – regelmäßig *Grüße* oder Aufforderungen, jemanden zu grüßen.
4. Im so genannten *Postskript* (auch das ist lateinisch und bedeutet »Nach-Schrift«) erfolgt – ähnlich wie im Präskript – ein *Gnaden- bzw. Friedenswunsch*.

Eine eigenhändige Namensunterschrift war, anders als bei uns heute, nicht üblich.
Paulus beschließt seinen ersten Brief an die Korinther folgendermaßen:

13 Wachet, steht im Glauben, seid mutig und seid stark! 14 Alle eure Dinge
lasst in der Liebe geschehen! 15 Ich ermahne euch aber, liebe Brüder: Ihr
kennt das Haus des Stephanas, dass sie die Erstlinge in Achaja sind und
haben sich selbst bereitgestellt zum Dienst für die Heiligen. 16 Ordnet auch
ihr euch solchen unter und allen, die mitarbeiten und sich mühen! 17 Ich
freue mich über die Ankunft des Stephanas und Fortunatus und Achaikus;
denn sie haben mir euch, die ihr nicht hier sein könnt, ersetzt. 18 Sie haben
meinen und euren Geist erquickt. Erkennt solche Leute an! 19 Es grüßen
euch die Gemeinden in der Provinz Asien. Es grüßen euch vielmals in dem
Herrn Aquila und Priska samt der Gemeinde in ihrem Hause. 20 Es grüßen
euch alle Brüder. Grüßt euch untereinander mit dem heiligen Kuss. 21 Hier
mein, des Paulus, eigenhändiger Gruß. 22 Wenn jemand den Herrn nicht
lieb hat, der sei verflucht. Maranata! 23 Die Gnade des Herrn Jesus sei mit
euch! 24 Meine Liebe ist mit euch allen in Christus Jesus!

Schauen wir uns den Abschnitt einmal genauer an:

1. Zunächst erteilt Paulus *Ermahnungen* (Verse 13–16). Er lobt Stephanas, der als einer der ersten (= Erstling) in der Achaja (= ein Gebiet in Griechenland) Christ geworden ist. Die Korinther sollen sich solchen Menschen unterordnen.
   [Die Worte in Vers 22 bezeichnen neutestamentliche Wissenschaft-

Paulus übergibt Briefe an Timotheus und Silas. Ausschnitt aus einem Mosaik in der Kathedrale von Monreale (Sizilien), um 1180–1194.

ler als »Ausschlussformel«. Sie soll die Korinther darin bestärken, in ihrem Glauben an Jesus Christus festzuhalten. Die »Ausschlussformel« stellt eine besonders scharfe Form der Ermahnung dar. Uns erscheinen diese Worte heute durch ihren drohenden Charakter eher als problematisch.]

2. In den Versen 17 und 18 schreibt Paulus, wie sehr er sich über den *Besuch* des Stephanas freut. Dieser war offenbar zusammen mit Fortunatus und Achaikus zu Paulus gekommen. Paulus hält sich zu dem Zeitpunkt, als er den Brief schreibt, in Ephesus auf (16,8). Er ermahnt die Korinther, solche treuen Mitarbeiter anzuerkennen.
3. In den Versen 19–20 übermittelt Paulus *Grüße* von den Gemeinden in der Provinz Asien an die Korinther. Außerdem grüßt er von Aquila und Priska, in deren Haus sich Christen zu Gottesdiensten

versammeln. Hieran kann man erkennen, dass die ersten Christen noch keine großen Kirchen hatten, sondern sich in Wohnhäusern trafen. Paulus fordert die Christen in Korinth dazu auf, dass sie sich untereinander mit dem heiligen Kuss grüßen.
In Vers 21 übermittelt Paulus einen eigenhändigen Gruß. Er hat also den Brief einem Sekretär diktiert und greift nur hier am Schluss selbst zum Schilfrohrstängel.

4. In Vers 23 erfolgt der *Gnadenwunsch*.
5. Vers 24 wirkt wie ein Nachtrag. Einige Wissenschaftler vermuten, dass hier der vorher genannte Sosthenes einen eigenhändigen Schlussgruß angehängt hat.

Der Mittelteil des Briefes (Briefkorpus)

Der Mittelteil eines Briefes, den man auch den *Briefkorpus* nennt, durfte freier gestaltet werden. Hier gab es keine festen Regeln.

Aufgaben

- Informiere dich in einem Bibellexikon darüber, was »Maranata« (V. 22) bedeutet.
- Informiere dich in einem Bibelatlas darüber, wo Korinth, Ephesus und die Achaja liegen.
- Schlage das Präskript des Römerbriefes in der Bibel nach und markiere die drei typischen Elemente. Vergleiche das Präskript des Römerbriefes mit demjenigen des 1. Korintherbriefes.
- Diktiere deinem Tischnachbarn/deiner Tischnachbarin einen Brief. Benutzt ein DIN A4-Blatt. Benutzt dabei die Formelemente, wie wir sie in paulinischen Briefen finden. Rollt das Blatt zusammen. Schreibt auf die Außenseite nochmals den Absender und den Adressaten (das taten auch die Menschen zur Zeit des Paulus), so dass der »Bote« weiß, zu wem er den Brief bringen soll.

Sich selbst in den Blick nehmen

Ron Mueck, Junge vor dem Spiegel, 1999/2002

Wer bist du? – Könntest du auf diese Frage in einem Satz eine Antwort geben? Klar: Ich bin ein Mädchen, oder ein Junge … Aber das können ja viele sagen … Wer aber bist du? Du ganz persönlich, individuell, unverwechselbar? Da wird die Antwort schon schwieriger.

Manche stellen ein Bild von sich ins Netz, vielleicht noch mit ein paar Daten: Größe, Alter, Geschlecht.

Also fangen wir mal mit dem Äußeren an: Wenn unser Gesicht irgendwo auftaucht, ist allen klar, wer das ist. Und so schauen wir in den Spiegel und fragen uns, ob wir uns selbst und anderen gefallen. Doch verändern wir uns in der Pubertät und der gesamten Jugendzeit besonders rasant. So kann uns unser Aussehen manchmal zu schaffen machen.

Veränderungen gibt es aber nicht nur äußerlich, sondern auch innen: Mit der Geschlechtsreife verändert sich der Hormonhaushalt. Da können die Gefühle schon mal ganz schön mit uns Achterbahn fahren: einmal himmelhoch jauchzend, dann wieder zu Tode betrübt. Diese Stimmungsschwankungen mögen manchmal anstrengend sein, für die andern und für uns selber. Der emotionale Bereich – Gefühle, Gerüche, Geschmack, Sympathien – gerät mit 13, 14 Jahren in Bewegung.

Wenn Gefühle sich ändern, ändert sich der Glaube ebenfalls. Auch das Denken verändert sich. Hirnforscher haben in den letzten Jahren herausgefunden, dass sich in der Jugendzeit das Gehirn umstrukturiert und sich noch einmal ganz neue »Schaltungen« herausbilden. Da kann es Spaß machen, einmal alles ganz genau zu durchdenken und ein andermal die Gedanken einfach frei und wild dahingaloppieren zu lassen, zu träumen und zu phantasieren: Was wäre, wenn … Beides – Emotionen und Denken – verändern das eigene Ich. Das Ich hat nun die Aufgabe, eine eigene Persönlichkeit zu werden. Entschiedene Abgrenzungen, Streitigkeiten, Launen dienen der Abgrenzung. Auch der Glaube muss nun neu formuliert werden. Was ich als Kind gedacht und gefühlt habe, wird getestet, ob es noch zu mir passt.

Wer bin ich? – Die Frage kann ich interessanterweise wohl gar nicht beantworten, wenn ich nur in den Spiegel schaue. Denn ich bin ja nicht allein auf der Welt.

Da sind zuerst die Eltern oder mein Vater, meine Mutter. Was früher selbstverständlich war, etwa gemeinsam etwas zu unternehmen, kann sich jetzt ändern. Vielleicht gibt es auch Auseinandersetzungen und Streit um Dinge, über die man unterschiedlicher Meinung ist. Ihr sucht ja eure eigene Selbständigkeit, euren eigenen Weg. Aber die Beziehung kann sich auch so weiterentwickeln, dass beide Seiten, jung und alt, aufeinander hören, einander ernst nehmen und sich auch Anregendes zu sagen haben.

Für viele Jugendliche wird die Gruppe der Gleichaltrigen sehr wich-

Als ich ein Kind war, da redete ich wie ein Kind und dachte wie ein Kind; als ich aber ein Mann wurde, tat ich ab, was kindlich war. Wir sehen jetzt durch einen Spiegel ein dunkles Bild; dann aber von Angesicht zu Angesicht. Jetzt erkenne ich stückweise; dann aber werde ich erkennen, wie ich erkannt bin.

1. Korinther 13,11f.

tig. Und das ist gut so. In der Gruppe trifft man Gleichgesinnte. Man hat Spaß miteinander, kann viel unternehmen, miteinander reden und allerhand ausprobieren. Aber nicht alles ist unproblematisch. Vielleicht sagt oder macht man der Gruppe zuliebe auch Dinge, von denen man selbst gar nicht so recht überzeugt ist. Also bin ich in einer Gruppe, aber ich bin doch auch ich.

Und dann beginnen die Freundschaften zwischen Jungen und Mädchen. Das Flattern der Schmetterlinge im Bauch … Man »geht miteinander« … Andere tuscheln und schauen – neidisch oder verächtlich? – herüber. Alles ist so neu, so prickelnd … Aber auch hier geht nicht immer alles glatt: Wer kennt nicht Unsicherheit, Sehnsucht, Liebeskummer … Und natürlich die Frage: Liebt mich der / die andere denn so, wie ich bin?

Manchmal geht es auch darum, die Leere, das Nichts auszuhalten. Wenn das Ich abstürzt … Wenn alle anderen … und ich nicht? Wenn meine Gedanken, meine Gefühle verrückt spielen? Im Auf und Ab braucht es noch einen anderen Haltepunkt. Diesen formuliert etwa der Satz: »Gott ist der Autor meines Lebens.«

Zu diesem gesamten Kreis von Fragen stellen wir euch im Schülerbuch Materialien zur Verfügung, insbesondere:

- Bilder, die Jugendliche und erwachsene Menschen allein oder miteinander darstellen, dabei aber nicht einfach etwas abbilden wollen wie ein Foto, sondern einladen zu vielfältigen Wahrnehmungen und Deutungen.
- (Auto-)Biographische Texte, die Lebensentwicklungen von Menschen zeigen, von heute, von früher, auch aus der Bibel. Diese Lebensgeschichten können Anregungen geben, nicht einfach andere nachzuahmen, vielmehr uns selbst weiter zu entwickeln.
- Weitere Texte, die für Jugendliche interessant und anregend sein können wie Gedichte, Erzählungen, Berichte, Gedankenexperimente …

Der Psychologe Erik H. Erikson hat davon gesprochen, dass Jugendliche vor allem vor der Aufgabe stehen, eine eigene Identität zu entwickeln. Manche sprechen heute von »Selbstkompetenz«. Und wenn man das Wort »Kompetenz« in seiner ursprünglichen Bedeutung nimmt, macht es Sinn: Kompetenz ist der Bereich, für den ich zuständig bin. Wer aber sollte mehr für mich zuständig sein als ich selbst?

Natürlich kann man diese Art von Fähigkeit, sich selbst zu kennen und mit sich (richtig und gut) umzugehen, nicht exakt prüfen oder gar benoten. Dennoch lässt sich andeuten, was du am Ende der Klasse 8 zumindest in Ansätzen kennen und können solltest:

Am Ende der 8. Klasse solltest du

- die Veränderungen, Entwicklungen und Aufgaben, die sich in der Pubertät und Jugendzeit stellen, benennen und einen kreativen Umgang damit aufzeigen können;
- Spannungen, die sich im eigenen Inneren ergeben (können), wahr-

nehmen und annehmen lernen sowie nach Möglichkeiten zur (Auf-)Lösung suchen, aber es auch aushalten können, wenn sich keine raschen und glatten Lösungen ergeben;

- Spannungen, die sich zwischen unserer eigenen Selbst- und der Fremdwahrnehmung unserer Person durch andere ergeben (können), wahrnehmen und aushalten können. Du hast gelernt darauf zu achten, dass es aus unterschiedlichen Beobachtungspositionen ganz unterschiedliche Einschätzungen geben kann;
- erkennen und akzeptieren können, dass die eigenen Urteile über andere deine Sichtweisen sind, die immer nur eine bestimmte Seite in den Blick nehmen. Aus dieser Erkenntnis heraus kannst du die Bereitschaft entwickeln, Urteile immer wieder zu überdenken und gegebenenfalls auch zu verändern;
- Lebensgeschichten und autobiographische Berichte von anderen Jugendlichen kennen und aufzeigen können, wo diese für andere hilfreich zu sein vermögen und wo nicht;
- Lebensgeschichten aus der Bibel kennen, die solche Anregungen für die eigene Weiterentwicklung geben können;
- weitere Geschichten und Texte aus der Bibel kennen, die für Jugendliche wichtig und anregend sein können;
- den Gedanken formulieren können, dass der Mensch sein Leben nicht sich selbst verdankt und es nicht selbst in der Hand hat;
- erkennen können, wo positive Sehnsüchte und Lebenserfahrungen in hemmende und hindernde Süchte umschlagen;
- Wege und Hilfestellungen kennen, die aus einer Sucht herausführen.

Michelangelo Pistoletto, Der Etrusker.

Du merkst, dass manche dieser Ziele nicht schnell erreicht werden können, sondern lebenslange Aufgaben sind. Aber es lohnt sich, bestimmte Ziele immer wieder vor Augen zu haben. Vieles können wir im Religionsunterricht nur besprechen. In der Tat kann man da auch einiges sagen und wissen. Umsetzen aber musst du es selbst. Das kann gar nicht anders sein: Es ist ja dein Leben.

Ein Gespür für Religion entwickeln

Kann man »Religion« sehen, hören, riechen? Die Frage klingt merkwürdig, doch fallen einem bald Beispiele ein. Der eine nennt »typische Gebäude« wie Kirchen oder Moscheen, die andere denkt an Choräle oder den Gebetsruf des Muezzins, und beim Duft von Weihrauch kommen bei fast allen Erinnerungen an katholische Gottesdienste. Offenbar gibt es Merkmale, die uns Unterscheidungen erleichtern. In diesem Fall geht es um den Unterschied (die Differenz) von »heilig« und »profan«. Letzteres bedeutet »weltlich« in dem Sinne, dass es eben »nicht-heilig« ist.

Die einzelnen Religionen versuchen meist, ihre »heiligen« Orte und Räume so zu gestalten, dass bei den Besuchern eine feierliche Stimmung erzeugt wird. Das kann durch die Erfahrung eines besonderen Raumes, durch Stille, Bilder, Helligkeit oder Dunkelheit ausgelöst oder verstärkt werden.

Finden an bestimmten Orten Gottesdienste, Gebete oder Feiern statt, dann kann man auch als unbeteiligter Teilnehmer spüren, dass hier eine besondere Atmosphäre herrscht. Ernst, Konzentration und Feierlichkeit, aber auch Gelassenheit und Freude sind bestimmend.

Auch wenn das evangelische Christentum es ablehnt, seine Kirchen als »heilige« Räume anzusehen, so sind sie dennoch etwas Besonderes, und es ist sinnvoll, diesen Orten eine respektvolle Haltung entgegenzubringen. Nur wenn man hier selbst auf lautes Reden, Musik-Hören etc. verzichtet, dann kann man auch etwas von der »Sprache« dieses besonderen Raumes vernehmen.

Im Katholizismus ist das Verständnis für die Unterscheidung von »heilig« und »profan« stärker entwickelt. So ist es etwa beim Betreten und beim Verlassen der Kirche üblich, die Hand in Weihwasser zu tauchen und sich anschließend zu bekreuzigen, um das Erlebnis dieses Raumes zu unterscheiden von der Welt »draußen«. Auch Synagogen, Moscheen oder Tempel tragen in irgendeiner Weise Merkmale, die die »Schwelle« zwischen »profan« und »heilig« markieren sollen.

Am Ende der 8. Klasse solltest du

- Merkmale nennen können, an denen man im Einzelfall erkennen kann, dass ein Ort oder Raum für bestimmte Menschen und Religionen »heilig« ist.
- ein Gespür dafür entwickelt haben, was an solchen Orten und Räumen (auch Friedhöfen o. Ä.) ein angemessenes, würdevolles Verhalten ist und dies dann auch allein oder in der Gruppe praktizieren.

Im Hinblick auf organisierte Religionen wie etwa die christlichen Kirchen bestehen meist über lange Zeiten weitergegebene Vorstellungen darüber, was als heilig angesehen werden soll. Neben den Orten spielt auch die Zeit eine wichtige Rolle. In der Passionszeit ist eine andere Haltung angemessen als etwa zu Weihnachten. Dasselbe gilt natürlich auch für die anderen Religionen. Es ist aber in einer modernen Gesellschaft mit vielerlei Interessen, Weltanschauungen und Religionen nicht einfach, überhaupt eine Vorstellung vom Unterschied der Zeiten wach zu halten; das zeigt etwa der Streit um die Öffnung der Geschäfte am Sonntag.

Auf der anderen Seite gibt es Situationen, in denen du selbst empfinden kannst, dass es Erfahrungen gibt, die aus dem Alltäglichen herausfallen. Es sind oft Momente großen Glücks, des Schweigens, der intensiven Wahrnehmung von Musik oder der Natur, bei denen der Eindruck entsteht, »einem Stück Himmel« begegnet zu sein. In solchen Erfahrungen, aber auch beim Beten oder meditativem Nachdenken lässt sich dann Religion förmlich spüren. Das, was wir *wissen* über Gott und Jesus Christus, über unseren Glauben und unser Hoffen, das kann dann manchmal regelrecht auch *gefühlt* werden. Der Theologe Friedrich Schleiermacher hat Religion deshalb definiert als »Sinn und Geschmack für das Unendliche«.

Am Ende der 8. Klasse solltest du

- wissen, dass viele Menschen ihre besonders intensiven Erfahrungen in dem Sinne als *religiös* empfinden, als sie diese als sehr unterschiedlich von dem erleben, was ihnen im Alltag begegnet.
- darüber nachgedacht haben, ob und in welcher Weise du solche Erfahrungen gemacht hast.
- fähig sein, sensibel darauf zu reagieren, wenn andere Menschen dir von solchen Erlebnissen erzählen.

Sich in Geschichten wieder finden

Albrecht Dürer, Johannes der Täufer verschlingt das Buch, 1498

Hast du eine Lieblingsgeschichte? Wenn man darüber nachdenkt, findet wohl jeder eine Geschichte, an die man sich erinnert, die man gerne hört oder weitererzählt. Manchmal sind es Ereignisse des eigenen Lebens, an die wir häufiger denken, weil sie für uns wichtig geworden sind. Oft sind es aber auch Dinge, die wir gelesen oder im Film oder Fernsehen gesehen haben, die uns in den Kopf kommen. Wie kommt das?

Offenbar brauchen wir Menschen Geschichten. Sie begegnen uns seit früher Kindheit. Viele vergessen wir wieder, aber manche bleiben im Gedächtnis haften. In neuen Situationen kommt uns plötzlich der Einfall: Das ist doch wie in der Geschichte, die ich kenne.

SpurenLesen enthält viele Geschichten. Du findest darin zum Beispiel Ausschnitte aus Romanen von Marten 't Hart (S. 14, 61 f. und 108 f.) und Per Olov Enquist (S. 56 f.). Mal geht es um das Lesen der Bibel, mal um den Umgang mit dem Abendmahlsbrot, mal um den Umgang mit psychisch Kranken oder darum, ob man bei einer Krankheit sich allein auf Gott verlassen kann oder soll. Diese Geschichten wollen keine Vorbilder zeigen, die man nachmachen soll. Man kann aus ihnen eher ablesen, was in einer bestimmten Situation *der Fall ist*. Der Leser oder die Hörerin der Geschichte kann sich dann immer noch ihre eigenen Gedanken machen und entweder der Hauptperson zustimmend folgen oder deren Verhalten ablehnen oder kritisieren.

Das Buch enthält viele autobiographische Texte, das heißt Erinnerungen an die eigene Jugendzeit: zum Beispiel von Amos Oz (S. 114 f.) oder – kaum verschlüsselt – bei Hermann Hesse (S. 24). Hier gilt dasselbe: die Geschichten sind eine Einladung zur Identifikation, aber auch zur Ablehnung und Distanzierung.

Und dann findest du auch biblische Geschichten. Diese bilden so etwas wie *das Haus*, in dem sich Juden und Christen bewegen. Nicht alle Zimmer gefallen einem dabei gleich gut, aber man kann sich darin doch beheimaten und man weiß, wer die Mitbewohnerinnen sind.

Kann man dieses Beheimaten in Texten und Geschichten lernen? Zu einem Teil kann man dies gewiss. Du kannst dir bei den einzelnen Geschichten überlegen:

- Was gefällt/missfällt mir gerade an dieser Geschichte?
- Erinnert sie mich an eine Episode meines Lebens?
- An welche andere Erzählung erinnert sie mich?
- Wem würde ich sie gerne weitererzählen?

Am Ende der 8. Klasse solltest du

- verschiedene Arten von Geschichten unterscheiden können.
- verschiedene Möglichkeiten kennen, diese Geschichten anderen Menschen zugänglich zu machen.
- erklären können, was die Geschichte mit dir zu tun haben könnte.
- Gründe für deine Bewertung der Geschichte nennen können.

Geschichte verstehen

»Geschichte ist Quatsch!«, soll der US-amerikanische Autobauer und Großunternehmer Henry Ford einmal gesagt haben. So oder so ähnlich denken noch heute viele Menschen, auch junge. Ford war ein sehr erfolgreicher Mann und Multimillionär. Aber diesen Satz hatte er vielleicht nicht richtig bedacht. Denn ohne dass vor ihm zahlreiche Tüftler über Fahrzeuge mit eigenem Antrieb nachgedacht und probiert und gebastelt und konstruiert hätten, hätte er niemals seine Autofabriken bauen können. Einer der ersten, der sich solche Geräte, auch Flugmaschinen und U-Boote ausmalte, war das Multitalent Leonardo da Vinci vor etwa fünfhundert Jahren in Italien, ein Zeitgenosse Martin Luthers! Die *Gegenwart* ist ohne *Vergangenheit* also gar nicht möglich. Und wir können die Gegenwart ohne die Vergangenheit nicht verstehen.

Es ist vielleicht ähnlich wie bei *uns selbst*. Wie könnten wir sagen, wer wir sind, ohne dass wir wissen, woher wir kommen, von welchen Eltern wir abstammen, wo wir aufgewachsen sind, was wir bisher erfahren und gelernt, gefühlt und gedacht haben. Versuche einmal selbst, dich deiner Banknachbarin (als eine Fremde gedacht) vorzustellen, ohne dass du irgendetwas verwendest, was du von der Vergangenheit her weißt.

Tatsächlich ist es auch so, dass die *Vergangenheit* auf viele Menschen eine große *Faszination* ausübt. Bei interessanten Dokumentarfilmen über Ereignisse aus der Vergangenheit und bei historischen Filmen hat das Fernsehen oftmals hohe Einschaltquoten.

Aber wir wollen ja keine Fachleute für die Vergangenheit, keine Geschichtsprofessoren werden. Wir fragen eher: *Was bringt* es uns, wenn wir uns mit der *Vergangenheit* beschäftigen? Darauf kann man verschiedene Antworten geben, etwa folgende:

- wir können uns an Vergangenes erinnern, uns daran freuen oder es noch einmal genauer anschauen, wie ein Fotoalbum;
- wir können aus Vergangenem für die Gegenwart lernen: ja, so war es gut – oder: so darf es auf keinen Fall mehr sein;
- zuletzt können wir, wenn wir uns in die Vergangenheit hineinversetzen, gleichsam einen Blick »von außen« auf unsere gegenwärtige Welt werfen und feststellen: so wie es ist, muss es gar nicht unbedingt sein, es könnte vieles auch ganz anders sein!

Die Gegenwart, sagten wir, kann man ohne die Vergangenheit gar nicht richtig verstehen. So bietet euch das Buch »SpurenLesen« bei (fast) allen Themen auch *Materialien* zu der Frage, wie etwas entstanden ist, wie es sich entwickelt hat und was für ein Themenfeld besonders charakteristisch sein kann:

- Das *Judentum* gäbe es nicht ohne seine alten, heiligen *Schriften*, die wir als das Alte – oder besser: das Erste – Testament bezeichnen. Und sehr charakteristisch für das Judentum war das Auftreten von Propheten, die verkündeten: Gott steht auf der Seite der Armen und Unterdrückten. *Amos* war solch ein Prophet.
- Das *Christentum* gäbe es nicht ohne den Juden Jesus, von dem nicht nur Worte, sondern auch Taten, etwa *Wunder*, vor allem Heilungen von Kranken, weitererzählt wurden, aber auch nicht ohne *Paulus*, der die Botschaft von Kreuz und Auferstehung Jesu weit ins Römische Reich hinaus verbreitete. Jesus und Paulus sind die beiden Hauptgestalten des Zweiten oder Neuen Testaments.
- Der *Islam* schließlich beruft sich auch heute noch auf den Propheten Mohammed und seine Lehren, die im Koran gesammelt sind.
- Was aber zeichnet uns als evangelische oder protestantische Christen aus? Diese Frage versucht das Kapitel »*Reformation*« zu klären. Hier war Martin Luther die Hauptgestalt, mit seinem Leben und seinen Schriften. Wichtig wurde dann im Protestantismus – wie überhaupt fürs Christentum – die Fürsorge für Bedürftige, also etwa – wie schon für Jesus – die Hilfe für Kranke *(Diakonie)*.

Am Ende der 8. Klasse solltest du

… im Blick auf die (Kirchen- und Religions-)Geschichte Folgendes *kennen* und *können*:

- erklären, welche Bedeutung die Kenntnis und das Verständnis der Vergangenheit für die Gegenwart haben kann.
- bei den einzelnen Themen der beiden Schuljahre zeigen, wie das jeweilige Phänomen entstanden ist, wo es seinen Ursprung hatte und was für sein Entstehen und seine Weiterentwicklung bis zur Gegenwart möglicherweise von Bedeutung war und ist.
- unterscheiden zwischen einfachen Tatsachen (Ereignissen) und der Deutung von Geschehnissen.
- zentrale historische Ereignisse, die für die Entstehung und frühe Entwicklung von Judentum, Christentum, Islam und Protestantismus wichtig waren, auswendig wissen.
- unterschiedliche Deutungen kennen, welche Merkmale für das Wesen von Judentum, Christentum, Islam und Protestantismus wichtig waren und sind (einschließlich der jeweiligen Begründungen und historischen Herleitungen).
- der Frage nachgehen, ob zwischen den ursprünglichen Anliegen einer Religion oder Konfession und ihrem gegenwärtigen Erscheinungsbild Widersprüche bestehen und welche kritischen Anfragen sich hieraus ergeben.
- selbst Stellung beziehen zu Judentum, Christentum, Islam und Protestantismus, mit fundierter Begründung.

Medien durchschauen

Sabine Kuegler erzählt von der überraschenden Wirkung, die ein Spiegel oder die Schrift bei Menschen auslösen, die solche Dinge vorher nicht gekannt haben (S. 12). In gewisser Weise wird die Wirklichkeit durch die *Mittel* (dies meint auch das aus dem Lateinischen kommende Wort »Medium«) gewissermaßen verdoppelt: Ich kann mein Bild von meinem Spiegelbild unterscheiden, eine erzählte Geschichte von ihrer Niederschrift. Doch als Niederschrift kann sie immer und immer wieder gelesen oder vorgelesen werden. Überall dort, wo dies geschieht, wird sie gleichsam wieder lebendig. Damit wird es aber möglich, dass die geschriebene Geschichte von Menschen in ganz unterschiedlichen Zeiten, Regionen und Situationen wieder gelesen und damit »inszeniert«, das heißt »in Szene gesetzt« wird. Dadurch enthält *das Medium* eine gewisse Selbständigkeit, das heißt es löst sich ab von der ursprünglichen Situation, in der eine Geschichte erzählt oder aufgeschrieben wurde.

Was hier zu schriftlichen Texten gesagt wurde, gilt natürlich in noch stärkerem Maße für die so genannten audiovisuellen Medien wie Filme und Videos. Wenn wir diese anschauen (und anhören), dann gelingt es diesen Medien häufig, uns so in ihren Bann zu ziehen, dass wir reagieren, als sei all das dort Gesehene »in Wirklichkeit« passiert. Wir sind gespannt oder traurig, freuen oder ärgern uns. Man kann sich zwar im-

Hieronymus Bosch, Der Taschenspieler, 1475/80

mer wieder sagen, dass dies alles nicht »wirklich« sei, gleichwohl bestimmen die Erfahrungen mit Medien unser Leben beinahe genauso wie die Erlebnisse der »wirklichen« Welt.

Hat man den Mechanismus der »Verdoppelung der Welt« einmal verstanden, dann weiß man, dass man diesen prinzipiell jederzeit weiterführen kann. Du kannst zu jeder Geschichte eine weitere Version herstellen, zu jedem Video eine neue Gestaltungsmöglichkeit ersinnen und vielleicht sogar realisieren.

Solche Einsichten sind nicht folgenlos für das Verstehen religiöser Erscheinungen. Im Hinblick auf das Abendmahlsbrot wird jetzt nachvollziehbar, dass dies durchaus *gleichzeitig* ein Produkt des Bäckers sein kann und »der Leib Christi«. Wir müssen nur für einen Moment »in eine andere Wirklichkeit« hinüberschalten, gleichsam in einen anderen Film. Dort läuft dann dasselbe Programm; aber durch die veränderten Untertitel bzw. die andere Synchronisation nehmen wir doch eine ganz andere Geschichte wahr.

Das Umschalten von einer »Wirklichkeit« in die andere ist manchmal ganz leicht; da genügt nur ein Knopfdruck. Die Geschichte von GoTo (S. 16) zeigt dagegen, wie *mächtig* die Welt des Computerspiels werden kann, so dass sie einen übergroßen Raum der »geteilten« Wirklichkeit beansprucht.

Die Szene aus »Sophies Welt« (S. 20) spielt dagegen mit dem Gedan-

Keith Haring, 1983

ken, dass es *über* unserer Wirklichkeit nochmals eine andere geben könne, in der vielleicht Gott mit unserer Wirklichkeit »spielt«. Mit solchen Gedanken »spielen« wir in gewissem Sinne auch, wenn wir erwarten, dass Gott in unserer Welt sichtbar, greifbar oder spürbar wird (siehe das Kapitel »Auf Wunder warten«, S. 51–62).

Mit der »Medialität« der Welt umzugehen, bedeutet zweierlei: Wir können nicht mehr von der schlichten Annahme ausgehen, es gäbe nur die eine Wirklichkeit. Jeder Knopfdruck am Fernsehgerät beweist uns das Gegensteil. Doch es ist wichtig, sich immer wieder der Bedeutung der einzelnen »Wirklichkeiten« zu versichern (»In welchem Film bin ich gerade!«). Die Welt des Glaubens und der Religion ist einerseits eine eigene Welt, gleichsam ein eigenes Medium; dennoch ist sie höchst wirksam und bedeutsam in der Alltagswelt. So wie ein gruseliger Film noch nach Tagen ängstigen kann, so kann ein »guter Film« (etwa die »frohe Botschaft« der Bibel) für lange Zeit eine frohe Stimmung erzeugen, die unser Handeln positiv beeinflusst.

Am Ende der 8. Klasse solltest du

- wissen, dass und wie es möglich ist, durch Medien die Welt gleichsam zu »verdoppeln«.
- solltest du angeben können, inwieweit diese Medien jeweils ein Eigenleben annehmen können, weil sie eine bestimmte Situation oder ein bestimmtes Erlebnis festhalten und es in einer anderen Zeit wieder erlebbar werden lässt.
- eigene Experimente mit Medien machen und darüber sprechen können (das kann vom Aufschreiben über das Foto bis zum Video gehen).
- den Gedanken durchspielen können, was es bedeuten könnte, dass neben oder über unserer Wirklichkeit noch eine (oder mehrere) andere existieren.

Texte lesen und verstehen

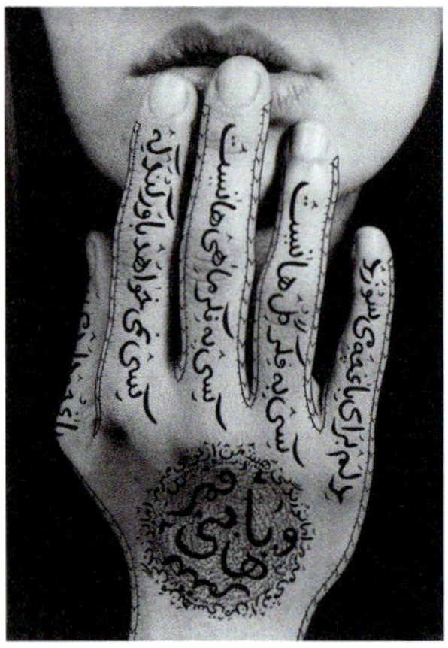

Was ist eigentlich ein Text? Das Wort kommt von dem lateinischen »textum« und bedeutet ursprünglich »Gewebe«, »Geflecht«. Inwiefern ist nun ein Text ein Gewebe oder ein Geflecht? Das kannst du dir anhand eines Beispiels klar machen. Im Kapitel »Auf Wunder warten« auf S. 54 findest du eine biblische Geschichte, die davon erzählt, dass Jesus einen Blinden heilt (Joh 9,1–11). Die einzelnen Wörter dieses Textes sind auf vielfältige Weise miteinander verwoben. So verweisen zum Beispiel die so genannten Personalpronomen auf bestimmte, bereits genannte Personen. Wenn es in Vers 2 heißt: »Und seine Jünger fragten ihn …«, dann weiß die Leserin, dass mit »seine« und »ihn« Jesus gemeint ist, der in Vers 1 genannt wurde. Wenn die Jünger dann fragen: »Wer hat gesündigt, dieser oder seine Eltern?«, dann ist aus dem Zusammenhang klar, dass mit »dieser« und »seine« an dieser Stelle auf den Menschen verwiesen wird, der blind geboren war. Es ließen sich noch viele Beispiele für solche Verknüpfungen zwischen den einzelnen Elementen des Textes finden. Um einen Text zu verstehen, reicht es also nicht, die einzelnen Wörter zu lesen und zu wissen, was sie bedeuten. Der Leser muss auch solche Verknüpfungen nachvollziehen und den Text so als »Geflecht« wahrnehmen.

Das Verstehen von Texten wird dadurch noch anspruchsvoller, dass Texte mehr als eine Bedeutung haben können. Betrachten wir dazu zunächst zwei kurze Beispiele:

- Ein kleines Mädchen sitzt am Tisch und malt ein Bild. Als das Bild fertig ist, geht das Mädchen zu seiner Mutter und zeigt ihr das Bild. Die sagt: »Ganz toll hast du das wieder gemacht!«
- Zwei Achtklässler sitzen im Kunstunterricht nebeneinander und arbeiten an ihren Bildern. Da stößt einer aus Versehen sein Wasserglas um, so dass das Bild seines Banknachbarn feucht wird. Der springt auf und ruft: »Ganz toll hast du das wieder gemacht!«

Die Beispiele zeigen, dass dieselben Wörter je nach Situation etwas ganz Unterschiedliches bedeuten können. Im ersten Beispiel lobt die Mutter ihr Kind. Im zweiten Beispiel sagt der Schüler eigentlich das Gegenteil von dem, was er meint. Das nennt man »Ironie«. Kleine Kinder können Ironie noch nicht verstehen. Beim Verstehen von Texten geht es also auch darum, ein Gespür dafür zu entwickeln, wie etwas gemeint ist, wo vielleicht eine weitere Bedeutung mitschwingt. Das ist nicht immer so leicht zu erkennen wie in den zwei Beispielen, und deshalb streiten sich selbst Fachleute oft darüber, wie ein Text zu interpretieren ist. Die Texte selbst geben mehr oder weniger deutliche Hinweise darauf, welche Bedeutungen anklingen. Betrachten wir dazu noch einmal Joh 9.

In Joh 9,5 heißt es, noch bevor Jesus den Blinden geheilt hat: »Solange ich in der Welt bin, bin ich das Licht der Welt.« Nun ist vordergründig offensichtlich, dass ein Mensch und das Licht zwei völlig verschiedene Dinge sind. Insofern ist es Unsinn, wenn Jesus von sich sagt: »Ich bin das Licht der Welt.« Wenn ein Mitschüler so etwas von sich sagen würde, würdest du ihn vielleicht auslachen oder annehmen, er wolle irgendwie witzig sein. Wenn aber ein biblischer Text Jesus diese Worte in den Mund legt, dann müssen wir annehmen, dass die Äußerung zwar nicht wörtlich, aber doch ernst gemeint ist. Die Aussage könnte ein Hinweis darauf sein, dass das Licht hier nicht nur Helligkeit bedeutet, sondern auch Erkenntnis (wir sagen heute: Ihm geht ein Licht auf!). Mit »blind« und »sehend« in der Geschichte ist mehr gemeint als nur zwei körperliche Zustände. Dieser Eindruck verstärkt sich in Vers 7. Dort wird erzählt, dass der Blinde zum Teich Siloah geht und sich wäscht. »Siloah« wird übersetzt mit »gesandt«. Nun ist es ja eigentlich für die Blindenheilung völlig egal, wie der Teich heißt und was der Name bedeutet. Warum also diese Übersetzung? Aus Vers 4 wissen wir, dass Jesus derjenige ist, der (von Gott) gesandt ist. Der Blinde wäscht also seine Augen »in Jesus« und wird sehend. Insofern nimmt Vers 7 die Aussage auf, nach der Jesus das Licht der Welt ist.

Im weiteren Fortgang der Geschichte fragt Jesus den Geheilten, ob er an den Menschensohn glaube (Vers 35). Der Geheilte antwortet: »Wer ist das, Herr? (Sag es mir), damit ich an ihn glaube. Jesus sagte zu ihm: Du siehst ihn vor dir; er, der mit dir redet, ist es. Er aber sagte: Ich glaube, Herr!« (Verse 36–38) Der Dialog ist von der Erzähllogik her stimmig: Der ehemals Blinde hat Jesus ja noch nicht gesehen, weil er von Jesus an den Teich Siloah geschickt worden war. Deshalb fragt er nach, mit wem er es zu tun hat. Als Jesus sich als Menschensohn zu erkennen gibt, bekennt der Geheilte seinen Glauben. Der Text rückt durch die Formulierungen in Vers 37–38 das Sehen und das Glauben eng zusammen. Hier schwingt die Bedeutung mit, dass der Blinde nicht nur physikalisch blind war, sondern auch blind dafür, dass Jesus der Menschensohn ist. Er verliert seine körperliche und damit verbunden auch seine »geistige« Blindheit und kommt zum Glauben an Jesus als den Gesandten Gottes. Das »Sehen« bekommt neben seiner »gewöhnlichen« zusätzlich eine »metaphorische« Bedeutung.

Das Verstehen von Texten kann also eine sehr anspruchsvolle und damit auch spannende Herausforderung sein.

Auf dem Wappen findest du drei Hoffnungs-Symbole der Waldenser:
Die Bibel ist die Quelle der Wahrheit, auf die sich Petrus Waldus 1174 in Lyon berief.
Der Leuchter auf der Bibel und die lateinische Inschrift bedeuten: »das Licht ›Gottes‹ leuchtet ›als Botschaft Jesu‹ in der Finsternis« (Johannes 1,5).
Die sieben Sterne sind die verfolgten Gemeinden (vgl. Offenbarung Johannes 1,4 ff.).

Am Ende der 8. Klasse solltest du

- erklären können, inwiefern Texte »Gewebe« sind.
- wissen, dass Texte mehrere Bedeutungen haben können.
- zwischen gewöhnlichen« und metaphorischen« Bedeutungen von Sätzen unterscheiden können.
- benennen können, welche Hinweise ein Text darauf gibt, dass er mehr als nur eine Bedeutung hat.

Bilder unterscheiden

Die Bilder in diesem Buch haben unterschiedlichen Charakter und auch verschiedene Bedeutungen. Zunächst ist jedes Bild dieses Buches eine Art Kopie eines Originals, das in einem Museum hängt oder sich in Privatbesitz befindet. Das bedeutet, dass die Originale meistens wesentlich größer sind als die Abbildung in SpurenLesen. Da die Größe oder Kleinheit eines Bildes eine wichtige Rolle für mögliche Betrachter/innen spielt, kannst du leicht nachvollziehen, dass das Bild im Buch auf seine Weise wieder etwas Eigenes ist. Du betrachtest also *dein* Bild und nicht eines, das irgendwo hängt.

Manche Bilder in SpurenLesen sind im strengen Sinne gar keine Bilder, sondern Fotos von Skulpturen oder so genannten Installationen. Die Plastik des Daumens von César (S. 15) zum Beispiel ist mannshoch, der surrealistische Tisch von Giacometti (S. 21) gestaltet wie ein »richtiger« Tisch. Edward Kienholz' tragbares Kriegerdenkmal (S. 46/47) ist dagegen so groß wie ein kleines Zimmer. Anselm Kiefers »Bibliothek« (S. 49) hat die Größe eines »echten« Bücherregals. Martin Kippenbergers Figur (S. 27) steht bei der Ausstellung in einer Ecke des Museums. Das kleine Modell einer Kornmühle (S. 43) stellt ebenfalls eine Plastik (im Puppenstubenformat) dar wie das Elfenbeintäfelchen mit dem Löwen, das im Buch etwa in Originalgröße abgedruckt ist (S. 45).

Du findest in diesem Buch auch Fotos. Doch handelt es sich hier fast immer um »komponierte« Bilder. Gregory Crewdson (S. 51) und Jeff Wall (S. 53) experimentieren lange mit Beleuchtung und ähnlichen Mitteln, um die erwünschte Bildwirkung zu erzielen. Damit ist klar, dass diese Fotografen nicht erzählen wollen, dass da mal ein Junge vor dem Fernsehgerät saß, den sie abgeknipst haben. Sie möchten vielmehr mit ihrer Fotografie eine Szene festhalten, so etwas wie ein Standbild. Dieses soll aber ebenso die Beschauer zum Staunen, Nachdenken oder Erzählen bringen wie ein gemaltes Bild oder eine Plastik.

In »SpurenLesen 1« haben wir als Hilfestellung für den Umgang mit Bildern bestimmte Leitfragen vorgegeben:

- Was sehe ich?
- Was entdecke ich?
- Wie ist das Bild aufgebaut?
- Was sagen mir die Farben?
- Was erzählt das Bild über einen möglichen Text?

All diese Schritte sind auch bei Plastiken und Fotos sinnvoll. Die letzte Frage ist kompliziert. Oft erzählen die Bilder selber Geschichten. So sind die meisten Darstellungen im Kapitel »Ich – Wir – Du« selber kleine Geschichten über Liebe, Gemeinschaft, Selbstzweifel usw. Wenn solche und andere Bilder neben einem Text stehen, dann möchten sie den Text nicht illustrieren. Die Bilder wollen vielmehr eine eigene Geschichte erzählen. So kann durch das Bild eine Art Kommentar zum Text entstehen. Wenn neben der Nacherzählung einer biblischen Geschichte die Skulptur eines Mannes abgebildet ist, der in der Ecke steht und »sich schämt«, dann ist das einerseits ein Hinweis auf eine mögliche »Scham-Geschichte«, die damit ausgedrückt werden soll. Man kann aber andererseits auch fragen, ob es in der textlich dargestellten Geschichte Szenen gibt, in denen sich einer schämt oder sich vielleicht schämen sollte. Im Reformationskapitel zeigen die meist zeitgenössischen Bilder, wie die Ereignisse der Reformation Niederschlag in z. T. recht polemischen Bildern gefunden haben. Wenn es gelingt zu verstehen, was es bedeuten soll, dass Jesus Christus mit den Reformatoren zusammen das Abendmahl feiert, dann hast du viel erkannt über das reformatorische Abendmahlsverständnis, aber auch über das Selbstbewusstsein der Reformatoren gegenüber der katholischen Kirche.

Eine bildliche Darstellung fordert von daher bei den Betrachter/innen drei wichtige Fertigkeiten:

1. Je mehr Details du ausfindig machen kannst, umso mehr bringst du das Bild zum Sprechen. Dabei sind die Anordnung und die Farben nicht weniger wichtig als die abgebildeten Details.
2. Du solltest die Elemente der Bildssprache möglichst wie eine Fremdsprache kennen lernen. Bilder aus der Reformationszeit von Lucas Cranach haben eine gewisse Formsprache, die festlegt, wie religiöse Sachverhalte, wie Fürsten und wie Heilige darzustellen sind. Eine moderne Fotokünstlerin wie Shirin Neshat (vgl. S. 121/137) spielt mit Bildern und poetischen Texten ihrer iranischen Heimat. Wenn ihr im Unterricht solche »Regeln der Kunst« feststellen könnt, z. B. auch durch das Heranziehen entsprechender zusätzlicher Informationen und Beispiele, dann lohnt es sich, diese Regeln wie in einem Vokabelheft zu notieren. Sie sind meist genauso wichtig wie die Inhalte. Um an zusätzliche Informationen heranzukommen, helfen dir neben dem Internet (Stichworte »Lucas Cranach«, »Kunst, Reformationszeit«) auch Kunstlexika (Schul- bzw. Stadtbibliothek) oder die Nachfrage bei Experten (i. d. Regel die Kunstlehrer/innen).
3. Du solltest versuchen, die Geschichte »lesen« zu lernen, die das Bild erzählen will. Gehe dabei davon aus, dass das Bild nicht nur eine Geschichte erzählt. Es wird sich auch nach seinen Betrachter/innen orientieren. Ist es sehr alt, dann wollte es seinen Zeitgenossen vielleicht etwas anderes mitteilen als dir. Es ist sinnvoll, erst einmal eine Geschichte für damals und eine für heute zu unterscheiden. Doch dann führt es auch weiter, wenn du die Damals- und die Heute-Geschichte miteinander vergleichst. Bei modernen Bildern ist es dagegen sinnvoll, die eigene Deutung mit derjenigen der Mitschüler/innen zu vergleichen. Meist ergänzen sie sich und zeigen damit, wie viele verschiedene Botschaften eine bildliche Darstellung enthalten kann.

Am Ende der 8. Klasse solltest du

- verschiedene Arten der künstlerischen Darstellung unterscheiden können und die Besonderheit jeder Form kennen.
- eine Technik entwickelt haben, mit der du kleinschrittig die Details einer bildlichen Darstellung festhalten kannst.
- eine für dich passende Form gefunden haben, neue Regeln und Techniken der Bildersprache aufzuschreiben und in einer Art »Vokabelheft« zu sammeln.

Erklären

Nehmen wir an, du sollst ein Referat zum Thema »Amos« halten. Wie gehst du vor?

1. Was weiß ich schon über das Thema?

In einem ersten Schritt notierst du dir, was du schon über das Thema weißt. Das ist sinnvoll, weil du ja deinen Klassenkameraden etwas erklären sollst. Interessant und verständlich werden deine Erklärungen aber nur sein, wenn du einerseits nicht zu viel (dann wird es unverständlich), andererseits nicht zu wenig voraussetzt (dann wird es langweilig). Die Gefahr ist meistens eher, dass es für die Klassenkameraden unverständlich wird, weil du dich ja zum Zeitpunkt des Referates bereits intensiv mit dem Thema beschäftigt hast und dann vielleicht der Meinung bist, dass die anderen auch eine Menge über das Thema wissen. In der Regel kannst du davon ausgehen, dass deine Klassenkameraden ungefähr so viel oder so wenig über ein Thema wissen wie du selbst. (Anders ist das natürlich, wenn ein Thema bereits seit längerer Zeit ein Steckenpferd von dir ist.) Wenn du dir also zu Beginn aufschreibst, was du zu deinem Referatthema weißt, kannst du deinen Vortrag am Ende auf dieses Vorwissen abstimmen. Das heißt: Dein Referat sollte so aufgebaut und präsentiert werden, dass du deine Zuhörer sozusagen von dem Vorwissen, das du hattest, abholst und du ihnen das Expertenwissen, das du nach deinen Recherchen hast, so erklärst, dass sie den »Weg« zu diesem Wissen »mitgehen« können.

Was ich schon weiß:

- Name: Amos
- Amos: ein Prophet
- Buch steht im AT
- …

2. Woher bekomme ich Informationen zu dem Thema?

Bücher: Als erstes kannst du überprüfen, welche Informationen du in deinem Religionsbuch findest. Dann bieten sich Lexika an. Du kannst z. B. in einem Bibellexikon unter dem Stichwort »Amos« nachschlagen. Vielleicht gibt es im Klassenzimmer oder in der Schulbibliothek einen »Apparat« (also ausgewählte Bücher) zu deinem Thema.

Internet: Außerdem kannst du über verschiedene Suchmaschinen unter dem Stichwort »Amos« im Internet nach Informationen suchen.

Suche:
Amos
Ergebnisse:
de.wikipedia.org/wiki/Amos
www.ekd.de/propheten/amos
und andere

3. Wie stelle ich die Informationen zusammen?

Beim Zusammenstellen der Informationen solltest du Folgendes beachten:

- Notiere dir, wo du bestimmte Informationen und Materialien (z. B. Bilder) gefunden hast. Nur so kannst du später einzelne Angaben überprüfen, noch einmal genauer nachlesen etc.
- Achte darauf, ob sich einzelne Informationen widersprechen. Manchmal gibt es unter Fachleuten unterschiedliche Meinungen zu einer Frage. So kann es zum Beispiel sein, dass in einem Buch steht, Amos habe nicht mehr mit der Möglichkeit einer Umkehr gerech-

Mögliche Gliederung für das Sortieren von Informationen und fürs Schreiben:

1. Die Zeit des Amos
2. Zur Person
3. Botschaft des Amos
4. …

net, während ein anderer Fachmann behauptet, Amos habe sehr wohl mit dieser Möglichkeit gerechnet. Notiere dir diese widersprüchlichen Meinungen und achte darauf, welche Argumente für die jeweilige Position angeführt werden. Das ist nicht immer leicht, für die Qualität deines Referates aber entscheidend.

- Ordne die Informationen nach den einzelnen Aspekten deines Themas, zum Beispiel: die Zeit, in der Amos gewirkt hat, die Person des Amos, die Botschaft des Amos usw.

4. Wie gliedere ich mein Referat?

Die Gliederung deines Referates entscheidet mit darüber, ob deine Zuhörerinnen und Zuhörer dir gut folgen können oder nicht. Überlege dir, welche Aspekte des Themas du behandeln willst und formuliere entsprechende Unterüberschriften. Die Gliederung ergibt sich aus den Informationen, die du findest. Achte darauf, dass deine Gliederung für alle Zuhörer nachvollziehbar ist. Dazu kannst du zum Beispiel auch zu Beginn deiner Präsentation eine Folie zeigen, auf der die Unterpunkte deines Referates verzeichnet sind.

5. Wie trage ich mein Referat vor?

Die Art, wie du vorträgst, trägt wesentlich dazu bei, wie gut dein Referat ankommt. Auf diese Punkte solltest du achten:

- Alle müssen dich sehen können.
- Überlege in der Vorbereitung, ob du Bilder oder Folien zeigen möchtest. Wichtig ist, dass Folien gut zu lesen und Bilder gut zu erkennen sind.
- Sprich langsam, laut und deutlich.
- Zeige deinen Zuhörern und Zuhörerinnen, dass du stolz auf dein Referat bist.

Am Ende der 8. Klasse solltest du

- selbständig Informationen zu einem Thema zusammentragen können.
- Informationen zu einem Thema sinnvoll gliedern können.
- Informationen zu einem Thema so auswählen und formulieren können, dass sie für dich und deine Mitschüler/innen verständlich sind.
- ein Referat so vortragen können, dass es Spaß macht, dir zuzuhören.

Soziales Lernen

Was ist soziales Lernen?

Kognitives Lernen bedeutet seinen Verstand zu schulen. *Motorisches Lernen* schult den Körper. Das *soziale Lernen* übt den Umgang mit Menschen ein – die Fähigkeit, Beziehungen aufzubauen, diese angemessen zu gestalten und anderen Menschen zu helfen. Lernforscher unterscheiden verschiedene Fähigkeiten, zum Beispiel die kognitive, emotionale, soziale, musische und die motorische Intelligenz. Der barmherzige Samariter (Lk 10,25–37) war sozusagen ein soziales Genie, ein Naturtalent an sozialer Intelligenz.

Max Liebermann, Der barmherzige Samariter, 1911

In der Schule werden als Ausgleich zu einer einseitig kognitiven Ausrichtung seit einigen Jahren soziale Projekte eingerichtet. In manchen Bundesländern gehört es zum Schulprogramm. Ein Beispiel aus dem Schulprojekt einer 8. Klasse:

»Am Anfang fiel es mir schwer, mit den Behinderten zu tun zu haben. Sie haben mir Angst gemacht, weil sie immer so merkwürdig geguckt haben. Ich wäre am liebsten nicht mehr hingegangen. Im Laufe der Woche wurde die Angst weniger, und jetzt habe ich zu den Schülern guten Kontakt. Ich glaube, dass dies für mich eine gute Erfahrung ist.« (Alexander)

»Heute ist es für mich nicht so schwer gewesen. Ich habe mich zur Hälfte gut gefühlt, aber zur Hälfte auch schlecht. Wenn ich beim Basketball gepasst habe, dann haben sich ein paar geduckt und die Augen zugemacht und dann habe ich Angst gehabt, dass sie anfangen zu weinen.« (Stefan)

»Mir ist aufgefallen, dass die Kinder fröhlich und aufgeweckt sind. Ich bin schwer beeindruckt, wie sie ihren Tag meistern. Sie haben sehr viel Spaß.« (Denis)

- Was haben die Jugendlichen durch die Begegnungen gelernt?

Soziales Lernen im RU

Für Juden und Christen ist das Liebesgebot das höchste Gebot. Soziales Lernen hat darum im Religionsunterricht eine besondere Bedeutung. Informiere dich in »SpurenLesen« darüber. Beispiele:

- Amos, S. 31 ff., besonders S. 41 f.
- Gemeinsam sind wir stärker, S. 95–109
- Auf Wunder warten, S. 42 ff.
- Zwischen Jerusalem und Rom, S. 70/71

Davon weiß auch der Islam. Siehe das Kapitel »Das Geheimnis des Islam«, S. 132 (Ramadan).

Mit der Klasse ein soziales Projekt planen

In den sozialen Projekten sollen praktische Erfahrungen in einem sozialen Feld außerhalb der eigenen Klasse bzw. Schule gesammelt werden. Es geht darum, eigene soziale Fähigkeiten zu erkennen, zu entwickeln und für andere einzusetzen.

Alle sozialen Projekte werden von Lehrpersonen verantwortet, meist in Kooperation mit anderen Fächern und mit Fachleuten außerhalb der Schule, den Erzieherinnen in den Kindergärten, dem Jugendreferenten, der Leitung des Pflegedienstes, den Fachlehrern der Sonderschule, den Übungsleitern im Handball, der Leiterin der Stadtbibliothek u. a. Der Zeitrahmen – ob eine Projektwoche, ein Vierteljahr oder länger –, das Programm und die Kooperationspartner usw. müssen vor Ort geklärt werden. Am Ende präsentieren alle Schülerinnen und Schüler ihre Projekte mit Kurzberichten, Interviews, Plakaten, Musik, Fotos und Videos. Eltern, Klassenlehrer, Schulleitung, am Projekt beteiligte Vereine, Einrichtungen und Gemeinden erleben eine bunte Projektpalette in der Aula. Die Schule stellt ein Zertifikat aus, das auch ins Zeugnis Eingang findet.

Beispiele für Projekte

- Betreuung einer Schulpartnerschaft mit einer Sonderschule
- Mitarbeit und Besuche in einem Altersheim
- Mitarbeit in der Stadtbibliothek
- Training von Kindergruppen im Handballverein
- Ausbildung als Schülermentor, Schulsanitäter, Streitschlichter
- Internetkurse oder Hausaufgabenhilfe für jüngere Mitschüler
- AG der Klassenstufe 7/8 im Fach Religion
- Projekt in der Klasse oder der Fachgruppe Religion/Ethik
- Kooperation Schule – Kirchengemeinde bzw. Diakonische Einrichtung
- Fächerübergreifendes Projekt im Schulprogramm

Am Ende der 8. Klasse solltest du

- wissen, was mit dem Begriff »soziales Lernen« gemeint ist.
- beschreiben können, wo »soziales Lernen« stattfindet und was Jugendliche dabei lernen können.
- wissen, wie das Liebesgebot der Bibel lautet.
- über zwei Texte aus deinem SpurenLesen-Buch zum Thema »soziales Lernen« berichten können.
- Beispiele für soziale Projekte erläutern bzw. ein von euch durchgeführtes Projekt vorstellen und dokumentieren können.

Zum Thema »Soziales Lernen« könnt ihr auch das Kapitel »Ein Projekt realisieren« in SpurenLesen 1, S. 261–264 nachschlagen.

Demokratie und Verantwortung üben

Dass das Zusammenleben in einer Schule oder auch in einer Klasse gelingt, ist keine Selbstverständlichkeit. Es handelt sich ja nicht um eine Gruppe, die ihr euch selbst ausgesucht habt, oder gar um einen Freundeskreis. Unterschiedliche Interessen sowie gegensätzliche familiäre und soziale Erfahrungen stoßen aufeinander. Gemeinsames Lernen kann nur gelingen, wenn Regeln eingehalten werden. Die Einhaltung der Regeln gelingt umso besser, je mehr ihr selbst an der Aufstellung und Weiterentwicklung dieser Regeln beteiligt seid. Solche Regeln können auch das Leben der ganzen Schule positiv beeinflussen und sie zu einem Ort machen, für den alle, die dort leben und arbeiten, gemeinsam verantwortlich sind. Hier ein Beispiel für Schulregeln:

1. Wir alle möchten, dass sich jeder an unserer Schule wohl fühlt. Ich helfe mit, dass dies gelingt.
2. Ich bemühe mich, jedem gegenüber freundlich, höflich und hilfsbereit zu sein. Ich beschimpfe und beleidige andere nicht, vor allem nicht wegen ihres Geschlechts, ihrer Herkunft, Religion oder Hautfarbe. Ich bleibe fair, wenn ich mich beschwere und Kritik übe.
3. Ich löse Streitigkeiten, ohne Gewalt anzuwenden. Ich schlage, trete und spucke nicht. Ich achte das Eigentum der anderen. Waffen jeglicher Art sind verboten.
4. Die Schule gehört uns allen. Ich halte Schulgebäude und Hof sauber. Ich beschmiere, bespucke oder besprühe keine Möbel, Wände oder Fußböden. Ich trage dazu bei, dass die Toiletten sauber sind

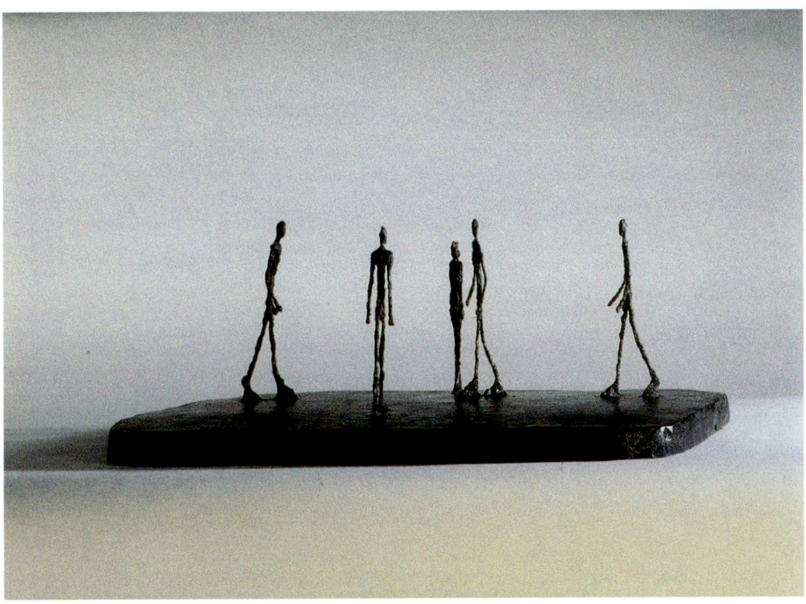

Alberto Giacometti, Modell für einen Platz, 1932

und gehe sorgsam mit Papier, Seife und Handtüchern um. Meinen Müll werfe ich in die dafür bereitstehenden Behälter. Wenn ich etwas beschädige, bin ich dafür verantwortlich, dass es ersetzt oder repariert wird.

5. Ich trage dazu bei, dass der Unterricht Spaß macht und ungestört verlaufen kann. Dazu gehören auch die häusliche Vorbereitung und das Mitbringen des nötigen Materials. Mit Büchern und anderen Unterrichtsmitteln gehe ich sorgfältig um. Ich unterstütze meine Mitschüler beim Lernen. Ich lache nicht über Fehler anderer. Ich bin pünktlich und entschuldige Fehlzeiten. Ich halte die Klassenregeln ein. In der Schule und bei schulischen Veranstaltungen sind die Benutzung und das öffentliche Tragen von Handys für Schülerinnen und Schüler verboten. Die Schule haftet nicht für Handys.
6. Ich bedrohe und ärgere niemanden und störe die Spiele der anderen nicht. Ich darf das Schulgelände nur verlassen, wenn ich eine Erlaubnis habe.
7. Bei Problemen finde ich Unterstützung bei folgenden Personen oder Gremien: Klassensprecher, Klassenlehrer, Vertrauenslehrer, Streitschlichter-Team, Schulsprecher-Team, Schulleitung.
8. Regelverstöße haben Konsequenzen.
9. Bei gröberen Verstößen gegen die Regeln entscheidet die Klassenkonferenz über die Konsequenzen.
10. Jede Maßnahme beruht auf den folgenden drei Schritten: Es soll die Einsicht gefördert, entstandener Schaden wieder gutgemacht und ein Einsatz für die Schulgemeinschaft geleistet werden.

Zur Kenntnis genommen:

____

(Datum) (Schüler/ in) (Erziehungsberechtigte/r)

Keith Haring, Untitled, 1989

Zum Lösen von Konflikten unter Schülerinnen und Schülern, aber auch mit Lehrerinnen und Lehrern haben viele Schulen »Streitschlichter« ausgebildet und ein Streitschlichter-Team gebildet, für dessen Tätigkeit in der Schule eigene Regeln aufgestellt wurden. Ladet solche Streitschlichter in eure Klasse ein und lasst euch von deren Erfahrungen berichten. Wenn es an eurer Schule noch keine Streitschlichter gibt, regt bei Klassensprechern und Schulsprechern an, dass aus einer anderen Schule Streitschlichter eingeladen werden. Dazu sollten auch die Elternvertreter, die Schulleitung und Vertreter der Lehrerschaft eingeladen werden.

Viele Schulen werden zu Ganztagesschulen ausgebaut. Dabei entstehen neue Aufgaben für die Schule, die das gemeinsame Leben gestalten. Dies kann nur gelingen, wenn die Schülerinnen und Schüler daran beteiligt werden. Zu diesen Aufgaben gehören zum Beispiel gegenseitige Unterstützung beim Lernen, Übernahme von Verantwortung beim Training im Sport, beim Musizieren, beim Spiel, in Arbeitsgemeinschaften, bei den Mahlzeiten usw. Um diese Aufgaben besser wahrnehmen zu können, bieten Schulen Kurse für solche Leitungsaufgaben an (Kursleiterausbildung; Grund- und Aufbaukurse mit Zertifikat). Erkundigt euch an eurer Schule, welche Angebote es dazu gibt.

An vielen Orten gibt es auch Partnerschaften zu Heimen, Vereinen, sozialen Einrichtungen, Kirchengemeinden, Kindergärten, Einrichtungen der Diakonie und Caritas im Stadtteil oder am Ort. Macht euch kundig und überlegt, ob ihr als Klasse oder als Gruppe euch an einer solchen Partnerschaft beteiligen könnt. Vergleicht dazu die Anregungen zum »Sozialen Lernen« auf Seite 237 f.

Am Ende der 8. Klasse solltet ihr

- über die Weiterentwicklung und Verbesserung der Regeln des Zusammenlebens in eurer Klasse und eurer Schule Vorschläge gemacht haben.
- einen Streitschlichter kennen gelernt und geprüft haben, ob ihr selbst eine solche Aufgabe übernehmen wollt.
- euch einen Überblick über Angebote im Nachmittagsbereich eurer Schule verschafft und geprüft haben, in welchem Bereich ihr eine Leitungsaufgabe übernehmen könntet.

Einen Schulgottesdienst gestalten

Gottesdienste werden besonders lebendig, wenn ihr mitwirken könnt. Die folgenden Anregungen sollen euch dazu anleiten.

Wie bereiten wir einen Gottesdienst vor?

Wir arbeiten im Plenum, in Gruppen (z. B. für ein Anspiel), als Einzelne (z. B. Flöte, Sprecher) und tauschen uns aus. Für alle ist etwas dabei, denn ein Gottesdienst enthält sehr viele Elemente, zu denen jeder von euch etwas beitragen kann.

- Wie findet man ein passendes Thema?
  Das Thema kann in Stillarbeit, in der Gruppe oder im Plenum gefunden werden. Wichtig sind alle Einfälle zu den Themen, die in einer Mindmap festgehalten werden. Alles kann Thema sein. Orientieren könnt ihr euch an der Zielgruppe, der Schule, dem Kirchen- und Schuljahr und natürlich der Bibel.
  Der Gottesdienst ist eine Feier der Gemeinschaft zum Lob Gottes. Probleme kommen darin zur Sprache, aber auch Möglichkeiten der Orientierung und Stärkung.
  Gottesdienste und Andachten können am Morgen, zu den Festen des Jahres, zum Schuljahresanfang und -ende oder zu besonderen Ereignissen eurer Schule oder eurer Stadt gefeiert werden. Zielgruppe kann die Klasse mit den Eltern, die Klassenstufe, die Schulstufe, die ganze Schule oder die Lehrerschaft sein. Anregungen findet ihr auch im Inhaltsverzeichnis von »SpurenLesen«.
- Einzelne Elemente in Arbeitsgruppen bearbeiten
  Zu dem gewählten Thema mit seinen Ideen und Einfällen (Mindmap) bilden sich Arbeitsgruppen. Am einfachsten orientiert man sich dabei an der Gliederung des klassischen Gottesdienstes:

  Eingang
  Wortverkündigung
  Ausgang

Es bilden sich Arbeitsgruppen zu den Liedern, der Musik, den Gebeten, zum Thema mit Anspiel, zur Schriftlesung und zur Auslegung eines passenden (Bibel-)Textes. Wichtig ist, dass ihr den Gottesdienst möglichst »handlungsorientiert« gestaltet, etwa durch ein Anspiel oder eine andere Art der Inszenierung, durch eine Stilleübung oder eine besondere Gestaltung der Segenshandlung.

- Arbeitshilfen nutzen
  Liederbücher
  Evangelisches Gesangbuch (Ausgaben für die einzelnen Landeskirchen mit Liedern, Gebeten und vielen anderen Texten).
  Liederbuch für die Jugend.

Gliederung für einen Gottesdienst:

- Musikalische Einstimmung
- Begrüßung
- Lied zur Tages- oder Jahreszeit
- Eingangs-Gebet
- Lied zum Thema
- Lesung aus der Bibel
- Anspiel/Meditation/Ansprache/Gedanken zum Bibeltext
- Lied
- Fürbitten
- Vaterunser als Gebet oder als Lied
- Segen
- Segens-Lied

Liederbücher für Kinder und Jugendliche (zum Beispiel: Das Kindergesangbuch; Menschen-Kinderlieder; Das große Liederbuch von Rolf Krenzer; Haus aus lebendigen Steinen von Siegfried Macht).

Bibeln

Zum besseren Veständnis und als Anregung für eine eigene Nacherzählung oder ein Rollenspiel lest ihr verschiedene Übersetzungen bzw. Übertragungen, zum Bespiel: »Die Gute Nachricht Bibel«, Die »Volxbibel«, verschiedene Kinderbibeln, Lutherbibel oder die Einheitsübersetzung.

SpurenLesen

Ihr könnt mit einer Doppelseite arbeiten. Ihr könnt Bilder (über Overhead-Projektor oder Beamer) betrachten, deuten. Texte können Bilder erläutern aber auch kontrastieren.

Online-Katalog

der Evangelischen Kirche in Bayern (http://www.gottesdienst-institut.org)

- Sprechen üben

  Sprechübungen mit Mikro in der Kirche, der Aula oder wo auch immer der Gottesdienst stattfinden soll, sind unerlässlich.

- Gestalten

  Lieder, Bilder und zentrale Texte werden als Gottesdienstblatt gestaltet, Plakate zur Werbung werden entworfen.

- Einladen

  Mit euren Lehrern und der Schulleitung klärt ihr, wie ihr am effektivsten einladen könnt. Meist sind die Gottesdienste eine Veranstaltung der Schule und unterliegen darum der Schulaufsicht. Darum ist die Schulleitung mitverantwortlich.

Beispiel für einen Themengottesdienst zum Schluss des Schuljahres: »Die Luft ist raus!«

EINGANG: Musik

Votum: Wir feiern diesen Gottesdienst im Namen des Vaters und des Sohnes und des Heiligen Geistes. Amen.

Lied: Morning has broken

Eingangsgebet:

Wisch dir den Schlaf aus den Augen,
Wir wollen die Sonne wecken.
Wacht auf, meine Gedanken, hört auf zu träumen,
der Tag beginnt mit neuem Leben.
Lasst uns Gott danken für diesen Tag,
Für unser Leben in der Gemeinschaft der Schule
lasst uns nun hören auf Gottes Wort,
auf das, was Gott uns sagen will.

Nach Psalm 108

Vorschläge für Themengottesdienste:

Ich – Wir – Du
(vgl. S. 22 ff.)

Weitere Ideen:
siehe Inhaltsverzeichnis

Auf Wunder warten 51–62

Blinde sehen, Lahme gehen: Wo Jesus ist, da besteht Hoffnung, dass etwas ganz Neues, völlig Unerwartetes, doch vielleicht insgeheim Erhofftes geschieht. (S. 51) • **Macht der Glaube satt?** Brot gegen Hunger – Jesus als »Brot« (S. 52/53) • **Macht Gott gesund?** Wenn nichts anderes mehr helfen kann – wem soll man dann noch vertrauen? (S. 54–57) • **Hilft Jesus in der Not?** In den Stürmen des Lebens – an wem kann man sich festhalten? (S. 58–60) • **Reich der Himmel – Reich Gottes:** Jesus hat nicht exakt definiert, wie das Reich Gottes ist. Es bleibt eine Hoffnung, ein Vorgeschmack, ein Geheimnis (S. 61/62)

Gemeinsam sind wir stärker 95–109

Verschiedene Gaben: Was eine(r) allein nicht schafft, kann in der Gruppe oder in einer anderen Gemeinschaft von Menschen gelingen (S. 95). • **Nein sagen lernen:** In einer Gruppe oder Clique zu sein ist cool. Aber ich muss nicht bei allem mitmachen, was die Gruppe will. Ich kann auch mal nein sagen (S. 96/97). • **Ansprechpartner/innen finden:** Wenn ich nicht mehr weiter weiß, weiß ich doch, wer mir beistehen kann auf der Suche nach dem Weg, den ich in meinem Leben gehen will (S. 98/99). • **Ein neues Zuhause finden:** Heranwachsende, die aus der Bahn geworfen wurden und auf der Straße leben, können eine neue Heimat finden (S. 100/101). • **Frauen engagieren sich:** Immer wieder waren es ganz besonders die Frauen, die sich für die eigenen Rechte oder für die Rechte anderer eingesetzt haben. Viele riskierten dabei eine ganze Menge, manchmal sogar das eigene Leben (S. 102–106) • **Auf der Straße leben:** Manche Heranwachsende meinen, auf der Straße erwarte sie die große Freiheit, vor allem, wenn sie es daheim kaum mehr aushalten! Doch das Leben auf der Straße ist hart. Aber manchen gelingt es erstaunlich gut, sich auch unter schwierigsten Bedingungen durchzu-

Weitere Ideen für ein Eingangsgebet:

- Psalm 23 im Wechsel mit einem einfachen Morgenlied, z. B. »Danke« (EG 334).
- Einen eigenen Morgenpsalm schreiben.
- Einfaches Gebet um Gottes Kraft und Gegenwart in diesem Gottesdienst.

THEMA / VERKÜNDIGUNG:

Anspiel: (*Ein Fahrrad aufstellen, Luft rauslassen.*)

Sprechchor: »Die Luft ist raus …«

Alle: Pff, Pff, Pfff. (*steigernd*) Die Luft ist raus! – Arbeiten, Tests, abhören … Ich bin fertig. Ich kann nicht mehr, ich mag nicht mehr. Ich bin fertig!! Pff, Pff, Pfff. (*steigernd*) Die Luft ist raus! Die Luft ist raus!! Die Luft ist raus!!!

Lied: Gott gab uns Atem

Bilder und Texte: Erfahrungen mit dem Atem

Schriftlesung: Genesis 2, 4b–7

Besinnung: Gott haucht Adam den Odem ein – Bild und Gedanken dazu.

Musik

(*Schüler/innen notieren Ideen:*) Wie können wir den schöpferischen Atem Gottes in den Ferien erleben? (*auf Kartons schreiben, an eine Pinwand heften, jeder bekommt ein anderes Kärtchen mit nach Hause*). Fahrrad wird wieder aufgepumpt.

AUSGANG:

Lied: Meine Zeit steht in deinen Händen

Fürbitten: dazwischen »Gott, erbarme dich«. Vaterunser

Lied: Ausgang und Eingang

Segen

Anschließend: Sich voneinander verabschieden.

Gottesdienstentwurf nach Herbert Kumpf

Segensworte

Gott behüte euch, behüte euer Leben
wie ein Hirt die Schafe.
Gott beschütze euch, schütze euren Weg,
wie eine Schutzhütte den Wanderer.
Gott bewahre euch, bewahre eure Freude,
wie der Himmel eine Wahrheit.
Gott steh euch bei in allen euren Nöten;
Gott steh euch bei,
so standhaft wie ein Berg.

Der Herr segne euch.
Er erfülle eure Füße mit Tanz,
eure Arme mit Kraft,
eure Hände mit Zärtlichkeit,
eure Augen mit Lachen,
eure Ohren mit Musik,
eure Nase mit Wohlgeruch,
euren Mund mit Jubel,
euer Herz mit Freude.
So segne euch der Herr.

Keinen Tag soll es geben,
an dem ihr sagen müsst:
Niemand ist da der mich hält.
Keinen Tag soll es geben,
an dem ihr sagen müsst:
Niemand ist da, der mich schützt.
Keinen Tag soll es geben,
an dem ihr sagen müsst:
niemand ist da, der mich liebt.
Der Friede Gottes,
der höher ist als alle Vernunft,
bewahre euer Herz und alle eure Sinne in Jesus Christus, eurem Herrn.

Der Herr segne euch, in dem Jahr,
das vor euch liegt.
Der Herr behüte euch bei eurem Vorhaben und Planen.
Der Herr lasse sein Angesicht leuchten über euch.
Über euren Wegen, ihren Tiefen und über Höhen.
Der Herr sei euch gnädig bei eurem Tun und Lassen.
Der Herr erhebe sein Angesicht auf euch,
auf eure Wünsche und Hoffnungen
Der Herr gebe euch Frieden innerlich und äußerlich, zeitlich und ewig.

Am Ende der 8. Klasse kannst du

- die wesentlichen Elemente eines Gottesdienstes nennen.
- ein Themenfeld erschließen, Bedürfnisse der Zielgruppen reflektieren.
- Gesangbuch und Bibel als Arbeitsbücher für Lieder, Gebete, Bekenntnisse, Texte nutzen.
- im Team konstruktiv arbeiten und dich mit den anderen abstimmen.
- im Raum der Kirche oder der Aula laut und deutlich vorlesen und sprechen.
- ein Gebet verfassen, eine Geschichte erfinden, ein Anspiel ausdenken, das zum Gottesdienst passt.
- ein Liedblatt erstellen und einen Plan für die Einladung machen.

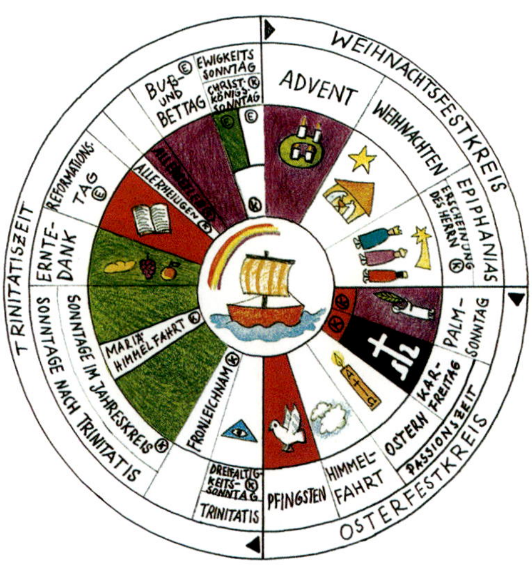

Die Skizze zum Kirchenjahr liest du von außen nach innen. Du siehst, wann das Kirchenjahr beginnt, wie die Festkreise heißen. Die meisten Feste sind ökumenisch, manche werden nur von evangelischen (e), andere nur von katholischen (k) Christen gefeiert.

Quellenverzeichnis

Texte

Hinweis: DBG = Deutsche Bibelgesellschaft, Stuttgart.

11: Das Zauberwort. Aus: Ulla Hahn, Das verborgene Wort, Deutsche Verlagsanstalt, München 2001, S. 301. – **12:** Spiegel – Schrift. Aus: Sabine Kuegler, Dschungelkind, Droemer, München 2005, S. 43f., 160f. – **14:** Das Abendmahlbrot. Aus: Maarten 't Hart, Die Jakobsleiter, Piper Verlag, 4. Auflage, München/Zürich 2005, S. 94f., 98f., 102–104 (gekürzt). – **16:** BACK-UP. Aus: Thomas Feibel, Back-up. Ein Hackerthriller, Bertelsmann-Verlag, München 2005, S. 130–132. – **18:** Gehirne im Tank. Aus: Hilary Putnam, Vernunft, Wahrheit und Geschichte, übers. v. Joachim Schulte, © Suhrkamp Verlag, Frankfurt/Main 1981. – **19:** Die Wunscherfüllmaschine. Aus: Robert Nozick. Vom richtigen, guten und glücklichen Leben, Carl Hanser Verlag, München 1991, S. 114f. – **20:** Sofies Entdeckung. Aus: Jostein Gaarder, Sofies Welt, Carl Hanser Verlag, München 1993, S. 332–335 (gekürzt). – **22:** Römer 7,18-25. Aus: Die Volxbibel. Neues Testament, frei übersetzt von Martin Dreyer, Volxbibel-Verlag, Witten 2005. – **23:** Mitsommertanz. Aus: Elsie Johannson, Mittsommertanz, Piper Verlag, München 2004. – **23:** Fünfzehn. Aus: Reiner Kunze, Die wunderbaren Jahre, S. Fischer Verlag, Frankfurt/M. 1976. – **24:** Demian. Aus: Hermann Hesse, Demian, © Suhrkamp Verlag, Frankfurt/M. – **25:** Am Überschnappen. Aus: Leo Tolstoi, Kindererinnerungen. In: H.-L. Freese, Kinder sind Philosophen, Beltz-Verlag, Weinheim 1996, S. 31. – **26f.:** Der große Spaß. Aus: Thomas Mann, Joseph und seine Brüder. Die Geschichte Jaakobs (1933), S. Fischer Verlag, 12. Aufl., Frankfurt/M., S. 208ff. – **28:** Ich wollte frei werden. Aus: Amos Oz, Eine Geschichte von Liebe und Finsternis, © Suhrkamp Verlag, Frankfurt/M. 2001, S. 670–672. – **29:** »Wir sind eben keine Babys mehr.« Aus: Sheila Och, Karel Jarda und das wahre Leben, Arena Verlag, Würzburg 1996. – **30:** Gemeinschaft. Aus: Franz Kafka, Beschreibung eines Kampfes. Novellen, Skizzen, Aphorismen aus dem Nachlass, hg. von Max Brod, S. Fischer Verlag, Frankfurt/M. 1986, S. 108. – **31:** You'll never walk alone. Von Richard Rodgers und Oscar Hammerstein. Quelle: Wikipedia. – **32f.:** Nicht dazugehören. Aus: John M. Coetzee, Der Junge. Eine afrikanische Kindheit, S.Fischer, Frankfurt/M. 2000, S. 25–28 (gekürzt). – **34:** Kussentfernung sozusagen. Aus: Mirjam Müntefering, … und küsste Julia. Aus: Anne Bender/ Dagmar Kalinke (Hg.), Liebe – was denn sonst?! dtv, München 1999, S. 146–171. – **36:** Liebe auf den ersten Blick. Aus: Meir Schalev, Der Sündenfall – ein Glücksfall? Alte Geschichten aus der Bibel neu erzählt. Übersetzung aus dem Hebräischen von Ruth Melcer, Diogenes Verlag, Zürich, 1999, S. 13–17. – **37:** Hoheslied 7,7-14. Aus: Lutherbibel, © DBG. – **40:** Amos-Zitate. Aus: Lutherbibel, © DBG. – Mit wem ist Gott – König oder Prophet? Aus: Hermann Koch, Wenn der Löwe brüllt. Die Geschichte von Amos, Stuttgart 1966, S. 89. – **41:** Gerechtigkeit erhöht ein Volk. Armut muss bekämpft werden. Aus: Auf Jobsuche. Aufgezeichnet von Barbara Schneider, in: Zeitzeichen 9/2006, S. 27. – Die Ungleichheit wächst. Auszug aus: Gerechtigkeit erhöht ein Volk. Armut muss bekämpft werden – Reichtum verpflichtet. Kundgebung der EKD vom 8. November 2006. – **42:** Vom reichen und vom armen Bauern. Aus: Werner Laubi, Erzählbibel, Verlag Ernst Kaufmann, Lahr (gekürzt). – **43ff.:** Unrecht hat Folgen / Die Botschaft des Amos. Amos-Zitate. Aus: Lutherbibel, © DBG, Stuttgart – **46f.:** Als ich ein kleiner Junge war. Aus: Erich Kästner, Als ich ein kleiner Junge war, Dresden 2000, S. 115–122 (gekürzt). – **48:** Der Tag des Herrn. Bibelzitate. Aus: Lutherbibel, © DBG, Stuttgart sowie ein Abschnitt aus: Werner Laubi, Erzählbibel, Verlag Ernst Kaufmann, Lahr. – **50:** Amos – ein wahrer Prophet? Amos-Zitate. Aus: Lutherbibel, © DBG. – **51–54:** »Als aber Johannes …« (Matthäus 11,2-6) / Brot (Johannes 6,2-13) / Das Brot des Lebens (Johannes 6,26-27.35) / Gesundheit (Johannes 9,1-11). Aus: Lutherbibel, © DBG. –**55:** Interview mit der 13-jährigen Eva. Aus: Heike Bee-Schroedter, Neutestamentliche Wundergeschichten im Spiegel vergangener und gegenwärtiger Rezeption, Stuttgarter Biblische Beiträge, Bd. 39, © Katholisches Bibelwerk, Stuttgart 1998, S. 316 und 320. – **56f.:** Wer hilft: Gott oder ein Arzt? Aus: Per Olov Enquist, Lewis Reise, © Carl Hanser Verlag, München 2003, S. 212–219 (gekürzt). – **58:** Geborgenheit (Markus 4,35-41). Aus: Lutherbibel, © DBG. – **59f.:** Gott umgibt mich – auch wenn die Bierflaschen fliegen. Aus: Inger Hermann, Halt's Maul, jetzt kommt der Segen, © Calwer Verlag, Stuttgart 1999, S. 127–130. – **61f.:** Gott begegnen? Aus: Maarten 't Hart, Gott fährt Fahrrad oder Die wunderliche Welt meines Vaters, Arche Verlag, Zürich/Hamburg 2000. – **62:** Markus 1,14f., aus: Basisbibel Markus, © DBG. – **64f.:** Stephanus. Von Gerhard Büttner. – **65:** Der Tod des Stephanus (Apostelgeschichte 6,9.11.13; 7,55-58) / Psalm 1,1-6 / Philipper 3,5-6. Aus: Lutherbibel, © DBG. – Paulus: Von Gerhard Büttner. – **65–68:** Aus: Gute Nachricht-Bibel, © DBG. – **69:** Das Petrusamt. a) *Cyprian.* Aus: Kirchen- und Theologiegeschichte in Quellen, Bd. I, hg. von A. M. Ritter, Alte Kirche, Neukirchener Verlag, Neukirchen-Vluyn 1985, S. 93f.; b) *Dr. Eck.* Aus: Kirchen- und Theologiegeschichte in Quellen, Bd. III, hg. von Heiko A. Oberman. Neukirchener Verlag, Neukirchen-Vluyn 1985, S. 45. – **70f.:** Ein Gottesdienst in der Gemeinde von Korinth. Aus: Walter Hollenweger, Konflikt in Korinth. Memoiren eines alten Mannes, Chr. Kaiser Verlag, München 1979, S. 11–13. – **71:** 1. Korinther 11,20–28. Aus: Lutherbibel, © DBG. – **72:** Die Heimkehr des Rabbi Schaul. Von Franz Werfel; 2. Korinther 11,16.23b–25. Aus: Lutherbibel, © DBG. – **73:** Das Martyrium des heiligen Apostels Paulus in Rom. Aus: W. Schneemelcher (Hg.), Neutestamentliche Apogryphen in dt. Übersetzung, Bd. II: Apostolisches. Apokalypsen und Verwandtes, J. C. B. Mohr, Tübingen 1963, S. 265ff. – **74f.:** Perpetua und Felicitas. a) Karthago im Jahr 203. Gerhard Büttner/Jörg Thierfelder; b) Aus dem Tagebuch der Perpetua. Aus: Peter Habermehl: Perpetua und der Ägypter oder Bilder des Bösen im frühen afrikanischen Christentum, Berlin 1992, S. 15–17. – **76:** Kaiser Konstantin – das Ende der Christenverfolgungen. Aus: Kirchen- und Theologiegeschichte in Quellen, Bd. I, hg. von A. M. Ritter, Alte Kirche, Neukirchener Verlag, Neukirchen-Vluyn 1985, S. 93f. – **78:** »Ein feste Burg …« Aus: Evangelisches Gesangbuch, Nr. 362. – **79:** Der mutige Mönch. Von Veit-Jakobus Dieterich. – **80:** Angst vor der Hölle. Aus: Umberto Eco, Der Name der Rose, © Carl Hanser Verlag, München/Wien, S. 60. – **82:** Eine Entdeckung. Aus der Vorrede Martin Luthers zu Bd. I der lateinischen Werke (1545), WA 54, 185, 14ff. Zitiert nach H. Fausel: D. Martin Luther. Sein Leben und Werk, © Hänssler Verlag, Stuttgart 1996. – **84:** Ich bin frei. Zitiert nach: Martin Luther, Ausgewählte Werke, Chr. Kaiser Verlag, München 1962. – **85:** Frei sein und erzogen werden. Zitiert nach: Martin Luther, Ausgewählte Werke, Chr. Kaiser Verlag, München 1962. – **86:** Angst vor der Freiheit. Zitiert nach: Martin Luther, Ausgewählte Werke, Bd. 4, S. 148–152 (Wider die räuberischen und mörderischen Rotten der Bauern (1525). – Aus den zwölf Artikeln der Bauern (1525). Zitiert nach: Deutsche Geschichte, hg. von H. Pleticha, Bd. 6: Reformation und Gegenreformation 1517–1618, © Bertelsmann Lexikon Verlag, Gütersloh 1993, S. 124f. – **88:** Abendmahlsstreit. (a) Martin Luther, Sermon von dem Sakrament des Leibes und Blutes Christi (1526). Aus: Luther Deutsch, Bd. 4. – (b) Huldrych Zwingli, Antwort auf Luther (1527). Aus: Huldrych Zwingli, Schriften, Bd. IV, hg. von Th. Brunnschweiler u.a., TVZ, Zürich 1995, S. 8–16. – **89:** Wenn der Wein verschüttet wird. Aus: Josef Freitag (Hg.), Luther in Erfurt und die katholische Theologie, Benno Verlag, Leipzig, S. 1–11, hier S. 1. – **90f.:** Eine wahrhaft ökumenische Familie. Aus: Maarten 't Hart, Das Wüten der ganzen Welt, Piper Verlag, 15. Auflage, München/Zürich 2003, S. 103–106 (gekürzt). – **92:** Ablass katholisch. Aus: www.karl-leisner-jugend.de – **93:** Buße evangelisch. Auszug aus Gottesdienst-Agende: Quelle: Archiv. – **94:** Reformationstag oder Halloween? a) Reformieren wie Luther. Von Matthias Petersen. petersen.m@t-online.de / Göttinger Predigten im Internet hg. von Ulrich Nembach und Johannes Neukirch; b) Predigt von Bischof Wolfgang Huber: www.ekd.de/predigten – **95:** »Es sind verschiedene Gaben« (1. Korinther 12,4-7). Aus: Lutherbibel, © DBG. – **96:** Martin. Aus: Was ist denn schon dabei? (Schüler schreiben eine Geschichte), © Beltz Verlag, Weinheim/Basel 1994. – **97:** Die Clique. Aus: Brigitte Blobel, Die Clique, Arena Verlag, Würzburg. – **98:** In der Beratungsstelle. Von Gerhard Büttner. – **100:** »Denn ich bin hungrig gewesen« (Matthäus 25,35-36). Aus: Lutherbibel, © DBG. – **100f.:** Ich will eine neue Chance. Von Dorothea von Choltitz. – **102f.:** »Bin ich denn keine Frau«. Aus: Ernst Probst, Sojourner Truth. Die Sklavin, die zur Feministin wurde. Nach: http://www.helloarticle.com/de/-sojourner-truth-die-sklavin-die-zur-feministin-wurde-r238.htm. – **104ff.:** Wir machen (keine) Unterschiede. Nach: Eberhard Röhm/Jörg Thierfelder, Juden – Christen – Deutsche, Stuttgart 1990–2006, Bd. 1: S. 326f.; Bd. 2/I: S. 63 und Bd. 3/I: S. 137, Bd. 4/1: S. 407. – **107f.:** Auf der Straße zu Hause. Von Rüdiger Heins: Aus: Zu Hause auf der Straße. Verlorene Kinder in Deutschland, © Lamuv Verlag, Göttingen 1996, S. 69ff. – **108f.:** Erstaunlich gut ausgegangen. Aus: Maarten 't Hart: Die Jakobsleiter. Roman. München/Zürich 4. Aufl. 2005, S. 226–228. – **111:** Eine Schule mit Nestwärme und Überwachungskameras. Von Friedemann Düring. Quelle: epd. – **112f.:** Sorry, Mister President. Von Daniel Kempin-Edelmann. Aus: Micha Brumlik (Hg.), Zuhause, keine Heimat? Junge Juden und Ihre Zukunft in Deutschland, Bleicher Verlag, Gerlingen 1998, S. 66–73. – **114f.:** In welche Schule soll er gehen? Aus: Amos Oz, Eine Geschichte von Liebe und Finsternis, © Suhrkamp Verlag, Frankfurt/M. 2001, S. 214–215. – **116f.:** Weihnachten ist der größe Schmonzes. Aus: Viola Roggenkamp, Familienleben, Arche Verlag, Zürich 2004, S. 415–424. – **118ff.:** Burkhard Jürgens, Der Moses vom Bodensee. Aus: TAZ Nr. 6214, 9. August 2000, S. 5, © contrapress media GmbH. – **122f.:** a) Erwachen und b) Ein Besuch in der Moschee. Die Hagia Sophia in Istanbul. Aus: Annemarie Schimmel, Morgenland und Abendland. Mein west-östliches Leben, Verlag C. H. Beck, München 2002, S. 15f. und 92–95. – **124:** Muhammads Berufung. Aus: Adel Theodor Khoury, Der Koran, Patmos Verlag, Düsseldorf 2005, S. 178. – **126:** Meine Vatersprache, der Koran. Aus: Lettre International. Neue Ausgabe. Lettre aktuell, Nr. 2/2006, Auszug L 173. – Die Schönheit des Koran. Aus: Nasr Hamid Abu Zaid, Ein Leben mit dem Islam. Erzählt von Navid Kermani, Herder Verlag, Freiburg 1999, S. 127f. – **127:** »Wann die Sonne sich wird ballen«. Übersetzung von Friedrich Rückert. – **128/129:** Verwandt und doch verschieden: Christentum und Islam. a) Glaubensbekenntnis. b) Koran Zitate. Nach: Der Koran, erschlossen und kommentiert von Adel Th. Khoury, Patmos Verlag, Düsseldorf 2005. – **130:** Die Pilgerfahrt (Hadsch). Aus: Abdellah Hammoudi, Steinigung des Satans. Erlebnisse eines Ethnologen auf der Pilgerreise nach Mekka, in: Le Monde diplomatique 68, Frühjahr 2005, S. 18ff. Lettre International Verlagsgesellschaft, Berlin. – **132:** Ramadan im Döner-Imbiss. Aus: U. Janssen/U. Steuernagel, Die Kinder-Uni. Forscher erklären die Rätsel der Welt, DVA, Stutgart/München 2003, S. 171–173. – **133:** Die Rechtleitung des Koran. Koranzitate aus: Adel Th. Khoury, Der Koran, Patmos Verlag, Düsseldorf 2005. – **134f.:** Was hält Allah von der Playstation? Aus: U. Janssen/U. Steuernagel, Die Kinder-Uni. Forscher erklären die Rätsel der Welt, DVA, Stuttgart/München 2003, S. 171–173. – **136:** Den Satan reizen. Aus: Faïza Guène, Paradiesische Aussichten, Carlsen Verlag, Berlin 2006, S. 125–128. – **136ff.:** »Leben in zwei Welten« und **138:** »Gott sieht alles«. Aus: Necla Kelek, Die verlorenen Söhne. Plädoyer für die Befreiung des türkisch-muslimischen Mannes, Kiepenheuer & Witsch, Köln 2006. – **155:** Jesaja 25,6-8. Aus: Lutherbibel, © DBG. – **163f.:** »Nach dem Apostelkonvent …«. Nach: Herbert Gutschera / Joachim Meyer / Jörg Thierfelder, Geschichte der Kirchen. Ein ökumenisches Sachbuch mit Bildern, Freiburg 2004, S. 11. – **177:** 1. Korinther 12,12. Aus: Lutherbibel, © DBG. – **191f.:** Der Prophet Muhammad. Nach: Peter Heine, Islam. Zur Einführung, Junius Verlag, Hamburg 2003, S. 27–36. – **193:** Sure 1. Nach: Der Koran, erschlossen und kommentiert von Adel Theodor Khoury, Patmos Verlag, Düsseldorf 2005. – **196:** Schülerkommentare aus: Zu Gast bei Abraham, hg. von Katja Baur, Calwer Verlag, Stuttgart 2007, S. 227. – **197:** Islamischer Kalender und Feste. Nach: Der Koran, erschlossen und kommentiert von Adel Th. Khoury, Patmos Verlag, Düsseldorf 2005, S. 158–163. – **205:** Zwei Freunde unterhalten sich / Der schönste Mord der Bibel. Aus: Maarten 't Hart, Das Wüten der ganzen Welt, Piper Verlag, München/Zürich [15]2003. – **213f.:** Als es noch keine E-Mails gab. Von Jean-Noël Aletti, Wie man zur Zeit des Paulus Briefe schrieb. Aus: Welt und Umwelt der Bibel, Verlag Katholisches Bibelwerk, Stuttgart. – **216:** 1. Korinther 13,12f.. Aus: Lutherbibel, © DBG. – **239f.:** Schulregeln der Theodor Haubach-Schule, Hamburg.

Bilder

Umschlag: Yves Klein, RE 33, ca. 1960. © VG Bild-Kunst, Bonn 2006

11: Giorgio de Chirico, Heimkehr des Odysseus, 1968, © VG Bild-Kunst, Bonn 2007. – **13:** Marc Chagall, Der Spiegel, 1915, © VG Bild-Kunst, Bonn 2007. – **15:** César. Le grand pouce, 1968. Aus: Louisiana. Museum of Modern Art. The Collection and buildings, DK-3050 Humlebaek, Denmark, © VG Bild-Kunst, Bonn 2007. – **17:** Keith Haring, Ohne Titel, 1984, © The Estate of Keith Haring, New York. – **18:** Keith Haring, Ohne Titel, 1984, © The Estate of Keith Haring, New York. – **19:** Hans Hemmert, Unterwegs, 1996, © VG Bild-Kunst, Bonn 2007. – **21:** Alberto Giacometti, Der surrealistische Tisch, 1933, VG Bild-Kunst, Bonn 2007. – **22:** Brian Calvin, Don't be denied, 2000. Aus: »Lieber Maler, male mir …« Radikaler Realismus nach Picabia, Ausstellungskatalog, Frankfurt/M. 2003, S. 173, © Marc Foxx Gallery, Los Angeles. – **25:** Loretta Lux, The Wanderer, 2003, Ilfochrome Print, © Loretta Lux, Courtesy Yossi Milo Gallery, NYC. – **27:** Martin Kippenberger, Martin, ab in die Ecke und schäm dich, 1989, © Estate Martin Kippenberger, Galerie Gisela Captain, Cologne. – **29:** Justine Kurland, The Mud Puddle, 2001. Aus: Wunschwelten. Neue Romantik in der Kunst der Gegenwart, Ausstellung Schirn Kunsthalle, Frankfurt/M., Verlag Hatje & Cantz, Ostfildern 2005, © (am Kunstwerk:) Justine Kurland. – **30:** Franz Kafka, Vater und Sohn, S. Fischer Verlag, Frankfurt/M. – **31:** Sebastian Hammwöhner, Uwe Henneken, Dani Jakob und Gabriel Vormstein, Corriger la fortune, 2000. Aus: Deutsche Malerei Zweitausenddrei, Ausstellungskatalog, Frankfurt/M. 2003, S. 45, © Galerie Meyer Riegger, Karlsruhe. – **33:** Jonas Burgert: Lotsucht, Öl auf Leinwand (300 x 400 cm), 2007. Aus: Die Sammlungen der Hamburger Kunsthalle, Bd. V/1 Die Galerie der Gegenwart, © Hamburger Kunsthalle 2007, Foto: © Lepkowski Studios. – **35:** Hernan Bas, The Great Fall, 2005. Aus: Wunschwelten. Neue Romantik in der Kunst der Gegenwart, Ausstellung Schirn Kunsthalle, Frankfurt/M., Verlag Hatje & Cantz, Ostfildern 2005, © (am Kunstwerk) Hernan Bas, © (an der Abbildung:) Courtesy Victoria Miro Gallery, London. – **37:** Kaye Donachie, Early Morning Hours of the Night, 2003. Aus: Wunschwelten. Neue Romantik in der Kunst der Gegenwart, Ausstellung Schirn Kunsthalle, Frankfurt/M., Verlag Hatje & Cantz, Ostfildern 2005, © (am Kunstwerk:) Kaye Donachie. – **38:** Egon Schiele: Der Prophet, 1911, © Staatsgalerie Stuttgart. **39:** Ernst Barlach, Zorniger Prophet, 1918/19, Foto: Uwe Seemann, © Ernst Barlach Lizenzverwaltung Ratzeburg. – **41:** Uwe Pfeiffer, Feierabend, © VG Bild-Kunst, Bonn 2007. – **43:** Grabbeigabe aus Gemni/Ägypten, Carlsberg Glyptothek, Kopenhagen. – **45:** Elfenbeinrelief. Ivory Treasures from Biblical Times. – **46f.:** Edward Kienholz, The Portable War Memorial (Das tragbare Kriegerdenkmal), 1968, © Rheinisches Bildarchiv Köln, ML 1061. – **49:** Anselm Kiefer, Bibliothek mit Sonnenblumen, 1991, © Anselm Kiefer. – **51:** Gregory Crewdson, Plate 2. Aus: Gregory Crewdson 1985-2005, Hatje Cantz Verlag, Ostfildern 2005, © VG Bild-Kunst, Bonn 2007. – **52:** Brotvermehrung. Purpurhandschrift aus Sinope. Bibiothèque nationale, Paris, Suppl. Graec. 1286, fol 15r. – **53:** Jeff Wall, Milk (Ausschnitt), © Jeff Wall. – **54:** Duccio, Christus heilt einen Blinden, London National Gallery. – **57:** Christen Dalsgaard, Es fiskers sovekammer, 1853, © The Hirschsprung Collection, Copenhagen. – **58:** James Ensor, Christus gebietet dem Sturm, 1886. Aus: James Ensor, Das druckgraphische Werk, Sammlung Mira Jacob, Straßburg/Basel 1975, © ADAGP, Paris. – **60:** Gregory Crewdson, Untitled (Twilight), Aus: Gregory Crewdson 1985-2005, Hatje Cantz Verlag, Ostfildern 2005, © VG Bild-Kunst, Bonn 2007. – **62:** Sigmar Polke, Höhere Wesen befahlen: rechte obere Ecke schwarz malen!, 1969. © Sigmar Polke. Aus: Sammlungsblöcke. Ausstellungskatalog der Stiftung Fröhlich, Cantz Verlag, Ostfildern 1996, S. 99. – **63:** Abb. aus: Imperium Romanum. Römer, Christen, Alamannen – Die Spätantike am Oberrhein. Ausstellungskatalog des Badischen Landesmuseums Karlsruhe, Konrad Theiss Verlag, Stuttgart 2005, S. 256.266.291 (oben: Hessisches Landesmuseum, Darmstadt; mitte: Rheinisches Landesmuseum, Trier; unten: Historisches Museum der Pfalz, Speyer). – **64:** Frau Angelico, Stephanus' Gang zur Richtstätte, um 1500. – **66:** Lovis Corinth, Der Apostel Paulus, 1911, © Kunsthalle Mannheim. – **67:** Caravaggio, Die Bekehrung des Pauli, 1601. Rom, S. Maria del Popolo, Cerasi-Kapelle. Aus: Jutta Held, Caravaggio, Dietrich Reimer Verlag, Berlin 1996. – **68:** Betende Gestalt zwischen Petrus und Paulus, Mitte 4. Jh. n. Chr. © BPK Berlin. – **69:** Christus übergibt Petrus im Beisein von Paulus sein Gesetz, San Constanza, Rom. – **70:** Otmar Alt, Abendmahl, 1982, © Ernst Alt. – **72:** Segelschiff im Sturm, © Carlsberg Glyptothek, Copenhagen. – **73:** Enthauptung des Paulus, Tragaltar aus dem Kloster Abdinghof in Paderborn, Detail einer Schmalseite Rogerus von Helmarshausen, 1120-1130, © Erzbischöfliches Diözesanmuseum und Domschatzkammer Paderborn. Foto: Ansgar Hoffmann. – **75:** Ad bestias Verurteilte werden an Stricken abgeführt. Aus: Caesaren und Gladiatoren. Die Macht der Unterhaltung im antiken Rom, hg. von Eckart Köhne und Cornelia Ewigleben, Verlag Philipp von Zabern, Mainz 2000, S. 132, © Ashmolean Museum, University of Oxford. – **77:** Piero della Frencesca, Der Traum Konstantins, 1452–1466. – **78:** Paul Thumann, Worms, 1872, © Ulrich Kneise, Eisenach. **81/83:** Hieronymus Bosch, Die Hölle und Aufstieg in das himmlische Paradies, 15. Jh., Venedig, Palazzo Duccale. – **84:** Lucas Cranach d.Ä., Reformationsaltar der Stadtpfarrkirche St. Marien in Wittenberg, Foto: © akg-images. – **85:** Ambrosius Holbein, Aushängeschild eines Schulmeisters (»Kinderschule«), 1516, Kunstmuseum Basel. – **87:** Werner Tübke, Bauernkriegs-Panorama, 1983, Bad Frankenhausen, © Werner Tübke / VG Bild-Kunst, VG Bild-Kunst, Bonn 2007, Foto: akg-images. – **89:** Lucas Cranach d. Jüngere, Das Abendmahl 1565, Dorfkirche Mildensee bei Dessau, Foto: © akg-images. – **90/91:** Adriaen Pieterszoon, Seelenfischer, 1614, © Rijksmuseum Amsterdam. – **92/93:** Lucas Cranach d.J., Abendmahl der Protestanten und die Höllenfahrt der Katholiken, 16. Jahrhundert, © bpk / Kupferstichkabinett, Staatliche Museen zu Berlin, Foto: Jörg P. Anders. – **95:** Ole Flensted, Mobile 2, © Ole Flensted. – **97:** Bruce Nauman, Double Slap in the Dewalk, © VG Bild-Kunst, Bonn 2008. – **99:** Jean-Michel Basquiat, Tabac, 1984, © VG Bild-Kunst, Bonn 2007. – **100:** Peter Brueghel, Die sieben Werke der Barmherzigkeit, um 1600. – **103:** Roy Lichtenstein, Nurse, 1964, © VG Bild-Kunst, Bonn. – **105:** Felix Nussbaum, Angst (Selbstbildnis mit seiner Nichte Marianne), 1941 VG Bild-Kunst, Bonn 2007. – **107:** Ugo Rondinone, »Heyday«, Installation, 1995, Galerie Eva Presenhuber, Zürich, © Ugo Rondinone. – **109:** Thomas Huber, Der Wäscheschrank, 1981. VG Bild-Kunst, Bonn 2007. Aus: Die Urgeschichte der Bilder, Museum für Gegenwartskunst, Basel 1987, S. 34. – **110:** Neo Rauch, Scala, 2000, © VG Bild-Kunst, Bonn. – **112:** Erik Dietmann, Remark on Window-gardening nr. 6, 1966–67. – **114:** Max Beckmann, Frankfurter Synagoge am Börneplatz, 1919, © VG Bild-Kunst, Bonn 2006. – **116:** Charley Toorop, Drei Generationen, 1941–1950, © VG Bild-Kunst, Bonn 2008. – **119:** Barnet Newman, Obelisk, 1963/69, © VG Bild-Kunst, Bonn. – **121:** Shirin Neshat, Untitled. © Shirin Neshat. – **123:** Hagia Sophia, Instanbul, © Peter Essick/laif. – **125:** Türkische Miniatur: Berufung Mohammeds. © Topkapi Palast Museum, Istanbul. – **127:** Indische Koranausgabe, 17./18. Jahrhundert. Foto: Giraudon/The Bridgeman Art Library, London. – **128:** Der junge Muhammad und der Mönch Bahira. Persische Miniatur. University Library, Edinburgh. – **129:** Muhammad auf einem Kamel, Jesus auf einem Esel reitend. Persien, 18. Jahrhundert. **131:** Pilger vor der Ka'aba, Mekka (Saudiarabien). Aus: Welt und Umwelt der Bibel, Nr. 15, 1/2000, Verlag Katholisches Bibelwerk, Stuttgart, © Bayard Press, Paris Int. – **133:** Fatih-Moschee, Wülfrath, Foto: Roland Weihrauch, © dpa. – **135:** Hasan-i Fakhkaari, Der jüngste Tag – Paradies und Hölle. Iran, um 1900. Aus: Der Koran, erschlossen und kommentiert von Adel Th. Khoury, Patmos Verlag, Düsseldorf 2005, © Museum der Kulturen Basel. – **137:** Shirin Neshat, Untitled. © Shirin Neshat. – **139:** s. S. 11. – **140:** s. S. 13. – **141:** s. S. 15. – **142:** s. S. 19. – **144:** s. S. 22. – **145:** s. S. 25, 27. – **146:** s. S. 29. – **147:** s. S. 33, 35. – **148:** s. S. 37. – **149:** (o.) Aus: L'imagier de Fréjus, © Centre des monuments nationaux, Editions du patrimoine, Paris 2001; (m./u.) Archiv. – **150:** Aus: Stuttgarter Bibelatlas, © DBG. – **151:** s. S. 38. – **152:** s. S. 43, 45. – **153:** s. S. 49. – **155:** s. S. 51. – **156:** s. S. 54. – **157:** s. S. 57. – **159:** National Museum Copenhagen, Collection of Classical an Near Eastern Antiquities. – **160:** Karte © Calwer Verlag; Papyrusbrief: Archiv. – **165:** Libelli (Papyrus) von Aurelius Diogenes Satabus (3. Jh.), © bpk. – **161:** Umrisszeichnungen: Hans-Jürgen Herrmann; Abb. unten: Thomas Zacharias, Berufung des Paulus, © VG Bild-Kunst, Bonn 2008. – **162:** Petrus und Paulus als Märtyrer. Aus: Die Geschichte des Christentums, Band 2, Herder Verlag, Freiburg i.Br. 1996. – **163:** s. S. 63. – **164:** Archiv. – **165:** Papyrusblatt aus der Papyrussammlung der Staatlichen Museen in Berlin. – **166:** Labarum. Aus: Die Geschichte des Christentums, Band 2: Das Entstehen der einen Christenheit (250–430), Herder Verlag, Freiburg i.Br. 1996. – **168ff.:** Archiv. – **171:** s. S. 89. – **174:** Karte: © Calwer Verlag / Verlag Moritz Diestwerweg. – **176:** s. S. 95. – **177:** Ilja Kabakov, Reihe, 1969, © VG Bild-Kunst, Bonn 2008. – **178:** © der Logos bei den jeweiligen Organisationen. – **179:** © Das Rauhe Haus, Hamburg. – **180:** Charlotte Friedenthal: Staatsarchiv Basel Stadt. Eberhard Röhm/Jörg Thierfelder, Juden – Christen – Deutsche, Bd. 4/I, Stuttgart 2004, S. 409.– Marga Meusel. Aus: Röhm/Thierfelder, Juden – Christen –Deutsche, Bd. 2/I, Stuttgart 1992, S. 63. - **181:** s. S.109. - **183:** s. S. 110. – **184:** s. S. 112. – **185:** s. S. 114. – **186:** s. S. 116. – **187:** s. S. 119. – **190:** s. S. 121, 137. – **191:** s. S. 133. – **192:** (o.) Gefangennahme jüdischer Einwohner in Medina. © Nationalbibliothek Paris. Aus : Der Koran, erschlossen und kommentiert von Adel Th. Khoury, Patmos Verlag, Düsseldorf 2005. (u.) Karte: © Calwer Verlag. – **194:** Aus: Stefan Wimmer / Stephan Leimgruber, Von Adam bis Muhammad, Bibel und Koran im Vergleich, © Verlag Katholisches Bibelwerk GmbH, Stuttgart 2005. – **197:** Shahada. Aus: Der Koran, erschlossen und kommentiert von Adel Theodor Khoury, Patmos Verlag, Düsseldorf 2005, S. 226. – **198:** Körperhaltungen beim Gebet: Annemarie Schimmel. – Karte Pilgerweg in Mekka: Hussein Yoshio Hirashima. – **201:** Karte: Ernst Klett Verlag (Andrea Kujat), Stuttgart. – **202:** Nach: Andreas Renz / Stephan Leimgruber, Christen und Muslime. Was sie verbindet – was sie unterscheidet, Kösel Verlag, 2. Auflage, München 2005. © Grafik: Diözese Rottenburg, Wolfgang Rödl. – **205:** © DBG. – **202/203:** © Calwer Verlag, Stuttgart. – **205:** © DBG. – **209:** Aus: Stuttgarter Bibelatlas, © DBG. – **213:** Tintenfass: Foto: Michael Holford; Handschrift auf Papyrusblatt: Aus: Welt und Umwelt der Bibel 2/2003, S. 56, © Theologischer Verlag Zürich. – **214:** Anfang des 2. Korintherbriefs. Aus: Welt und Umwelt der Bibel 2/2003, S, 38 © Chester Beatty Library. – **215:** Bibliothek des Celsus. Aus: Welt und Umwelt der Bibel 2/2003, S. 37, © P. Frilet / Hemisphères. – **217:** Archiv. – **219:** Ron Mueck, Junge vor dem Spiegel, 1999/2000, © VG Bild-Kunst, Bonn 2008. – **220:** s. S. 31. – **221:** Michelangelo Pistoletto, L'Etrusco (Der Etrusker). Installation. Gips, Farbe, Spiegel, Figur Lenbachhaus/München. Sammlung Götz, München. Foto: Viktor Dahmen, Köln. – **224:** Archiv. – **225:** s. S. 75, 128, 78, 49. – **226:** Archiv (o.); s. S. 116. – **227:** Archiv. – **228:** Keith Haring, Untitled, 1983, © The Estate of Keith Haring, New York. – **230:** s. S. 121. – **231:** s. S. 54 (o.); Henri-Arnaud-Haus, Ötisheim-Schönenberg, Foto: akg-images (u.). – **232:** s. S. 21. – **233:** s. S. 89. – **237:** Aus: SpurenLesen 1, S. 160. – **238:** s. S. 70. – **239:** Alberto Giacometti, Modell für einen Platz, 1932, © VG Bild-Kunst, Bonn 2008. – **240:** Keith Haring, Untitled (from the Chocolate Buddah Series), 1989, The Estate of Keith Haring, New York. – **242:** s. S. 66. – **243:** s. S. 22.